MANUAL DE CAMPANHA ELEITORAL

Ronald A. Kuntz

MARKETING POLÍTICO:

MANUAL DE CAMPANHA ELEITORAL

global
editora

© Ronald A. Kuntz, 1986
11ª Edição, Global Editora, São Paulo 2006
2ª Reimpressão, 2016

Jefferson L. Alves – diretor editorial
Flávio Samuel – gerente de produção
Ana Cristina Teixeira – assistente editorial e revisão
Antonio Orzar – revisão
Reverson Diniz – capa
Antonio Silvio Lopes - editoração eletrônica

Obra atualizada conforme o
NOVO ACORDO ORTOGRÁFICO DA LÍNGUA PORTUGUESA.

DADOS INTERNACIONAIS DE CATALOGAÇÃO NA PUBLICAÇÃO (CIP)
(CÂMARA BRASILEIRA DO LIVRO, SP, BRASIL)

Kuntz, Ronald A.

 Marketing político : manual de campanha eleitoral / Ronald A. Kuntz. – 11. ed. – São Paulo : Global, 2006.

 ISBN 978-85-260-1158-8

 1. Campanha eleitoral – Brasil. 2. Eleições – Brasil. 3. Marketing político – Brasil. 4. Partidos políticos – Brasil. – I. Título.

06-6549   CDD: 324.730981

Índices para catálogo sistemático:
1. Brasil : Campanhas eleitorais : Marketing Político : Ciência política   324.730981
2. Brasil : Marketing político eleitoral - Ciência política   324.730981

Direitos Reservados

global editora e distribuidora ltda.
Rua Pirapitingui, 111 – Liberdade
CEP 01508-020 – São Paulo – SP
Tel.: (11) 3277-7999 – Fax: (11) 3277-8141
e-mail: global@globaleditora.com.br
www.globaleditora.com.br

Colabore com a produção científica e cultural.
Proibida a reprodução total ou parcial desta obra sem a autorização do editor.

Nº de Catálogo: **1477**

Dedico esta obra às mulheres de minha vida: Amélia (a de verdade), Tatiane e Lívia Mara, Juliane e Anildes; ao meu pai-amigo Adonay e à nossa querida Tibéria, ao meu irmão Roberto e meus sobrinhos Rodrigo, Rafael, Roberta e, in memoriam, *ao meu irmão, Renato, e à minha mãe, Hilda.*

AGRADECIMENTOS

Como um grande projeto não se faz sozinho, desejo agradecer àqueles que trabalham ao meu lado nesta obra: a amiga e advogada Márcia Melito Arenas, cujo apoio foi da maior importância: ela é meu anjo da guarda, a censora que impediu que escrevesse mais do que devia e arranjasse encrenca desnecessária. A vítima *foi o cantor (quase tão bom quanto eu) e dono do karaokê* Studium, *meu bom amigo Arnaldo Guerreiro, que foi a* cobaia usada para avaliar a inteligibilidade da obra, até não aguentar mais e ir cuidar do seu próprio negócio.

Entre os colaboradores mais importantes, estão meus companheiros de luta e amigos Fábio Lúcio Silva e Sidney Kuntz Júnior. Sidney, além de parceiro de luta, é meu primo-irmão: crescemos juntos, compartilhando ideais, altos e baixos. Começamos juntos em 1982 e embora tenhamos nos dedicado a projetos diferentes em alguns momentos de nossas carreiras, unimos novamente nossas forças e divido com ele o pioneirismo na área do marketing político *no País. Também homenageio Arthur Alvares Cruz Neto, além do mestre, companheiro de jornadas, competente e corajoso advogado Everson Tobaruella; a minha leal amiga Elvira Folgueira; e, lógico, meu amigo barriga--verde, parceiro leal, mais sábio conselheiro, munheca de samambaia, digo, Estácio Ramos e a melhor cozinheira do Brasil, sua esposa Letícia, e seu filho Maurício.*

Merece um parágrafo especial o meu incentivador, amigo e guia no mundo das letras: meu editor desde a primeira obra, Luiz Alves – que só pode ter sido monge em alguma geração passada – para suportar, sem perder a classe, sucessivas prorrogações de prazo (só 20 anos) para a entrega desta revisão da obra que, ninguém mais do que ele, teve o mérito e genialidade de tornar um best-seller no segmento.

Na mesma categoria está o amigo que admiro e considero o melhor patriota boliviano. Um dia a Bolívia também descobrirá que não há alguém mais preparado, disposto e capaz de assegurar justiça e progresso ao seu povo. Este é Ivo Kuljis Furchner, cujo caráter se espelha em sua maravilhosa família, que adotei, no coração, como minha: sua esposa Marilyn, e seus 4 filhos: Ivito, Juan Pablo, Mateo e Jéssica.

No bloco dos incentivadores, colaboradores e sparrings intelectuais, participes de momentos importantes de minha vida, que marcaram meu ser, pela sua inteligência e caráter, aos quais expresso meus sinceros agradecimentos, na pessoa dos seguintes amigos:

- Dr. Rogério Tuma, o amigo leal, companheiro de conspirações e, ainda por cima, meu médico, a quem devo favores que nunca poderei retribuir à altura;
- a mais hábil articuladora e magnífica pessoa e seu marido, meu amigo mais intelectual, Ita e Valmor Bolan;
- Fábio Aguiar Menezes, preciosa herança que me deixou meu irmão, candidato a deputado federal que me obriga a dividir os votos de meu reduto familiar;
- aos primos Cláudia Regina, Célio e Leandro Coeli, às amadas tias Filinha e Zélia, tio Lupércio e à família Amaral pelos primos Milton José e Lupércio Júnior;
- aos primos Silvinha e Roberto, Daniel e o impagável e sempre ligado Denis;
- ao Marco Aurélio Guimarães Barbosa e Luizinho Guzman, que adotou o Alagoas, os filhos homens que queria ter tido;
- ao líder nato e figura extraordinária, o gênio, mestre e companheiro Raimundo Hermes Barbosa, mente privilegiada e dono de um estilo de liderança único;
- ao futuro deputado federal, amigo corajoso, determinado e bravo, Marcílio Duarte e sua esposa Tereza, minha companheira de escravidão no tabagismo;
- ao advogado de meu pai e bom amigo, Dr. Walter Vagnoti Dominguez, pai de dois grandes amigos de meu irmão Renato, o médico Douglas e o juiz Júlio;

- *ao futuro deputado estadual, Marcos Bernadelle, campineiro macho e competente;*
- *ao cientista político mais brilhante que tive o privilégio de conhecer, Carlos Novaes, cuja cultura, objetividade, retidão de caráter e percepções foram valiosas lições de vida, e à sua mulher Renata;*
- *à brilhante, competente, criativa, bom-caráter e pessoa de extraordinário valor, grande incentivadora, carioca e, além de tudo, professora Sandra Fernandes;*
- *ao meu primeiro assessor de imprensa e coautor na primeira obra sobre o* marketing político *no Brasil, Joseph Maria Luyten;*
- *ao mentor do MIR – Movimiento de Izquierda Revolucionário, Oscar Eid, o maior analista e* expert *político da Bolívia, mente brilhante e mestre em estratégia;*
- *à mestra polaca Mariola Materna, uma profissional de gabarito, perspicácia, charme e dona de inteligência e personalidade únicas, a melhor analista de cenários que já conheci e com quem tive o privilégio de trabalhar;*
- *ao senador Andrés Guzmán, que me abriu as portas de seu País e guiou meus primeiros passos, cujas relações, perseverança e audácia ainda lhe darão o destacado lugar que ele merece na ligação entre Brasil-Bolívia, extensivos a Débora e suas adoradas filhas;*
- *ao mais dinâmico estrategista e articulador político da Paraíba, Solon Benevides;*
- *ao anfitrião de minha primeira incursão à Bolívia, Carlos Fufi Saavedra, dono de inteligência e carisma que lhe reservarão futuro destacado em seu País. Sei que ainda mudará o conceito sobre este amigo e descobrirá que o que é bom custa mais, mas vale a pena, enquanto o que o que é barato, sai caro.*

Para encerrar com chave de ouro, externo minha gratidão a amigos, que além do incentivo pessoal e de seus brilhantes intelectos, ainda devo a indicação de clientes ou que, em algum momento, trabalhamos lado a lado em projetos importantes. São eles:

- *meu guru espiritual, parceiro de projetos, incansável empreendedor, maior e mais brilhante especialista brasileiro* em marketing católico, *Antonio Kater Filho;*
- *Antonio Lavareda: apesar das* trombadas *(razões de ofício), e os grandes "marketeiros" paranaenses, Hiram Pessoa de Mello e Dalton Gonçalves;*
- *Aloísio Braga, o mais sério administrador e brilhante operador político de Manaus, que me estendeu a mão no momento mais difícil de minha carreira;*

- *o líder político mais agitado da capital e, ainda que não de direito, o* prefeitão *de fato da chácara Klabin, o querido e turbinado Camilinho Cristófaro;*
- *Carlinhos Brieckman, brilhante jornalista e assessor de imprensa, que me abriu muitas portas quando eu dava os primeiros passos na atividade de pesquisa;*
- *a determinada, arrojada e brilhante publicitária Cláudia Pereira, de Brasília;*
- *Cacique José David Binsztajn, mais brilhante e criativo sino-silvícola do mundo;*
- *a experiente e criteriosa pesquisadora Elza Ivo, da Agência Fisher América;*
- *o diretor comercial* do Diário do Grande ABC, *Oscar Osawa e seu carismático gerente comercial e meu especial amigo, o carioca e neopaulistano Sérgio Neves;*
- *o mais carismático publicitário baiano; um dos maiores especialistas brasileiros em* marketing *político e governamental, Fernando Barros, da Agência Propeg;*
- *o ético e arrojado presidente da Associação Paulista de Jornais, Fernando Mauro Salerno, leal parceiro de mais de uma década no jornal* Vale Paraibano;
- *o meu ex-editor, guerreiro dedicado e leal às suas causas, José Carlos Venâncio;*
- *João Bosco, Cristina Calderaro e Mário "Adrenalina" Júnior, de Manaus;*
- *o criativo e empreendedor Paulo Cezar Ferrari e seu alter ego, eficaz executivo Luís Carlos Tadeu, publicitários e competentes consultores na área do* marketing político e governamental, *da Agência Octopus;*
- *Sidney Cinti, líder e personalidade cativante, meu maior cabo eleitoral;*
- *o companheiro de muitas jornadas e madrugadas, mestre em propaganda, comunicação política e eleitoral, Sandro Saad, da Agência Manhatan;*
- *o brilhante consultor em* marketing *político, um dos pais da matéria e pioneiros nesta área, professor Gaudêncio Torquato;*
- *os jornalistas Ramiro, Hélio Campos Mello, Valter Santos e Hermano Henning;*
- *outros amigos e profissionais igualmente competentes estão citados ao longo da obra.*

Sumário

Síntese & Introdução, 15

O autor, descrito por Ronald Kuntz, 17

1. O Que é *Marketing* Eleitoral, 19

    Os mitos e preconceitos, 20; Para o bem ou para o mal, 21; Porque no Brasil o *marketing* político é privilégio das agências: breve história do *marketing* político no Brasil, 22; O estratagema e *dumping* das agências para garantir sua reserva de mercado na área do *marketing* político na década de 1980, 23; A luta para abrir espaços para o *marketing* político no Brasil, 24; O *marketing* político é um instrumento para vencer qualquer tipo de eleição, 26.

2. O Discurso da Ética nas Eleições de 2006, 27

    Todos os grandes partidos partem do mesmo patamar no conceito ética: o marco inicial é o marco zero, 27.

3. O Candidato e seus Desafios, 31

    Ser ou não ser candidato?, 31; O primeiro desafio: a legenda & os partidos políticos, 33; Candidato ou laranja?, 34; Cabeça de sardinha ou rabo de tubarão?, 34; Os golpes e *intervenções* brancas, 35; Os legítimos interesses maiores (nacionais) da legenda sempre prevalecem sobre interesses locais, 36; Os exemplos dos deputados tucanos Jutahy Magalhães (BA) e Luís Rocha (MA), 36; Você tem reduto?, 37; A sedução, 38; Os idealistas & as legendas ideológicas, 38; Consequências da cláusula de barreira e restrições impostas aos pequenos partidos, 39; Funções organizacionais dos candidatos, 40.

4. As Assessorias de *Marketing*, Propaganda & Política, 41

As diferenças entre palpiteiros, conselheiros e consultores, 41; O assessor de *marketing* político, 42; O consultor de *marketing* político, 45; A assessoria de propaganda & as agências, 46; O assessor político, 47.

5. A Propaganda Eleitoral, 51

A propaganda confere aura provisória e *status* de personalidade pública, 51; O simbolismo para reproduzir, no atacado, as relações pessoais cotidianas dos candidatos, 51; A parafernália tecnológica e as novas técnicas apenas conferem maior eficácia aos meios tradicionais de fazer campanha, 52; A importância do símbolo na comunicação política, 52; O que a propaganda eleitoral ideal deve priorizar, 53.

6. A Arte de Administrar uma Campanha, 57

O trabalho voluntário: problemas e soluções, 58.

7. O Organograma da Campanha, 63

Como montar, 63; O ajustamento do organograma, 64; Os cargos e as funções, 64; A chefia da campanha, 67; Coordenação e administração das alianças, 69; Coordenação da ação política, 70; Coordenação de materiais e serviços, 72; Coordenação operacional, 73; Coordenação administrativa, 74; Coordenação financeira, 74; Coordenação da agenda, 75; O conselho político, 76.

8. O Planejamento da Campanha, 79

As etapas, 81; Como planejar uma campanha, 84.

9. A Escolha da Plataforma, 91

A escolha dos temas, 91; A seletividade dos temas, 94; O discurso, 94.

10. O Programa de Governo ou de Ação Parlamentar, 97

Os riscos, 97; O processo de elaboração, 98; A apresentação, 99; O programa de ação parlamentar: características, 99.

11. A Pesquisa na Área Política: O Que Se Deve Saber, 103

As pesquisas qualitativas, 103; As pesquisas quantitativas & as séries históricas, 105; Origem das pesquisas de natureza eleitoral, 106; Como se estruturam os questionários eleitorais básicos, 107; O que é preciso saber sobre as pesquisas para montar um departamento interno no seu comitê, 110; Os dez mandamentos de um bom entrevistador, 113; E o que é ponderação? 113; E o que é essa tal *margem de erro* e o que é *intervalo de confiança?*, 114; O que são as chamadas cotas e por que é tão importante cumpri-las?, 114; Qual é o critério utilizado para a distribuição geográfica das amostras?, 115; Os tipos de questões e os cuidados que cada uma requer, 116; Até onde as pesquisas podem influenciar eleitores, 118; Um *jus sperneandi* do autor, 120; 100% de acerto: proeza e recorde jamais igualado por nenhum outro instituto brasileiro, 120; O preço do sucesso: inveja & maledicência, 122; A receita secreta da Brasmarket para acertar mais que seus concorrentes, 123.

12. O Orçamento da Campanha, 125

As restrições legais ao direito de livre expressão em 2006, 125; As etapas, 126; As despesas, 127; Financiamento de campanhas aliadas, 130; A teoria posta em prática, 130.

13. A Arrecadação de Fundos Eleitorais, 137

O custo de uma campanha eleitoral, 137; As variáveis que influem nos custos (de *A* a *Z*), 141; Os objetivos comuns às campanhas, 142; O custo de eleição *x* os gastos com a eleição, 143; Consequências macroeconômicas dos investimentos eleitorais, 144; Para vencer uma eleição é preciso ter dinheiro, seu ou de outro, 146; Só o tempo investido, o seu suor e o de seus correligionários podem substituir o dinheiro, 147; A eleição mais cara é aquela que se perde, 147; Por que as campanhas custam tão caro: políticos não pagam o que compram, 147; O roteiro clássico dos calotes, 147; Falta foco às campanhas, 148; Desconfie de quem disser que não é preciso de dinheiro para vencer uma eleição, 149; Só o dinheiro não basta para ganhar a eleição, mas ajuda bastante, 149; Gasto de campanha, segredo trancado a sete chaves, 150; O apoio dos empresários, 151; Os *outros* motivos do apoio financeiro, 154; A escolha: recompensa ou castigo, retaliação ou sedução, 154; Os fins justificam os meios?, 154; O ilegítimo e o imoral, 155; A neutralidade não é uma opção: é um risco, 156; Os setores empresariais & a profissionalização das campanhas, 157; Alguns (bons) conselhos, 157; Contribua não só com aquilo que todo candidato quer, mas com aquilo que ele mais precisa, 157; Donativo de campanha não é despesa: é investimento, 158; As vantagens em *coletivizar* as doações, 158; Aposta eleitoral *x* aposta lotérica: *cercar* o jogo aumenta as chances de vitória, 159; Os donativos e contribuições individuais: um voto só é seguro quando o eleitor investe algo na campanha, 159; Situação *x* oposição: quem leva vantagem, 160; Os caminhos & métodos situacionistas, 161; A única *mãozinha* que nunca falha, 161; Os caminhos dos primos ricos e dos primos pobres na oposição, 162; Candidatos viáveis arrecadam mais, sejam oposicionistas ou não, 163; O primeiro passo na arrecadação de fundos: listar os apoiadores tradicionais e identificar os potenciais e as razões do eventual apoio, 164; Um erro comum, 166; O exemplo de Jânio Quadros, 166; O segundo passo: definição do que pedir a cada um, 168; Outros instrumentos de arrecadação, 170; Estabelecendo sistemas eficazes de arrecadação, 173; Controles eficazes sobre os arrecadadores, 173; *Dicas* para melhorar o seu perfil da arrecadação, 174; A arrecadação de fundos nas grandes campanhas, 179; Como e onde buscar os recursos financeiros para uma campanha de grande porte, 180; O varejo do financiamento eleitoral, 182; A importância de identificar e explorar as rivalidades e divergências, 183; O que um deve saber sobre o outro para facilitar a obtenção de apoio de prefeitos, 184; A moeda corrente em política: a troca, 185; Características dos pedidos e apoios políticos, 186; Outras considerações sobre a arrecadação de fundos, 192; É dando que se recebe, 193; A arrecadação de fundos eleitorais: a zona cinzenta no limite da legalidade, 194; Algumas premissas para iniciar a busca de soluções, 196; Donativos das empresas, 198; Envolvimento de setores públicos e sindicais, 198; Os veículos de comunicação, 198; As transações ilícitas para legalizar o dinheiro gasto nas eleições, 199; O que é abuso econômico?, 199.

14. **Os Materiais e Serviços Utilizáveis Numa Campanha, 213**

Mapa aplicativo dos materiais, segundo local de exposição/época/utilização/alvo, 214; Algumas sugestões de materiais inéditos, 222.

15. O Candidato e a Opinião Pública, 231

A opinião pública: alguns aspectos importantes, 231; A instabilidade das maiorias e classes dominantes, 231; Componentes formadores de opinião, 233, A voz do povo é a voz de Deus, 233; A mobilização das massas, 234; A princípio da alternância do poder, 235; As bandeiras ou palavras de ordem, 237; Sucessão presidencial: alguns aspectos relacionados com a opinião pública, 239.

16. Os Veículos de Comunicação de Massa, 245

Propaganda *x* jornalismo, 246. Vantagens do jornalismo, 246; Vantagens da propaganda, 247; Requisitos para uma utilização eficiente, 248; O poder da imprensa, 248; Os instrumentos e as fontes do poder, 248; Imprensa norte-americana *x* imprensa brasileira, 249; Critérios para aferição do poder, 251: Alcance e penetração, 251; Credibilidade, 252; Independência, 253; Os limites do poder da imprensa, 254; O poder do leitor, ouvinte ou telespectador, 255; O poder da opinião pública, 255; O poder da própria imprensa, 258; O poder dos anunciantes, 260; A credibilidade, 261; O volume das informações, 262; O poder da censura, 264.

17. O Relacionamento Candidato *x* Imprensa, 265

A assessoria de imprensa, 266; Os primeiros passos, 266; Funções da assessoria de imprensa, 267; Dicas para ganhar espaços, 268; Dicas para gerar boas entrevistas, 269; Os falsos mitos, 269; As entrevistas, 270; A bajulação, 270; A condução da entrevista, 270; Como evitar que as declarações sejam distorcidas, 271; A personalidade do veículo, 271; A linguagem do meio, 272; TV, 272; Rádio, 273; Jornais e revistas, 274; O enfoque ou espírito da notícia, 276; A clareza e a objetividade, 276; A medida e o peso do que se diz, 277; Outras considerações, 278; O editor, 280; Como um editor pode apoiar um candidato, 283; Considerações finais, 284.

18. A Assessoria Jurídica, 285

Dois exemplos que confirmam o ditado: cada cabeça uma sentença, 285; Os desafios da Justiça Eleitoral, 288; Fraudes nas pequenas cidades, 289; As regras do jogo, 290; As funções de uma assessoria jurídica, 291; As atividades extraordinárias, 292; Virtudes pessoais do assessor jurídico determinam sua funcionalidade, 292; A cautela, 292; O arrojo ou audácia, 293; A importância do trabalho jurídico: os três poderes, 293.

19. **DICAS E AÇÕES ESTRATÉGICAS PARA ENFRENTAR O DIA A DIA, 297**

Bolsões de resistência ou redutos hostis, 298; O apoio patronal: perigos e ilusões, 302; Falhas de enfoque e macroestratégia, 302; Falhas de coordenação e de fluxo financeiro, 303; Outras falhas, 303; Diretrizes estratégicas gerais para candidatos de classes patronais, 304; Como *inibir* a utilização ostensiva da *máquina governamental*, 306; A técnica de indução pelo negativismo, 308.

20. **A BOCA DE URNA, 313**

A importância da organização, 316; Com que estruturas e apoios se deve contar, 317; O apoio político, 317; O apoio civil, 318; O apoio da iniciativa privada, 319; O apoio popular, 319; O orçamento, 319; O organograma de boca de urna, 320; Como montar um organograma para a boca de urna, 321; Os cabos eleitorais *boqueiros*, 323; Alguns problemas comuns: causas e soluções, 324; O esquema de transporte: alguns problemas e soluções, 329; O esquema de lanches: problemas e soluções, 331.

21. **ALGUNS ERROS A SER EVITADOS, 335**

As doações espontâneas de amigos e colaboradores, 335; A unidade visual forçada que o candidato *financiador* impõe a seus aliados, 336; Falta de centralização nas decisões a ser tomadas, 337; A aprovação do visual da campanha segundo o gosto pessoal do candidato, 338; Assessorias que dissociam o candidato da realidade, 338; O *self-made man*, 339.

Síntese & Introdução

A quem a obra se dirige

Esta obra é dirigida à classe política, principalmente aos candidatos e aqueles que aspiram ascensão ao poder. Mas também será útil para os que mantenham ligações, aspiram ou exercem funções em todos os escalões do poder. Além dos dirigentes partidários, chefes de campanha e profissionais, direta ou indiretamente, ligados aos processos eleitorais, como advogados, publicitários, jornalistas, comunicadores, financiadores e fornecedores.

Finalmente, oferece subsídios àqueles que desejam ingressar nesta área de atividade ou aprimorar seus conhecimentos sobre conceitos, características e ações inerentes à disputa que se desenvolve num período eleitoral.

Do que trata a obra e quais os temas atualizados

O conteúdo desta edição, se comparado ao da última (11ª), dobrou, e os anexos tiveram que ceder lugar a textos vigorosos e práticos que certamente serão uma contribuição de grande utilidade para quem deseja chegar lá e conquistar poder. Baseado nas experiências do autor, este é um manual objetivo e prático de campanhas eleitorais, que oferece a qualquer candidato ou assessor elementos que lhe permitam montar e administrar uma campanha, em inteligível português e desprezando as terminologias técnicas.

Acréscimos da edição de 2006 em relação à de 2004

Além de manter tudo o que se referia à parte técnica e operacional de uma campanha, e revisão de alguns capítulos, esta obra passou a contar com novos e importantes acréscimos, nas áreas de:

- pesquisas;
- estratégias de campanha;
- arrecadação de fundos eleitorais;
- propaganda eleitoral;
- os desafios que os candidatos enfrentam antes de iniciar a disputa;
- o papel das assessorias jurídicas nas formulações estratégicas.

Bônus ao leitor (CD-ROM anexo): Como as informações descritas abaixo, apesar de atuais e úteis ao público-alvo a que se destina esta obra, somariam mais de 100 páginas ao livro e inviabilizariam o seu lançamento a tempo de servir como base de consulta para os candidatos que concorrerão este ano e aos profissionais da área de assessoria, a Editora Global decidiu incluir aquele material num CD-ROM que acompanha a obra.

1 – Análise de cenários e estudos, baseados em pesquisas reais, sobre a sucessão de 2006 no Brasil e Estado de São Paulo.
2 – Estudos, baseados em pesquisas, para subsidiar os discursos da Segurança Pública e do combate à seca no Nordeste.
3 – O projeto mais ambicioso do autor, batizado de "O mito & o voto" é um convite a instituições e leitores para coparticipar do mais completo e abrangente estudo sobre o eleitorado brasileiro.
4 – Apresentação de um plano de combate à corrupção no planeta.
5 – Projeto para reduzir a inadimplência de sindicatos e associações de classe e para projetar a imagem e viabilizar a reeleição dos dirigentes.

O autor se compromete, nas edições futuras (*Manual de campanha eleitoral, II*, com lançamento previsto para 2007), em ampliar o leque de assuntos e aprofundar os estudos, acrescentando experiências e lições que teve o privilégio de aprender nos últimos anos.

O Autor, descrito por Ronald Kuntz

Posicionamento político-partidário

Declaro-me agnóstico, cuja fé por qualquer líder político ou partido se perdeu no passado. Meu compromisso com meus leitores é a verdade. Minha verdade – reconheço – que me ensinou que nenhum ser humano é perfeito: nenhum líder é totalmente bom, nem totalmente ruim.

Não desprezo a classe política: ela espelha a sociedade. Embora às vezes discorde deles, procuro aprender e reconheço muitos méritos nos líderes, acompanho suas carreiras, posicionamentos, acertos e derrotas.

Anos de prática e análises de conjunturas eleitorais me impuseram frieza, imparcialidade e distanciamento. Se aponto aqui desvios de conduta, faço-o sem apelo ao falso moralismo e hipocrisia. Reconheço-me um protagonista do sistema eleitoral, que cumpre dever profissional e exerce seu ofício com dedicação, apontando caminhos e defendendo os projetos de poder de meus clientes. Vibro com cada vitória e sofro com cada derrota de meus contratantes como se fossem minhas.

Confesso minha paixão pela essência do processo de conquista, manutenção, ampliação e exercício do poder, acreditando ser o único instrumento que, a exemplo das varinhas de condão, pode transformar a realidade e promover as mudanças que as sociedades aspiram. Não corroboro a tese de que nenhum político presta, mas, vilão por vilão, considero que os meus são, sempre, muito melhores do que os dos outros.

O *Jus Sperneandi*

Faço o que gosto e sou de paz, exceto quando vítima dos calotes, pois golpistas sempre viram detratores ou quando caluniadores covardes espalham inverdades, sempre às costas, o que não me permite desmascará-los. Alguns, sei quem são e digo aos leitores que, a cada não dado a um convite imoral, se ganha um detrator a acusar-nos justo do crime ao qual não aceitamos nos tornar cúmplices.

Cada leitor que tenha exercido o poder sabe que a calúnia e o boato são instrumentos de ação política comuns no jogo do poder, e que quem exerce o poder dispõe de mecanismos eficazes de defesa e contra-ataque. Ao dedicar-me à área de pesquisas, fiz uma aliança com meios de comunicação. A ligação do instituto com setores da imprensa lhe serviu de escudo contra ataques dos insatisfeitos com nossas revelações sobre os cenários conjunturais desfavoráveis às suas pretensões: um político teme mais o poder da imprensa do que o da justiça, por que o primeiro dá resposta mais contundente e imediata (retaliação e estrago imediato) do que o segundo.

Quando desfiz minhas relações com a principal parceria, não previ que a deslealdade, a falta de ética e a concorrência predatória levariam a dissolução consensual ao rompimento contundente: não só perdi meu escudo, mas passei a ser alvo de parceiros comerciais de meu ex-aliado. E aí, senti na pele, no bolso e na reputação, os prejuízos que me foram impostos por covardes detratores, salvo algumas exceções mais afoitas, que reputaria como corajosas, se fossem verdadeiras, mas que, por falsas, não passam de desavergonhado descaramento.

Para tirar-lhes a aura da pseudoisenção, que dá força à difamação e calúnias dos covardes, decidi, aqui e nas obras futuras, denunciar alguns e citá-los, desafiando-os a apresentar as provas de suas calúnias sob pena de terem reconhecido publicamente a sua infâmia e covardia: ou restabeleço a verdade e preservo meu direito de atuar na área que escolhi e à qual dediquei minha existência ou, derrotado, assumo a pesada máscara que tentam me impor meus detratores, mudo de ramo e faço qualquer outra coisa. Para não virar Dom Quixote lutando contra moinhos de vento (é impossível combater os anônimos) ao espernear aqui, me valho da mais legítima tribuna de defesa: as minhas obras.

Deixo aos meus leitores os meus *e-mails* para que possam enviar seus comentários, sugestões e críticas, ou solicitar dados de pesquisas que abordo na obra ou para aqueles que quiserem atender ao convite ou tiverem interesse em associar-se a mim no projeto "O mito & o voto", e, finalmente, àqueles que quiserem enviar *cases* ou experiências vividas, que me comprometo a avaliar e, talvez, incluir como exemplos nas edições futuras desta ou de outras obras.

E-mail 1: ronald@brasmarket.com.br;
E-mail 2: ronaldkuntz@terra.com.br;
E-mail 3: ronaldkuntz@yahoo.com.br.

1. O Que é *Marketing* Eleitoral

> *"Consideras o mundo digno de tua atenção? Sê ambicioso, não de dinheiro (é ser pequeno), não de vaidade (é ser tolo), mas de poder. Procura-o, conquista-o, goza dele, agarra-te a ele, e abandona-o somente quando tuas forças estiverem tão esgotadas que não mais o possa segurar, nem com as mãos nem com os dentes."*
>
> Èmile Oliver, extraído de *A arte da política* (Mansur Chalita)

O *marketing* eleitoral é o *marketing* da conquista, que reúne a força e a convicção obstinada da paixão com a astúcia, o planejamento e a estratégia da guerra. E *marketing* político-governamental é o *marketing* da ocupação e consolidação do poder conquistado. O primeiro é vibrante e seria afoito se não fossem as pesquisas, dado seu objetivo a curto prazo e imediatismo; o segundo é frio e calculista e visa produzir seus efeitos que atendem objetivos a longo prazo, entre eles o maior de todos: vencer as eleições futuras e levar o grupo dominante a permanecer no poder.

Parafraseando os neologismos introduzidos pelo intelectual de língua mais afiada e sofisticado senso de humor, o nosso mais pernóstico ex-presidente, quem diz que campanha política se faz como campanha de produto não passa de um "neobobo".

Assim, vejamos primeiro as afinidades, para depois estabelecer quais são estas diferenças. Eu não farei, numa obra prática, abordagens teóricas, mas é importante cada leitor saber como, sem perceber, todos usam estratégias e posicionamentos de *marketing* no seu dia a dia.

Cada vez que você *bola* uma estratégia para ser mais bem-visto ou benquisto num grupo, ou para conquistar um cliente, uma amizade ou um amor, você pratica o *marketing*. Isto porque você tem que estudar o que as pessoas, ou grupos que você quer conquistar pensam, gostam ou desgostam e como são e vivem, para, só depois, poder adaptar suas atitudes para preencher expectativas, ser aceito ou aumentar suas chances de êxito. Para atingir os seus objetivos, você tem primeiro que colocar os interesses dos seus alvos acima dos seus. Esta é a essência do *marketing*.

Você poderia perguntar-se nesta altura: se cada indivíduo é capaz de praticar o *marketing* sem saber, por que deveria gastar seu rico e precioso dinheirinho para contratar os serviços de especialistas?

A resposta é simples: toda atividade de *marketing* é assentada no bom senso, na busca e análise de informação e na obsessão de comunicar melhor, buscando oportunidades, caminhos e estratégias diferenciais que possam torná-lo melhor que os seus concorrentes, e isto, durante *todo o tempo*. Como o período eleitoral é curto, cada dia em que não se detectou uma nova oportunidade, um erro no discurso do adversário, que possamos explorar, ou não se teve nenhuma nova ideia, nem se aprendeu algo, que possa ser utilizado amanhã, foi um dia perdido. E quando começam os programas do horário eleitoral gratuito, o trabalho dobra. Estas responsabilidades consumiriam todo o seu tempo e não lhe sobraria nenhum para divertir-se com o principal, ou seja, conquistando os votos que precisa para eleger-se.

E você conquista eleitores do mesmo jeito que conquista as pessoas que considera importantes na sua vida pessoal ou no seu projeto profissional: adaptando o que pensa, acha importante ou quer, àquilo que as pessoas querem. Sua capacidade de ceder para conquistar a simpatia, sexo, amor ou a boa vontade de uma pessoa ou círculo social, é o que você terá que fazer para conquistar eleitores e vencer uma eleição.

A diferença é que você tem todo o tempo do mundo para errar e recomeçar, aprender com seus erros e modificar suas estratégias nas conquistas pessoais e o seu alvo é quantitativamente muito menor. Numa eleição você tem que conquistar milhares de mentes e/ou corações e tem apenas poucos meses para atingir o objetivo. A concorrência também é muito maior e disputa com centenas de candidatos que buscam o mesmo que você: um voto de cada eleitor, até atingir o patamar suficiente para assegurar uma vitória eleitoral.

Candidatos que tentarem fazer seu próprio *marketing* acabarão paranoicos, ou não terão tempo para executar estratégias e desempenhar as funções, a atividade e o papel que só eles podem exercer para ganhar uma eleição. Para que seu empreendimento seja profissional, contente-se em fazer o que é preciso e aquilo que você faz melhor, e faça-se acompanhar de profissionais que também façam o mesmo, cada qual em sua área. Você até pode ser capaz e exercer muitas funções, mas ninguém além de você pode exercer a sua.

Os mitos e preconceitos

Aconselho cada candidato a repudiar com veemência a surrada comparação de que candidato se vende como sabonete, pois além de inverídica, ela é preconceituosa e deprecia o exercício da função política.

Outro mito criado por espertalhões, e espalhado por inocentes úteis, é de que o *marketing* anularia a personalidade de seu usuário, visando enganar o eleitorado e apresentá-lo como alguém que ele não é. O que o *marketing* faz é projetar o que é bom e blindar o que possa ser entendido pelo eleitor ou explorado pelos adversários como defeito do candidato.

Ao lado da melhor imagem e conceito, o *marketing* objetiva a busca da forma mais adequada de apresentar a mensagem política, de modo que ela possa ser mais bem absorvida e entendida pelo eleitor. Embusteiros, preconceituosos e trapaceiros pintam a relação de um consultor de *marketing* com seu cliente como se o consultor fosse um bruxo charlatão, e o candidato um debiloide mal-intencionado, ambos em conspiração contra a sociedade, que faz o papel de ignorante e crédula na historinha, na qual o primeiro *faz* a cabeça do segundo para trapacearem o terceiro.

Todo este folclore só é possível em razão da péssima imagem da classe política, e à sua histórica incapacidade de usar o *marketing* político para melhorar a comunicação com a sociedade, gerando fatos e adotando posicionamentos positivos que possam reconstruir o seu conceito social.

O fato de o *marketing* valer-se das pesquisas para saber o que os eleitores pensam, necessitam ou aspiram, é uma demonstração cabal de respeito pela sociedade e não uma trapaça para aconselhar ao candidato falar o que o eleitor quer ouvir. Achar que um candidato tenta saber o que o eleitor quer para satisfazê-lo sem a real intenção de cumprir, coloca em dúvida, antes de mais nada, o caráter do candidato.

Alguns candidatos, como na história da raposa e das uvas, desdenham ou dão crédito à lengalenga e, a título de serem autênticos, ajudam a difundir estes conceitos negativos para atingir seus concorrentes. E atiram contra seus próprios pés. Outros, mais espertos, apenas fazem um jogo de cena, usando a crítica à sua própria categoria como estratégia para levar os eleitores a acreditarem que ele é mais autêntico ou diferente dos demais políticos.

Para o bem ou para o mal

Buscar a sintonia entre o que o eleitor quer, ou precisa, com as propostas que um candidato tenha sobre o tema é a regra número um e é o que torna um discurso atraente e capaz de angariar votos. Afinar o discurso visa assegurar que quem se propõe a representar o eleitor manifeste-se sobre aquilo que o eleitor acha importante e, só depois, sobre o que ele, candidato, acha que é importante para o eleitor. E esta é uma postura legítima e saudável.

O bom projeto de *marketing* respeita a personalidade do cliente e guarda coerência com o seu passado, até porque o candidato não disputa sozinho a eleição e tanto a imprensa como os concorrentes dele – que não são burros nem cegos – tomariam de bom grado a tarefa de destruir um fantoche mal construído. Não é pecado que um candidato, destituído de bom gosto para escolher suas roupas, aceite sugestões de quem saiba, e deixe de ser brega; é positivo que um candidato aprimore seus modos, ou meça suas palavras, policie atitudes, tiques nervosos ou aprenda técnicas que melhorem sua oratória e desempenho na TV. Algumas das mudanças que às vezes um profissional de *marketing* propõe aos seus clientes são cosméticas, mas todas visam, sempre, melhorar seu perfil, sua imagem, discurso, posicionamentos e ampliar sua possibilidade de conquistar mais votos. Parte das técnicas de *marketing* procura imitar a arte tão bem empregada pelas mulheres: a maquiagem, para salientar as qualidades dos candidatos e chamar a atenção dos eleitores para o que ele tenha de melhor.

Afinal, revelar o pior dele é tarefa da concorrência. E cada golpe do adversário visando destruir a imagem de um candidato bem assessorado desencadeará um contra-ataque que custará caro ao detrator, pois a outra tarefa dos profissionais de *marketing*, além de mostrar que o seu candidato é bom, é a de mostrar que ele também é melhor que os seus concorrentes. Se o trabalho inicial foi bem feito, todas as suas *caveiras* já estão esquecidas no armário e não existirá uma só fraqueza ou vulnerabilidade do candidato que não tenha sido *fortificada* ou que não possa ser rechaçada publicamente. Por outro lado, cada debilidade, erro ou defeito do adversário já terá preparado o meio mais cruel, impiedoso e eficaz para explorá-lo, só aguardando a oportunidade certa para fazê-lo, e a melhor delas são os contra-ataques, pois ninguém pode criticar alguém que está reagindo a uma agressão do adversário.

Porque no Brasil o *marketing* político é privilégio das agências: breve história do *marketing* político no Brasil

A Brasmarket foi a primeira consultoria de *marketing* político no País, fundada em 1982 por mim e meu primo Sidney. A empresa surgiu com a recém-inaugurada abertura política e fundação dos novos partidos, quando fui convidado a disputar as eleições de 1982 pelo PDS, e saí à procura de alguém que pudesse assessorar-me ou contar-me o que um cidadão comum precisava saber para tornar-se um candidato. Por incrível que pareça, no final de 1981, havia escritórios de assessoria em todas as áreas de *marketing*, mas não havia nenhum profissional que prestasse serviços de consultoria na área do *marketing* político eleitoral para dar orientação sobre o que fazer ou como eu poderia aferir minha viabilidade eleitoral.

Saí em peregrinação pelos gabinetes de parlamentares amigos, tive que importar e pesquisar obras estrangeiras sobre o tema (não havia obra de autor brasileiro na área) e perturbar amigos e clientes da área de publicidade. Naquela pesquisa, levei seis meses para descobrir que sofreria uma fragorosa derrota caso aceitasse lançar-me candidato. Pensei que deveria haver milhares de pessoas interessadas em ingressar na carreira política, e que elas teriam as mesmas dificuldades para coletar informações que as embasasse e lhes permitisse tomar a decisão. Na minha frente, tinha uma pilha de livros e estudos. Nenhuma empresa para prestar assessoria (nenhum concorrente)... Aí, vi que tinha um livro pronto sobre um tema no qual poderia ser pioneiro e achei que descobrira o mapa da mina: chamei meu primo e o convenci, por $a + b$, que podíamos ficar ricos e poderosos, e tomamos a decisão: no ano de 1982, escreveria a primeira obra e fundaríamos a que seria a primeira empresa de consultoria de *marketing* político do País.

O estratagema e *dumping* das agências para garantir sua reserva de mercado na área do *marketing* político na década de 1980

Ledo engano... Rápido, aprendemos que ninguém sente falta de algo que nunca usou e nem conhece: era tudo muito novo, e além da natural curiosidade, não havia demanda nem consciência da classe política sobre a importância do uso do *marketing* político. Descobrimos que, antes de ficarmos ricos e poderosos, teríamos de investir muito até que as técnicas do *marketing* passassem a ser valorizadas pelo mercado.

Logo percebemos também que, na época, o *marketing* eleitoral era um negócio marginal, mas totalmente dominado pelos publicitários, que não prestavam serviço de consultoria às pessoas físicas (como eu), mas estavam profundamente entrosados com as organizações políticas, que eram atendidas enquanto governos.

Sem investir na especialização, as agências faziam gratuitamente as campanhas eleitorais dos grupos políticos aos quais estavam ligadas, em troca da conta publicitária dos governos caso seus clientes vencessem as eleições, prática usual até hoje. E não havia como competir com as agências, pois os *clientes-candidatos* estavam habituados a pagar pelos materiais e serviços de campanha, mas a inteligência e aconselhamento que nós, como consultores e profissionais da área, teríamos que vender para sobreviver, lhes era oferecido de graça pelas agências.

Os publicitários ainda levavam a vantagem de serem o ramo de atividade econômica mais ligada aos grupos políticos. Sentindo que uma crescente especialização nesta área certamente ameaçaria o seu cartório, a médio e longo prazo, os *papas* da publicidade lançaram e trabalharam sutilmente a tese de que não haveria nenhuma diferença entre *vender* um produto ou um candidato. Para a difusão deste falso conceito, as agências de propaganda, que eram os elos entre anunciantes e veículos, usaram suas poderosas ramificações, estreitos contatos, acesso e forte influência sobre os meios de comunicação, o que lhes bastou para liquidar uma concorrência infinitamente mais fraca.

Esta tática diversionista tanto é verdadeira que, apenas na década de 1990, surgiram os especialistas em *marketing* político, todos saídos ou estreitamente ligados ao mercado publicitário, bem como as várias agências que anunciavam seus departamentos ou divisões especializadas em *marketing* político (que antes eles renegavam).

Usando o seu estratagema, com a tácita aprovação dos cientistas políticos e intelectuais, que se calaram e não se insurgiram contra a argumentação absurda de que não havia diferença entre uma campanha para um candidato e uma campanha para um produto, as agências liquidaram os poucos especialistas ou estudiosos que (como eu) lutavam para profissionalizar a atividade de *marketing* político. Enquanto isso, corriam atrás do prejuízo e se qualificavam para atuar de forma mais profissional este ramo ou nicho de atividade.

O fato é que o estratagema das agências em defesa de seu mercado foi eficaz: como tinham grande credibilidade, com a história do candidato e do produto, os publicitários desviaram o foco da discussão, criaram uma cortina de fumaça e uma polêmica absurda (*non sense*), que lhes deu tempo de se preparar para os novos tempos sem perder sua hegemonia sobre o mercado. E deu tão certo que só fui perceber a verdade muitos anos depois, quando a experiência e o estudo das estratégias empregadas na guerra e no poder desobstruíram minha visão: só então aprendi a dura lição que me foi dada pelos grandes e maquiavélicos (no melhor sentido) mestres da propaganda. Hoje, vejo o quanto fomos ingênuos e amadores na batalha. Em vez de remar contra, melhor teria sido, para os poucos profissionais que lutaram para abrir o novo espaço e para a evolução do *marketing* político no País, que tivéssemos feito uma aliança e parcerias com os donos do espaço.

A luta para abrir espaços para o *marketing* político no Brasil

Usamos de toda a nossa criatividade para tentar superar as barreiras da desinformação e do preconceito. Cabe ressalvar o generoso espaço que nos foi concedido pela grande maioria dos veículos de comunicação brasileiros, que divulgavam a versão dos seus clientes (agências de propaganda), mas *farejaram* que o *marketing* político era muito mais do que a repetição das técnicas de propaganda usadas para vender sabonete. Entre 1982 e 1989, todos os grandes veículos de comunicação foram aliados e apoiaram a realização dos cursos e seminários sobre *marketing* político que levamos por todo o País.

Também devo expressar e fazer um registro histórico da maior importância em favor do apoio que sempre recebemos da ESPM – Escola Superior de Propaganda e *Marketing*, em São Paulo, do então diretor Francisco Gracioso, e no Rio de Janeiro, por parte do seu colega e meu diretor, José Roberto Witaker Penteado, e de minha amiga, professora Sandra Fernandes. Todos emprestaram seu total apoio aos nossos cursos e seminários, e o diploma conferido pela Escola Superior de Propaganda e *Marketing*, para aqueles que se inscreviam e concluíam os cursos, foi um apoio que contribuiu para a conquista de um espaço diferenciado e, assim, para consolidação do *marketing* político em nosso País.

Entre 1982 e 1989, na luta para consolidar um novo e emergente mercado, por pura teimosia (a atividade não gerava lucro), a Brasmarket promoveu, em todo o País, dezenas de seminários estaduais e centenas de cursos e palestras sobre o *marketing* político, inclusive congressos internacionais para os quais trazíamos especialistas norte-americanos e europeus. Nesta época de luta e vacas magras, encontrei alguns poucos profissionais que também acreditaram no potencial deste novo segmento de mercado e lutaram, comigo ou por seus próprios meios, para abrir o espaço especializado que a matéria merecia. Embora muitos, como eu, tenham desistido da luta e se dedicado a outras atividades principais, trabalhando nela como consultores apenas residualmente, entre estes poucos e abnegados profissionais, que tiveram visão e já lutavam pela abertura do mercado desde 1982, cito os mais perseverantes: os bravos catarinenses Tadeu Comerlatto e Claudino Kostesky; os paulistas Emanuel Públio Dias, Ney Lima Figueiredo, Carlos Brieckman, Carlos Augusto Manhanelli, Nelson Bionde, Sandro Saad, Antonio Pádua Prado Júnior (Paeco) e Gaudêncio Torquato; Gilberto Ribeiro (Taubaté-SP); Geraldo Rocha-RN; José Richard, do *Jornal da Ilha*-RJ; Egberto Batista; Estácio Ramos; a maranhense Wanda Torres e a capixaba Bete Rodrigues; os gaúchos José Carlos Nogueira Cademartori e José Barrionuevo; Carlos Roberto de Oliveira-PB; Fernando Barros, da Propeg Bahia; o carioca Geraldo Rocha, da Indoor; os irmãos Chico e Airton Maia, da Apoio-DF; Cacau Monjardim-ES; Carlos Farane Paranhos de Azevedo-BA; os paranaenses Hiram Pessoa de Mello e Dalton Gonçalves e o saudoso publicitário Cid Pacheco-RJ. Naquele tempo, havia alguns publicitários que eram bons no *marketing* político, como Mauro Salles e Fernando Barros, mas preferiram usar seu bom senso e ficar fora da polêmica e aproveitar o fato de que ela os favorecia. Hoje, já é grande o número de agências de propaganda e de bons profissionais nesta área, cujos nomes são consagrados e não precisam ser lembrados neste espaço.

Emparedados entre a forte e desleal concorrência das agências de um lado (prática de *dumping*) e a picaretagem do outro (mão de obra pouco qualificada, mas barata), depois de oito anos de luta, sem conquistar nem a fortuna nem o poder, confesso que andava meio desanimado e propenso a mudar de atividade (acabávamos de levar mais um calote de um dos candidatos à presidência em 1989) e o plano Collor nos deu o empurrão que faltava: como tinha acabado de desenvolver um sistema de pesquisa em tempo real, decidimos (eu e o Sidney) sair (*pero no mucho*) da área de consultoria de *marketing* político, para nos dedicarmos prioritariamente às pesquisas. Finalmente, poderíamos competir com as agências de publicidade e dar nossos conselhos, de graça, nas análises que fazíamos aos candidatos-clientes que contratassem nossas pesquisas. Estávamos cansados de patrocinar cursos e percorrer o Brasil, de ponta a ponta, dando palestras, ou de escrever livros, atividade que só retomo agora, 16 anos depois de meu *retiro* voluntário.

O marketing político é um instrumento para vencer qualquer tipo de eleição

Confirmando a definição do *marketing* eleitoral como o instrumento de conquista do poder, seja para a eleição de um síndico, presidência de associação de classe ou de um candidato à presidência da República, darei ao leitor prova disto, apresentando um projeto baseado no *marketing* e direcionado a líderes de classe entre 2004 e 2005.

O projeto foi apresentado à OAB de São Paulo, em 2005, oferecendo um instrumento para permitir à entidade reduzir seus índices de inadimplência e, unindo o útil ao agradável, conhecer melhor seus representados e ampliar os já excelentes índices de aprovação da gestão. Atingida a meta, a atual direção, naturalmente, consolidaria seu poder e venceria a eleição neste ano de 2006. A direção da entidade ficou interessada, fiz apresentações e propus soluções alternativas, mas, na época, não havia recursos previstos no orçamento para a execução daquele projeto. Como o projeto não foi aprovado, ofereço-o como um exemplo ao leitor.

Note o leitor como o *marketing* político tem o poder de transformar uma ação de natureza nitidamente impopular num trunfo eleitoral. Reduzir a inadimplência é um eufemismo para o termo "melhorar a arrecadação" que, por sua vez, implica a melhoria dos sempre impopulares mecanismos de cobrança, e ações que levem associados inadimplentes a enfiarem a mão nos bolsos e quitarem seus débitos com sua entidade. Toda inadimplência está ligada a uma subestimação do benefício que o associado recebe da entidade em troca do custo da sua contribuição, ou seja, falha de comunicação e *marketing*.

O projeto da OAB também serve de exemplo ilustrativo da importância do planejamento estratégico para identificar as necessidades materiais e instrumentos operacionais, subsidiando a elaboração do orçamento, e também como se elabora um cronograma de ação de um projeto de *marketing* político eleitoral. Através daquele plano, o leitor perceberá como é factível, através do *marketing* político, dourar pílulas amargas ou transformar limões em deliciosas limonadas.

Alerto eventuais líderes sindicais ou entidades de classe, que o uso deste projeto ou de outros apresentados no CD-Rom, que acompanham esta obra, deverá contar com a aprovação do autor, que aqui os apresenta apenas para permitir a todos fazer uma ideia mais precisa de como trabalha um profissional da área e da mecânica que envolve a construção de projetos de *marketing* político.

2. O Discurso da Ética nas Eleições de 2006

Todos os grandes partidos partem do mesmo patamar no conceito ética: o marco inicial é o marco zero

Embora um em cada cinco eleitores tenha por principal demanda a honestidade, ao cair sobre a que era sua principal bandeira, o PT destruiu a esperança que restava ao eleitor de que houvesse alguma força política no País capaz de representar este atributo. Isto porque, desde a sua fundação e por 22 anos, o PT acabou tendo êxito em sua massiva campanha e missão diuturna de convencer a população de que era a única legenda partidária confiável nos quesitos moralidade pública e ética. Foi a mais longa e eficaz campanha de construção de imagem, à custa da demolição da imagem da concorrência, de que tenho registro em nosso País: deu ao PT o que ele queria, mas teve o efeito colateral de causar sérios danos à já combalida imagem da classe política brasileira.

Ao decepcionar o eleitor, o PT *zerou* o jogo e caiu no nível rasteiro da reputação de todas as grandes e tradicionais forças políticas, lugar que, diga-se de passagem, a própria legenda ajudou a rebaixar (toda a regra tem algumas poucas exceções).

Durante o fogo cerrado e prolongado período de desgaste infligido pelos adversários ao PT ao longo da CPI dos Correios, também conhecida como a do "Mensalão", a defesa central do partido foi provar à sociedade que o maior crime do PT foi a sua adesão às práticas comuns e correntes usadas por todos os demais. E o resultado foi o expresso por dois exemplos muito populares: o do Tamanduá que abraça a onça ou o do abraço do afogado: agressor e agredido, vítima e salvador, todos morrem juntos ao final.

A absolvição da maioria dos deputados envolvidos nos escândalos, as inúmeras denúncias de *acordões* para evitar convocações que poderiam comprometer *figurões* de lado a lado, o descaramento e "imprecisões terminológicas" dos depoentes, a posterior recusa do Congresso em investigar os seus pares denunciados como "sanguessugas" da Saúde, tudo isto fartamente exposto pela imprensa brasileira, foram as provas que faltavam de que *todos* tinham lá seus *rabos* a ocultar, e que tudo não passava de uma teatral contenda política entre *rotos* e *rasgados*.

Esta é a história recente da ética no Brasil: o detentor do seu monopólio afundou, mas levou com ele a *rapadura*, não permitindo que seus algozes a tomassem e pudessem usá-la. A bandeira da ética virou o Santo Graal tupiniquim, ou melhor, a nossa *excalibur* à espera de um novo herói que consiga desencravá-la da rocha.

Nestas eleições de 2006, os candidatos de todas as grandes legendas terão como vantagem o fato de não precisarem enfrentar um altivo PT, dando-lhes lições de moral e ética, nem fazendo denúncias ou apontando seus dedos contra as desmazelas ou *escorregões* de sua conduta ou de seus aliados no passado. Mas também correrão riscos inaceitáveis se tentarem assumir o papel que era exclusivo dos petistas: primeiro porque o eleitor não acredita em ninguém e terão que gastar muito tempo para convencê-lo, e depois, porque serão afrontados pelos candidatos dos partidos pequenos, mais ideológicos, e que, previsivelmente, se engalfinharão entre si pela posse da pesada *excalibur*, mesmo não tendo, nenhum deles, musculatura política suficiente para esgrimi-la a ponto de conquistar o trono. Embora o universo de eleitores brasileiros que decidirão seu voto em razão da ética seja de respeitáveis 21%, aquele número é insuficiente para assegurar, sozinho, vitórias eleitorais, uma vez que mais da metade destes eleitores acredita que o candidato que já escolheram seja efetivamente honesto e a outra metade não acredita na honestidade de nenhum.

Recente pesquisa realizada pela Brasmarket, com 1500 eleitores, mostra uma realidade triste em termos cívicos: apenas 28% dos eleitores continuariam votando nos candidatos que já escolheram caso aparecesse na disputa um candidato que realmente considerassem como honesto. Mas perguntados sobre se acreditavam que este candidato totalmente honesto existia, apenas 30% dos entrevistados responderam que acreditavam que existisse algum candidato com estas características...

Se, durante esta campanha, você descobrir que um dos candidatos ao governo é mais honesto que os outros, tem passado limpo, abriu mão de mordomias e tomou medidas para combater a corrupção, mordomia e privilégios da classe política, você:

	%
Continuaria votando no mesmo candidato que já escolheu	27,7
Com certeza mudaria a escolha e votaria no candidato mais honesto	42,2
Dependendo de outras qualidades, talvez mude e vote no candidato mais honesto	25,8
Não sabe	4,3

Você acredita que algum dos atuais candidatos ao governo seja totalmente honesto?

	%
Sim	29,5
Não	52,3
Talvez/Não Sabe	18,2

Assim, a percepção social de que o PT não é pior nem melhor do que os outros partidos fará da ética um assunto secundário, pano de fundo assumido por todos, mas que não é mais um atributo exclusivo de nenhuma das principais forças políticas ao longo desta eleição, embora a pesquisa mostre também que o candidato que vencer a barreira do descrédito do eleitor tem grandes chances de tirar votos de seus adversários e tornar-se o próximo governador.

3. O Candidato e seus Desafios

Antes de mais nada, este autor quer manifestar sua reverência e genuína admiração pelos cidadãos que têm a coragem de assumir a condição de candidatos e, ao fazê-lo, decidem sair da arquibancada, entrar em campo, deixar de ser meros espectadores para tornarem-se protagonistas. Se jogarem bem, receberão um troféu que os distinguirá dos 180 milhões de cidadãos comuns: *o poder*, que aumentará na medida em que aumentam os votos que os levarão a ascender a novas posições.

Este poder de mudar, de contribuir, de transformar e de influir fará muita diferença em suas vidas e no universo pessoal, no mundo novo e nas novas fronteiras que conquistaram não faltarão benefícios, e também, responsabilidades. Sua transformação de cidadão comum em personalidade pública lhes conferirá a autoridade, mas também invadirá a privacidade e intimidade de sua família. Sua ascensão de liderado a líder multiplicará milhares de vezes o seu poder individual, mas a representatividade lhe imporá o fardo e o tornará sujeito às pressões de seus liderados. Para este autor, você, candidato, é um herói (ou um sonhador).

Mas antes de tomar sua decisão final e de lançar-se, de corpo e alma, ao seu projeto eleitoral, proponho que responda, com toda a sinceridade, às questões abaixo, formuladas inicialmente, há mais de 20 anos, pelo publicitário Emmanuel Público Dias, em sua palestra num dos seminários da Brasmarket. Faço algumas adaptações para adequar os questionamentos básicos para os candidatos que disputarão o poder no século 21, ano 2006.

Ser ou não ser candidato?

Teste as suas possibilidades de ser ou não um candidato, sem que sua decisão envolva riscos de causar um desastre para si e para sua família e sem abalar seus negócios. Se você estiver realmente preparado, sua resposta deverá ser sim a todas as questões ou saberá que pode sofrer percalços e que talvez seja recomendável abandonar seu projeto político neste momento e ir cuidar de sua vida.

Antes da bateria tradicional, há quatro questões que não exigem um simples *sim* ou *não*, mas suas respostas se tornarão o núcleo de toda a formulação de sua campanha. Se você não encontrar boas respostas a elas nem adianta seguir em frente:

- Por que quero ser candidato?
- O que me torna especial ou me distingue de meus concorrentes?
- Por que razões os eleitores escolheriam votar em mim?
- E se eu perder?

Se sua estrutura pessoal suportou estes questionamentos sem problemas, teste as sua chances:

1 – Você tem o apoio de sua família? Ela está disposta a assumir as responsabilidades do lar e, além disso, ajudar na campanha?
2 – Será que sua família vai aguentar as ofensas de que você será alvo sem se perturbar?
3 – Sua vida pregressa pode ser totalmente investigada? Como foram seus negócios? Suas declarações de Imposto de Renda? Seus parentes próximos? Fontes e renda? Sua saúde física e mental? Tudo isto pode ser comentado por qualquer veículo de comunicação?
4 – Quem são seus dez maiores aliados nesta batalha? Quais são seus dez adversários mais ferrenhos? Você tem certeza de que seu grupo de aliados é o mais forte, mais coeso e mais competente?
5 – E os fantasmas do passado? Os esqueletos no armário? Seus *ex*-amigos, empregados, sócios, namorados(as), cônjuges ou velhos desafetos sabem algo que a imprensa ou seus adversários não possam saber?
6 – (Depois da descoberta do DNA esta pergunta ganhou relevo): Se teve filhos fora do casamento, está tudo bem resolvido? Você não está sujeito a desgastantes processos por falta de pagamento de pensão alimentar ou de reconhecimento de paternidade?
7 – Você está física e emocionalmente preparado para enfrentar uma campanha eleitoral? Para comer mal e muito? Dormir mal e pouco? Está preparado para as pressões, frustrações e traições sem se perturbar?
8 – Tem suporte financeiro suficiente? Se não, quem irá financiar sua campanha? Se você é empresário, quem vai tomar conta dos seus negócios? Se é empregado, tem emprego garantido em caso de derrota?
9 – Você tem condições de formar uma equipe à qual possa confiar a estruturação, organização e administração de sua campanha, mantendo autoridade sobre ela?
10 – Gosta de política? Sente prazer em participar do processo eleitoral? Tem conhecimento da estrutura e do potencial dos adversários?
11 – Você e sua equipe acreditam que têm condições de saírem vitoriosos na eleição, mesmo que para isto tenham que trabalhar até o limite da exaustão?

12 – Se você for mulher, negro, homossexual ou fizer parte de segmentos minoritários, além de todas as questões anteriores, estará preparado para enfrentar uma série de preconceitos, ainda arraigados na sociedade, sem se abalar?

13 – (Se você for disputar eleições para presidente ou Congresso em outros países latino-americanos): Tem boas relações com a Espanha (entrada da Europa)? E com os Estados Unidos? E com o comandante-presidente Chavez, da Venezuela? Você ou algum de seus principais aliados estão livres do risco de sofrer veto por qualquer um deles? Possui canais de ligação com os governos americano e venezuelano, os dois polos extremos e antagônicos que travam acirrada disputa pela hegemonia no continente?

Se todos estes questionamentos foram respondidos afirmativamente, siga em frente. Parabéns e boa sorte. Se tiver respondido *não* em apenas uma questão, pare e volte atrás. Não decida agora, pois o arrependimento poderá chegar tarde demais, quando já tiver perdido ou não houver mais remédio possível.

O primeiro desafio: a legenda & os partidos políticos

Os candidatos ao Legislativo terão de enfrentar concorrência muito mais complexa, e em dois níveis distintos: dentro de sua própria legenda ou coalizão e fora delas, contra postulantes dos partidos concorrentes.

O agravante é que os votos obtidos pelos candidatos que concorrem dentro do seu partido são, ao mesmo tempo, necessários e importantes para que a legenda possa atingir o maior percentual de votos possível, para eleger uma bancada com mais deputados ou vereadores oriundos de suas fileiras. Assim, se um companheiro do seu partido tiver um voto a menos que você, ele se transforma, ao mesmo tempo, no seu maior aliado e cabo eleitoral. Contudo, se você tiver um voto a menos que ele, você é quem vira o cabo eleitoral dele.

Em última análise, quem vai decidir o nível ou intensidade da disputa interna que cada candidato enfrentará são os dirigentes partidários, que controlam as convenções e que formalizarão legalmente as candidaturas da legenda. Se o critério de seleção e indicação for técnico e racional (o que raramente ocorre), o partido reduzirá o canibalismo entre seus candidatos e chancelará candidaturas complementares, ou seja, nomes que disputam segmentos sociais e bases geográficas diferentes, reduzindo os confrontos e pontos de atrito internos.

Se o critério for político, a preocupação dos dirigentes pode ser, por exemplo, lançar vários candidatos para saturar um determinado segmento ou reduto e, assim, inviabilizar a eleição do adversário de outra legenda; ou o objetivo estratégico pode ser o de fortalecer o candidato majoritário do partido em segmentos ou redutos onde tenha menor penetração.

Normalmente, para muito partidos, as listas de candidatos atendem apenas aos cálculos eleitorais e interesses dos caciques partidários, que estão mais preocupados com as próprias eleições e com os votos que contribuirão os demais candidatos da legenda. O interesse maior deles é o potencial dos demais candidatos como cabos eleitorais e não as chances de eleição de cada companheiro do partido.

Candidato ou laranja?

Se você quiser ser candidato por determinada legenda não feche as outras portas e mantenha bom relacionamento com lideranças de outras legendas. Este cuidado poderá ajudá-lo a conseguir a vaga que precisa para disputar uma eleição.

Os partidos são clubes fechados e não raro preferem o lançamento de uma *chapa* frágil, encabeçada pelos seus líderes mais expressivos e engrossada por muitos candidatos que, se por um lado somam poucos votos individualmente, pelo outro, não se constituem em ameaça séria aos controladores da legenda. Exemplo: suponha que um partido possa lançar 50 candidatos a deputado estadual e o quociente eleitoral para uma cadeira seja de 100 mil votos. Se o dirigente partidário sabe que seu cacife eleitoral gira em torno de 10 mil votos, procurará lançar apenas candidatos com potencial menor do que o dele, a menos que sinta que a legenda corre o risco de não atingir o quociente, caso em que ninguém se elegeria. Mas se o partido obtiver quociente eleitoral para eleger dois ou três candidatos, ele manobrará para ser o mais bem votado.

A regra também vale para candidatos majoritários, principalmente os lançados por governantes para sucedê-los. Os casos de *criaturas* que se voltaram contra seus *criadores* são tantos, que muitos governantes preferem não fazer o sucessor e indicam o candidato que consideram o mais dependente e sem condições de ameaçar seu espaço político ou, se é pressionado por seu grupo político, optará pelo que lhe pareça inviável, para queimá-lo e enfraquecer o grupo a que ele pertença.

Cabeça de sardinha ou rabo de tubarão?

Já vimos que o partido é a única porta de entrada para a carreira política e, normalmente, é dirigido por um clube seleto e fechado de líderes. Estes mantêm suas posições de comando interno porque controlam com mãos de ferro as filiações e, consequentemente, controlam os votos dos delegados nas convenções partidárias. Um candidato deve escolher, com cuidado, qual é a legenda para filiar-se.

Se você tiver votos e potencial eleitoral, é bom avaliar se não seria melhor entrar num partido pequeno, no qual teria maiores possibilidades de negociar posições de poder interno e necessitaria um número menor de votos para eleger-se. E não basta assinar simplesmente sua ficha de filiação: você tem que negociar uma fatia de poder interno, filiar também o número de simpatizantes suficiente para lhe dar o controle e indicação de cargos para ser *dono* de um diretório municipal ou zonal que lhe assegure um lugar na executiva daquele partido. Aí você, além de candidato, pode posar de cacique.

Caso contrário, a menos que tenha amigos na direção nacional do partido, se não tiver nenhum controle sobre a executiva estadual e nacional, ao assinar a sua ficha de filiação pode estar se tornando o refém da legenda, que pode negociar, à sua revelia, um *cacife* eleitoral que deixou de ser seu. Passou a ser da legenda que o abrigou.

E não estranhe se seu nome virar moeda de barganha, ou seja, a direção do seu partido poderá pressionar outros líderes com a *ameaça* de lançá-lo candidato, só para poder *rifar* a sua candidatura em troca de eventuais benefícios políticos, partidários ou pessoais. Mesmo a direção da executiva regional (diretório das instâncias estaduais) ou as amizades que possa ter na executiva nacional não representam qualquer garantia de que você será lançado candidato.

Os golpes e intervenções *brancas*

São comuns as intervenções da cúpula partidária ou executiva nacional nos diretórios regionais (instâncias estaduais) e de ambos (executiva nacional ou as estaduais), nos diretórios zonais (instâncias municipais) dos partidos.

Para facilitar suas intervenções nas instâncias inferiores da estrutura partidária, os partidos costumam usar o artifício de não tornar definitivas as estruturas formais dos diretórios, nomeando executivas provisórias. Este simples artifício permite que as instâncias partidárias superiores possam intervir sumariamente e sem restrições sobre as estruturas provisórias e possam anular seus atos, decisões ou até, em caso de rebeldia, dissolver aquelas executivas e nomear outras em seu lugar.

Assim, antes de comemorar a filiação e dar sua candidatura como certa ou investir seu dinheiro num partido, estude a situação, cheque antes se o diretório é provisório, quais são as diretrizes, o programa e o manifesto, que é o seu contrato de constituição legal, para saber como funcionam os mecanismos internos de controle e organização.

Estude ainda, com muito cuidado, um mecanismo de exceção autoritário e comum aos partidos: a comissão ou conselho de ética. Saiba como funciona a comissão de ética, que é um tribunal interno, com poder para *desterrar* ou expulsar qualquer membro do partido. Geralmente é aí que se imolam, sem apelação, os que caírem em desgraça ou se constituírem em ameaça ao poder feudal da direção nacional da legenda.

Na prática, as decisões das executivas nacionais têm o poder de decretos, contra os quais não há recurso e quem tem juízo, obedece, ou corre o risco de uma intervenção, dissolução ou de ir para o paredão de fuzilamento que são os conselhos de ética. Se forçar sua memória, o leitor lembrará de algum caso recente e envolvendo lideranças políticas de seu Estado ou cidade, pois estas intervenções ocorrem às centenas, em todo o País, e perpetradas por todas as legendas. Como as intervenções se fazem baseadas na vontade dos que detêm a maioria na executiva do partido, são legítimas. Antes de escolher um partido para filiar-se, recomendo ao futuro candidato que analise a composição do poder interno da legenda que estiver avaliando: na hierarquia das decisões e interesses partidários estão, em primeiro lugar, os nacionais; depois, prevalece o interesse dos Estados onde a legenda fez mais parlamentares ou governos. Se no seu Estado o partido é fraco, isto pode ser uma vantagem, que lhe dará mais liberdade de atuação em nível local, mas lhe trará desvantagem, sempre que os interesses locais conflitem com os dos que detém as maiorias.

Os legítimos interesses maiores (nacionais) da legenda sempre prevalecem sobre interesses locais

Mas, nem sempre as intervenções das executivas sobre as instâncias partidárias inferiores da estrutura são arbitrárias ou ilegítimas. Para sobreviver e ampliar o poder do partido, benefício que se estende a todos os membros da agremiação, as cúpulas partidárias têm que optar pelo sacrifício de uma ala do partido em benefício da maioria e a decisão da maioria, ainda que contrarie interesses de setores minoritários, é uma manifestação legítima de democracia interna. Isto ocorre nas articulações entre legendas para definir as alianças que ampliem a competitividade e as chances eleitorais do partido nas campanhas eleitorais nacionais.

Os exemplos dos deputados tucanos Jutahy Magalhães (BA) e Luís Rocha (MA)

Vítimas constantes destas alianças, por exemplo, são o líder baiano Jutahy Magalhães e o líder maranhense Luís Rocha, ambos deputados e dirigentes do PSDB em seus Estados. Jutahy é arquirrival do senador baiano Antonio Carlos Magalhães, do PFL; e o tucano maranhense é o adversário local da família Sarney, que controla o PFL e o PMDB no seu Estado. Como PFL e PSDB são aliados no nível nacional e o mesmo ocorre não propriamente com o PMDB, mas sim com seu senador amapaense, José Sarney, que, na condição de ex-presidente, mantém diálogo e trafega bem em todas as legendas. Tanto Sarney como ACM são lideranças expressivas e comandam as maiores forças políticas em seus Estados de origem, enquanto o PSDB tem espaços políticos muito menores que seus adversários locais.

Em toda sucessão nacional, ambos são forçados, a bem dos candidatos majoritários de sua legenda, a sacrificar seus interesses em nome do bem maior e têm seus interesses regionais sacrificados, ou são *abandonados* à própria sorte pela direção nacional do seu partido. Recebem compensações, cargos internos e prêmios de consolação, além de benefícios futuros, caso a candidatura à presidência de seu partido ou dos aliados nacionais saiam vitoriosas da disputa. Como no caso deles, em nome de acordos eleitorais e alianças circunstanciais com governos, dezenas de dirigentes partidários têm de se submeter ao convívio forçado com forças políticas, rivais no nível local, mas que se aliaram em torno de objetivos maiores em outros planos ou instâncias de poder.

Você tem reduto?

O reduto é o *ninho* onde se abrigam os votos dos candidatos. Candidato sem reduto é só meio candidato. O reduto é a querência, local onde o candidato estará protegido do alcance dos seus adversários e de onde provém a sua força para poder enfrentá-los.

Os redutos mais comuns são os geográficos, representados pelos limites territoriais de um bairro, município, região ou Estado. O poder eleitoral dos redutos explica porque o Congresso abriga grande número de ex-prefeitos, governadores ou lideranças que exerceram funções executivas em estatais, ministérios e secretarias de Estado, conquistando simpatia e influência graças à vantagem que lhes conferiam suas posições: prestar serviços e/ou construir obras que resultassem em benefício das sociedades locais.

Mas existem redutos virtuais, ou seja, suas fronteiras abrangem territórios intangíveis, representados por setores de atividade econômica, afinidades ideológicas, segmentos sociais ou causas comuns, como, por exemplo, funcionalismo público, comunismo, segmentos religiosos, defesa da ecologia etc.

A natureza do sistema democrático é a representatividade e qualquer aspirante tem que representar alguém mais do que a si próprio. Esta base de representação é o que se chama reduto, algo que exige o máximo empenho do líder político durante as quatro fases ou ciclos de vida de seu reduto: construção, consolidação, ampliação e defesa de suas fronteiras.

A sedução

O aliciamento de um cidadão e sua conversão em candidato é, mais ou menos, semelhante aos métodos empregados pelos traficantes que viciam a *vítima*, alimentando gratuitamente o seu vício (no caso, sua vaidade), até torná-la dependente.

Normalmente são pequenos empresários ou líderes comunitários, presunçosos, que têm o seu ego massageado pelos elogios do líder interessado em levá-lo para a arena eleitoral, onde contribuirá para facilitar a eleição de outros candidatos mais bem estruturados.

Neste período de sedução, o aspirante é convencido de que lhe bastam seu trabalho e prestígio pessoal ou comunitário para assegurar sua eleição. Quando descobrir que não é bem assim, já será tarde.

Outro tipo de aspirante sempre bem recebido pela maioria das legendas, é o aspirante a candidato, mas *rico*. A este se facilita tudo, até o momento em que ele percebe que, para vencer a eleição, precisará da ajuda dos seus companheiros de chapa, apoio em troca do qual, naturalmente, terá que investir uma parcela de sua fortuna.

A este tipo de candidato, normalmente se reserva a honrosa, cobiçada (e cara!) vaga de candidato majoritário, posição que, cedo ou tarde, acabará levando-o a financiar seus companheiros de legenda aos cargos proporcionais.

Os idealistas & as legendas ideológicas

Os candidatos que pertencem a esta categoria, salvo raras exceções, têm viabilidade pessoal baixa, mas são beneficiados pela militância e pelo conceito coletivo dos grupos de opinião a que pertençam, fato que lhes confere viabilidade eleitoral. Sempre às voltas com baixa disponibilidade financeira e estrutural, em parte compensada pelo engajamento de uma militância partidária qualificada e motivada, servem mais a propósitos coletivos de médio e longo prazos, buscando, por meio de suas participações nos processos eleitorais, marcar posições institucionais e propagar as convicções de seu grupo político.

Candidatos das legendas ditas *ideológicas* são soldados de seus partidos e que colocam os objetivos coletivos do seu grupo acima dos seus pessoais, assumindo a missão de buscar os votos que conseguir, sem perspectivas numéricas de eleição pessoal direta, mas procurando angariar para sua legenda quociente eleitoral suficiente para poder eleger seus candidatos mais votados.

Consequências da cláusula de barreira e restrições impostas aos pequenos partidos

Os candidatos *ideológicos* são espécimes condenados à extinção, pela ganância, intolerância dos partidos majoritários e pela alienação social. Sob pretexto de inibir o mercantilismo e desvios cometidos por algumas legendas nanicas e mercenárias, os grandes partidos (maiorias) estabeleceram cláusulas de barreira, restrições destinadas a inviabilizar a existência das minorias ideológicas pelos seguintes instrumentos:

- asfixia econômica, cerceando o direito das legendas ideológicas a repasses do fundo partidário;
- exigência de estrutura nacional e votação em vários Estados, que impõem às minorias a obrigação de dispor de estrutura que só podem ter as maiorias;
- asfixia da representatividade política, sonegando-lhes privilégios e acesso a cargos nos Legislativos, para torná-los prerrogativas e privilégios exclusivos das maiorias;
- cerceamento de seu ínfimo acesso aos meios de comunicação de massa (tempo gratuito nos veículos de comunicação de massa).

Independente dos objetivos ou razões alegadas pelas legendas majoritárias para justificar suas posições contrárias à sobrevivência dos pequenos partidos, os benefícios de fato (e que pouco ou nunca são lembrados) serão os seguintes:

- redução das opções partidárias que possam dar guarida a futuras dissidências ou rebeldia dentro das fileiras dos grandes partidos;
- eliminar a possibilidade de concorrência futura já no nascedouro, reduzindo o leque de opções e de instituições com direito a lançar candidaturas legítimas;
- livrar as lideranças *pragmáticas* da desconfortável saia justa que lhes impõem os debates com lideranças *ideológicas*.

O pior é que esta iniciativa, que reputo autoritária e antidemocrática, conta com o apoio de amplos setores da imprensa e milhões de desinformados inocentes úteis, pobres de espírito e manipulados.

Mesmo deputados abrigados em grandes agremiações partidárias, mas que não fazem parte de seus núcleos dirigentes, não perceberam que atiram contra seus próprios pés ao contribuírem para eliminar um canal de participação política que lhes pode servir como opção futura e que, de quebra, reduz o jugo dos caciques sobre os indivíduos de cada tribo.

O que uns fingem não ver e outros não se dão conta é que, ao decretar o fim das legendas *nanicas*, a pretexto de eliminar as ervas daninhas, estão matando toda a plantação, ou seja, reprimem também o mais legítimo direito de expressão e representação política das minorias.

Tentam tapar o sol com a peneira e insultam a inteligência da sociedade aqueles que apontam as restrições à sobrevivência das representações minoritárias como fator de moralização da atividade política, como se a prática aética e a corrupção generalizada fosse uma imposição das minorias e não das maiorias.

Funções organizacionais dos candidatos

Ao candidato cabe fazer a escalação inteligente do time de assessores que formarão sua equipe e administrar com sabedoria o inter-relacionamento deles em sua campanha. Afinal, quando esta entrar no ritmo normal, sua sorte estará nas mãos destes, uma vez que a quantidade e o ritmo vertiginoso dos compromissos, apertos de mão, discursos, viagens, visitas a financiadores, somada à sua participação na formulação das estratégicas, tomarão todo o seu tempo livre.

O candidato preside cada área de assessoria, determinando os limites que julgar aceitáveis em cada área. Também é a ultima instância na coordenação geral da campanha, o detentor do voto de Minerva.

Serve como elo entre atividades diferentes e estanques e zela para que não haja superposição de funções e responsabilidades. Vale o velho ditado ressuscitado pelo presidente Lula recentemente: "cachorro que tem muitos donos morre de fome".

O princípio que sempre deve ser observado para evitar contratempos e atritos desnecessários é magistralmente esclarecido pelo dito popular: "cada macaco no seu galho", ou seja, o candidato deve deixar que cada especialista cuide da sua área e respeite o trabalho realizado por seus companheiros de campanha, pois é de se presumir que todos tenham a ganhar e objetivem a mesma vitória.

Afinal, existem centenas de opções qualificadas para exercer qualquer função administrativa ou técnica em cada área de sua campanha, mas ninguém pode substituí-lo e, se pode delegar autoridade, não pode delegar legitimidade a nenhuma outra pessoa em seu papel e função essencial: ser o candidato.

4. As Assessorias de *Marketing*, Propaganda & Política

As diferenças entre palpiteiros, conselheiros e consultores

Antes de discorrer sobre o papel e atribuições das assessorias em cada área da campanha, considero importante para um candidato que ele possa estabelecer clara diferença entre as diversas classes de profissionais com quem poderá manter contato ao longo de sua campanha, para que saiba que peso atribuir aos conselhos que receberá de graça ou àqueles que terá de pagar.

O palpiteiro é a fauna mais comum nos hábitats eleitorais e você irá encontrá-lo em qualquer local que costume frequentar. A exemplo do futebol, onde cada torcedor se acha um técnico e se sente qualificado para defender teses sobre o assunto, todo eleitor terá um *conselho* para dar ao candidato. Muitos virão de pessoas bem intencionadas, interessadas em demonstrar-lhe afeto e preocupação com a sua eleição. Mostram-se dispostas a contribuir, com seus pontos de vista e opiniões, sobre o que *acham* que está ocorrendo e sobre o que *acham* que você deveria fazer. Saber ouvir a todos é uma qualidade e não é impossível que um conselho ou dica de uma pessoa qualquer, independente da sua qualificação profissional ou cultural, possa ser uma exceção à regra e ter extraordinário valor.

O problema em ouvir a todos é que não existe estrutura que seja capaz de separar o joio do trigo e os conselhos avulsos, mesmo quando bons, na maioria das vezes, não se encaixam na estratégia e objetivos centrais da campanha. Daí a importância em saber a diferença entre um palpite e um conselho, e também de ter em seu *staff* gente qualificada para analisar e filtrar as informações, checando e descartando o que não serve. Também é preciso tomar cuidado para avaliar o custo e o benefício de cada guinada no rumo, para que sua estratégia não vire um trajeto inseguro, cheio de curvas, soluços e hesitações.

A diferença entre um palpite, ou conselho, está nas credenciais pessoais de cada interlocutor: um médico dá um conselho quando se trata de um problema na sua área de especialidade e também pode dar um conselho sobre como você poderia conquistar apoios dentro da classe profissional dele ou sobre como você poderia abordar um problema comum à sua categoria ou um tema relacionado à saúde em seu discurso.

Porém, no que diz respeito à estratégia eleitoral, comunicação ou articulação política, o mesmo médico vira um palpiteiro e suas recomendações sobre temas fora de sua alçada se tornam nada mais do que meros palpites.

O que diferencia um conselheiro de um consultor, presumindo que ambos tenham bons predicados pessoais, além de vasta experiência e qualificação em suas áreas de especialidade, é que:

- você paga ao consultor pelos conselhos que ele lhe dá;
- ao contrário de seus conselheiros, o consultor não é alguém que está enfronhado no seu dia a dia de campanha e só saberá do que se passa através das informações que você lhe transmite. Assim, ele tem a visão, a análise e as opiniões do candidato como principal base;
- para formar a opinião dele, o consultor somará às suas opiniões e análises à experiência e aos conhecimentos dele, bem como as informações que puder obter de outras fontes.

Assim como é recomendável contar com uma segunda opinião sempre que alguém tenha que tomar decisões importantes ou que envolvam saúde e altas quantias, considero que cada candidato deve, se lhe for possível, manter permanente contato com um consultor, que lhe possa dar sua (segunda) opinião sobre as estratégias e interpretação dos fatos e da conjuntura eleitoral. Porém, atento para o fato que, sem dispor de todos os elementos necessários para subsidiar ou embasar sua análise, o conselho de qualquer consultor se torna um irresponsável palpite, e este autor recomenda que o candidato fuja de qualquer consultor que não lhe recomendar, logo de início, a contratação de uma pesquisa para embasar sua análise, a menos que o candidato se encontre diante de um problema ou emergência ou, ainda, uma situação específica em que precisa aconselhar-se sobre como conduzir-se ou o que poderia ser feito para superar um obstáculo ou aproveitar uma oportunidade.

O *assessor de* marketing *político*

Antes de mais nada, um profissional que queira abraçar a carreira do *marketing* político, obviamente, deve ter bons conhecimentos de *marketing*, comunicação e propaganda. Mas o diferencial que vai credenciá-lo como especialista neste ramo de atividade é o tamanho de sua *tara* por política. Quem não gostar da política além do normal, pode até ser um profissional regular, mas jamais será excelente.

Independentemente do nível ético, capacidade ou intelecto de parcela de nossos políticos, a alta política é uma arte nobre, justa e perfeita da articulação e do consenso possível. É a Constituição que rege o manejo do poder, impedindo que este se torne desenfreado e absolutista.

Um assessor de *marketing* político deve acreditar que a democracia, se não é um sistema perfeito, tem o mérito de ser o melhor, e saber que o único instrumento legítimo de exercício do poder é a política.

Outro predicado útil é o de manter sua mente liberta das limitações, clichês e preconceitos. O caminho é exercitar sua imaginação, tornar-se essencialmente um rebelde e um contestador, perder a vergonha de fantasiar ou sonhar acordado, interessar-se pelo gênero da ficção e adotar o hábito ou a obsessão de procurar, sempre, um atalho para os caminhos e a maneira diferente de fazer, ainda melhor, a mesma coisa.

Autoconfiança, ousadia e uma mente livre são pré-requisitos para desobstruir os canais que dão acesso à inspiração e à criatividade. As âncoras com a realidade, que servem de contrapeso dos atributos descritos acima, mantendo o equilíbrio e sanidade mental, necessários para tornar-se efetivo e não ser tragado pela fantasia, são:

- ampliar sua capacidade de *pensar* ou *refletir*: exercitar uma quase paranoica mania de raciocinar e tentar perceber a quais interesses servem; aonde querem chegar ou que efeitos querem produzir, de fato, os que alimentam o noticiário político divulgado pelos veículos de comunicação;
- interessar-se em compreender os meandros tortuosos da natureza humana, as emoções, os interesses e as razões que motivam de fato ou influem na conduta da sociedade;
- estar atento e perceber as diferenças e influências que o meio, a cultura e os fatores socioeconômicos e conjunturais exercem sobre o comportamento individual e coletivo da sociedade;
- manter atualizado o conhecimento sobre novos recursos tecnológicos, técnicas, mídias alternativas e experiências na área da psicologia social e comunicação de massas.

Captar o que se quer dizer nas entrelinhas e a intenção que está por trás de cada declaração é mais importante do que o que se diz diretamente. Esta qualidade lhe permitirá evitar as armadilhas, antecipar os movimentos e estratégias dos adversários. E esta percepção lhe permitirá usar com mais eficácia os espaços da campanha e dos candidatos de seu grupo na mídia, aproveitando as oportunidades para inserir conteúdo subliminar às mensagens, nos pronunciamentos do seu candidato e das lideranças agregadas a ele.

O território da realidade é mais sutil e movediço do que se possa pensar. E o da realidade política é mais complexo ainda e, na permanente disputa pelos espaços de poder, as versões geralmente prevalecem sobre os fatos. Uma boa dica para treinar e melhorar a sua habilidade e percepção nesta área é acompanhar mais atentamente as reações, os desdobramentos ou repercussões de cada lance ou notícia.

Uma boa assessoria de *marketing* político também deve conhecer bem as atividades que cercam o desenvolvimento de uma campanha eleitoral, não somente quanto aos aspectos promocionais e necessidades de comunicação, mas também aquelas ligadas à área operacional e política da campanha.

Essa experiência só se adquire através do acompanhamento pessoal de campanhas eleitorais, principalmente aquelas que se desenvolvem em nível municipal, quando o contato com a população é muito mais íntimo e intenso.

A prática é importante para que se trabalhe com o pé no chão, levando em conta a realidade das campanhas políticas, e não apenas o que recomenda a teoria. Para quem inicia agora, prevalece o bom senso: todas as ações e todos os instrumentos devem levar em consideração, antes de mais nada, a relação entre o custo (tempo e/ou dinheiro) e o benefício (quantidade de eleitores). Isso não se aprende nos livros nem em gabinetes.

O assessor de *marketing* é uma espécie de coringa da campanha, aquele que deve conhecer um pouco de tudo e, sobretudo, gostar do trabalho que faz. Mas não deve cair na tentação de ser centralizador nem ser presunçoso, pois será forte candidato ao isolamento e estará cometendo a suprema burrice de sobrecarregar-se com tarefas que poderiam ser desenvolvidas por outros especialistas e acabar deixando de fazer justamente aquilo que só ele saberia fazer.

O profissional de *marketing* político funciona numa campanha como um diretor de *marketing* dentro de uma organização empresarial: tem, sempre, a visão do comprador e conhece a visão da agência, mas o que importa é conhecer e influir na visão dos consumidores, sem tirar o olho da concorrência. Tem que ser investido de autoridade para dar a última palavra no que concerne à comunicação e a sensibilidade de nunca se exceder nesta autoridade, buscando sempre a harmonia, a interação e o consenso com os demais profissionais da área de comunicação envolvidos na campanha.

Deve ser o elo entre a agência, a coordenação política e o candidato, coordenando todos os prestadores de serviços qualificados e oferecendo ao núcleo publicitário o suporte técnico e as informações a que devam ter acesso para desenvolver sua atividade.

É responsável de passar *briefings* aos profissionais de criação e mantê-los informados quanto às peculiaridades das atividades eleitorais e políticas, tanto do candidato que assessora como de seus adversários, para que esses possam apresentar projetos de comunicação eficazes e evitar o vaivém para remendos.

Deve organizar a logística para os materiais e serviços utilizados no decorrer da campanha e ter boa noção de redação, capacidade de síntese e senso de estética, para assessorar seu candidato quanto ao conteúdo de seus pronunciamentos e participar da equipe de produção nas exposições do candidato nos programas de rádio e TV.

O consultor de marketing político

Já o consultor de *marketing* político não pode assumir funções executivas, nem envolver-se demais no dia a dia da campanha que assessora, pois perderia o indispensável distanciamento, que lhe dá condições de coordenar, enxergar com isenção e discernir com ponderação e imparcialidade sobre tudo o que ocorre no ambiente da campanha. Um bom consultor tem absoluta obrigação de ser honesto com seu cliente, mesmo que o contrarie. Seu papel é apontar o que considerar um erro, alertar sobre o risco, prever consequências (avaliar a relação de custo x benefício) e aconselhá-lo. Isto feito, o candidato tem liberdade de decidir se vai ou não seguir a recomendação. Se não acatar e preferir correr o risco, resta ao consultor ir pensando em como remediar as consequências e tentar transformar os limões em limonada.

Tem de ser inteligente e saber escutar, para conquistar o respeito dos profissionais envolvidos na campanha. Afinal, como diz um ditado árabe, se falar fosse mais importante do que ouvir, a sábia mãe natureza nos teria dotado de duas bocas e uma só orelha e, além do mais, "em boca fechada não entra mosquito", ou seja, quanto mais escutar, menor será a chance de falar o que não devia.

Tem de possuir boa capacidade analítica para prever situações, ser imprevisível para desorientar e surpreender os adversários e ter a curiosidade e perspicácia para inventariar os pontos fortes e detectar as vulnerabilidades de cada concorrente, buscando soluções para todos os percalços que surjam no decorrer da campanha.

Deve ter uma imensa disposição para ler e obstinação na busca de informações, para poder analisar pesquisas, conjunturas e fazer projeções de cenários de disputa e tem de ser um "oportunista de carteirinha", nunca subestimar os adversários e estar sempre atento para os detalhes (que o ditado diz que são a obra do capeta) para detectar as oportunidades e reagir prontamente em qualquer tipo de situação; como o diretor de redação de um jornal ou noticiário, tem de criar, diariamente, a manchete nossa de cada dia (o fato novo) e acompanhar o noticiário de toda a concorrência.

Mas o difícil mesmo é ter de buscar, em cada notícia e declaração, não o que se disse, mas o que não se disse e o que realmente pensa e aonde quer chegar quem disse. Porque, em princípio, todos dizem aquilo que querem que os outros saibam, acreditem ou pensem, mas que pode estar muito distante da verdade. O consultor tem de pensar na estratégia que esta sendo usada por quem disse e como impedir que ela dê certo, ou como usar o que foi dito para complicar a vida de quem disse. Meio complicado, não? Mas eficaz.

Em nenhuma outra profissão o jargão "matar um leão todo dia" é tão presente quanto na atividade de consultoria política. Literalmente, a cada dia, é imperioso imaginar e gerar um fato novo, que possa causar repercussão e ampliar a inserção e presença do candidato na sociedade.

A assessoria de propaganda & as agências

O profissional de propaganda é o principal interlocutor do consultor de *marketing* que, somados à assessoria de imprensa, formam o triunvirato ou o tripé que sustentará a imagem pessoal, o conceito social, o conteúdo e a eficácia da mensagem do candidato junto à opinião pública.

A responsabilidade que pesa sobre cada um dos encarregados pela comunicação é enorme. O fato é que o insucesso de um prejudicará igualmente às três partes e, de quebra, comprometerá a eficácia de toda a campanha. Como suas atividades são complementares, não dá para cada um fazer a sua parte sem se importar com a dos outros.

Em nome do profissionalismo e em prol do êxito do empreendimento, o consultor de *marketing*, o publicitário e o assessor de imprensa devem reunir-se, domar seus egos e tentar formar uma equipe coesa, zerar suas dissonâncias, equacionar diferenças, compatibilizar estilos e afinarem-se entre si.

"A união faz a força": se qualquer um deles se deixar isolar, devido à proximidade que têm do candidato e ao jogo de disputa de poder travado nos bastidores de toda campanha, os três se tornarão vítimas de manipulação e desgaste contínuo, até que a cabeça, não necessariamente a do pior, mas a do mais fraco em articulação dentre eles, caia e os vitoriosos descubram que acabaram reféns dos aliados a que se juntaram para a questionável proeza.

Isto não quer dizer que não sejam até benéficas as diferenças de pontos de vista ao longo da campanha. Elas são desejáveis e de grande utilidade para ampliar o campo de visão de todos os profissionais, cada um apontando suas diferentes experiências para enriquecer o capital intelectual e as possibilidades táticas da campanha.

Contudo, as diferenças só enriquecem se houver franqueza, lealdade e maturidade profissional entre as partes, para que não se tornem divergências e gerem pontos de atrito e de desgaste, prejudicando a todos e ameaçando o projeto eleitoral do cliente.

À agência de propaganda caberá a criação de toda a parte visual da campanha, redação, bem como a supervisão da produção de filmes, jingles, audiovisuais e outros serviços especializados que exijam alto grau de conhecimento e formação específica.

A agência é a responsável pela *ponta do iceberg*, ou seja, da parte visível e pública da campanha, justamente a parte que está exposta, vulnerável e a que exige mais cuidados ao longo de toda a campanha.

Os publicitários também devem ser os encarregados da decodificação do discurso de natureza política, profissional e técnica, traduzindo e sintetizando conceitos complexos em mensagens simples, capazes de ser assimiladas por qualquer eleitor, independentemente de sua instrução ou segmento social.

Dada a sua importância na formulação estratégica, a agência de propaganda deve fazer parte do conselho político da campanha, pois a sua experiência será valiosa para o desenvolvimento e constante reformulação de novas estratégias de comunicação.

A contribuição do assessor de publicidade é de vital importância para o conselho de campanha e na direção dos programas do candidato no horário eleitoral gratuito, foros nos quais as respostas têm que ser rápidas e as reações, contundentes. À propaganda cabe despertar e manobrar a emoção dos eleitores.

Os princípios declinados no próximo capítulo podem soar óbvios para publicitários mais experientes. Mas este é um manual e é importante oferecer aos coordenadores, profissionais de outras áreas e aos candidatos parâmetros que lhes permitam avaliar a qualidade e conteúdo da propaganda de sua campanha.

O assessor político

Os assessores políticos são as figuras com maior poder e proximidade do candidato: eles são os gerentes do tempo e da presença física do candidato ao longo da campanha.

São, também, os avalistas dos compromissos assumidos pelo candidato e os embaixadores dele junto ao universo político e aos extratos superiores ou organizados da sociedade.

À assessoria política do candidato cabem as tarefas de articulação das alianças e apoios políticos e sociais das campanhas, tais como:

- administração das alianças e apoios políticos do candidato, proposição e articulação de *dobradinhas*, atendimento dos candidatos aliados, articulação com segmentos sociais organizados (sindicatos, associações, lideranças da sociedade civil etc.);
- recepção, encaminhamento e *follow up* (acompanhamento) das reivindicações de lideranças políticas e comunitárias;

- elaboração de roteiros e cronograma de viagens e da agenda do candidato para atender aos compromissos políticos e, ainda, motivar e fortalecer apoiadores e aliados, empossando-os na condição de embaixadores da campanha;
- supervisão e organização de comícios do candidato;
- trabalho de cooptação política junto a lideranças sindicais e sociais;
- participação no conselho político e elaboração estratégica do candidato no meio político, tais como articulações suprapartidárias, supervisão e análise dos efeitos da campanha junto às lideranças aliadas e adversárias etc.;
- coordenação da área de arregimentação, seleção, cadastramento e orientação do trabalho dos cabos eleitorais;
- articulação e organização de movimentos sociais e eventos com mobilização popular;
- inúmeras outras atividades nitidamente políticas, capazes de absorver o tempo integral dos assessores.

Geralmente os assessores e coordenadores políticos são líderes com vasta experiência e prestígio no meio político e eleitoral, mistura de méritos que muitas vezes resulta em egos enormes, que os tornam naturalmente insubordinados e independentes, até do candidato a que decidiram conceder o supremo privilégio de contar com seu inestimável apoio.

Em suas andanças no Brasil e na Bolívia, este autor conheceu muitos coordenadores políticos que, pelas suas atitudes e condutas, deixavam transparecer que, no fundo, se achavam inclusive mais viáveis do que o candidato que auxiliavam. E o pior, é que muitos realmente o eram...

A assessoria política, pelo contato que mantém com os diversos interlocutores das diferentes facções políticas ao longo da campanha, presta inestimável contribuição à consultoria de *marketing*, pois além do candidato só ela tem informações sobre as bases das negociações com as demais forças políticas e sociais, cujo cumprimento, por vezes, impõe limites e cuidadosos posicionamentos públicos do candidato.

A assessoria política é fonte privilegiada de informações sobre reações e percepções do público qualificado (universo político) e sobre os bastidores de todas as campanhas em curso. Estas informações podem revelar novas oportunidades, vulnerabilidades próprias ou de adversários e permitem avaliações do cenário eleitoral sob novos ângulos e perspectivas.

Porém, como os articuladores políticos são figuras evidentes e sua vinculação com uma campanha é notória, também podem ser alvos de falsas informações, intencionalmente *vazadas* por adversários para desinformar ou desviar seu oponente da verdadeira situação. Assim, é recomendável cuidadosa avaliação sobre seus fundamentos, *cruzando* estas informações com as provenientes de outras fontes, para validá-las.

Independentemente da confiança que os assessores políticos mereçam do candidato a que sirvam, quem traz informação também pode levá-la. E se o articulador político for hábil, pode ser uma importante fonte de desinformação para despistar os grupos políticos adversários, *plantando* falsas pistas ou, intencionalmente, *deixando escapar* falsas confidências e indiscrições.

Espalhar informações que despistem os adversários é tão importante quanto a preservação do sigilo com relação a tudo o que possa significar estratégia ou trunfo, que devem ser mantidos a sete chaves até o momento exato de sua utilização.

O difícil nem é lidar com eles, pois coordenadores políticos costumam ser inteligentes e sagazes, mas é muito mais fácil concordar com eles do que conseguir convencê-los de qualquer coisa que contrarie sua opinião sobre qualquer tema...

Como o profissionalismo e eficácia são objetivos maiores numa campanha, evitando perda de tempo de qualquer colaborador e maximizando sua eficácia na área na qual possa ser mais útil, é importante usar os coordenadores políticos na área em que são mais qualificados, ou seja, nos *embargos auriculares*, na sedução, influência e instrução dos aliados, articulação de novos apoios e na desinformação dos adversários.

5. A Propaganda Eleitoral

A primeira regra da comunicação e propaganda eleitoral reza que, por melhor que possa ser, a tecnologia de comunicação não substitui o trabalho pessoal do candidato. Seu objetivo é amplificar a mensagem e a projeção social da fonte da mensagem (o candidato). O *marketing* político se vale e administra todos os meios e instrumentos disponíveis para alavancar e otimizar a comunicação do candidato, mas nenhum instrumento mercadológico ou tecnologia podem substituir, em eficácia, o gasto das solas de sapatos, os apertos de mão ou o *calor* que existe no contato pessoal do candidato com os eleitores.

A propaganda confere aura provisória e *status* de personalidade pública

Qualquer candidato, mesmo que não tenha o carisma ou a desenvoltura de astros ou *pop stars*, em razão da projeção (sazonal e provisória) que lhe dá a campanha publicitária e o culto à sua imagem, ganha o peso da *autoridade* e popularidade circunstanciais, efêmeros talvez, mas muito fortes ao longo do período eleitoral.

Mas toda a parafernália de comunicação serve apenas para preencher os vácuos da presença do candidato, que aumentam à medida que aumenta a quantidade de eleitores a serem atingidos. Exceto nos casos em que o candidato é pessoalmente *intragável*, o contato pela televisão, rádio e pelos demais veículos da comunicação, dita *de massa*, estão para o contato pessoal assim como está o natural para o artificial, como o leite materno está para o leite artificial extraído da soja: ambos alimentam, mas só o primeiro oferece os anticorpos e as defesas naturais que um bebê necessita.

O simbolismo para reproduzir, no atacado, as relações pessoais cotidianas dos candidatos

Quando a disputa se dá em grandes espaços territoriais ou colégios eleitorais maiores, devido à absoluta impossibilidade do candidato em relacionar-se pessoalmente com cada eleitor, o contato pessoal cai para segundo plano. A melhor campanha é aquela que consegue reproduzir com maior fidelidade e naturalidade o impacto das relações interpessoais entre o candidato e o eleitorado. Cada imagem de negro, oriental, jovem, velho, mulher, trabalhador etc., que aparece na propaganda na telinha, procura passar a imagem de que o candidato não tem preconceito de raça e se relaciona com todos os segmentos da sociedade. Simbolicamente, ao abraçar um professor ou um peão de obra, a propaganda do candidato procura abraçar, por extensão, a todos os integrantes daquela categoria.

Apesar dos recursos e técnicas de comunicação de massa, alguns candidatos não conseguem adaptar-se e, mal dirigidos, perdem a espontaneidade, a personalidade, o estilo e se comunicam mal através do rádio e da TV. Candidatos com estas características requerem propaganda eleitoral com muitas externas e pouco estúdio, ou muitas horas de gravação para obter dois minutos de imagens de boa qualidade.

A parafernália tecnológica e as novas técnicas apenas conferem maior eficácia aos meios tradicionais de fazer campanha

Na maioria dos milhares de municípios do nosso País, as campanhas são feitas pelos métodos tradicionais, que podem ter sua eficácia ampliada com o reforço dos recursos ditos *modernos*, como o *marketing* político, a propaganda e as pesquisas de opinião. Portanto, aconselho a qualquer candidato a qualquer cargo ou em qualquer município: não tenha receio de gastar a sola de seus sapatos; sorria, cumprimente e acene aos eleitores, mesmo que seus filhos ou amigos reprovem esta atitude; abrace e aperte todas as mãos que conseguir; erga tantas criancinhas ao colo quanto a força de seus braços o permitir; visite os eleitores em suas casas, nos bares e em qualquer local onde puderem ser encontrados.

Um bom candidato deve esbanjar jovialidade e vitalidade, contagiando aqueles que dele se aproximem. Nada substitui a impressão que só o candidato causa junto ao eleitorado. Conheço alguns candidatos que se arrependeram amargamente do sorriso ou aperto de mão que inadvertidamente deixaram de dar e que, após exercer várias legislaturas, perderam a eleição por menos de meia dúzia de preciosos votos. Aos incrédulos, sugiro que confirmem estas afirmações, percorrendo as listas dos suplentes e derrotados após cada eleição...

A importância do símbolo na comunicação política

É possível agregar vários componentes subjetivos à imagem de um candidato sem que uma só palavra seja dita. O simbolismo é um recurso fundamental na formação da imagem e um simples objeto, no contexto correto, pode trazer grandes ganhos à reputação de um líder político.

O horário eleitoral gratuito é um excelente exemplo disto. Além do conteúdo ou mensagem verbalizada, cada imagem, trilha sonora, *spot*, *jingle*, cor e objeto do cenário tem significado próprio e é capaz de induzir a audiência a sentir a emoção certa. Os gestos, expressões faciais, modulação de voz, a forma de responder, enfim, tudo ali concorre para atingir uma meta: criar uma obra-prima, um filme curta-metragem digno de um Oscar... a cada santo dia.

E é por isto que recomendo fortemente aos leitores que deem valor não só aos recursos técnicos e equipamentos, mas também à qualidade dos profissionais que estarão detrás dos equipamentos e, principalmente, aos profissionais que vão supervisionar, redigir e dirigir o espetáculo, para extrair dos atores (vocês) e da interação deles com todos os demais elementos, o máximo resultado.

Outros exemplos: frequentar missas ou cultos religiosos transfere a imagem de religiosidade e boa formação de caráter; fazer-se acompanhar de sua família transfere a imagem de alguém que tem sólidos valores familiares; tornar público um namoro, fazer acompanhar-se por pessoas do sexo oposto ou estimular boatos de suas conquistas amorosas pode atenuar rumores sobre sua homossexualidade; divulgar suas agendas com empresários, sindicalistas e associações de classe, causa a impressão de que se é um bom articulador e transita bem em vários segmentos.

Importante salientar que a colaboração da imprensa é outro fator de fundamental importância para amplificar o efeito e corroborar a imagem que se pretende construir através de posicionamentos pessoais e públicos do candidato.

O que a propaganda eleitoral ideal deve priorizar

Antes de tudo, independentemente do conteúdo crítico, cada programa tem que produzir um clima de alto astral, de que é possível construir um futuro melhor e resolver todos os problemas.

Nunca se deve tentar conscientizar o eleitorado do quão miserável ou sem perspectivas podem ser suas vidas ou ficar falando dos problemas que ele enfrenta ou das dificuldades e sacrifícios que exigirão as soluções. O problema pode ser usado como um gancho, ou degrau, para uma solução e nunca como o foco principal, a menos que o objetivo seja conscientizar outra maioria sobre o problema de uma minoria.

Lembre que o eleitor sabe mais que você os problemas que enfrenta e quer mesmo é saber o que você vai fazer para resolvê-los e lhe dar esperança de um futuro melhor.

O eleitor quer acreditar numa solução e quer manter acesa a única chama que diminui sua dor cotidiana e o leva adiante: a esperança.

- O candidato não deve deixar de abordar qualquer tema que as pesquisas revelarem que é de interesse do eleitorado, mesmo que seja uma deficiência do seu governo ou atuação parlamentar.
Muitos políticos acham que é melhor evitar aquilo que não está em sua esfera de poder, uma vez que não têm alçada para resolver o problema. Os que pensam assim estão enganados: quando se vai a um velório, ninguém espera que se ressuscite o finado, mas família e amigos se sentem reconfortados ao ver que o condolente se importou com os vivos, foi solidário e não faltou naquele momento difícil de tristeza e dor.
Em 1999 e 2000, comprovei cientificamente esta realidade: pesquisei 500 municípios brasileiros, medindo, entre outras coisas, o apoio popular aos prefeitos. Os mais populares do País não foram os das capitais ou das grandes cidades, que manejavam orçamentos milionários e, sim, os prefeitos dos municípios mais pobres, onde os governantes estavam mais próximos dos governados.
- Boa qualidade de imagens, cenários, apresentadores bonitos (ou traços marcantes) e profissionais, que saibam falar com convicção e olhando nos olhos dos telespectadores (o ideal é usar o *teleprompter* e não ter dó de *regravar* até tudo sair perfeito).
- Não utilizar o mesmo programa veiculado na TV para os de rádio (a falta de imagens para reforçar a locução prejudica a mensagem).
- Manter equilíbrio entre os apelos racionais e emocionais.
- A compreensão da mensagem e absorção das emoções devem ser instantâneas como nas novelas. Não usar nada que possa depois ser *(des)interpretado* por adversários ou que a audiência tenha que refletir para entender. Conforme-se e saiba que a única coisa que um candidato conseguia (antes da atual lei antipublicitária da mordaça) colocar na cabeça dos eleitores ao longo da campanha era um boné.
- Linguagem simples e coloquial. Cada imagem, efeito sonoro, *jingle*, tomada externa, palavra ou gesto devem ser bem calculados, para atingir um objetivo específico ou produzir um efeito previamente determinado.
- Como a propaganda de rádio e TV se constituem no eixo de gravidade que permeará as ações de cada eleitor, simpatizante, cabo eleitoral e coordenador da campanha, é preciso que haja harmonia e consenso entre a coordenação de comunicação e a coordenação política, para maximizar os resultados do trabalho, quais sejam:
    - assessoria de imprensa;
    - redator de discursos;
    - encarregado da agenda;
    - publicitário e do coordenador político.

- Cada pronunciamento, entrevista e aparição pública do candidato serve como oportunidades que devem atender a algum propósito predefinido ou objetivo estratégico.
- Em seu conjunto, toda a propaganda e discurso políticos devem conter ou dosar na justa medida, o seguinte conteúdo:
    - os benefícios já concedidos (credibilizar as propostas e atestar capacidade);
    - as promessas (alimentar a esperança);
    - história pessoal e fatos passados que ajudem a *humanizar*, compor a imagem, avalizar moralmente ou fortalecer a imagem pública do candidato.
- É importante propagar os avais sociais da competência e caráter, mas os testemunhos de terceiros não devem substituir a pessoa do candidato: a propaganda no rádio e na TV deve priorizar os quadros com o diálogo direto do candidato com o eleitor.
- Ao longo da campanha, devem existir imagens e depoimentos que apresentem à sociedade um candidato com os seguintes valores humanos ou qualidades pessoais:
    - sensibilidade social;
    - honestidade e sinceridade;
    - determinação e energia;
    - humildade (simplicidade);
    - capacidade e preparo;
    - honrado e confiável (cumpre sua palavra).
- A assessoria de imprensa deve contratar os serviços de *clipping* diário dos jornais e toda a equipe de comunicação deve avaliar diariamente o que a imprensa disse sobre os candidatos.
- Como é impossível monitorar a programação das emissoras de rádio em grandes áreas territoriais, incumbir os presidentes de diretório municipal, vereador ou militantes, de comunicar à direção da campanha caso haja algum ataque de maior gravidade.
- Adotar o critério de gravar todos os pronunciamentos públicos (comícios e reuniões) e as entrevistas dadas pelos adversários quando passarem pela cidade, pois quando se sentem longe da grande imprensa ou falando para pequenas plateias, os candidatos tendem a relaxar mais a guarda e dizer algo que possa ser usado contra os mais incautos.
- Realizar pesquisas para fazer uma auditoria, diária (qualitativa e quantitativa), do impacto dos programas partidários levados ao ar por todos os candidatos.

6. A Arte de Administrar uma Campanha

Ao lançar sua candidatura, o candidato deve ter em mente que uma campanha eleitoral exige um considerável esforço, no sentido de viabilizar a coordenação das atividades a serem desenvolvidas e a harmonização dos efetivos com que puder contar para o seu correto desenvolvimento, quais sejam:

- recursos financeiros;
- recursos humanos;
- estrutura operacional.

Embora divergentes quanto à natureza, aos objetivos e às estratégias, as atividades e a estrutura requeridas numa campanha eleitoral são semelhantes àquelas envolvidas em qualquer empreendimento comercial ou industrial, quanto à sua necessidade de controle e organização, exigindo a clara demarcação de espaços, atribuições e responsabilidades de cada setor e de cada pessoa envolvida, como forma de se obter melhor resultado possível, evitando atritos desnecessários e nocivos, normalmente originados pela superposição de funções.

Entretanto, enquanto num empreendimento mercantil é normal se fazer a seleção dos profissionais necessários por meio de anúncios e do mercado comum de trabalho, pagando-se salários compatíveis e oferecendo-se estímulos – como a possibilidade de realização e ascensão profissionais, por meio de um plano de carreiras e promoções –, em uma campanha eleitoral isso se torna uma missão quase impossível. Primeiro, por ser dificílimo conseguir profissionais experientes e desvinculados e, segundo, porque o empreendimento eleitoral é temporário e atípico; o aspecto confiança é tido como essencial, o que leva o candidato a ter de montar seu *staff* a partir de elementos de sua confiança, mas a campanha obriga-o a utilizar intensivamente o trabalho voluntário. Isso torna especialmente penosa a sua tarefa de organizar e atribuir funções, de acordo com a capacidade do colaborador, e ainda harmonizar o desejo, de cada um e de todos, de aparecer ou salientar-se perante o seu *empregador-ídolo*, evitando que estes se engulam, quando deveriam estar lutando contra os adversários externos.

O trabalho voluntário: problemas e soluções

A luta pela conquista de espaço dentro do *staff* da campanha é surda e selvagem, dificultando o desenvolvimento pleno desta e chegando, muitas vezes, a levar campanhas praticamente vitoriosas à derrota. Desse modo, é importantíssimo que o candidato comece a exercitar sua capacidade e a demonstrar os seus dotes políticos dentro de sua própria casa, eliminando o caráter autofágico dessas disputas ou, ao menos, conseguindo postergá-los para depois de conquistada a vitória. É necessário que se diga que isso ocorre devido à própria natureza do trabalho voluntário, quando o colaborador se sente no direito de usufruir de tratamento especial e reconhecimento, quase que diário, do quanto ele é bom, esforçado e competente, pois em seu subconsciente está sempre presente algum tipo de benefício com que espera ser gratificado, uma vez vitoriosa a campanha.

Esse é um problema comum a praticamente toda campanha eleitoral, ocorrendo em maior ou menor intensidade, independentemente do nível intelectual ou socioecônomico dos colaboradores, e até do grau de amizade ou parentesco. Da correta equação desse problema pode depender o resultado da campanha.

Todo candidato veterano já tem constituída a tal diretoria de campanha, geralmente mantida, na *entressafra* dos períodos eleitorais, em cargos públicos, ou privados, vinculados a ele, e que ficam à sua disposição para trabalhar em sua campanha nos anos eleitorais.

Normalmente, são pessoas de sua confiança e com experiência comprovada em embates eleitorais, capazes, portanto, de preencher as *posições--chave* na campanha, facilitando sobremaneira o trabalho organizacional.

Quanto a esses colaboradores, que não poderiam jamais ser qualificados de voluntários, cumpre apenas ao candidato zelar para que se mantenham atualizados sobre a evolução dos acontecimentos sociais e políticos, bem como sobre as novas técnicas de comunicação e processos eleitorais, para que possam estar preparados para aprimorar os métodos e estratégicas a ser empregados no decorrer da campanha.

Entretanto, por melhores que sejam, é bom lembrar aos candidatos que nenhuma inteligência é prescindível num embate eleitoral, recomendando-se a arregimentação contínua de cabeças, que possam trazer novas ideias e enfoques diferenciados, eliminando-se assim os riscos de ocorrência de vícios de campanha, comuns e involuntários, nas equipes integralmente compostas por velhos companheiros.

Também é recomendável que o candidato ouça, quando possível, a opinião de especialistas não vinculados à campanha, pois podem oferecer a opinião fria, despida do envolvimento emocional inevitável entre os que estão empenhados na disputa e engajados na candidatura.

Qualquer candidato, veterano ou iniciante, deve procurar, na medida do possível, contar em seu *staff* com o apoio ou a assessoria de profissionais de propaganda, *marketing*, imprensa, relações públicas e pesquisas, a fim de assegurar o respaldo técnico necessário para a formulação adequada das estratégias e diretrizes adotadas na campanha.

Embora problemático, nenhum candidato pode – nem deve – prescindir do trabalho voluntário. A regra principal de uma campanha é: "somar para multiplicar", e cada voluntário representa, na pior das hipóteses, um voto a ser preservado. O segredo consiste em encontrar, dentro das atividades a serem desenvolvidas em cada área da campanha, aquela na qual o voluntário possa desenvolver o melhor trabalho, ou, no mínimo, onde possa atrapalhar menos.

Ainda que o trabalho mais adequado para determinado tipo de voluntário seja o de um cabo eleitoral, trabalhando pela candidatura entre seus familiares e círculo de amizade e trabalho, cada colaborador exige a atenção do candidato e de sua assessoria, que deve processar seu cadastramento e incentivar sua atividade, fazendo com que se sinta parte integrante da campanha.

Para facilitar a adoção de critérios de remanejamento do trabalho voluntário, em função das características pessoais desse tipo de colaborador e das necessidades da estrutura operacional da campanha em cada uma de suas áreas, poderíamos classificar os voluntários dentro dos seguintes grupos genéricos e caricatos:

Independentes. São aqueles que participam da campanha sem outro interesse que o da aventura ou para, simplesmente, preencher o tempo ocioso. Inconstantes, e muitas vezes irresponsáveis, não respeitam horários e, na sua grande maioria, não estão à espera de cargos ou de outras vantagens pecuniárias.

Fiscais. Normalmente são pessoas indicadas pelos financiadores das campanhas. Costumam assumir a postura de fiscais do dinheiro empregado e, geralmente, esperam que lhes sejam atribuídas funções importantes no *staff* do candidato, chegando a recusar o desempenho de tarefas que julguem *menores*. Mantêm seus patrocinadores informados sobre tudo o que se passa na campanha e detestam ser contrariados, caso em que procuram intrigar o financiador contra o candidato.

Ambiciosos. Geralmente são pessoas competentes e inteligentes, capazes de desempenhar satisfatoriamente funções importantes na estrutura. Vaidosos, são motivados pela esperança de conquistar a confiança do candidato e posições-chave na campanha e fora dela, se vitoriosa. Também denominados *assessores-cogumelos* (crescem e sobrevivem à sombra do candidato), normalmente são inseguros e estão sempre em guarda contra qualquer pessoa que possa ganhar espaço junto ao *chefe*. Esse é o fator que os torna extremamente perigosos para a candidatura, pois são os principais causadores de intrigas no seio da campanha. Procuram organizar *panelinhas* que lhes deem sustentação e, costumeiramente, acabam procurando dissociar o candidato da realidade, na ânsia de agradá-lo, impedindo que ele tome conhecimento de problemas ou situações desfavoráveis. Bajuladores, conquistam a simpatia do candidato ou dos principais assessores, fortalecendo sua posição na campanha.

Ao sentirem-se desprestigiados, tornam-se perigosos, fomentando intrigas ou até passando informações a adversários. São hábeis articuladores e, quando bem levados, são capazes de prestar inestimáveis serviços à candidatura.

Parentes e amigos. Ideais para serem utilizados em funções de confiança absoluta do candidato, principalmente na área de arrecadação, supervisão financeira, administrativa e caixa. Geralmente são dotados da maior boa vontade, mas quase nunca estão preparados para assumir posições técnicas ou operacionais. Seu envolvimento emocional na campanha é forte e têm, como principal problema, o fato de, no intuito de proteger o candidato das más notícias, prejudicar a visão realista que este sempre deve ter do desenvolvimento da campanha. Depois do candidato, são os alvos preferidos dos *assessores-cogumelos*, deixando-se facilmente influenciar e aliciar.

Desempregados. Dedicam-se à campanha como se dedicariam a um emprego. Normalmente desempenham suas funções satisfatoriamente e acatam sem rebeldia as ordens recebidas, respeitando o escalão hierárquico da campanha. Procuram o candidato na esperança de ganhar um emprego ou, no mínimo, assegurar seu sustento, o que torna sua contratação semelhante àquelas feitas habitualmente por qualquer empresa. Não costumam dar trabalho.

Agradecidos. São aqueles que se oferecem para auxiliar na campanha, movidos pelo sentimento de gratidão em função de favores recebidos, ou encaminham seus familiares para auxiliar o candidato. Quando se oferecem espontaneamente são leais e dedicados, servindo como cabos eleitorais de primeira linha.

Ex-políticos. Candidatos derrotados em outras eleições ou políticos aposentados ou, ainda, ex-assessores de políticos devem ser ouvidos e suas observações e sugestões cuidadosamente analisadas e, caso aprovadas, aplicadas. Desempenham melhor as funções de conselheiros políticos e coordenadas regionais e municipais da campanha. Constituem ainda bons supervisores de comitês eleitorais e arregimentadores de recursos humanos. O único problema é que, muitas vezes, esses colaboradores se recusam a receber orientação e instruções da assessoria do candidato e até deste, por se julgarem autossuficientes e experientes o bastante para executar, da sua maneira, as funções das quais são incumbidos. Às vezes implicam com os principais assessores do candidato.

Simpatizantes. São populares, donas de casa, estudantes, lideranças e outras pessoas que, identificadas com as propostas do candidato ou arregimentados por cabos eleitorais, se oferecem para trabalhar dentro de suas esferas de influência (lar, trabalho, escola, amizades etc.), por vezes se dispondo até a ajudar nos comitês em horários disponíveis. Devem ser cadastrados e estimulados, a fim de que se sintam integrados à campanha.

Transferidos. São aquelas pessoas colocadas à disposição do candidato por aliados políticos que detenham controle de máquinas administrativas públicas. Devem ser utilizados com cuidado, para evitar surpresas tais como denúncias por parte da imprensa e de candidatos adversários.

Espiões. São elementos que os adversários procuram infiltrar na estrutura da campanha. Quando identificados são utilíssimos à campanha, pois podem ser utilizados para passar falsas informações, permitindo que se vire o feitiço contra o feiticeiro.

Outra pista que permite ao candidato encontrar a melhor forma de manipular seus comandados é o conhecimento dos prováveis motivos que levam cada pessoa a oferecer seus préstimos e, portanto, a partir desse conhecimento, o candidato pode administrar as vaidades e interesses em seu benefício.

De uma forma ou de outra, uma regra deve ser seguida: jamais chamar em público, ainda que íntimo, a atenção de um colaborador. Da mesma forma, evitar elogios que possam despertar ciúme nos demais voluntários – salvo se existirem elogios que possam ser dirigidos aos restantes; é recomendável ainda que se massageie, sempre que possível, o ego de cada um de seus colaboradores, mesmo os mais próximos, pois isso equivale a uma injeção de ânimo que resultará salutar à campanha. As críticas também são importantes e não devem ser omitidas, desde que observados o local, o momento e a forma certa de fazê-las.

No início de cada campanha eleitoral, é com esse verdadeiro exército de *brancaleones* que cada candidato pode contar. E vai ter de organizá-lo, treiná-lo e orientá-lo em meio à própria batalha, transformando-o em vigoroso combatente. Administrar uma campanha sem antes elaborar o seu organograma e definir claramente cargos e funções é uma aventura da qual não se pode antecipar nenhuma previsão. Da mesma forma, é vital que o candidato mantenha um cadastro atualizado e minucioso de seus voluntários, contando com um serviço eficiente de relações públicas internas, além de uma administração de materiais atenta e operante, a fim de não desperdiçar efetivos vitais ao sucesso do empreendimento.

7. O Organograma da Campanha

Como montar

Uma campanha desorganizada é inadmissível, por mais hábeis que sejam o candidato e sua assessoria. É preciso ter sempre presente que não existe boa vontade ou dedicação capaz de substituir a eficácia da organização, pois a complexidade das atividades a ser desenvolvidas durante uma campanha eleitoral exige que se disponha de uma estrutura ágil e equilibrada, capaz de exercer controles, absorver alto volume de informações e determinar estratégias de ação em curtíssimo espaço de tempo.

O equilíbrio é essencial ao êxito do empreendimento, pois evita o superdimensionamento de certas áreas de atividade em detrimento de outras que, mal definidas ou administradas, acabam por prejudicar o desempenho global da equipe, impedindo a realização plena do potencial de cada pessoa e ocasionando sérios percalços no desenvolvimento da campanha.

Assim, antes de determinar que organograma atenderia melhor às suas necessidades de acomodação de efetivos humanos e materiais, cada candidato deve ter sempre em mente a necessidade de harmonizar capacidades, funções e áreas de influência, utilizando-se do máximo bom senso, pois uma organização requer, ao ser estruturada, os mesmos cuidados exigidos na montagem de um automóvel: não adianta ter um motor possante se ele não fizer parte de um conjunto que inclua rodas, carroceria, chassi, câmbio, assentos e até parafusos e conexões, sem os quais o automóvel não seria capaz de atender à sua finalidade.

O organograma ideal e sob medida para cada candidato pode ser obtido a partir das seguintes premissas básicas:

1) *A abrangência territorial da campanha* – À medida que aumenta o território a ser coberto pela campanha eleitoral, maiores são as exigências de se estabelecerem e subestabelecerem coordenadorias regionais e municipais capazes de assegurar a eficácia tanto na elaboração e aplicação das estratégicas para cada região como para o exercício do seu devido controle, acompanhar efeitos, avaliar atuação de aliados e concorrentes, distribuir e fiscalizar uso de materiais e serviços etc.

Além do desmembramento, a abrangência territorial determina também o montante de recursos humanos necessários para atender às necessidades administrativas e operacionais da estrutura da campanha em função das atividades e desempenho que se deseje obter.

2) *O desmembramento das atividades a serem desenvolvidas* – É obtido através da racionalização e identificação das tarefas a serem executadas, que devem ser agrupadas sob cada direção em função da sua natureza e do caráter complementar e homogêneo que cada função guarda.

3) *A natureza do cargo disputado* – É fator determinante do tipo da estrutura a ser montada, pois são sensivelmente diferenciadas as necessidades e atividades desenvolvidas na campanha em função de um pleito majoritário ou proporcional, e ainda dentro de cada um, se o cargo em disputa é municipal ou estadual (majoritário), assim como variam as necessidades estruturais de um candidato a vereador daquelas exigidas de um candidato a deputado estadual ou federal (proporcional) etc.

4) *A estratégia determinada por candidato* – deve ser levada em consideração, pois vai exigir subdivisões adicionais de tarefas em função dos alvos objetivados, estabelecendo a abrangência territorial da campanha e o grau de qualificação de recursos humanos necessários para a consecução das metas traçadas.

O ajustamento do organograma

Uma vez obtida a configuração do organograma ideal para a campanha que se pretende, deve-se proceder à sua adaptação e, se for o caso, redimensionamento, observando os limites dos recursos humanos, materiais e financeiros à disposição de cada candidato, bem como a qualificação da mão de obra de que se puder dispor para dirigir cada área ou exercer cada função prevista, garantindo, assim, que a estrutura funcione na prática; só então é que se deve passar a delimitar a responsabilidade e a área de influência de cada assessor, de forma a assegurar o entrosamento da equipe e a racionalização do conjunto das atividades exigidas para o perfeito desenvolvimento da campanha.

Os cargos e as funções

Resumindo, um organograma deve ser elaborado a partir de duas premissas básicas: a primeira é a identificação correta de todas as atividades inerentes ao desenvolvimento de uma campanha eleitoral, ou seja, *o que fazer*; a segunda é a escolha das pessoas mais capazes para exercer cada uma dessas atividades, segundo critérios de avaliação que as qualifiquem

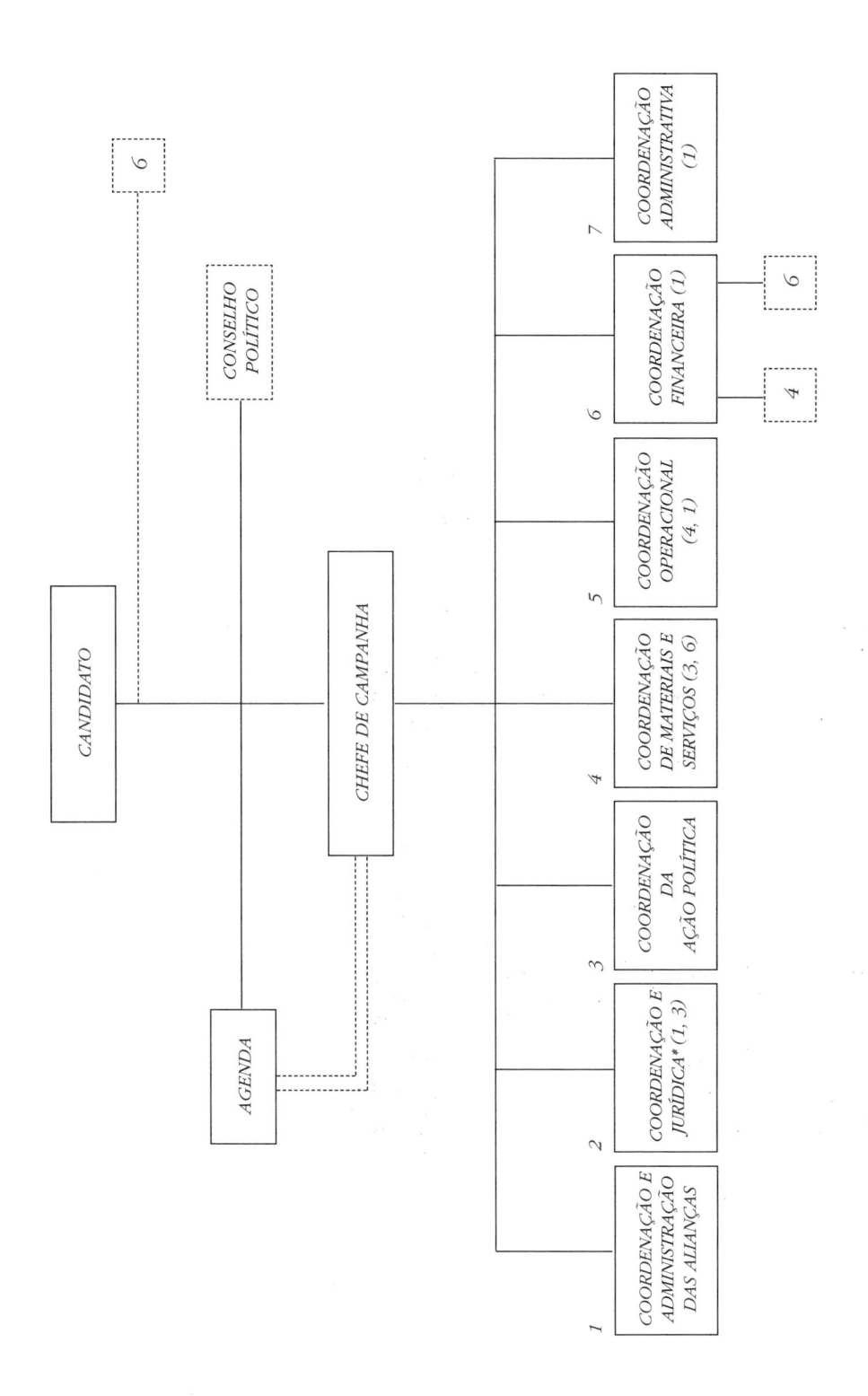

```
                                    ┌─ ─ ─ ┐
                                    ¦  6   ¦
                                    └─ ─ ─ ┘
                                       ¦
                                       ¦
  ┌─────────────┐              ┌──────────────┐
  │  CANDIDATO  │              │   CONSELHO   │
  └─────────────┘              │   POLÍTICO   │
         │                     └──────────────┘
         │                             │
  ┌─────────────┐
  │   AGENDA    │
  └─────────────┘
         │
  ┌──────────────────┐
  │ CHEFE DE CAMPANHA│
  └──────────────────┘
```

1	2	3	4	5	6	7
COORDENAÇÃO E ADMINISTRAÇÃO DAS ALIANÇAS	COORDENAÇÃO JURÍDICA* (1, 3)	COORDENAÇÃO DA AÇÃO POLÍTICA	COORDENAÇÃO DE MATERIAIS E SERVIÇOS (3, 6)	COORDENAÇÃO OPERACIONAL (4, 1)	COORDENAÇÃO FINANCEIRA (1)	COORDENAÇÃO ADMINISTRATIVA (1)

Coordenação Financeira: 6, 4

65

COORDENAÇÃO E ADMINISTRAÇÃO DAS ALIANÇAS

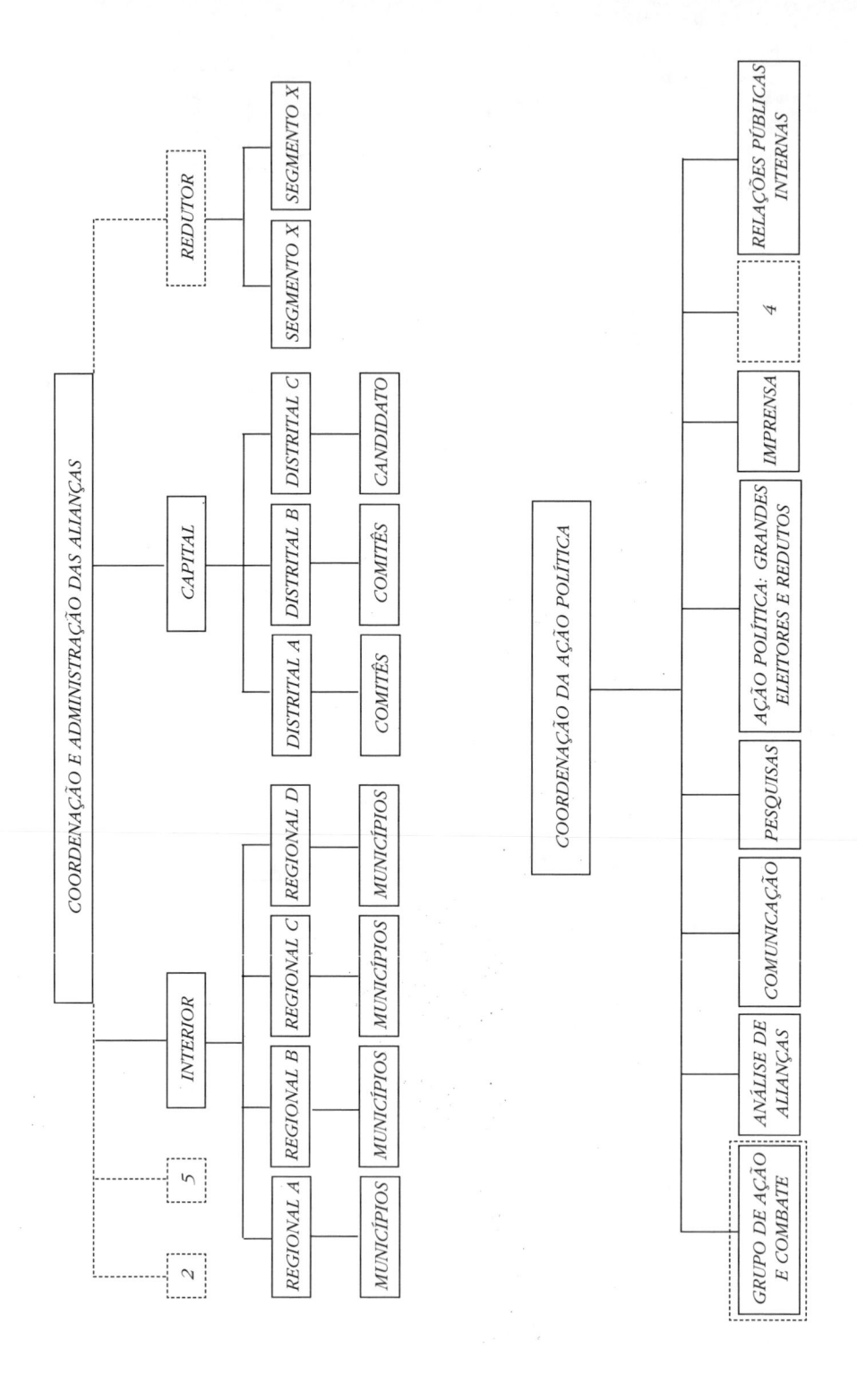

- **INTERIOR**
  - REGIONAL A — MUNICÍPIOS
  - REGIONAL B — MUNICÍPIOS
  - REGIONAL C — MUNICÍPIOS
  - REGIONAL D — MUNICÍPIOS
  - [2]
  - [5]
- **CAPITAL**
  - DISTRITAL A — COMITÊS
  - DISTRITAL B — COMITÊS
  - DISTRITAL C — CANDIDATO
- **REDUTOR**
  - SEGMENTO X
  - SEGMENTO X

COORDENAÇÃO DA AÇÃO POLÍTICA

- GRUPO DE AÇÃO E COMBATE
- ANÁLISE DE ALIANÇAS
- COMUNICAÇÃO
- PESQUISAS
- AÇÃO POLÍTICA: GRANDES ELEITORES E REDUTOS
- IMPRENSA
- [4]
- RELAÇÕES PÚBLICAS INTERNAS

em função de sua capacidade, grau de confiabilidade, experiência, disponibilidade etc., sempre tendo como diretriz para a fixação desses critérios o grau de importância e complexidade das funções que cada um terá que exercer, ou seja, a escolha de *quem vai fazer*. O *como* e *quando* fazer são fatores determinados segundo a estratégia adotada pelo candidato.

A quantidade e a natureza das funções a ser desenvolvidas variam sempre de acordo com os seguintes fatores:

1) a natureza do mandato que se pretende;
2) a abrangência territorial a ser coberta;
3) os recursos humanos, materiais e financeiros à disposição;
4) as bases ou redutos eleitorais ou, ainda, a máquina eleitoral com que cada candidato conta antes de iniciar cada campanha;
5) a estrutura operacional de terceiros de que puder dispor (alianças políticas, apoios empresariais, sindicais etc.);
6) a ambição e projetos políticos a curto, médio e longo prazos do candidato;
7) as características geopolíticas, sociais e os costumes eleitorais de cada região.

Como exemplo, poderíamos citar que a composição de um candidato a prefeito será sempre diferente daquela indicada para um deputado estadual ou federal; a estrutura básica de uma candidatura a uma capital como São Paulo muitas vezes requer efetivos maiores do que os necessários para uma campanha ao governo de um Estado, como, por exemplo, o Acre; quem dispuser poderá contar com estruturas mais eficazes; quem tiver ambição política que transcender o posto que disputa (ministérios, secretarias etc.) terá que gastar mais que seus concorrentes; um candidato ao governo de Estado amazônico precisará contar com estruturas e atividades diferentes daquelas necessárias para a mesma disputa num Estado sulino; assim como um candidato que durante sua carreira nunca tenha se descuidado de consolidar suas bases eleitorais terá necessidade de um sistema organizacional de campanha menos sofisticado e oneroso do que aqueles que não tiveram esse cuidado, ou estão disputando primeiro mandato.

Entretanto, qualquer que seja o organograma adotado ou o mandato pretendido, existem algumas funções e qualificações comuns a qualquer tipo de campanha eleitoral, com pequenas variações de relevância, de acordo com a natureza do mandato almejado pelo candidato. Entre elas, é importante salientar as que se seguem.

A chefia da campanha

É o homem forte da campanha, que vai desempenhar a função de coordenador-geral entre todos os postos-chave, supervisionar o desempenho de cada setor e representar o candidato em todas as decisões administrativas da campanha.

Desde o princípio, é essencial que o candidato deixe claro ser ele o homem de sua absoluta confiança e, portanto, invulnerável às intrigas ou eventuais tentativas de articulações que visem enfraquecê-lo.

É uma das poucas pessoas que terão, durante todo o tempo, a visão global das atividades e estratégias empregadas na campanha, embora não seja o seu principal articulador ou estrategista.

Como o candidato deve ser sempre *bonzinho* no trato com seus subordinados e voluntários, caberá ao chefe da campanha fazer o papel do *homem mau*, pois será o encarregado de dizer não. Também caberá a ele o impopular papel de fazer as cobranças e chamar à responsabilidade os demais integrantes do *staff* da campanha.

Um bom chefe de campanha deve ainda ter qualificação suficiente para servir como *coringa* sempre que necessário, preenchendo eventuais ausências ou auxiliando qualquer área sobrecarregada, identificando falhas ou problemas de qualquer natureza.

É por seu intermédio e relatórios que o candidato tomará conhecimento do andamento interno da campanha etc., apontando quais os elementos que estão necessitados de uma *massagem no ego* ou um *puxão de orelhas* e ainda sobre a prioridade ou importância dos assuntos que mereçam chegar ao conhecimento do candidato.

Dado o relevo do papel exercido por um chefe de campanha, é importante que possua, além da absoluta e irrestrita confiança do candidato, qualificações, entre as quais destacam-se a inteligência, pragmatismo, objetividade, experiência e excepcional capacidade de improvisação.

Deve ser pessoa sensível e sociável, conhecedora das fraquezas e necessidades humanas, tolerante sem chegar à permissividade, ter alguma noção de política partidária e estadual e, principalmente, deve ser capaz de exercer seu poder com segurança e sem protecionismo de qualquer espécie, para que se evite o problema de isolamento do candidato por excesso de proteção.

Um chefe de campanha deve ser alguém dotado de franqueza, e jamais pode temer as reações do candidato frente às contrariedades a que este tiver que ser submetido, nem deve se sentir dono do candidato, impedindo que ele tenha contato com os demais integrantes da campanha ou terceiros que a ele vierem com contribuições de qualquer natureza, limitando-se em particular, junto ao candidato, a opinar quando julgar conveniente fazê-lo.

O candidato deve deixar claro a seu chefe de campanha que não espera dele nenhum tipo de bajulação, que o lugar o coloca em situação de não necessitar disputar, com qualquer membro da assessoria ou de fora dela, estima ou pontos junto a si, acertando desde logo as formas de conduta e relacionamento que espera dele, definindo o seu espaço frente aos demais coordenadores e colaboradores, para que não exorbite as suas funções e não interfira de forma negativa nas áreas atribuídas a cada um. Deve lembrar que a sua função principal é a de um administrador-geral e que o seu envolvimento inadequado em uma ou outra área executiva da campanha fará com que perca a coordenação geral e a visão vital para o correto desenvolvimento de sua função.

Coordenação e administração das alianças

Entre as funções desenvolvidas pelo responsável por essa área, estão a supervisão e administração de todos os aliados e cabos eleitorais que o candidato tiver trabalhando a seu favor; administração e supervisão das cotas de materiais a ser distribuídas para a efetivação do trabalho de campo; recepção, triagem e acompanhamento das reivindicações feitas pelos aliados ou cabos eleitorais no decorrer da campanha; supervisão de comícios, acompanhamento e análise da estratégia e análise de seu impacto junto ao eleitorado, arregimentação, seleção treinamento e supervisão de cabos eleitorais etc.

Dependendo da abrangência territorial da campanha, a coordenadoria deve ser desmembrada, para atender melhor às necessidades de cada um, agregando-se à sua subordinação uma administração do maior centro eleitoral (geralmente a capital de cada Estado); uma administração de grandes centros (representados pelas principais cidades de cada Estado); uma administração do maior reduto eleitoral do candidato e, finalmente, coordenadorias de administração regionais, que poderiam se subdividir em coordenadorias municipais, cobrindo desta forma grandes extensões territoriais.

Normalmente, as coordenadorias regionais são sediadas nas principais cidades de cada região, acumulando a função da administração de grandes centros descrita acima.

Quanto mais descentralizada for a campanha, mais ágil e eficaz ela se torna, embora haja um grande fator complicador representado pela dificuldade de se contar com colaboradores qualificados à medida que se amplia o organograma.

Ainda assim, qualquer que seja a estrutura a ser implantada, é necessário que se centralize a administração geral em um único elemento, que deve desfrutar de absoluta confiança do candidato.

O administrador-geral das alianças deve ser, de preferência, um político veterano ou ex-político ou, ainda, alguém que tenha desempenhado funções de articulação junto a políticos, pois a função requer muita experiência e, no mínimo, muita sensibilidade política e capacidade de articulação e composição.

Administrar alianças requer conhecimentos das *manhas* e muita habilidade em contornar problemas causados por reivindicações impossíveis de ser atendidas, reclamações de falta de atenção, insuficiência de condições de trabalho etc., e é imprescindível que o titular desse posto saiba como dizer *não* sem perder o aliado.

Deve ter sensibilidade na avaliação das reivindicações, encaminhando ao candidato apenas aquelas de real importância e interesse, além de fazer um trabalho permanente de relações públicas junto aos colaboradores e cabos eleitorais mais importantes, afim de manter elevado o moral desses aliados, ainda que à custa de correspondência forjada como sendo do candidato, elogiando o trabalho desenvolvido, se desculpando por eventuais demoras ou impossibilidades de atendimento de reivindicações etc.

Deve ser possuidor de grande capacidade analítica e de improvisação, mas, antes de tudo, deve ser metódico e organizado.

A perspicácia também é importante para identificar oportunidades eleitorais, contribuintes potenciais, aliados que fazem mau uso dos recursos ou materiais sob sua responsabilidade, ou simplesmente aqueles que estiverem *traindo* a candidatura e trabalhando para diversos candidatos simultaneamente etc.

Ao delegar essa área à pessoa de confiança, o candidato deve orientá-la no sentido de que não procure fazer tudo sozinho, deixando chegar ao conselho político e à coordenação de ação política todas as informações ou problemas encontrados – pois geralmente pessoas com essas características são excessivamente centralizadoras e autossuficientes –, esclarecendo, desde logo, a importância do trabalho em equipe e a necessidade da integração entre todas as áreas da campanha.

Coordenação da ação política

Sob essa coordenadoria se abriga o centro de pré-formulação estratégica da campanha. O coordenador da ação política reúne sob sua responsabilidade diversas áreas específicas, cuja coordenação resultará na definição e efetivo emprego das estratégias e ações táticas.

Entre as principais áreas sob sua responsabilidade, destacam-se as seguintes:

a) *Grupo de ação e combate* – É o encarregado de ações antiéticas ou trabalho sujo da campanha, tais como financiamento de dissidências sindicais, difusão de boatos, segurança do candidato, sabotagem de material em comícios adversários, espionagem e contraespionagem, *sacanagens* como impressão e veiculação de folhetos apócrifos, levantamento da vida pregressa de candidatos adversários etc.

O encarregado desta área deve ser pessoa da confiança do candidato, mas é imprescindível que não exista qualquer vinculação aparente entre este e qualquer outro elemento que componha o *staff* principal da campanha.

Entre as características desse elemento devem constar audácia, inteligência, prudência, lealdade e uma certa dose de fanatismo.

Caso seja identificado e *queimado*, o candidato deverá assumir posição de absoluto desconhecimento e indignação pelas ações condenáveis eventualmente descobertas.

O ideal é que deste quadro só tenham conhecimento integral o próprio candidato, seu chefe de campanha e o coordenador de ação política, pois o sigilo é essencial para a eficiência e segurança das atividades que nele serão desenvolvidas.

b) *Análise de alianças* – É o setor encarregado de levantar informações que possam orientar o candidato e o conselho político sobre quais são as alianças ideais para a candidatura em cada região, tais como, votação obtida em eleições passadas, redutos eleitorais, área de influência, alianças anteriormente firmadas pelos pesquisados e outros candidatos, possíveis argumentações baseadas na identificação de interesses e outras informações de caráter pessoal de cada possível aliado.

A área é eminentemente técnica, pois o trabalho estratégico e político ficam a cargo do conselho político e sua implementação a cargo do candidato e seu administrador das alianças, o que possibilita a contratação ou indicação de seus integrantes entre os colaboradores voluntários coordenados por um pesquisador ou outro elemento metódico, dotado de boa capacidade de organização.

c) *Comunicação* – É recomendável que esta área seja entregue à coordenação de um publicitário, dentro dos moldes e funções descritas no capítulo "As assessorias de *marketing*, propaganda e política".

d) *Coordenação de materiais e serviços* – Devido à importância desta área, suas características merecem exposição em destaque junto às coordenadorias principais, cabendo aqui dizer que deve ser subordinada ao coordenador de ação política devido à sua importância estratégica e ao volume de recursos financeiros que envolve.

e) *Pesquisas* – Mesmo contratando empresas especializadas em pesquisa, é desejável que o candidato disponha de ao menos um elemento para análise complementar das pesquisas encomendadas e acompanhamento da evolução do quadro oferecido no decorrer da campanha. Caso o candidato contrate os serviços de uma boa empresa, é viável negociar com esta a prestação deste serviço, mas caso o candidato opte por realizar pesquisas com diferentes institutos, a fim de definir sua estratégia em cima da média dos resultados obtidos, é sempre bom manter este departamento.

f) *Ação política: grandes eleitores* – Esta área dedica-se exclusivamente ao trabalho de arregimentação política e manutenção dos chamados *grandes eleitores*, constituídos por sindicatos, sociedades de amigos de bairro, escolas de samba, seitas ou organizações religiosas, clubes etc., que merecem tratamento privilegiado por parte do candidato, em virtude do seu poder de voto. O setor deve ser administrado por elemento de confiança do candidato, com experiência política ou dotado de excelente vocação para relações públicas, ou ainda elemento com boa vivência na área sindical.

g) *Assessoria de imprensa* – Veja o capítulo "O candidato e a imprensa".

O titular da área de coordenação da ação política deve ser pessoa de confiança do candidato, audacioso, experiente, encaixando-se nas condições descritas no capítulo "As assessorias de *marketing*, propaganda e política", ao se referir ao assessor de *marketing*.

Coordenação de materiais e serviços

Essa é uma área que merece, por parte do candidato, uma atenção bem maior do que aquela a que se assiste hoje em dia nas campanhas eleitorais, uma vez que absorve até 40% dos recursos despendidos na campanha.

Basicamente, a atividade desenvolvida nesta área é a de compra, administração de estoques e distribuição de materiais ou contratação de serviços destinados à campanha, mas o seu correto equacionamento permite economia substancial e assegura tranquilidade ao desenvolvimento das atividades subordinadas à área de coordenação e administração das alianças, o que é de fundamental importância para o sucesso desta.

O profissional que ocupar esta função deve gozar da absoluta confiança do candidato e acumular bons conhecimentos do mercado fornecedor e das características dos materiais e serviços que deverá adquirir, pois, quase sempre, comprar muito barato acaba custando muito caro, principalmente no meio da campanha, quando as entradas e saídas de materiais ocorrem em ritmo alucinante, nem sempre permitindo a conferência de quantidades ou especificações sob as quais estes foram encomendados.

A administração criteriosa da distribuição desses materiais, obedecendo às cotas estabelecidas pelo conselho político, é essencial para manter a campanha sob controle, o que exige muita habilidade e jogo de cintura, pois o administrador das alianças, para livrar-se do assédio dos aliados mais vorazes, deverá encaminhá-los diretamente ao coordenador de materiais, que terá que arcar com o ônus de *malvado*, ou *ineficiente*, à medida que é obrigado a *temperar* a situação.

Esta é uma das áreas mais cobiçadas numa campanha, por aqueles que sabem como tirar proveito da situação, e são comuns os casos de enriquecimento súbito de elementos ligados a essas atividades.

O problema não consiste e nem se resume, em absoluto, nos dez por cento tradicionais a título de comissão: na ânsia de ganhar o máximo e pagar o mínimo, acaba-se comprando gato por lebre, milheiros de novecentos, e inúmeras outras armadilhas, sujeitando a campanha a atrasos nos prazos de entrega, fornecedores que exigem reajustes devido a *inesperados aumentos de matéria-prima*, impressos ilegíveis e vários outros problemas perfeitamente evitáveis. Também é preciso permanecer sempre alerta quanto ao impedimento do acesso de outras pessoas no trato com fornecedores ou levantamento de orçamentos.

A alternativa à constituição desta divisão por conta do candidato é a contratação de empresas especializadas no fornecimento de material e serviços promocionais na área política, que hoje existem em vários Estados da Federação e que dispõem de estrutura que permite aos candidatos centralizar suas necessidades nesta área em único fornecedor, a preços e prazos de entrega preestabelecidos, oferecendo a seus clientes a possibilidade de fechar o pacote completo, que inclui a coordenação computadorizada dos materiais e serviços encomendados. Ou então inscrever, nos cursos de especialização e atualização em administração de campanhas, seus assessores mais próximos, que receberiam instruções básicas para o desenvolvimento dessa e de outras atividades.

Em poucas palavras, a função de um coordenador de materiais e serviços é providenciar para que estes estejam no lugar certo, na hora certa e em condições de quantidade, qualidade e preços adequados.

Coordenação operacional

Nas campanhas de menor abrangência, esta área aparece subordinada à administração das alianças ou integra-se nas funções da coordenação de materiais, mas à medida que cresce o espaço geográfico a ser trabalhado pelo candidato, este setor ganha importância face à complexidade das atividades por ele exercidas.

Basicamente, as funções desenvolvidas nesta área são o controle e a administração das necessidade com transporte da campanha, tais como automóveis próprios, de terceiros, estabelecimento e distribuição de cotas de gasolina, controle de viagens, manutenção e serviços de oficina e revisão etc., além daqueles serviços considerados operacionais, como colocação de faixas, painéis, serviços de sonorização de comícios, montagem e desmontagem de palanques etc.

Função eminentemente técnica que pode ser delegada a colaboradores de segundo escalão nas campanhas menores, uma vez que a área é subordinada a outras coordenadorias, que se encarregarão de fazer a supervisão.

Coordenação administrativa

Funciona como memória da organização, além de concentrar todos os controles. Abriga uma central de processamento de dados, que vai variar em dimensão de acordo com as necessidades da campanha.

Normalmente, para uma campanha a deputado estadual, federal, prefeitura ou vereança, não é necessário possuir mais do que um microcomputador de 8Kbits, acompanhado de uma impressora. O CPD presta importantes serviços à campanha como o arquivo de listagens, estatísticas, projeções, processamento de etiquetagem e expedição de mala direta, controle de andamento de reivindicações, das cotas de materiais e de gasolina, contabilidade etc., além de atender às necessidades de sistemas informatizados de outras áreas da campanha, tais como cadastramento de cabos eleitorais, controle da arrecadação financeira da campanha etc.

Apesar da sua importância, é a área mais formal e técnica da campanha, é a mais fácil de ser preenchida pelo candidato, bastando a este contratar um bom administrador com conhecimentos de informática ou um bom profissional da área, responsável e dinâmico. Quanto aos programas, o candidato poderá adquiri-los prontos de empresas que os tenham desenvolvido para área política ou encomendá-los junto às *softer houses* (empresas especializadas em programação de computadores).

Coordenação financeira

É uma área de primordial importância, calcanhar de aquiles de muitos candidatos. O *homem da mala*, como é conhecido o responsável por este setor, vai desenvolver e coordenar todas as atividades arrecadadoras da campanha, junto aos candidatos aliados, empresários, sindicatos e associações, independentemente de estas serem realizadas em dinheiro, material ou qualquer tipo de apoio logístico (gasolina, transporte etc.).

Desnecessário dizer que a pessoa designada para essa função dever ser da mais absoluta confiança do candidato, preferencialmente até um parente próximo (pai, irmão, tio), pois deve ser reconhecido pelos colaboradores ou financiadores como interlocutor válido para a transação, com poder de decisão e de assumir compromissos em nome do candidato.

Ainda que a campanha tenha outros elementos qualificados em função da penetração que possuam no meio empresarial, sindical etc., é boa política subordiná-los a uma coordenação que, ao mesmo tempo, se encarregaria de agradecer as contribuições e, com muito tato, confirmar a soma doada.

O fato de ter um parente próximo, ou pessoa reconhecida como intimamente ligada à sua pessoa, não exime o candidato de agradecer pessoalmente a contribuição recebida, uma vez que, na política, a filantropia ocorre ao contrário: quem dá, faz questão de que o beneficiário tome conhecimento do *quanto* e do *porquê* do donativo.

Coordenação da agenda

Esta é uma atividade importantíssima, embora discreta, na campanha eleitoral. Quem estabelece os compromissos a ser assumidos pelo candidato em função da importância ou prioridade é o conselho político. Entretanto, a memória do candidato é a agenda, cujo coordenador se encarrega de providenciar todos os detalhes da entrevista ou do compromisso recomendado pelo conselho ao candidato, tais como marcar as entrevistas, determinar os horários e datas das audiências, providenciar e organizar as comitivas, fazer reservas e viabilizar os roteiros de viagem do candidato, muni-lo, no momento certo, de informações que deverá utilizar em seus discursos, palestras e reuniões, que devem ser comunicados à coordenação da agenda para esta finalidade, pelos outros setores da campanha etc.

Também é função da coordenação da agenda *salvar* o candidato de atender telefonemas ou receber visitas indesejáveis, desmarcar compromissos que, por motivo de qualquer natureza não possam mais ser cumpridos, agendando novas datas etc.

O coordenador da agenda costuma ser pessoa muito cortejada no decorrer da campanha, devido à proximidade do candidato, o que coloca o *privilegiado* numa posição próxima à das chamadas eminências pardas.

Além das funções descritas, cabe à coordenação da agenda secretariar o candidato, cuidando de sua correspondência pessoal e demais atividades comuns, como encaminhamento de pedidos de emprego, *follow up* de solicitações etc.

O candidato deve instruir corretamente o encarregado da coordenação de sua agenda sobre os perigos de ele decidir arbitrar por conta própria sobre os destinos das solicitações de audiência feitas diretamente à sua pessoa, sem intermédio da chefia da campanha, do conselho político, da administração de alianças ou da coordenação da ação política: até um pedido de audiência feito por um mero fornecedor deve ser encaminhado ao setor competente, pois pode representar alguma valiosa contribuição à campanha, tanto no campo de novas ideias como no financeiro, evitando assim um vício muito comum às pessoas situadas nessa posição: o de se sentirem donos do candidato.

O conselho político

Aqui se concentra o poder decisório e se estabelece toda a formulação estratégica da campanha, como a definição das alianças, táticas eleitorais e ações a ser executadas pelas coordenadorias, diretrizes para a elaboração do programa, da plataforma dos discursos do candidato etc., além da aprovação de orçamento para cada área, discussão dos assuntos financeiros, solução para os eventuais problemas de âmbito interno da campanha, apreciação de sugestões, problemas ou informações trazidos pelos coordenadores para análise do conselho, estudo e aprovação de peças publicitárias, pesquisas, supervisão geral da campanha e análise de seus efeitos junto ao eleitorado.

Do conselho político participam, em caráter permanente, o candidato, o chefe da campanha, o coordenador da ação política e o coordenador da agenda, este último na qualidade de secretário das reuniões. As demais coordenadorias participam apenas quando convocadas para discussão de assuntos relacionados às suas áreas, podendo ainda dele participar políticos aliados, um publicitário e outros convidados pelo candidato, quando este julgar conveniente.

O ideal é que as reuniões do conselho sejam realizadas em duas etapas distintas: a primeira com a participação de todas as coordenações e convidados especiais, quando se trariam problemas, sugestões, informações sobre o andamento da campanha e outros assuntos e questões a ser resolvidos pelo conselho político. Nestas reuniões, o candidato se absteria de tomar posições definitivas, comprometendo-se apenas a estudar as questões em pendência para posterior definição a respeito de suas determinações sobre as mesmas, aproveitando a reunião para motivar seus auxiliares e determinar ações baseadas nas decisões tomadas acerca de temas pendentes em reuniões anteriores.

Na segunda etapa é que o candidato tomaria as decisões, em conjunto com seu chefe de campanha, e concentrado num núcleo restrito, a fim de se evitar longas e estéreis discussões, palpites, acirramento de posições e outros problemas que costumam ocorrer. Além disso, o candidato tem oportunidade de parecer democrático, ao ouvir o que cada um tem a dizer, mas deve também parecer seguro e firme nas decisões que toma.

Todas as ordens estratégicas ou decisões importantes na campanha devem ser transmitidas aos coordenadores pelo próprio candidato, a fim de evitar a ocorrência de ciúme entre eles, mantendo a impressão geral e positiva de que o candidato é o chefe, tem tudo sob controle e vê o mérito e o trabalho desenvolvido individualmente.

Essa precaução ajudará a manter elevado o moral de todo o *staff* do candidato, evitando disputas internas e favorecendo a manutenção de um espírito de equipe, capaz de preservar a harmonia e maximizar a eficácia do trabalho exercido por seus principais auxiliares.

A autoridade e o respeito a que um candidato sempre faz jus por parte de sua equipe não poderão jamais ser delegados em sua plenitude a nenhum dos integrantes da sua diretoria de campanha, e isto ajuda a definir a diferença entre o candidato e o seu chefe de campanha: enquanto o primeiro determina o que, como e quando deve ser feito pela equipe, o chefe da campanha supervisiona, controla e apoia.

A outra vantagem de realizar reuniões em duas ou mais etapas é que essa prática possibilita ao candidato manter cada coordenador informado somente das decisões que lhe digam respeito, assegurando maior sigilo e segurança quanto a informações e táticas que devem permanecer secretas em função de sua natureza ou objetivo.

8. O Planejamento da Campanha

Todos somos planejadores natos. Cientistas, intelectuais, donas de casa, carpinteiros ou crianças – todos planejam algo para um determinado dia, ou seja, tomam decisões que direcionarão suas ações e maximizarão a eficácia de seu trabalho para atingir o objetivo proposto. E terão que tomar decisões para readaptar sua estratégia sempre que algo atrapalhar a consecução de seu objetivo, ainda que seja chorar para obter alimento ou substituir um ônibus atrasado por um táxi ou lotação.

Assim, qualquer tipo de planejamento, ainda que involuntário ou mecânico, implica o conhecimento prévio do cotidiano (conjuntura), a antecipação dos fatos (previsão), o estabelecimento um objetivo maior, com várias etapas ou objetivos intermediários. Ao mesmo tempo em que planejamos, nos vemos obrigados a pensar sobre como iremos atingir nossos propósitos (estratégia) e como contornaremos eventuais problemas hipotéticos e previsíveis (revisão & estratégias alternativas).

O planejamento é o pai da estratégia e o marco zero da transição do sonho para a realidade: o exato momento em que o plano, ou a aspiração, se transforma em decisão. É a planta arquitetônica que detalha os espaços, o território, a vizinhança e a topografia para ocupação do terreno sobre o qual se edificará a obra. O ponto de partida para qualquer tipo de empreendimento.

Por meio de cuidadosos estudos e etapas técnicas, o planejamento da campanha tem, por objetivos centrais, o de reunir toda informação existente ou possível de se obter sobre aliados, adversários, o histórico dos fatos e eleições passadas, forças sociais que possam interferir no processo eleitoral e tudo o que for possível para estabelecer um balanço dos pontos fortes e vulnerabilidades próprias, de aliados e adversários.

Todo este trabalho recebe o nome de estudo de cenário ou quadro conjuntural inicial, sobre o qual o candidato e sua equipe terão que atuar ao longo de toda a campanha. Em última análise, aqui se procura conhecer o território, o tabuleiro onde se dará a disputa, e o peso específico de cada peça disposta no tabuleiro.

Muitos candidatos põem todo seu planejamento a perder, apenas porque não têm confiança em sua equipe e ocultam suas debilidades (e esqueletos no armário), achando que ninguém irá valer-se delas contra ele. Essa atitude imatura simplesmente impede que suas próprias equipes tenham uma visão realista do cenário e que formulem estratégias de defesa e contra--ataque.

Um simples detalhe pode bastar para o desmonte de uma sólida reputação, porque ela se assenta e se constrói detalhe por detalhe, assim como um tanque de guerra. E o desgaste de uma peça, uma singela falta de combustível, a falha de uma válvula, um fio solto, pode parar um tanque, por mais inexpugnável que pareça.

Achar o detalhe certo nas fileiras adversárias pode produzir apenas um pequeno desgaste ou significar a exata diferença entre a vitória e a derrota, como na lenda do invulnerável herói Aquiles da mitologia grega, morto por uma flecha que o atingiu em seu calcanhar. E vice-versa: não existe detalhe ou falha que possa ser prevista na estrutura ou história pessoal de um candidato que não mereça cuidadoso estudo para blindá-la.

Ao lado dos dados obtidos por meio de conversas informais com lideranças comunitárias e políticas, jornalistas e arquivos da imprensa, que permitem que se tenha uma boa ideia do histórico político, além das expectativas, aspirações, impressões e opiniões pessoais (pesquisa qualitativa), é fundamental a realização de uma pesquisa quantitativa, desta vez para saber, com a maior isenção e exatidão possível:

1. o que pensa, o que aspira e o que incomoda mais cada segmento do eleitorado;
2. mapear os redutos eleitorais de cada concorrente e quais os espaços neutros ou núcleos de indecisão;
3. qual é o peso eleitoral específico de cada força política e o potencial de cada candidato dentro do espaço territorial da disputa.

O bom planejamento também procura inventariar e organizar as disponibilidades materiais, humanas, aliados, apoios sociais e estrutura do grupo do *nosso* candidato visando otimizar o desempenho de cada instrumento, apoio e ação, para atingir o objetivo definido (ganhar a eleição). Um bom planejamento tem de atender à necessidade de direcionar e harmonizar todos os efetivos para otimizar o alcance e efetividade do conjunto de ações (estratégia) que ampliem as chances do grupo atingir a meta.

Como o *planejamento* exige a busca e análise de todas as informações disponíveis sobre o território, as forças políticas e o eleitorado, a estratégia nasce junto com ele: à medida que se estuda como superar uma desvantagem, compensar uma deficiência ou defender uma vulnerabilidade de nosso grupo ou explorar uma vulnerabilidade detectada num adversário ou uma oportunidade ao longo do processo da análise, nasce também uma nova linha de ação para atingir cada objetivo (tática).

Todo planejamento deve começar pelo objetivo mais fácil de ser atingido, ou seja, deve-se começar pelo princípio de tudo: o eleitor indeciso.

Embora pareça óbvio, observei inúmeras vezes este preceito sendo desprezado, sempre que se permitiu que a emoção sobrepujasse a razão ou os ânimos ficassem acirrados e o objetivo deixava de ser ganhar a eleição e, sim, reagir a um ataque ou derrotar um dos adversários.

O segundo alvo do planejamento estratégico deve ser o eleitorado potencial, aquele que já conhece o candidato e têm conceito positivo sobre ele. A tola presunção de que os eleitores de há dois ou três anos atrás estão todos esperando por todo este tempo para, na próxima eleição, votarem no mesmo candidato, já aposentou precocemente muitos presunçosos. Como sintetizou um velho companheiro de estrada, o ex-prefeito e pesquisador catarinense Tadeu Comerlatto, em vez de pensar "este eleitor já é meu", todo candidato inteligente deveria pensar "este eleitor ainda é meu".

Um planejamento correto exige que se estudem e priorizem as ações destinadas a consolidar os redutos geográficos ou segmentos sociais que se constituem no *cacife* inicial do candidato. Estes eleitores têm de ser mantidos a qualquer custo e defendidos das investidas adversárias, porque é por meio deles que se iniciam a corrente de propagação e o avanço da candidatura, pelo efeito dominó, ou boca a boca.

O terceiro alvo são os simpatizantes de outros candidatos e aliados da coalizão, pelas mesmas razões que se investe nos eleitores potenciais do próprio candidato e mais: é um erro grave, comum e fruto de ingenuidade ou pura vaidade, acreditar que cada aliado poderá transferir os votos de seus próprios simpatizantes ou eleitores pela simples declaração do seu apoio a outro candidato de seu grupo. Só Leonel Brizola conseguia esta proeza, mas este é um segredo que ele não contou para ninguém e levou para o túmulo. Suponho que a capacidade de transferência de votos de Brizola estava diretamente relacionada à qualidade de cunho pessoal e, portanto, intransferível: o carisma (que todos querem, mas é privilégio de poucos).

Assim como não se joga fora uma escada para depois sair correndo atrás de outra, os planejadores têm de estabelecer quais estratégias utilizarão para obter a máxima taxa de transferência possível entre os candidatos aliados. O grupo político que superestimar a capacidade de transferência de seus candidatos está subestimando seus eleitores potenciais e pode pagar um preço caro por seu erro.

As etapas

Assim, pode-se subdividir o planejamento em oito etapas, a partir da pressuposição de que a meta já está claramente definida.

1. *Avaliação*. Nesta fase se levantam todos os dados possíveis, que sirvam para compor um quadro da situação atual, a partir da qual se pretenda

fazer a previsão. É aqui que se procura identificar com absoluta clareza os trunfos e fraquezas de cada aliado e adversário: a mão que pode estender-se para defender e apoiar ou dar o golpe de misericórdia pode vir de um veículo de comunicação aliado ou adversário, de uma autoridade ou liderança política que sequer disputa a eleição, de um ex-sócio, ex-mulher, filho bastardo etc.

2. *Articulação das alianças*. Se você não é um fenômeno eleitoral, um ídolo ou uma daquelas lideranças que têm admiradores espalhados por todo o território da disputa ou não conta com o apoio de estruturas sindicais ou associativas disseminadas (empresas, sedes regionais de sindicato, clubes municipais de lojistas ou associações comerciais etc.), uma das primeiras coisas que terá de avaliar é com quantos gerentes você terá de contar para atingir e manter contato com a quantidade suficiente de eleitores para poder eleger-se. Cada gerente é o que se chama, em política, de coordenador (se você contrata) ou de aliança, se deriva de pacto ou acordo político com uma liderança que tenha influência ou votos (muitas vezes o aliado também acumula a função de coordenador). Para tornar sua campanha administrável e otimizá-la, cada reduto (município, segmento social, categoria profissional ou sindical e associativa) exige um gerente, que cuidará em tempo integral para ampliar sua inserção, distribuir seu material publicitário e criar obstáculos e implementar estratégias específicas para bloquear o avanço de adversários em cada reduto. Sem estes gerentes ou aliados, o candidato corre o risco inaceitável de conquistar um reduto e não ter como ocupá-lo, fracionando-o ou perdendo-o depois para outros concorrentes mais bem organizados ou com maior força de ocupação. Durante toda a campanha, candidato é a força conquistadora e seus aliados são a sua força de ocupação. Como cada aliança, ou gerência, demandará diferentes níveis de custos, cuidados e atenção ao longo da campanha, é importante considerá-las desde o início do planejamento. Quanto maior o número de aliados agregados a uma candidatura, maiores são as suas possibilidades de êxito e diferentes serão as suas necessidades logísticas e definições estratégicas e organizacionais.

3. *Previsão*. A principal característica desta fase é a formulação de hipóteses por meio das quais se projeta a situação para um período futuro. Nela se avaliam os riscos e oportunidades, acrescentando e suprimindo elementos no cenário para tentar prever problemas, prováveis barreiras e situações que possam advir em decorrência das diversas possibilidades de ação do candidato e de todos os demais protagonistas que participam direta ou indiretamente da eleição.

4. *Busca de soluções*. Nesta etapa definem-se as alternativas para solução dos problemas e eliminação das barreiras inventariados na previsão, estabelecendo a base para a determinação das estratégias de ação.

5. *Orçamento.* A partir do conhecimento propiciado pelas etapas anteriores, opta-se pelos instrumentos de comunicação, serviços profissionais e materiais a serem empregados na campanha. Aqui se incluem os brindes, faixas, cartazes, adesivos, custos das montagens dos comitês, custos de apoio às campanhas dos candidatos aliados, contratações de cabos eleitorais, custos de assessoria de imprensa, viagens, criação de símbolos, *slogans* e peças promocionais que darão consistência à campanha.

6. *Adequação dos meios e recursos.* A projeção orçamentária corresponde ao levantamento dos custos que seriam necessários para a realização da campanha ideal. Portanto, o somatório de todos os itens que o constituem é que vai dar ao candidato condições de avaliar o montante de recursos financeiros e humanos que terá de levantar, para que seja possível a contratação total ou parcial do orçamento.

    Nesta fase, o candidato faz um balanço de todos os recursos disponíveis e realizáveis a curto, médio e longo prazos, para determinar a sua real possibilidade de fazer frente aos gastos orçados, levando em conta as contribuições de terceiros, doações, e tudo que possa representar entrada de recursos e ampliação da sua estrutura operacional adequando-se o orçamento às possibilidades do candidato.

7. *Programação dos fornecimentos e recebimentos.* Uma vez determinada a receita que o candidato dispõe para executar a sua campanha e elaborado o cronograma de entrada dos recursos, o passo seguinte a ser dado é a programação do fornecimento de materiais e serviços necessários. Esta programação objetiva conciliar o ingresso das receitas com os gastos e fazer com que as entradas e saídas coincidam, para evitar os estrangulamentos decorrentes de uma programação falha, bem como eliminar o risco de não encontrar o material ou serviços desejados no tempo certo. A encomenda antecipada do que se pretende usar representa considerável economia para as campanhas que adotem esta simples providência.

8. *Dividir o plano de ação em etapas.* Cada ação obedece uma estratégia pré-fixada, com objetivos a curto e médio prazos. É preciso estabelecer uma periodicidade para reavaliar até que ponto cada objetivo está sendo realizado, até porque cada ação adversária não prevista torna recomendáveis a reavaliação e correções de rumo e altera as necessidades de consumo.

Como o planejamento é um conjunto de hipóteses baseadas em probabilidades, é importante que se determine um meio de testá-las; a confirmação ou negação dos pressupostos determinarão um novo rumo à campanha, ou à sua sequência até a próxima etapa, e assim por diante.

Para que se divida um plano de ação em etapas distintas, é necessário que se faça o desdobramento do objetivo original em vários objetivos periféricos, ou parciais, atingíveis e mensuráveis pelo candidato, por meio de pesquisas, em diferentes espaços de tempo. Ilustrando:

– Objetivo principal: eleger-se com 100 mil votos.
– Objetivos periféricos:

1) conquistar x votos por mês na região *B*;
2) aumentar sua penetração no segmento *tal* do eleitorado em *x* espaço de tempo;
3) diminuir a influência do candidato *Y (aferir quinzenalmente)*.

Esta divisão permite também ao candidato a reavaliação de sua estratégia, a partir da revisão das etapas, aumentando significativamente a eficácia e a possibilidade de êxito de sua campanha.

Como planejar uma campanha

Aqui, procuramos encontrar uma fórmula que permita a qualquer candidato fazer um planejamento eficiente para sua campanha.

Basicamente, o candidato teria de responder a duas perguntas:

1) Qual é a meta?
2) Como atingi-la?

Para se responder a essas duas questões, é necessário encontrar diversas respostas a outras questões que se abrem a partir delas.

O primeiro grupo de questões serve para que se determine a meta com precisão e inclui perguntas como estas:

1) Qual é o mandato pretendido?
2) Qual é a condição (número de votos) necessária para que isso ocorra?

Supondo-se que as respostas a estas perguntas sejam que o mandato pretendido é a Assembleia Estadual e que o número de votos necessários é 50 mil, já se tem estabelecida a meta principal.

As perguntas que se seguem são formuladas como se fosse o candidato a fazê-las, e suas respostas consistem na execução de um planejamento global de sua campanha.

1) *Qual é o potencial de votos em cada bairro, cidade, município, região ou Estado onde concorro?*

R.: O candidato pode obter esta informação encomendando pesquisas e aliando o resultado destas àquelas já realizadas por seu partido, outros candidatos ou órgãos de pesquisa.

2) *Quanto votos já tenho (meu potencial)?*
R.: A obtenção da resposta é feita a partir de uma análise realista e pessimista que o próprio candidato possa fazer e estimar sobre o seu eleitorado cativo.

3) *Onde estão e quem são meus eleitores?*
R.: Aqui o candidato tem de estimar ou pesquisar qual é a sua penetração territorial e em quais segmentos da população estão seus eleitores.

4) *Quantos votos me faltam?*
R.: Basta que o candidato subtraia o número de votos que já dispõe do número necessário para eleger-se.

5) *Qual a margem de segurança necessária para assegurar minha eleição?*
R.: Geralmente, o candidato pode determinar esta margem de segurança multiplicando o número de votos que precisa por 3 (40 mil x 3 = 120 mil).

6) *Onde tenho mais chance de ir buscá-los?*
R.: A resposta pode ser obtida aplicando-se o princípio da semelhança, ou similaridade, determinando como eleitorado potencial aqueles que guardarem maior semelhança com os obtidos na pergunta 3, pois é mais fácil ao candidato expandir sua influência a partir dos segmentos de população e territórios onde tenha a sua presença já consolidada.

7) *Quem são meus concorrentes?*
R.: Levantamento de quais são os candidatos que disputam os mesmos votos, tanto de seu próprio partido como dos demais.

8) *Qual é a situação deles em relação ao eleitorado?*
R.: Aqui o candidato procura saber, por meio dos instrumentos citados na resposta número 1, qual a penetração, por região ou segmento populacional, de seus concorrentes, para saber quais são seus pontos fortes e fracos e onde são mais vulneráveis.

9) *Qual a situação de meu partido e a dos outros partidos?*
R.: Os motivos e interesses são os mesmos da resposta anterior, só que, por meio de candidatos, procura-se obter informações sobre os partidos.

10) *Quem poderiam ser meus aliados?*
R.: Levantamento dos outros candidatos de seu partido a mandatos não conflitantes.

11) *Onde atuam e qual a situação?*
R.: Esta resposta é decisiva e importante para o candidato, pois vai permitir-lhe estudar quais são os aliados mais importantes, evitando alianças duvidosas ou pouco vantajosas em termos de retorno. Permite também que o candidato amplie seu universo eleitoral e abranja muitas regiões que lhe eram inacessíveis.

12) *Quantos votos poderia transferir-me esta aliança?*
R.: Esta questão vai completar as duas anteriores, pois quase nunca um candidato que disponha de um potencial alto de votos vai transferi-los em sua totalidade ao seu aliado, pois tal fato independe de sua vontade ou fidelidade à aliança. É preciso considerar que, na mesma região em que atua, existem outros candidatos, colegas de partido, que disputam mandatos para outros níveis e que vão reter, sem dúvida alguma, uma boa parcela destes votos. Por exemplo: um vereador V dispõe de um potencial de 15 mil votos numa região e alia-se a um candidato a deputado estadual $D1$. Atuando na mesma região existem mais dois candidatos do mesmo partido que pleiteiam acesso à Assembleia Estadual, $D2$ e $D3$, e que dispõem de boa penetração nos segmentos de população atingidos pelo candidato a vereador.

Resultado das urnas nesta região:

V = 15.000 votos
$D1$ = 3.000 votos
$D2$ = 6.500 votos
$D3$ = 700 votos

Índice de transferência de V para $D1$ = 20%.

13) *Qual a melhor maneira de manter os meus votos e conseguir os votos que me faltam?*
R.: Aqui começa a elaboração das estratégias de ação, pela qual o candidato vai determinar quais são os seus inimigos (concorrentes) mais fortes e onde estão localizados, a fim de defender seu reduto eleitoral e consolidar sua posição e, a partir daí, procurar ampliar a faixa de seu eleitorado. É bom frisar a importância dessa consolidação, pois é erro comum entre os candidatos basear toda a sua estratégia em conseguir mais votos (posição de ataque), esquecendo de proteger e fortalecer as posições (eleitorado) conquistadas, o que permite a ação devastadora de candidatos concorrentes à sua retaguarda e flancos, roubando-lhe votos preciosos, conquistados a duras penas.

14) *Quanto me custaria essa conquista?*
R.: Nesta fase do planejamento, o candidato baseado na estratégia de ação determina suas necessidades materiais e humanas e as engloba no orçamento.

15) *Quanto tenho para gastar e quais os recursos humanos de que disponho?*
R.: Por meio de um verdadeiro balanço, o candidato verifica sua viabilidade de executar o orçamento proposto e, caso suas disponibilidades estejam abaixo do ideal, volta-se à questão número 13, estudando-se outra estratégia, fazendo-se novo orçamento, mais adequado às possibilidades. No caso de, mesmo após essa reavaliação, o orçamento permanecer acima da disponibilidade, este deve passar à questão seguinte.

16) *Quanto me falta?*
R.: Levantamento realista de quanto o candidato terá de conseguir para viabilizar a sua campanha.

17) *Como e onde conseguir?*
R.: Aqui se elaboram verdadeiras estratégias sobre quais as maneiras de se obter os recursos que estão faltando, sendo que as alternativas mais comuns são a organização de bingos, sorteios, rifas, churrascos e concursos, que visem complementar as verbas necessárias, além da elaboração de listas e carnês de contribuição que são oferecidos às empresas na solicitação de apoio, restando ainda ao candidato buscar o dinheiro que lhe falta negociando o potencial dos votos de que dispõe com outros candidatos mais bem situados financeiramente e que estejam interessados em propor alianças.

18) *Quanto tempo levaria para isso?*
R.: Este é o âmago do problema, pois de nada adianta ao candidato ter possibilidades de conseguir o apoio ou recursos que lhe faltam, se estes não entrarem em tempo hábil, pois a carência de recursos limitará extraordinariamente o trabalho do candidato e de sua equipe, comprometendo os resultados de sua campanha.

19) *Quais são minhas chances?*
R.: Este é o ponto crítico para o candidato. Quando se chegar a este ponto do planejamento é necessário que se utilize toda honestidade possível para que se possa avaliar quais as chances que o candidato tem de ser eleito. Essas chances estão diretamente ligadas à penetração que ele já conseguiu, ao seu potencial de votos, à possibilidade que tem de efetivar alianças, à sua capacidade de financiar a campanha, em relação a

tudo que lhe falta. Se o saldo desse balanço for positivo, o candidato deve passar à próxima etapa do planejamento e, em caso de saldo irremediavelmente negativo, deve abandonar ou adiar as suas pretensões de ser eleito. Essa cautela é importante, pois a desconsideração desse estudo de viabilidades já levou muitos candidatos à ruína.

20) *Quais os temas que deverão constar de minha plataforma?*
R.: Esta questão encontra sua resposta na elaboração de um plano de governo ou de atuação futura, que o candidato deve fazer a partir de um estudo das necessidades e aspirações do eleitorado.*

21) *Qual o melhor símbolo* slogan *para minha campanha?*
R.: É muito importante e delicada a escolha de um símbolo e de um *slogan* para uma campanha, pois estes deverão ser fortes e vão dar-lhe personalidade distinta, propiciando maior grau de memorização aos eleitores.

22) *Qual o melhor visual para minha campanha?*
R.: O visual de uma campanha inclui todos os materiais a ser executados, bem como os brindes que devem ser idealizados dentro de um contexto de unidade, ou seja, todas as peças deverão conter elementos visuais comuns, que possibilitem ao público imediata identificação com a sua origem. A escolha desses materiais deve levar em conta, ainda, o conceito penetração-utilidade-custo.**

23) *Que outros serviços contratar?*
R.: O primeiro serviço que um candidato deve contratar é o de um bom instituto de pesquisas e o de um assessor de imprensa, dada a importância de manter um alto nível de relacionamento com os jornalistas e com os veículos de comunicação de massa. Outros serviços importantes são prestados por um estúdio ou agência de propaganda (criação, arte, finalização, fotos, assessoria de produção gráfica etc.). O candidato deve contar ainda com uma boa equipe para colocação e retirada de materiais, montagem e desmontagem de palanques, serviços de sonorização e iluminação etc., podendo ainda contratar uma empresa especializada em *marketing* político, que cuidará de todos os detalhes.

24) *Com quem efetivar as alianças?*
R.: Veja as questões 10 e 11, efetuando os contatos e verificando quais as contrapartidas – votos, financiamento ou acordos de influência e apoio futuro –, que os possíveis aliados queiram para efetivá-las.

---

* Vide capítulo "A escolha da plataforma".
** Vide capítulo "Os materiais e serviços utilizáveis numa campanha."

25) *Como compatibilizar minha estratégia com as adotadas pelos aliados?*
R.: É importante que o candidato tenha em mente, antes de efetivar os acordos operacionais, qual o grau de identificação que existe entre sua campanha e a deles, pois, se as diferenças forem profundas, estes podem assumir, em nome do candidato, compromissos impossíveis de ser cumpridos, o que vai determinar a irremediável *queima* de sua imagem para as futuras campanhas à reeleição nas regiões e segmentos sociais onde tal fato ocorreu. (Ex.: uma aliança de um candidato da UDR com outro do MST, ou um evangélico com outro que represente a comunidade gay ou defenda o aborto).

26) *Quando e onde devo estar presente?*
R.: Responde-se a esta questão por meio da elaboração de um roteiro-calendário e de um cronograma de atuação do candidato, durante sua campanha, no qual se inclui a realização dos seus comícios e pronunciamentos, programando-se festas, concursos e eventos.

27) *Quais os outros meios de atingir os eleitores?*
R.: Além das entrevistas e pronunciamentos em jornais, revistas e outros meios de comunicação, o candidato deve ainda estar presente em festas, casamentos, eventos sociais etc., misturando-se à população, fazendo contatos pessoais, pagando pequenas despesas, e ainda deve mandar cartas e prospectos aos eleitores (mala direta), editar revistas e tabloides etc.

28) *Como controlar o fluxo de recebimentos e pagamentos da campanha?*
R.: O volume de entrada de materiais e serviços e a saída de numerário tornam importante para o candidato a montagem de um eficiente esquema de contabilidade extraoficial, pois grande parte de seus gastos não têm comprovantes, graças ao irrealista limite de gastos imposto pela legislação eleitoral vigente.

29) *Como controlar, selecionar, coordenar e utilizar todas as informações que me chegam?*

30) *Qual a qualificação da equipe a ser contratada?*

31) *Como orientar e treinar esse pessoal?*

32) *Como e quando reformular as estratégias por mim adotadas na campanha?*
R.: A resposta a estas quatro perguntas está no contexto geral desta obra onde candidato vai encontrar todo o esquema de funcionamento de uma central de inteligência.

Após a colocação das questões e suas respectivas respostas, o candidato deve ainda deixar uma margem de segurança ao planejar sua campanha, para permitir a inclusão de informações a qualquer momento e o remanejamento das estratégias. Outro fato a ser lembrado é que, para se obter um planejamento confiável, é preferível ser pessimista a ser otimista nas respostas, pois é melhor o candidato se preparar para o pior do que se manter num posicionamento otimista. Qualquer falha poderá custar-lhe o desmoronamento da campanha.

9. A Escolha da Plataforma

Plataforma é o conjunto de ideias, críticas, propostas e posições assumidas por um candidato durante uma campanha eleitoral. É o elemento fundamental na elaboração de um plano de campanha e sua importância pode ser verificada por meio de três motivos básicos:

1) é o principal fator de formação da imagem do candidato, contribuindo decisivamente para a fixação dessa imagem junto ao eleitorado;
2) caracteriza e dá personalidade a uma campanha, distinguindo-a das demais;
3) representa o compromisso que o candidato assume com os eleitores.

Seu conteúdo é um dos fatores que irão determinar o grau de memorização do público em relação ao candidato, o que faz com que a escolha dos temas assuma importância decisiva para o sucesso e eficiência de uma campanha.

A escolha dos temas

O principal requisito de uma boa plataforma é sua consistência, e, para que esta seja forte, os temas escolhidos deverão ser *claros* e *objetivos*, a *linguagem* empregada deverá evitar termos sofisticados ou rebuscados, a fim de que, uma vez transmitida a mensagem, possa ser rapidamente absorvida e *entendida* pelo eleitor, de qualquer nível social, cultural ou econômico, pois cabe lembrar que o candidato dispõe de pouco tempo para transmiti-la em seus discursos, sob pena de alongar-se demais e acabar entediando seus ouvintes.

Da mesma forma, os temas devem versar sobre assuntos de *real interesse* do público, ao qual se destinam, para despertar e prender sua atenção do início ao fim do discurso.

A *simplicidade* na abordagem dos temas facilita ainda o seu processo de retransmissão pelo público e pelos cabos eleitorais aos seus círculos de influência, pois nem sempre estes possuem a convicção e eloquência do candidato, ao abordá-los.

Outro detalhe importante da temática de uma plataforma é a *coerência* que ela deve ter com o mandato pretendido pelo candidato. É comum encontrarmos candidatos a vereador defendendo em seus discursos temas da esfera federal, prefeitos com plataformas apropriadas a governadores, bem como candidatos ao Senado apropriando-se de temas municipais.

Tal atitude, de certa maneira, é perigosa para o candidato que, sem sentir, acaba muitas vezes assumindo, com o eleitorado, compromissos relativos a problemas cujo trato foge completamente de sua esfera de atuação ou influência, o que lhe pode trazer consequências desagradáveis quando, uma vez eleito, for concorrer à reeleição. Entretanto, isto não quer dizer que o candidato não deva referir-se a outros temas que não os de sua área de influência. Sugere-se apenas que, ao fazê-lo, não deve aprofundar-se nem comprometer-se com eles, usando-os apenas como ponto de referência, para permitir ao eleitor uma visão mais ampla de suas posições diante da conjuntura atual.

Outra maneira de se evitar o risco é a aliança com outros candidatos do partido a cargos diferentes (ex.: vereador, prefeito, deputado estadual, federal, senador), pois o entrosamento de suas plataformas fecharia o circuito de abordagem de todos os temas existentes.

Os temas que compõem uma plataforma podem ainda ser classificados em três classes distintas:

1) *Temas fundamentais ou racionais*. São aqueles que se referem à administração pública e à legislação. Constituem base da plataforma e, praticamente, o programa de atuação na vida pública do candidato. São concretos e imensuráveis pelo eleitor durante o mandato do candidato. Ex.: questões econômicas, tributárias, segurança, obras, saneamento, educação etc.

2) *Temas oportunos ou emocionais*. Referem-se a fatos, acontecimentos ou tendências que se encontram em evidência num determinado momento. Dão colorido e poderíamos defini-los como sendo o espírito de uma campanha. Ao contrário dos temas racionais, são acrescidos ou suprimidos da plataforma sem alterar-lhe o conteúdo básico. Essencialmente, são temas que aproximam a pessoa do candidato de seu eleitorado, suavizando sua imagem de político profissional.
Esses temas devem ser escolhidos e abordados com especial cuidado e no momento oportuno, por tratarem de assuntos de fundo emocional e temporal que, mal abordados, podem voltar a opinião pública contra o candidato. Poderíamos citar, como exemplo, os assuntos ligados a uma enchente ou seca, um crime que tenha chocado a opinião pública, o aniversário da cidade, uma data comemorativa, fatos históricos, modismos em evidência, um escândalo ocasional, um acidente etc.

3) *Temas segregacionistas*. Ao abordá-los, o candidato é obrigado a definir uma posição que vai, inevitavelmente, dividir o eleitorado. Esses temas dão personalidade a uma campanha e, ao incluí-los em sua plataforma, o candidato tem de analisar prós e contras, a fim de saber que posição assumir, ou seja, como perder o mínimo de votos possível.

Entre os assuntos que constituem os temas polêmicos, poderíamos citar aqueles ligados ao credo, à classe social ou econômica, às questões raciais, às rivalidades cotidianas (regionais, esportivas etc.), à ideologia, ao sexo, à idade etc. Por exemplo:

a) um candidato que dá ênfase ao fato de ser católico corre o risco de perder os votos dos espíritas, protestantes etc.;
b) um candidato que se diz corintiano arrisca-se perder os votos de santistas, palmeirenses etc.;
c) um candidato que diz ser dos operários poderá perder os votos dos bancários, camponeses etc.

Voltaremos a tratar deste assunto quando nos referirmos aos comícios.

Essas posições devem ser particularmente evitadas por quem concorre às eleições pelo sistema majoritário, problema bastante atenuado para os candidatos a ser eleitos por voto proporcional, pois a estes basta dimensionar corretamente a quem vão atingir e comparar com o número de votos que precisarão para elegerem-se.

Aliás, os dois sistemas em vigência no Brasil, majoritário e proporcional, influem decisivamente na amplitude dos temas que irão compor uma plataforma política. Assim, os candidatos ao Senado, aos governos estaduais e às prefeituras, sendo obrigados a contar com o máximo possível de votos, têm de oferecer ao eleitorado uma plataforma muito ampla, com grande número de canais de comunicação, pois precisam atingir tanto o jovem quanto o velho, o trabalhador urbano e o rural, o homem e a mulher, e assim por diante.

Essa complexidade faz com que muitos candidatos se percam no labirinto criado pela diversidade de posições que são obrigados a tomar, acabando por misturar os temas, deixando o leitor confuso, pois, no afã de dizer muito e sobre muitas coisas num tempo relativamente pequeno, o candidato acaba resumindo demais as abordagens.

Outro fato comum, devido aos mesmos motivos, é o candidato estender-se demais e alongar o tempo de seu discurso. Aí, seria desnecessário lembrar que a paciência e o grau de assimilação dos temas pelo eleitorado irão se esgotando na mesma proporção em que o tempo for passando.

A seletividade dos temas

A fórmula para evitar os fatos descritos é procurar selecionar o público que deverá ouvir o candidato, por meio de pesquisas sobre as características da população de um determinado bairro ou cidade, onde ele irá realizar o comício ou atingirá com sua propaganda eleitoral, especificando o tipo de abordagem a ser usada, sobre que temas e que linguagem adotar para um determinado tipo de público. Em tempos práticos, isto significa falar do estudante na linguagem do estudante, sobre problemas que o afetam, e assim com o camponês, o operário, o empresário, a dona de casa, o imigrante etc., segmentando o seu discurso.

Ainda que nem sempre seja possível segmentar rigorosamente o público, o conhecimento dos problemas regionais, sociais e econômicos de uma população, com certeza, colocará à disposição do candidato meios de se orientar sobre quais os temas de maior ou menor relevância, e a partir daí, elaborar seu discurso.

O discurso

O discurso é o principal instrumento de que o candidato dispõe para a divulgação de sua plataforma.

Enquanto a plataforma representa, numa campanha, *o que* dizer, o discurso determina *como dizer*. É nesta diferença que reside toda a sua importância, pois não adianta ao candidato ter uma plataforma sólida e equilibrada se, no momento de transmiti-la, não se fizer compreender claramente pelo público.

Assim como os temas de uma plataforma, o discurso também deve ser claro, objetivo, acessível e interessante, mas a isto deve-se acrescer o fato de que é o discurso que vai dar vida e movimentação aos temas, despertando e manipulando as emoções do público ouvinte.

A entonação de voz do orador é que irá determinar sua postura diante dos temas abordados e seu estilo de abordagem irá transmitir personalidade aos temas. Assim, o orador dispõe dos recursos de vocalização e expressão, ora utilizando-se de tom calmo e narrativo, ora ironizando ou elogiando. De repente, se inflama e levanta a voz, expressando indignação ante um fato, para depois torná-la grave pausada, ao sugerir uma solução para o problema.

A forma de dizer a mensagem também influi nas emoções do ouvinte, com o candidato assumindo uma postura humilde, para depois mostrar-se agressivo ou profundo conhecedor do assunto em pauta e da situação.

Assim como a entonação, a modulação e a postura da voz integram os recursos de áudio à disposição do candidato. Sua maneira de trajar-se e de gesticular completam o discurso na área visual, estes completando aqueles, aproximando os candidatos do eleitorado e reforçando a eficácia dos recursos de oratória.

Outro fator importante na elaboração de um discurso é a ordem em que os temas vão ser abordados. Aqui reside o segredo de um bom discurso, pois o candidato deve pensar em como despertar o interesse do público e mantê-lo continuamente aceso durante o discurso.

Reportando-nos ao item "A escolha dos temas" sugerimos que o discurso se inicie com temas emocionais ou até polêmicos, intercalando-se a estes os temas fundamentais, procurando manter uma harmonia e ritmo constantes até o final do discurso e encerrando com um tema de alto impacto, a fim de que, mesmo após a partida do candidato, seu discurso continue repercutindo na memória do eleitor, aumentando a probabilidade de que venha a comentá-lo ou discuti-lo com amigos e familiares.

Uma das dificuldades com as quais o candidato se defronta ao elaborar um discurso é determinar o tempo ideal de sua duração. Muitas vezes, a única maneira de sabê-lo é a sensibilidade do orador diante do público, ou seja, cabe a ele medir, diante da reação fisionômica de seus ouvintes, o tempo que deverá gastar na abordagem de cada tema exposto, abreviando uns e frisando outros, finalizando o discurso, ainda que incompleto, assim que denotar impaciência ou desagrado entre os ouvintes.

Outra maneira de determinar esse tempo é inserir junto ao público elementos de sua assessoria, que funcionariam como termômetros, medindo o grau de interesse e satisfação dos ouvintes.

Outros perigos rondam o candidato durante um discurso, requerendo especial cuidado e esforço no sentido de superá-los. Poderíamos citar como mais frequentes a má qualidade do som, pois um sistema de sonorização estridente é capaz de irritar profundamente o ouvinte, da mesma forma que o volume alto ou baixo demais criam incômodo e dificuldade ao público.

O candidato deve evitar também a alteração demasiadamente frequente de graves e agudos na entonação de voz, bem como assegurar-se – ao iniciar a abordagem de um assunto em tom grave e decidir elevá-lo num determinado momento – de que sua voz irá alcançar os tons mais altos sem dificuldades. Deve ainda tomar cuidado com erros gramaticais e emprego exagerado de gírias, bem como dosar os termos técnicos ou estrangeiros para evitar que dele se tenha a impressão de inculto, irreverente, burocrata ou demagogo.

As restrições impostas aos comícios são um desserviço à democracia:

A pretexto de reduzir os custos das campanhas, os atuais legisladores, na prática, cercearam o meio mais tradicional de conscientização política do País. Além de cercear a liberdade de expressão de artistas em apoio a candidatos e propostas, ao impedir os shows que atraiam as massas e as predispunham a absorver a mensagem que dá forma a consciência política, a classe política criou uma legislação antipromocional e antipublicitária, uma vez que o valor e a essência da propaganda está em gerar atrativos que levem os consumidores aos pontos de venda e avais sociais às mensagens e conceitos de seus anunciantes.

10. O Programa de Governo ou de Ação Parlamentar

O programa de governo ou de ação parlamentar é um dos principais instrumentos de personalização da campanha à disposição dos candidatos, pois é por meio dele que se divulgam as propostas administrativas e de ação política que se pretende desenvolver uma vez obtido o mandato, e que esclarece ao eleitor a diferença entre votar neste ou naquele candidato.

Um programa serve para divulgar o quanto um candidato é inteligente, conhecedor dos problemas da comunidade e sensível a eles, provando ao eleitorado a sua competência, seriedade, honestidade e capacidade de solucionar problemas, mostrando-se moderno e afinado com as aspirações populares.

A plataforma e o discurso só se concretizam aos olhos do eleitorado, uma vez inseridos num programa, pois enquanto a primeira constitui instrumentos de apoio logístico de cada candidato e o segundo se dilui com o tempo, o programa é permanente e impresso, o que exige que se tenha o maior cuidado ao elaborá-lo, pois transforma-se em compromisso público e é uma arma nas mãos de adversários, caso se verifiquem incorreções graves, quer nas propostas nele contidas, quer na forma escolhida para a apresentação destas.

Os riscos

Apesar do risco, um programa se torna eficaz arma eleitoral de candidatos que possuam propostas consistentes, soluções criativas e planos de ação parlamentar, pautados em aspirações populares, desde que o eleitor esteja certo de que chegaram a elas por premissas corretas.

Para se ter certeza de que a base do programa está calcada em problemas inerentes à população e ter-se conhecimento das prioridades, uma pesquisa de opinião pública deixaria transparentes os assuntos a ser abordados com maior ênfase, dando segurança à elaboração dos tópicos no programa.

Embora pareçam óbvias estas recomendações, é comum pelo Brasil afora assistirmos candidatos à mercê de seus adversários ou expostos à exe-

cração pública ou ao ridículo, apenas porque não tiveram o cuidado de analisar as informações em que se basearam para elaborar os seus programas – apresentando propostas desprovidas de qualquer embasamento técnico, portanto absolutamente impraticáveis e, em consequência, vulneráveis à crítica e à exposição pública do erro – ou ainda porque propuseram planos de ação parlamentar dissociados das aspirações populares por defenderem posições insustentáveis e incapazes de sobreviver a análises mais profundas.
É importante salientar que, tanto por parte do eleitor como dos adversários, não se deve esperar complacência ou ato nobre de indulgência, pois todos os erros serão sempre usados implacavelmente da maneira mais danosa possível contra o candidato, e todas as denúncias ou críticas encontrarão uma repercussão indesejável na imprensa e no eleitorado, com certeza, bem maior do que aquela obtida com acertos.

O processo de elaboração

Para evitar erros e suas desagradáveis consequências, o candidato deve recorrer sempre a especialistas, toda vez que o tema a ser abordado for eminente técnico, utilizando-se de médicos, quando o tema for saúde, ou de professores para traçar diretrizes para área educacional, e assim por diante. Deve solicitar a estes a correta identificação dos problemas, as soluções possíveis, pois é previsível que cada profissional conheça os problemas de sua área de atividade e as aspirações de sua categoria melhor do que o candidato.

O melhor é constituir grupos de estudo para identificação de problemas e de propostas solicitando a colaboração de sindicatos de trabalhadores, patronais, sociedades de amigos de bairro, outras categorias profissionais, entidades representativas dos segmentos sociais organizados, pois além de assegurar um programa sólido e confiável, o candidato conquista diversos cabos eleitorais poderosos, já que cada integrante do grupo de estudo tende a sentir-se um pouco pai da ideia do candidato, defendendo suas propostas dentro do seu círculo de influência.

Seguida a receita para a obtenção de um programa sério, é provável que um candidato tenha em mãos em formidável calhamaço de papéis, contendo valiosas informações, propostas e aspirações, além de, é claro, reivindicações quase sempre entremeadas de propostas contraditórias, muito palavratório, demagogia barata, soluções grandiosas e utópicas etc.

É chegada a hora de, após os agradecimentos aos colaboradores, separar o joio do trigo, procedendo-se à triagem e classificação do conteúdo material recebido, desta vez assessorado apenas por um profissional de cada área, preferencialmente aqueles que desfrutem de sua confiança e sejam providos de experiência e bom senso.

Feita a indispensável triagem, o candidato terá em seu poder um volumoso e complexo programa básico, que irá servir de base a seus discursos, mas ainda não é este momento de sua apresentação ao público. É necessário, antes, que se proceda a um resumo drástico, o que deve ser feito de maneira a não esvaziar seu conteúdo, sintetizando-o sem prejudicar a coerência e a apresentação.

Nessa etapa é aconselhável que se conte com assessoria de profissionais de comunicação, pois é aqui que se inicia o trabalho de fazer um programa assimilável pelo eleitorado, sendo necessário dar um tratamento político a temas eminentemente técnicos, o que exige conhecimento na área de comunicação.

Um programa volumoso e técnico, embora impressione aquele que o tem em mãos, sempre acaba representando um esforço inútil de comunicação, e um desperdício de recursos financeiros, pois dificilmente será lido – e compreendido – pelo leitor comum e pelos técnicos, pois cada profissional, normalmente, se interessa em tomar conhecimento apenas da parte do programa que diz respeito à sua atividade.

A apresentação

O programa ideal é aquele que consegue levar seus portadores a ler todas as propostas nele inseridas ou, pelo menos, tomar conhecimento da maioria delas. Ainda que superficialmente, deve servir como elemento de aproximação entre o candidato e o eleitorado, fazendo com que este o conheça um pouco melhor, facilitando sua adesão e aprovação das propostas defendidas pelo político.

Dentre as inúmeras formas de apresentação de programas, as que mais resultados ofereceram foram aquelas em que se utilizaram os quadrinhos, ou ainda sob a forma de jornal-tabloide, no qual as propostas técnicas foram revestidas de caráter pessoal do candidato, que prefaciava cada segmento com um texto político. Ali identificava o problema de cada área, para só então reproduzir suas propostas técnicas de solucioná-los, expressando, assim, de forma leve e tópica, opiniões e facilitando ao leitor a absorção de todo o conteúdo, sem que ele precisasse tomar conhecimento dos seus aspectos mais técnicos.

Um programa deve ser bem produzido, levando-se em consideração todos os cuidados possíveis quanto à sua diagramação, revisão, escolha do tipo de letra a ser utilizado, de forma a assegurar-lhe um aspecto agradável e estimular sua leitura, sem o que estaria prejudicado quanto à eficácia e penetração.

O programa de ação parlamentar: características

Para se ter uma ideia da importância dos programa, basta proceder a uma análise comparativa sobre o conhecimento do público em relação às funções e áreas de competência subordinadas a cada categoria política. Então se verá que as pessoas têm muito mais conhecimento das atividades políticas ligadas à área executiva do que à parlamentar, e isso acontece, em grande parte, devido ao descaso histórico devotado ao programa pelos candidatos a deputado estadual, federal e ao Senado.

Esse conhecimento do povo em relação às atividades parlamentares, é o principal agente causador da dissociação entre ele e a classe política.

Os principais responsáveis pela anemia das instituições políticas no Brasil são a falta de programas consistentes de ação parlamentar e a perda de influência e prerrogativas do Legislativo, em função do período de regime militar que o País atravessou. A isso se aliam tradicionais práticas cartoriais, com que a maioria dos parlamentares exerce sua função, e uma crônica falta de interesse ou absoluta inércia das grandes agremiações políticas em relação ao processo de filiação partidária e militância política. Isso torna tais instituições vulneráveis e abstratas, pois não conseguem justificar sua finalidade ou personalidade perante grandes faixas populacionais.

O fato é que, até entre os segmentos sociais tidos como mais esclarecidos, é grande o desconhecimento da importância da atividade parlamentar, persistindo a proliferação de mitos que acabam adquirindo proporções de verdades absolutas.

De uma maneira geral, o conceito que mais se aproxima da consciência popular é que um vereador, deputado estadual, federal ou um senador servem para *fazer* leis, conseguir empregos públicos, favores e quebra-galhos junto ao Poder Executivo, ganhar polpudas comissões em negociatas etc. Dificilmente são lembradas as intermediações – legítimas – que os parlamentares exercem por meio do encaminhamento e acompanhamento das reivindicações sociais ou trabalhistas, do seu poder de controlar orçamentos e influir nas prioridades estabelecidas pelo Poder Executivo, e outras funções relevantes que o Legislativo presta à sociedade.

Mesmo percebendo sua função de *fazedor* de leis, o grande público não consegue identificar de que maneira, ou obedecendo a quais critérios, um legislador pauta sua ação parlamentar, e o uso indiscriminado e sistemático de grandes temas como seguro-desemprego, distribuição de renda, consolidação da democracia, entre outros de amplo alcance e aceitação popular, jamais cumpridos, acabou por esvaziar o crédito do eleitorado nesse tipo de proposta e contribuiu para a consolidação do preconceito deste em relação à classe política como sendo demagógica.

Existem ainda outras dificuldades a ser enfrentadas por candidatos a funções legislativas. Uma delas é o fato de que é muito mais fácil elaborar um programa administrativo do que um de ação parlamentar, pois enquanto o primeiro possibilita a inclusão de elementos concretos, tais como asfaltamento, iluminação, saúde etc., o segundo tem de se basear muito mais e quase exclusivamente em ideias, num País que apresenta índices insignificantes de ideologização popular.

A pesquisa que vai servir de base para a elaboração de um plano de ação parlamentar também difere em muito daquela feita para alicerçar programas executivos, ganhando grande importância e identificação correta de tendências e aspirações populares e das diversas classes sociais.

A chave de um programa é a existência de, pelo menos, uma grande proposta ou ideias. Além de grande, é importantíssimo que seja original e se apresente à frente dos concorrentes, com maior impacto possível, para evitar que dela se apropriem adversários com maior poder de *fogo* na área de comunicação ou, ao menos, dificultar a adesão de muitos, assegurando para si a vantagem de ser sempre identificado como o *pai* da ideia.

Em torno dela é que se vai elaborar o programa, seguindo-se os critérios sugeridos no capítulo dedicado à "Escolha da plataforma", quanto à opção dos temas destinados a marcar posições e definir a imagem que cada candidato pretendia adotar, segundo suas estratégias de campanha.

11. A Pesquisa na Área Política: O Que Se Deve Saber

A pesquisa é o principal instrumento à disposição de um candidato para a elaboração de suas estratégias de campanha. De nada adianta que ele ou sua equipe sejam dotados de inteligência, bom senso, experiência e outras qualidades, se não puder contar, como ponto de partida, com informações confiáveis.

A não utilização de pesquisas na formulação estratégica de uma campanha implica a aceitação da intuição, sensibilidade e formulações mal fundamentadas, elevando consideravelmente o fator *risco* de cada campanha eleitoral.

As pesquisas qualitativas

A utilização das pesquisas qualitativas nas campanhas eleitorais vem crescendo a cada eleição.

Como uma *quali* (assim são chamadas as pesquisas qualitativas) custa muito menos do que uma pesquisa *quanti* (pesquisa quantitativa), na maioria das vezes esta é a única razão desta preferência.

As pesquisas qualitativas são importantes para fornecer subsídios e formular hipóteses que poderiam (ou não) justificar ou apontar causas para as decisões, conceitos, simpatias ou a rejeição do eleitorado em relação às lideranças políticas e candidatos.

Uma das principais diferenças entre as pesquisas *quali* e as *quanti*, é que as primeiras representam uma hipótese, com 50% de possibilidade de que seja verdadeira e expresse o sentimento ou razões de uma sociedade ou do universo geral dos eleitores. E 50% de chance de acerto, significa que existem outros 50% de chance de a hipótese não representar a realidade. Resumindo, qualquer hipótese ou conclusão de uma *quali* pode tanto ser verdadeira como ser falsa: pode ser que sim, mas também pode ser que não.

Já as pesquisas quantitativas, como usam amostras maiores e que representam proporcional, matemática e estatisticamente o universo ou a população pesquisada, asseguram informações com muito maiores índices de precisão e rigor científico, com margens de erro que variam de acordo com o tamanho das amostras (*vide* mais sobre a amostra e metodologias no "Manual do Entrevistador").

As pesquisas *qualis* também são importantes para procurar detectar aspectos subjetivos e intangíveis que motivam opiniões e sensações, mas que ainda não foram claramente expressos ou verbalizados, pois estas informações estão num estágio subconsciente dos eleitores.

As *qualis* detectam nuances difusas que, se representarem uma verdade estatística, podem significar o grande diferencial de uma campanha em relação às demais, pois seu candidato tem informações que uma pesquisa quantitativa não pode captar e, mesmo que seus concorrentes também se valham de pesquisas *quali*, provavelmente não saberão, pois aí está outra grande diferença que separa as *qualis* das *quantis*:

- Todas as informações que uma pesquisa *quanti* levantar podem ser levantadas também por outra *quanti* que adote metodologia e questionário semelhantes. Um intervalo de confiança de 99,7%, quer dizer que, se forem realizadas simultaneamente mil pesquisas, com a mesma metodologia e o mesmo questionário, em 997 vezes o resultado será o mesmo, variando apenas dentro da margem de erro.
- Já nas pesquisas *quali* nas quais passa a contar a exploração do subconsciente de cada membro de um grupo pesquisado e os roteiros de intervenção dos moderadores são diferentes, dificilmente dois grupos, em tudo semelhantes, com dois moderadores que adotem a mesma metodologia e linha geral, chegarão às mesmas conclusões.

As pesquisas quantitativas são mais objetivas, mas não conseguem capturar estas nuanças de comportamento ou razões subjetivas.

Para reunir todas as vantagens das pesquisas *qualis* às vantagens e precisão científica das pesquisas *quantis*, chegou-se à conclusão de que só resta combinar as duas numa pesquisa em duas etapas, que se convencionou chamar de *quali-quanti*.

Numa primeira fase, se aplica uma pesquisa qualitativa com seus chamados grupos focais, quando moderadores procurarão perscrutar a mente dos eleitores, obtendo as preciosas e únicas hipóteses, que serão, na segunda fase, testadas quantitativamente por uma pesquisa *quali-quanti*, para conferir se a informação da *quali*:

- confirma-se de forma generalizada no universo ou sociedade;
- confirma-se em apenas parte de seus diversos segmentos;
- se aquela brilhante possibilidade era tão original, que só se aplicava àquele eleitor que a expressou.

Por seu potencial de descobrir e pelo seu alto risco de iludir, quando as pesquisas qualitativas substituem as quantitativas, o candidato incorre num erro grave, que pode colocar em risco a eficácia de todas as estratégias e decisões adotadas com base nas *qualis*. É preciso combinar ambas as metodologias.

Em muitas conversas que mantive pelo Brasil afora, pude perceber que muitos coordenadores experientes não sabiam diferenciar informações confiáveis de hipóteses prováveis, comentando hipóteses como se fossem fatos.

Como meu instituto só trabalha com pesquisas quantitativas e *quali-quantis*, terceirizando o trabalho quando há necessidade de efetuar pesquisas qualitativas, para que o leitor possa conhecer melhor os conceitos e como são feitas as pesquisas qualitativas, no CD anexo segue texto de uma proposta de pesquisa *quali* que pedi a uma das mais qualificadas empresas da área, em 2002, para um candidato que disputaria o governo do Estado de Roraima, ao qual prestei serviços de consultoria.

Em tempo: aos leitores que prestam trabalho de consultoria aos candidatos, na área de pesquisas *quali* há muitos profissionais de alto gabarito e reputação. Este autor recomenda: Neysa Furgler e Fátima Pacheco Jordão.

As pesquisas quantitativas & as séries históricas

Antes de entrar nos usos e utilidade estratégica das pesquisas durante as campanhas eleitorais, convido o leitor a conhecer alguns aspectos conceituais sobre as pesquisas. Serei breve e destacarei apenas os aspectos mais objetivos e práticos que embasam a pesquisa e a revestem de fundamento científico, para permitir que cada um possa avaliar qual é a precisão do instrumento pesquisa para retratar quadros presentes ou para projetar situações futuras.

Como o próprio *marketing*, a pesquisa, com todos os princípios matemáticos e estatísticos que lhe asseguram o *status* e caráter científico, se constitui numa ciência moderna, com menos de um século de existência. E desde então, substituiu os oráculos e é o único instrumento que a humanidade dispõe para aferir os humores do espírito humano, detectando e retratando com precisão seu estado de ânimo, hábito de consumo, costumes, preferências, aspirações, satisfações, carências e as razões que justificam suas atitudes e motivações.

Ao contrário dos oráculos e outros métodos esotéricos ou religiosos de adivinhação e predição do futuro, cada pesquisa tem a exata característica de uma fotografia: flagra e retrata uma situação social existente num determinado momento.

Contudo, ao efetuarem-se várias pesquisas ao longo de sucessivos intervalos de tempo, pode-se construir o que são chamadas de séries históricas: como *frames* de um filme, cujas imagens dispostas lado a lado criam o movimento e permitem prever qual será a ação imediatamente seguinte dos personagens. Pesquisas que retratam sucessivos quadros conjunturais, permitem que se percebam quais são as tendências futuras de comportamento das populações observadas, através das variações *fotografadas* de expectativas, preferências e comportamentos sociais.

Como nem todos os fatores conjunturais estão sob controle ou são previsíveis, estas previsões também não têm a força de decretos: por mais que se procurem projetar diferentes cenários e diferentes conjunturas, são meras estimativas, baseadas na lei das probabilidades. Fatos novos, ou não previstos, interferirão nas projeções e exigirão novos estudos e projeções.

Toda mudança de comportamento ou de opiniões sociais exige diferentes ciclos de tempo para se materializarem as transformações. Mudanças nos hábitos de consumo ou preconceitos, por exemplo, levam anos para concretizar-se; preferências por marcas levam meses e intenções de votos podem levar poucos dias ou, dependendo da repercussão dada pelos veículos de comunicação de massa e às estratégias empregadas pelos protagonistas, inversões radicais de preferências eleitorais podem levar poucas horas.

Embora não se possa predizer com precisão o futuro, as pesquisas permitem que se avalie com precisão o que interferiu no passado e o que influi no presente. Medindo periodicamente estas evoluções da opinião pública, é possível estudar quais são os fatores conjunturais que influenciam (percepção social de qualidade de vida, segurança, propaganda, noticiário jornalístico, medidas governamentais, posicionamentos de líderes, moda etc.) e qual é o grau de seu impacto ou influência no comportamento e nas opiniões da população observada. Para o candidato, o mais importante é que as séries de pesquisas lhe permitem avaliar, ao longo do tempo, quem está ganhando a guerra de posicionamentos que é uma eleição, qual é a propaganda de seduz mais eleitores, quem fez o melhor programa do horário eleitoral de ontem, quantos votos foram ganhos, ou perdidos, por cada concorrente na última semana, quanto lhe custou eleitoralmente um erro ou uma denúncia contra ele.

Origem das pesquisas de natureza eleitoral

A pesquisa eleitoral progenitora, que precedeu a todas e deu origem a todos os estudos e análises do mais moderno instrumento de apoio às decisões, foi utilizada para avaliar conjunturas eleitorais, pela primeira vez, nos Estados Unidos, onde nasceu também a ciência do *marketing*. A primeira pesquisa eleitoral ocorreu em 1936, nos Estados Unidos, elaborada e aplicada por George Gallup.

Antes de o pesquisador Gallup revolucionar a história e realizar a primeira pesquisa com base em fundamentos racionais e científicos, todos os grandes jornais americanos realizavam consultas populares ao longo dos períodos eleitorais, pelo puro interesse jornalístico de tentar prever quais eram as chances dos candidatos e prever qual seria o vencedor de cada disputa.

Estas consultas populares, as chamadas enquetes, tinham como característica comum a preocupação dos jornais em procurar ouvir o maior número de eleitores possível, mas não tinham credibilidade e fé públicas, pois raramente retratavam os resultados precisos registrados nas urnas.

Como se estruturam os questionários eleitorais básicos

Para permitir que se tirem as conclusões mais importantes para a formulação de estratégia política e de comunicação de uma campanha, o questionário a ser aplicado para o levantamento de conjuntura eleitoral e do potencial dos candidatos e das forças políticas que disputarão uma eleição deve conter os seguintes dados:

1 – Os dados de classificação, não só para verificar se a amostra está corretamente distribuída e também expressa a real composição do eleitorado (localização – bairro, município ou região; sexo; faixa etária; renda; instrução e ocupação), mas para que também seja possível saber, depois, quais são as variações das opiniões entre os diferentes segmentos da sociedade, também chamado perfil de decisão ou de opinião.

2 – Toda pesquisa tem o roteiro de entrevista do plano geral para chegar, depois, às questões mais específicas. A ideia é deixar o entrevistado mais à vontade, falando sobre aquilo que lhe é mais familiar e conhece bem, mesmo sem pensar muito, e estabelecer uma escada, na qual, degrau após degrau, chega-se até as questões que o obrigam a refletir sobre temas que não fazem parte de seu cotidiano ou sobre os quais ainda não tinha refletido. Assim, sempre se inicia por perguntas sobre o que considera como sendo o mais grave problema da cidade, do Estado, do Brasil; ou sobre em quem teria votado, para governador ou presidente, no segundo turno da eleição passada; como avalia o governo estadual, federal e/ou municipal etc.

3 – Nas pesquisas eleitorais, para não influenciar as respostas (caso algum dos avaliados também disputar a eleição), antes de perguntar sobre como o entrevistado avalia as gestões, pergunta-se se já decidiu em quem vai votar, para o cargo x, nestas eleições. A resposta é espontânea e, se o eleitor disser que já decidiu, complementar a questão perguntando-lhe: "em quem já decidiu votar" ou "e qual é o seu escolhido?". Ao resultado desta resposta se chama intenção de voto espontânea.

4 – Uma questão importante para determinar a tendência eleitoral, medir espaços de situação e oposição e conhecer o perfil do eleitor de situa-

ção e de oposição, é perguntar-lhe se ele pretende reeleger o atual governante ou votar no candidato apoiado por ele (se o governante não estiver disputando) ou se pretende votar num candidato de oposição ao governante.

5 – Neste exato momento, o dono da pesquisa deve optar se é mais importante saber qual é a posição imediata do eleitor, sem nenhuma reflexão, ou se prefere saber qual é a posição do eleitor depois que refletir sobre cada um dos concorrentes. Eu recomendo, sempre, a segunda alternativa. Se o contratante da pesquisa quiser saber qual seria a posição instantânea do eleitor se a eleição fosse naquele exato instante, basta perguntar-lhe: *Se as eleições fossem agora e os candidatos fossem estes do disco (e entrega-se o disco para o entrevistado), em quem você votaria?* Ao resultado da resposta a esta pergunta chama-se intenção de voto estimulada. Questionários que adotam esta ordem de escolha procuram medir a transferência de votos em seguida, perguntando: *Caso seu candidato desista de disputar, em qual dos outros você votaria?* Em seguida, para medir a rejeição, geralmente pergunta-se: *E há algum entre estes candidatos em quem você não confia, não goste e em quem não votaria de jeito nenhum? Há mais algum deles em quem não goste e em quem votaria de jeito nenhum?* O método correto (menos imperfeito) para medir a rejeição deve ser sempre derivado de questões de múltipla resposta (mais algum?), pois um eleitor pode ter forte rejeição por mais de um dos candidatos. Porém, a maioria dos institutos formula mal esta questão, perguntando simplesmente: *"Em qual dos candidatos você não votaria de jeito nenhum?"*. Eu considero este método de formular a questão e aferir rejeições como falho e impreciso, pois, a princípio, qualquer eleitor poderia citar um nome em quem não votaria por desconhecê-lo ou conhecê-lo pouco, o que não é a mesma coisa de não votar num candidato por não gostar dele ou por rejeitá-lo.

6 – Minha preferência por fazer aquela pergunta de intenção de voto estimulada somente depois de levar o eleitor a refletir sobre os principais nomes ou sobre todos os concorrentes, deve-se à importância que atribuo ao estabelecimento do potencial eleitoral de cada concorrente, que permite saber, de uma só vez, o *tamanho* do desconhecimento, da simpatia, da apatia e da rejeição a cada postulante. As informações assim levantadas permitem saber, ainda, para onde podem oscilar os eleitores que se declararam indecisos na intenção de voto espontânea, ou para qual dos concorrentes um eleitor migraria caso seu candidato o decepcionasse (transferência de votos), além de outras informações de vital importância para determinar quais são as afinidades eleitorais e as rejeições a cada postulante. E para se levantar todas estas informações, basta

perguntar à pessoa entrevistada se conhece ou ouvir falar de cada concorrente e, em seguida, para os que conhecem ou ouviram falar daquele candidato, perguntar-lhes qual seria sua atitude mais provável caso ele ou ela disputassem. As opções de resposta podem ser graduadas para medir duas variáveis:

- O conceito do eleitorado: se simpatiza; se simpatiza mais que antipatiza; se não tem opinião formada sobre ele – é neutro; se antipatiza mais que simpatiza ou se antipatiza e não votaria nele de jeito nenhum. Este é o critério mais indicado para a época em que se estuda qual seriam os melhores nomes para disputar, ou para ocupar o cargo de vice ou líderes que desfrutem de bom conceito e possam transferir votos. Normalmente é o melhor critério para se aplicar em períodos anteriores aos três meses da eleição, pois um líder ou candidato pode ter um ótimo conceito para senador e não ter o voto dos eleitores caso concorra para o governo ou a cargos executivos, como é o caso do senador paulista Eduardo Suplicy.
- A atitude mais provável do eleitorado em relação a cada nome: pretende votar nele; está inclinado e provavelmente votará nele; não sabe, mas dependendo poderia votar; dificilmente votaria ou não votaria nele de jeito nenhum. Estas são as opções mais objetivas e que recomendo ser adotadas para aferir o potencial eleitoral de cada concorrente dentro dos períodos eleitorais.

7 – Em seguida, pode-se aferir qual é o perfil do eleitorado e quantificar os que pretendem reeleger um dos atuais parlamentares ou se pretendem renovar o Legislativo. A partir das respostas a esta questão pode-se, por exemplo, apresentar listas de parlamentares ou perguntar espontaneamente qual dos atuais deputados o eleitor considera digno de ser reeleito; ou perguntar se ele pretende votar num deputado que seja da cidade ou se o fato de ser ou não da cidade não pesa na decisão etc. Dependendo da abrangência da pesquisa (se ela for municipal) e do interesse do contratante da pesquisa, pode-se apresentar uma lista de candidatos da região e perguntar aos entrevistados, que pretendem votar em candidatos da região, em qual deles votaria se a eleição fosse hoje.

8 – Para encerrar o questionário básico, sugiro a aferição da influência que as lideranças mais importantes têm sobre as intenções de voto, perguntando aos entrevistados: se fulano lhe pedisse para votar no candidato a tal cargo apoiado por ele, qual destas seria sua atitude mais provável: com certeza atenderia o pedido; provavelmente atenderia; talvez atendesse/não sabe; o pedido dele não influiria na sua decisão; ou nunca votaria ou votaria contra o candidato apoiado por ele.

O que é preciso saber sobre as pesquisas para montar um departamento interno no seu comitê

Por que e quando as entrevistas são realizadas em fluxo populacional ou em domicílios?

R.: Cada sistema ou método apresenta vantagens e desvantagens. A pesquisa *domiciliar* é a mais utilizada, até porque oferece mais segurança na distribuição, verificação e auditoria da amostra (a norma é a checagem de 20% das entrevistas para verificar se foram realizadas e registradas corretamente pelo entrevistador).

Uma das vantagens operacionais das pesquisas domiciliares é que fica mais fácil encontrar e entrevistar donas de casa e os inativos (desempregados, estudantes e aposentados), bem como trabalhadores noturnos (em alguns municípios, como Volta Redonda, no Rio de Janeiro, significativa parcela dos eleitores trabalham na área de metalurgia e infraestrutura, nos turnos noturnos).

É o método mais recomendado para aplicação de questionários mais longos e abrangentes, mas requer, muitas vezes, que as entrevistas sejam feitas também em horários extraexpediente, inclusive em feriados e finais de semana (quando os chefes de família estão em suas residências).

A escolha dos domicílios a serem pesquisados é feita por meio de sucessivos sorteios; primeiro dos bairros que representarão cada zona ou região da cidade, depois das ruas dentro de cada bairro e ainda o sorteio dos quarteirões e, finalmente, dos domicílios, que podem ser escolhidos por sorteio randômico da numeração (aleatório) ou por outra determinação específica (ex.: na quadra 1, só números ímpares, domicílio sim outro não; quadra 2, só números pares, casa sim casa não; e assim por diante).

A pesquisa domiciliar tem, contudo, outro inconveniente, sobretudo quando os temas abordados são de natureza político-eleitoral, e aí pode ter seus resultados distorcidos.

Apesar disto ocorrer principalmente nos municípios de médio e pequeno porte do interior, também acontece em algumas capitais como, por exemplo, Florianópolis, em Santa Catarina, onde o poder público é o maior empregador. Isto porque significativa parcela da população (os entrevistados), principalmente aqueles que têm parentes no serviço público, quer evitar embaraços e sente receio da possibilidade de ser identificados posteriormente, uma vez que sabem que o instituto de pesquisas tem o endereço e o nome do entrevistado.

Nas cidades pequenas, mesmo quem não tem parentes, amigos ou familiares a serviço dos governos ou prefeituras, mantém relações pessoais com as autoridades e seus familiares e parte expressiva da população não admite sequer pensar em correr o risco de que sua opinião caia no conhecimento de algum dos avaliados e possa trazer constrangimentos futuros.

Por esta razão nossos consultores recomendam que estas pesquisas sejam feitas por meio de entrevistas pessoais em pontos *de maior circulação de transeuntes*, ou que, em alguns casos, seja adotada uma amostra mista, metade domiciliar e metade em *pontos de fluxo populacional*.

Para chegar aos pontos onde serão feitas as abordagens, o método é o mesmo utilizado para as pesquisas domiciliares, só que, em vez de sortearem-se ruas, quadras e domicílios, o sorteio para nos pontos dos bairros, onde há maior afluência de moradores dos próprios bairros.

Todo bairro tem seu local de concentração de comércio, onde há ponto de ônibus, táxi, supermercado, açougue, padaria, banca de jornal, agência bancária, escola etc., enfim, oferece uma infraestrutura urbana local, que leva os moradores das imediações a circularem por lá com mais intensidade.

A vantagem das pesquisas de fluxo é que se torna muito mais fácil entrevistar a população ativa e o principal inconveniente é que fica mais difícil controlar e fazer a auditoria do trabalho de campo, abrindo margem para a fraude.

As abordagens de fluxo têm, ainda, a vantagem de deixar as pessoas entrevistadas totalmente à vontade, pois têm absoluta garantia de anonimato quanto às opiniões e conceitos que emitem.

Contudo, o problema de auditoria das entrevistas realizadas em regime de fluxo populacional já foi equacionado pelas empresas de pesquisa que utilizam tecnologia da POP, que desenvolveu e fabrica equipamento que facilitou e informatizou todo o trabalho de campo.

Esta tecnologia tornou possível combinar as vantagens do método de fluxo e o domiciliar, eliminando todas as desvantagens de ambos. Você verá no CD anexo quais são os sistemas de controle de qualidade empregados pelos institutos para checar as entrevistas efetuadas.

Por que muitas vezes se adota o mesmo número de entrevistas para uma cidade com 10 milhões e outra com 50 mil habitantes?

R.: O cálculo de amostras é complexo e não cabe explicar, aqui, os conceitos estatísticos e científicos que embasam estes cálculos. Trocando em miúdos, para facilitar a compreensão, o conceito que determina o tamanho de uma amostra pode ser comparado à medida que permitiria saber qual é o gosto de uma sopa, esteja ela num enorme caldeirão industrial ou num simples prato sobre a mesa. Embora seja imensa a desproporção entre o caldeirão e o prato, ninguém precisa tomar uma tigela de sopa para saber se o conteúdo do caldeirão está no ponto.

A unidade que determina o tamanho da amostra é a mesma para o caldeirão e para o prato: uma colher de sopa.

O conteúdo do caldeirão ou do prato, assim como a população de um Estado ou cidade, é chamado, estatisticamente, de *universo* e a colher de sopa ou quantidade de pessoas que representa uma cidade ou estado é a chamada *amostra*.

Como ter a certeza de que o resultado representa, de fato, a opinião geral do universo pesquisado?

R.: Seguindo a mesma analogia da sopa, antes de provar para saber o seu gosto e se não está com muito ou pouco sal é preciso que o conteúdo do caldeirão (*universo*) seja bem misturado e representado na colher, pois se uma simples pedrinha de sal mal dissolvido for parar na colher, a conclusão errônea será a de que toda a sopa do caldeirão está salgada.

Da mesma forma que uma *amostra* da colher tem de representar harmonicamente o conteúdo do caldeirão ou do prato, uma amostra de pesquisa tem de estar distribuída para representar de forma proporcionalmente idêntica a população que está sendo investigada.

Assim, se houver homens demais e mulheres de menos, idosos de mais e jovens de menos, ou se for desproporcional o número de entrevistas com a densidade eleitoral de cada região do município ou do Estado, uma amostra de pesquisa não representará a real opinião daquela população ou universo.

E o que representa esta tal aleatoriedade no resultado de uma pesquisa?

R.: A não intencionalidade é outro cuidado importante. Todos os ingredientes da sopa têm de ter a mesma possibilidade de estar representados na amostra.

Ao misturar a sopa para saber seu gosto real, o cozinheiro tem de ser totalmente imparcial, ou seja, não pode escolher os ingredientes que estarão na colher, pois se ele rejeitar ou escolher intencionalmente, catando um pedacinho a mais de carne ou de legume na sua colher, o gosto da sopa contida nela será diferente do conteúdo do caldeirão.

Esta total imparcialidade na coleta da *amostra*, somada à não intencionalidade na escolha dos seus elementos é o que chamamos aleatoriedade. Isto quer dizer que, além de representar proporcionalmente a população ou universo que será pesquisado, o entrevistador não pode, em nenhuma hipótese, discriminar ou escolher intencionalmente as pessoas que irá abordar.

Lembro que o universo não é somente composto de gente bonita, bem-educada, bem-vestida ou que more em locais de fácil acesso.

Suas entrevistas têm de incluir pessoas de todas as raças, credos e condições, gente feia, mal-educada e, se necessário, você terá que enfiar o pé no barro para poder acessar moradias mais humildes.

Embora conseguir esta isenção pareça complicado, a tarefa é muito simples, desde que a amostra tenha sido bem distribuída demográfica e geograficamente.

Você descobrirá também que quem vê cara não vê coração e que, muitas vezes, as pessoas mais humildes ou mal-encaradas, são as mais afáveis e fáceis de entrevistar.

Os dez mandamentos de um bom entrevistador

O monsenhor Arnaldo Beltrami, saudoso líder do Vicariato de Comunicação da Igreja Católica na capital de São Paulo, descreveu o perfil do entrevistador ideal de maneira brilhante, e nós batizamos sua descrição como os dez mandamentos do bom entrevistador.

"O bom entrevistador sabe perguntar bem e escutar melhor ainda, colocando-se no lugar do entrevistado, sem manipular a resposta, nem acrescentar comentário.

1) *Não deve improvisar, porque 99% de seu sucesso dependem da sua preparação.*
2) *Não pode ser nervoso, tímido e tenso para garantir a espontaneidade da conversa.*
3) *Não seja estrela, dando sua opinião, falando mais que o entrevistado.*
4) *Não seja surdo, para não repetir a pergunta e nem perguntar o que já foi respondido.*
5) *Não seja confuso, fazendo três perguntas juntas.*
6) *Não seja culto, usando palavras que ninguém entende.*
7) *Não seja manipulador, fazendo o outro dizer o que deseja que ele responda.*
8) *Não tenha voz de velório, falando baixo e triste, mas com um tom vivo e animado.*
9) *Não seja metralhadora, que fuzila com perguntas, como interrogatório de polícia.*
10) *Não seja bobo, deixando falar, sem saber controlar, conduzir e finalizar."*

E o que é ponderação?

R.: O ajuste ou procedimento estatístico que corrige uma eventual desigualdade na proporcionalidade de uma amostra, é o que se chama ponderação. Por meio da ponderação é possível reduzir ou aumentar o peso de um determinado grupo populacional dentro da amostra, corrigindo eventual distorção.

Ex.: Uma pesquisa em que se realizem 400 entrevistas em cada Estado permite a avaliação individual de cada Estado com a mesma margem de erro; contudo, se quisermos saber qual é o resultado nacional, não podemos igualar o Estado do Acre (400 entrevistas) que tem menos de 1% do eleitorado nacional com o Estado de São Paulo (400 entrevistas) que tem quase 23% do eleitorado nacional.

Para corrigir distorções como esta, ponderam-se os resultados e obtém-se assim a média da opinião nacional.

E o que é essa tal margem de erro *e o que é* intervalo de confiança?

R.: A margem de erro é o intervalo para cima ou para baixo de um determinado número no qual se situa o resultado real naquele momento. Quanto maior a amostra, menor é a margem de erro.

Quando se diz que o desemprego foi apontado por 50% da população como sendo o maior problema do Estado e a margem de erro da pesquisa é de 2%, está se querendo dizer que o número real situa-se entre 49% e 51%.

Quando se diz que o intervalo de confiança daquela pesquisa é de 95%, está se querendo dizer que, se forem realizadas simultaneamente 100 pesquisas nos mesmos locais e condições, 95 vezes em 100 os resultados obtidos estariam dentro da margem de erro estabelecida.

Mas também quer dizer que, cinco vezes em cada cem, os resultados poderiam estar fora da margem de erro. Quanto maior é o número de entrevistas, menor é a margem de erro e maior é o intervalo de confiança, mas não existe pesquisa com intervalo de 100% nem com margem de erro zero.

Assim, as pesquisas não substituem a realidade, na qual a margem de erro é sempre zero. E todo instituto corre o risco, remoto, de apontar um resultado que não represente a realidade sem com isto usar de má-fé.

É fato indiscutível que as pesquisas se constituem na única forma científica de representar o que pensa a sociedade num determinado momento e de medir as evoluções da opinião pública ao longo do tempo.

O que são as chamadas cotas e por que é tão importante cumpri-las?

Como já vimos, uma boa pesquisa deve representar proporcionalmente todos os segmentos sociais do universo que se quer conhecer. Assim, cada entrevistador recebe o cálculo de quantas entrevistas deve fazer junto a cada parte ou pedaço deste universo e este cálculo é conhecido como cota.

Ex.: Suponha que sua tarefa seja realizar dez entrevistas. Mas não qualquer dez. Tem de entrevistar cinco homens e cinco mulheres. Esta divisão se chama cota.

Mas suponha, ainda, que não servem quaisquer cinco pessoas de cada sexo. Uma mulher e um homem têm de estar na faixa de idade entre 18 e 25 anos; outro par na faixa dos 25 ao 35; o terceiro par na faixa entre 35 e 45 anos; o quarto par na faixa dos 46 aos 55 anos; e o quinto par na faixa acima dos 55 anos.

Quando se faz mais de uma divisão, como no exemplo acima, a cota simples passa a ser chamada cota cruzada. Às vezes você nem sabe, mas além destas divisões, os supervisores receberam outras cotas, geográficas, estabelecendo quantas entrevistas deverão ser feitas em cada região da cidade ou Estado a fim de assegurar as proporcionalidades geográfica e demográfica.

Quanto mais subdivididas as cotas, mais complicado se torna o trabalho de encontrar entrevistados que preencham as características desejadas, mas o instituto sabe que a qualidade maior da informação que coleta exigirá mais trabalho, tempo e dinheiro para a conclusão dos trabalhos de campo.

Em nenhuma hipótese o número de entrevistas contido numa cota pode ser substituído ou compensado. Até porque é muito provável que um jovem de 18 anos pense diferente de um adulto de 50 anos. Assim, se um entrevistador tentar compensar uma entrevista por outra fora da cota, o seu trabalho será perdido, pois aquela entrevista terá de ser cancelada.

Pior ainda, se ele entrevistar alguém diferente e registrar como se fosse da categoria que está lhe faltando preencher, estará cometendo uma fraude grave, que coloca em risco toda a pesquisa.

A tentação de falsear uma entrevista que falta ou de registrar como tendo mais de 55 anos um entrevistado que tem só 35 é muito grande e o que prova que o entrevistador tem caráter e é um bom profissional é a sua capacidade de resistir àquela tentação.

Você agora já sabe que cada entrevista é preciosa e que uma entrevista mal-feita ou inventada é um veneno que pode matar uma empresa e prejudicar de forma irreparável nosso cliente e a população pesquisada.

Qual é o critério utilizado para a distribuição geográfica das amostras?

R.: Existem vários critérios para distribuição física das amostras, dependendo do tipo de pesquisa ou do universo a ser pesquisado. Porém, em todos, o número de entrevistas deve ser proporcional à distribuição dos diversos segmentos que compõem cada universo a ser pesquisado.

No caso de uma pesquisa de opinião geral numa cidade como São Paulo, que tem mais de 500 bairros, uma amostra de mil casos, que tentasse cobrir todos os bairros, seria custosa e desnecessária.

Assim, poderíamos utilizar o critério de dividir a amostra na mesma proporção da densidade populacional dos 96 distritos em que foi subdividida a capital, ou distribuí-la proporcionalmente por região da cidade, que varia de um instituto para outro.

Caso se opte por fazer a distribuição da amostra por zona da capital, e supondo-se que cada zona contenha em média 6 bairros, uma boa amostra deverá cobrir pelo menos dois pontos (ou bairros) de cada zona, que deverão ser sorteados aleatoriamente para assegurar a representatividade.

Se a pesquisa for domiciliar, o critério adotado é o sorteio sucessivo dos bairros, das ruas e das quadras, ou quarteirões, onde serão efetuadas as entrevistas. Se o critério for fluxo populacional, sorteiam-se os pontos de maior fluxo dentro dos bairros sorteados.

Em qualquer localidade, desde que se saiba a densidade populacional das zonas ou regiões quer de uma cidade, de um Estado ou do País, é possível dividir uma amostra em quantas partes forem necessárias. Basta que se obedeça à proporcionalidade, distribuindo a amostra segundo a densidade populacional de cada região.

Os tipos de questões e os cuidados que cada uma requer

São várias as técnicas para aferição da opinião pública ou do comportamento social. Cada questionário pode incluir vários tipos de perguntas e cada tipo requer técnica específica de aplicação.

Além do que já dissemos sobre a isenção e imparcialidade, você deve seguir as seguintes diretrizes ao efetuar suas entrevistas:

Questões fechadas. São chamadas *fechadas* as perguntas que têm todas as respostas pré-codificadas e relacionadas no seu roteiro ou questionário. As questões fechadas podem ser *espontâneas ou estimuladas.*

Espontânea é uma resposta obtida de um entrevistado sem nenhum tipo de estímulo. *Estimulada* é a resposta obtida do entrevistado após ser lidas para ele as opções de escolha ou apresentada a ele lista, ou disco, na qual estão relacionadas quase todas as respostas possíveis para a pergunta.

Dizemos quase todas, porque é impossível antecipar-se a todas as respostas possíveis, uma pessoa entrevistada sempre pode responder que não sabe ou pode recusar-se a dar sua opinião sobre um determinado assunto, geralmente por:

a) sentir-se desconfortável com a pergunta ou por inibição (ex.: questões sobre intimidade, orientação sexual ou temas polêmicos);
b) não ter opinião formada (ex.: não conhece o tema ou assunto abordado);

c) temor ou por considerar a resposta para aquela questão como sendo privativa demais e se recusa a dá-la (ex.: renda ou bens possuídos, avaliação de empregador ou superior hierárquico etc.);
d) a opinião do entrevistado não corresponder a nenhuma resposta relacionada na lista, ou no disco, caso em que você deverá anotar em formulário à parte aquela resposta.

É lógico que você tentará obter uma resposta dentro das opções apresentadas na lista, ou disco, mas algumas vezes, não conseguirá que o entrevistado o atenda.

Sobre as questões fechadas e estimuladas, é importante destacar o seguinte:

a) Embora sempre existam as opções correspondentes ao item *não sabe*; ao item *não respondeu* e algumas vezes ao item *outras respostas*, estas três opções nunca constarão da lista, ou disco, apresentada aos entrevistados e nunca serão lidas para eles, pois estas três alternativas de resposta são as mais cômodas para que os entrevistados se furtem de dar opiniões pessoais sobre o que queremos saber deles.

Quando estiver indicado no questionário, você deve entregar a lista, ou disco, mas *nunca entregue e nem permita que o seu entrevistado leia seu formulário-roteiro* da pesquisa.

b) Outro fator que exige cuidado especial nas questões estimuladas é o fato de que você não precisa entregar lista nem disco e terá que ler as opções de resposta para os analfabetos.

Inclusive você descobrirá que muitos entrevistados que não se declararam como tais, na questão relacionada à escolaridade, ficarão embaraçados se você lhes der uma lista, ou disco. Se você não for hábil nesta hora, poderá até perder alguns entrevistados. Outros alegarão vista cansada ou ter esquecido os óculos e lhe pedirão que leia as alternativas de resposta.

Contudo, tanto para os analfabetos declarados como para os que disfarçam sua condição, no caso de listas muito longas (que excedam 7 ou 8 opções), não adiantará nada ler as alternativas de resposta, pois além de gastar tempo excessivo, ao chegar à décima opção de resposta, o respondente já terá esquecido as outras nove.

Assim, tente obter uma resposta espontânea para aquela pergunta, ou terá que digitar a opção *analfabeto* na sua lista, nos casos em que este recurso for tecnicamente admissível (tire a dúvida assim que o questionário lhe seja entregue, na base, ou consulte seu supervisor, no campo).

As chamadas *questões abertas* são aquelas que não têm resposta predefinida, fato que exige as respostas dadas pelos entrevistados sejam anotadas num formulário à parte. Toda questão aberta ou semiaberta é espontânea, ou seja, exige que o entrevistado não sofra nenhum estímulo ao respondê-la.

As respostas dadas às questões abertas precisam ser registradas num formulário à parte, se possível em letras de forma e, sempre, o mais legível possível. Lembre-se de que alguém vai ter de ler e entender o que escreveu depois de encerrado o trabalho de levantamento das informações, e você não vai estar lá para decifrar o que foi anotado em campo. Caso sua caligrafia seja ilegível, você não poderá ser contratado para pesquisas com questionário inclua questões abertas.

Anote sempre a opinião real do entrevistado, sem abreviações. Pois além de legível, seu texto deverá exprimir a verdade. Evite substituir palavras do entrevistado por outras suas, que acha que significam a mesma coisa e ficam mais bonitas. Nós sabemos que nem sempre as opiniões são objetivas, e as pessoas nem sempre têm raciocínio claro e límpido. Aliás, as perguntas abertas têm, justamente, o mérito de captar estas imprecisões, dúvidas dos entrevistados em relação aos temas que lhe são apresentados.

Até onde as pesquisas podem influenciar eleitores

Estabelecidas a importância capital das pesquisas e algumas de suas utilizações na área de informação, falta dizer que elas também podem ser empregadas para desinformar, servindo como armas de contrainformação. Assim utilizadas, podem ser de extrema eficácia e utilidade.

Pesquisas sérias e isentas, quando divulgadas por órgãos de imprensa, igualmente sérios e isentos, constituem-se numa fonte de informação de inestimável valor para a sociedade, permitindo aos eleitores aprofundar sua análise e conhecimento da conjuntura que envolve um processo eleitoral e, assim, basear decisões e escolhas em informações corretas.

A decisão de escolher o candidato que lhe pareça ser a melhor opção, independentemente das chances de vitória, é um direito e um ato de cidadania importante para a sociedade. Porém, o direito à informação e o de livre escolha, com base em informações confiáveis, também é uma atitude cívica, e é legítimo o ato de um eleitor mudar sua escolha e votar num candidato mais viável, ainda que para impedir o que considera o mal maior: que um outro candidato, que considere um mau-caráter ou um governante inepto, possa chegar ao poder.

Quando revelam as trajetórias ascendentes de alguns candidatos ou descendentes de outros, as séries históricas baseadas em pesquisas também têm o mérito de despertar o interesse, ou chamar a atenção, do eleitorado para as propostas dos candidatos que, embora ainda pouco conhecidos, vêm apresentando boa performance eleitoral e estão ampliando o número de eleitores.

Notem que o mérito final pela conquista de novos eleitores é dos próprios candidatos e não das pesquisas, que apenas tiveram o papel de revelar um fato, que pode ser uma novidade, mas que já era realidade antes de a pesquisa detectar o crescimento.

Assim, pesquisas não influem, apenas informam. Os que têm real poder para influir na decisão da sociedade (e dos eleitores) são:

- as opiniões expressas pelos órgãos de imprensa e formadores de opinião nos veículos de comunicação de massa;
- as opiniões de lideranças políticas e a propaganda dos candidatos, que são veiculadas nos mesmos veículos de comunicação de massa;
- a repercussão que gera o trabalho de convencimento de um batalhão de cabos eleitorais e de eleitores simpatizantes junto aos eleitores indecisos. Detalhe: tanto cabos eleitorais como os eleitores simpatizantes retiram sua artilharia verbal ou argumentação das fontes descritas anteriormente.

Quando muito, as pesquisas podem oferecer subsídios à estreita faixa de eleitores dos mais altos extratos de formação cultural e entre a pequena faixa dos eleitores mais politizados. Esta última, dos eleitores mais politizados, é mais estreita ainda que a dos dotados de alta formação cultural, pois os eleitores politizados, em sua maioria, têm escolhas eleitorais muito nítidas e sólidas, quase monolíticas.

Assim, estudos realizados pela Brasmarket detectaram que não chega a 2% o número de eleitores não engajados politicamente ou não filiados a partidos, que tomam suas decisões com base exclusiva nas pesquisas, podendo mudar sua escolha para exercer o voto útil contra um candidato que detestem.

No extremo oposto, também há uma estreita faixa de eleitores, nos extratos de mais baixa instrução (em torno de 3% a 5%), que votam útil por outra razão: é o folclórico eleitor que não quer *desperdiçar seu voto* e que, na verdade, faz de seu voto um ato de querer sentir-se socialmente respaldado em aderir à escolha das maiorias.

Como este eleitor não lê jornal (aliás, a maioria nem sabe ler), pode ser influenciado pelos noticiários e pela propaganda dos candidatos no horário eleitoral gratuito.

Contudo, embora possa ter algum peso na decisão, não é só o resultado de uma pesquisa que pode levar esta categoria de eleitores a migrar de um candidato para outro, a menos quando a disputa tem um franco favorito, que nem precisaria do apoio daqueles eleitores para vencer, com folga, a disputa.

Quando há polarização entre dois ou três candidatos, uma pesquisa que revele a inviabilidade eleitoral dos últimos colocados pode influir na disposição daqueles eleitores de mudar suas escolhas. Mas o que vai determinar qual dos candidatos que disputam a liderança e o que vai receber maior número de adesões, é a argumentação dos formadores de opinião, das lideranças, os debates e a propaganda dos candidatos.

Um *jus sperneandi* do autor

Como titular de um instituto de pesquisas com atuação nacional, que foi alvo de dezenas de processos por suspeita de fraude, e que também já processou dezenas de candidatos por calúnia, injúria e difamação, posso afirmar aos leitores que, se não em todos os casos, na esmagadora maioria, apesar da enorme desconfiança e de muito folclore, podem ter ocorrido erros involuntários, mas nunca pude comprovar, nos casos mais rumorosos, fraude alguma.

Pelo menos no caso da Brasmarket, não existiu nenhuma, embora não faltassem oportunidades e eu já tenha recebido ofertas, todas muito tentadoras. Isto porque os institutos sérios vivem de credibilidade e não há fraude nem imagem que resista ao dia seguinte da apuração.

Em 23 anos de atividade, a única fraude sistemática e generalizada, que este autor teve notícia, ocorreu nas eleições passadas, de 2004, quando poderoso e influente veículo nacional aliou-se a um instituto recém-criado para aquela finalidade e tentou aliciar nosso chefe de CPD para perpetrar uma imensa fraude em todo o País.

Apesar das insistentes (e vãs) denúncias e alertas à direção daquele veículo, o crime foi perpetrado – e não apenas uma vez. Para não ter meu instituto envolvido, tive de entrar com uma ação judicial, na qual juntei as provas que tinha e os telegramas registrando o fato.

Na verdade, tentei alertar o dono do veículo porque o considerava um amigo e porque acreditava na sua ignorância da trama que se armava. Ao longo de uma década de relações que mantive com ele, período em que, não poucas vezes, nossos resultados foram negativos para lideranças que gozavam da amizade dele, nunca recebi nenhuma pressão para alterar resultados ou favorecer ninguém. Quando nossos números eram intragáveis, simplesmente não eram publicados.

100% de acerto: proeza e recorde jamais igualado por nenhum outro instituto brasileiro

Reproduzo abaixo a matéria de reconhecimento público do mérito da Brasmarket e de sua maior proeza, façanha que se constitui no meu maior orgulho e prova irrefutável da nossa idoneidade profissional. Esta matéria, publicada pela revista *IstoÉ*, é também a maior prova do serviço de utilidade pública e do quão confiável podem ser as pesquisas sérias neste País.

Última pesquisa do Brasmarket *apontou com 100% de acerto os governadores eleitos*

A pesquisa do instituto Brasmarket *realizada no dia 21 de outubro, e divulgada por* IstoÉ *no sábado 24, apontou com acerto de 100% os prová-*

veis vencedores das eleições do dia 25. Nos 13 Estados onde ocorreu segundo turno, todos os candidatos ao governo apontados na pesquisa como aqueles com maior porcentagem de intenção de voto foram eleitos. Embora os índices divulgados pelo instituto não sejam exatamente os mesmos do total de votos válidos de cada candidatos, o resultado foi considerado positivo. "Uma pesquisa feita quatro dias antes das eleições tem de mostrar a tendência do eleitorado, mas a obrigação de ser exata é das pesquisas de boca de urna", argumenta Ronald Kuntz, diretor do Brasmarket. *Para Kuntz, as pesquisas realizadas no dia da eleição são caras e não têm valor de informação para o eleitor. Nas pesquisas realizadas pelos principais institutos do País na semana que antecedeu a eleição, apenas o* Datafolha *teve desempenho próximo ao do Brasmarket, embora tenha apontado Cristovam Buarque (PT) como vencedor no Distrito Federal. Foi salvo pela margem de erro. O* Ibope *errou no Distrito Federal, pois apontava na sua pesquisa do dia 23 uma vitória tranquila do candidato do PT que teria sete pontos percentuais de vantagem sobre Joaquim Roriz, do PMDB. O governador eleito, porém, foi o candidato Roriz, com quase três pontos percentuais a mais do que seu concorrente.*

Desencontros como o ocorrido no Distrito Federal fizeram as pesquisas perderem Ibope *nestas eleições. Tanto no primeiro como no segundo turno, institutos tradicionais como o* Datafolha, Vox Populi *e* Ibope *foram acusados de favorecer candidatos com manipulação de dados. Para os institutos, a grita dos políticos acontece principalmente pelo impacto das pesquisas dentro das campanhas. "Uma pesquisa que mostra um candidato mal posicionado pode levar os financiadores da campanha a investir menos, ou levar as bases políticas, como prefeitos e correligionários, a reavaliar seus apoios", afirma o pesquisador Kuntz.* (e segue a matéria...)

AMAPÁ	%	BVE R. Resultado 25Out
Alberto Capiberibe (PSB)	53,59%	51,8%
Waldez Góez (PDT)	46,41%	48,2%
DISTRITO FEDERAL		
Joaquim Roriz (PMDB)	51,74%	51,1%
Cristovam Buarque (PT)	48,26%	48,9%
GOIÁS		
Marconi Perillo (PSDB)	53,28%	54,6%
Iris Rezende (PMDB)	46,72%	45,4%
MATO GROSSO DO SUL		
Zeca do PT (PT)	61,27%	62,8%
Ricardo Bacha (PSDB)	38,73%	37,2%
MINAS GERAIS		
Itamar Franco (PMDB)	57,62%	61,2%
Eduardo Azeredo (PSDB)	42,38%	38,8%
PARÁ		
Almir Gabriel (PSDB)	53,89%	52,9%
Jader Barbalho (PMDB)	46,11%	47,1%
PIAUÍ		
Mão Santa (PMDB)	50,96%	52,7%
Hugo Napoleão (PFL)	49,04%	47,3%

RIO DE JANEIRO	%	BVE R. Resultado 25Out
Anthony Garotinho (PDT)	57,98%	63,0%
Cesar Maia (PFL)	42,02%	37,0%
RIO GRANDE DO SUL		
Olívio Dutra (PT)	50,78%	51,4%
Antônio Britto (PMDB)	49,22%	48,6%
RONDÔNIA		
José Bianco (PFL)	53,6%	57,9%
Valdir Raupp (PMDB)	46,4%	42,1%
RORAIMA		
Neudo Campos (PPB)	54,21%	53,1%
Teresa Jucá (PSDB)	45,79%	46,9%
SÃO PAULO		
Mário Covas (PSDB)	55,37%	52,8%
Paulo Maluf (PPB)	44,63%	47,2%
SERGIPE		
Albano Franco (PSDB)	54,39%	59,2%
João Alves (PFL)	45,61%	40,8%

Graças ao profundo interesse que eu e, enquanto esteve a meu lado, meu primo, Sidney, sempre tivemos, e aos constantes estudos que promovíamos sobre o comportamento dos eleitores, análise dos processos eleitorais e sobre as relações entre líderes e liderados, governantes e governados etc., o conhecimento acumulado da Brasmarket nestes segmentos sempre foi privilegiado.

O preço do sucesso: inveja & maledicência

Sempre tivemos uma política muito agressiva de comercialização. Enquanto institutos convencionais esperavam ser chamados pelo cliente antes de fazerem a pesquisa, nós fazíamos as pesquisas para os veículos (que só têm interesse na divulgação das intenções de voto) e oferecíamos as demais questões não divulgadas e os relatórios detalhados e cruzamentos (também não divulgados) aos possíveis interessados. Por isto, sempre batemos de frente contra a concorrência, causando-lhe o desconforto de terem de defender a precisão de seus levantamentos, justificar suas amostras menores, a não divulgação de casas decimais, etc.

Infelizmente, nossa estratégia de comercialização, por ser inédita, foi distorcida por alguns candidatos, mais cafajestes (geralmente os que estavam malcolocados ou que, bem-posicionados num levantamento, apareciam em queda nos subsequentes), para usarem sua má-fé e covardia para *espalhar* nas redações, em *off*, (os únicos que ao menos o fizeram publicamente, sem pudor – e sem prova –, no maior descaramento, foram o governador do Paraná, Roberto Requião, e o prefeito Vidigal, de Serra-ES), a caluniosa difamação e conto de vigário, era o de que teriam sido procurados (Requião, por um de nossos vendedores, e Vidigal afirmou que foi este autor e dono do instituto) e, como não compraram o relatório, teriam sido punidos pelo instituto.

Antes da Brasmarket, qualquer interessado pode pesquisar e constatará que os institutos divulgavam pesquisas nacionais com 800 ou 1.200 entrevistas, no máximo. Pesquisas estaduais e municipais raramente tinham amostra superior a 400 entrevistas. Como dispúnhamos de uma rede nacional e cada parte dela (concessionário) tinha obrigação contratual de bancar o custo da amostra feita em sua base territorial, frequentemente as pesquisas nacionais da Brasmarket tinham 10 mil entrevistas, ou mais. Na pior hipótese, tinham amostra de 2,5 mil entrevistas. E era nosso orgulho alardear que nossas pesquisas eram muito mais confiáveis e precisas do que a dos concorrentes, pois nossas margens de erro eram muito menores do que as deles.

Para defenderem-se dos questionamentos, alguns concorrentes, os mais desleais, começaram a *espalhar* para seus clientes e setores da imprensa que nossas amostras eram maiores porque nós não tínhamos confiança em nossa metodologia e compensávamos esta deficiência metodológica com amostras de magnitude muito maior do que o comum. Como nossa margem de erro era pequena, podíamos regalar à opinião pública resultados com casas decimais, que também foram questionadas pelos mesmos concorrentes como uma prática amadora e pouco profissional. Mas, aos poucos, estas máscaras foram caindo, e hoje são comuns pesquisas nacionais com mais de 2 mil entrevistas, além de todos saberem que a apresentação de casas decimais é uma prática internacional corrente. Afinal, por que omitir as casas decimais e sonegar à sociedade e aos clientes um resultado matemático e preciso, resultante de um processo transparente, uma vez que as casas decimais são fornecidas naturalmente por qualquer programa de processamento? Que medo ou motivo teria um instituto que prefere avocar para si o arbítrio de arredondar os números e sonegar este direito à sociedade ou a seus clientes?

A receita secreta da Brasmarket para acertar mais que seus concorrentes

Para evitar mais polêmica do tipo e gênero de que não confiávamos em nossos levantamentos e outras estultices afins, nós mantivemos o segredo de nossos acertos trancado a sete chaves. O fato é que nenhum outro instituto brasileiro conseguiu, até hoje, atingir a nossa marca de 100% de acerto. E não se conseguem índices de acerto como os nossos devido à sorte e, sim, a cuidados que sempre tomamos quando fazemos nossas pesquisas. Mas naquelas que efetuávamos para divulgação pelos veículos de comunicação com quem mantínhamos parceria, o tratamento era ainda mais cuidadoso: nós usamos um expediente, legítimo e evidente, para driblar o tal intervalo de confiança (definido anteriormente) que pode levar um instituto ao erro involuntário, mesmo quando observa com o máximo rigor todos os princípios metodológicos.

Na área eleitoral, temos vários estudos estatísticos comparativos sobre nossos acertos e os dos nossos principais concorrentes, com nossos índices sempre superiores. Até hoje, muito me diverti atribuindo estes índices à nossa extraordinária competência e ao nosso rigor metodológico, deixando no ar que teríamos algum segredo do tipo fórmula da coca-cola. Mas, depois de 14 anos de silêncio profissional, decidi revelar ao mercado nossa receita para este excelente desempenho:

1 – Consciência profissional + *2* – Responsabilidade + *3* – Colocação da reputação da Brasmarket e a dos seus parceiros acima da nossa ganância, com sacrifício da nossa margem de lucro + *4* – Respeito à sociedade e concepção de que institutos só sobrevivem se tiverem credibilidade. A forma como materializamos este índice de acertos será detalhada no *Manual de Campanha II*, para que a concorrência sofra um pouco mais. E fica o irritante enigma: a Brasmarket é melhor por que acerta mais ou acerta mais porque é melhor?

12. O Orçamento da Campanha

As restrições legais ao direito de livre expressão em 2006

Sob o absurdo pretexto de que o custo das campanhas seria um dos principais responsáveis pela ausência de caráter, prática de suborno e pela corrupção generalizada que grassa o país e onde chafurda parcela de nossa classe política, os atuais legisladores impuseram sérias restrições aos meios de divulgação e veiculação de propostas e candidaturas.

Estas proibições limitaram o alcance e a capacidade de expressão e divulgação dos candidatos em geral, mas na verdade foram especialmente perversas em relação aos candidatos novos, ou que ingressaram recentemente na política, que têm menos visibilidade e menor conhecimento por parte do eleitorado.

Portanto, além de casuísta, a nova legislação fere o princípio constitucional da igualdade, pois cria uma casta ou elite minoritária e privilegiada, onde os "famosos" disputam as vagas com sólidas vantagens sobre a ampla maioria dos "menos famosos".

Como em nosso País tornou-se costume criar nova legislação às vésperas de cada eleição, espero que a próxima versão, para 2008, corrija a injustiça e reduza as restrições ao direito de livre expressão, estabelecendo parâmetros mais racionais e justos do que o critério "custo da mídia".

Afinal, é um desrespeito à inteligência e à moral da sociedade brasileira suspeitar que o voto dos eleitores possa ser comprado por um calendário com telefones úteis impressos no verso; ou um chaveiro ou botton. É ridículo imaginar que o eleitor seja subordinado ou seduzido, votando num candidato para recompensá-lo pelo fato de que o artista que animou o comício dele ser melhor do que o que se apresentou no comício do adversário.

Seria como proibir o desfile das escolas de samba no carnaval, por razões morais, ou porque aumenta o consumo de drogas ou de álcool naquella ocasião ou, ainda, porque um contraventor é patrono ou diretor de uma das escolas: prenda-se e condene-se o contraventor, não a tradição ou o evento.

O orçamento é o ponto de transição entre o planejamento e a execução de uma campanha. Só a partir de sua avaliação é que se torna possível passar à etapa seguinte, que é a coordenação efetiva da campanha.

A elaboração do orçamento de uma campanha é uma tarefa muito mais complexa do que possa parecer à primeira vista, levando candidatos experientes a cometer diversos erros, que podem prejudicar seriamente suas campanhas, senão arruiná-las, muitas vezes, quando estão na reta de chegada. Tal fato ocorre porque é comum subavaliarem-se os valores inseridos no plano orçamentário e, quando a campanha já se encontra em fase adiantada, descobre-se que os recursos estimados não serão suficientes para cobrir os custos atuais se prosseguir no mesmo ritmo, levando os candidatos menos privilegiados financeiramente ao desespero, pois uma queda no ritmo de desenvolvimento de uma campanha pode significar um avanço dos concorrentes e, consequentemente, uma derrota nas urnas.

Outro erro comum é programar-se a entrega de um material ou a prestação de um serviço a médio prazo e, ao aproximar-se a data prevista, verificar-se que não há disponibilidade desses materiais ou serviços no mercado, obrigando o candidato a pagar um preço muitas vezes superior ao previsto inicialmente, num prazo que não lhe seja conveniente e oportuno, e até a privar-se deles.

Esses erros de subavaliação e imprevisão ocorrem porque, muitas vezes, não é levada em consideração a inflação dos custos, no período desde a primeira estimativa até a execução (médio prazo), esquecendo-se ainda de prever que, em anos eleitorais, devido ao número de candidatos, muitas vezes há escassez de matérias-primas, *pressionando a oferta* destes materiais e serviços, ocasionando uma *elevação geral dos preços*.

Além dos aumentos de custo verificados pela escassez e pela lei universal da oferta e da procura, há de se levar em conta que as eleições representam para o mercado apenas um evento sazonal, e todos vão procurar tirar proveito dessa oportunidade, aumentando sua margem de lucro.

Outra prática comum aos candidatos é a de simplesmente não fazer a previsão orçamentária, comprando ou contratando serviços em critério algum, o que resulta no aumento do custo final de sua campanha.

As etapas

Um cuidado nem sempre tomado pelos candidatos é fazer suas previsões orçamentárias sem arbitrar preliminarmente a quantidade de materiais e serviços necessários, o que pode levá-los a dois caminhos: o primeiro é o da citada subavaliação, que traz como consequência direta o desperdício, e o segundo é o aumento significativo dos custos das campanhas.

Um orçamento deve ser equilibrado, e esse equilíbrio só é obtido quando decorre da sequência natural de um planejamento global da campanha, que leva em conta as necessidades reais de um candidato e se baseia no levantamento do público que se pretende atingir. Divide-se em várias etapas:

Primeira etapa: Levantamento das necessidades de materiais e serviços, a curto, médio e longo prazos, determinando ainda a espécie, a qualidade e as quantidades a serem orçadas. Isso pode ser estimado por meio da utilização dos resultados obtidos na fase de planejamento, no qual deverão constar quais os segmentos que se pretendem atingir, qual a quantidade de votos necessários, como estão distribuídos geograficamente esses votos, quais as características socioeconômicas e culturais do eleitorado, qual o programa de atuação do candidato (roteiro e calendário de visitas) etc. Esses dados permitem que se chegue a conclusões importantes como, por exemplo, saber-se quais os brindes a ser distribuídos, que quantidade e a quem, ou que tipo de mensagem, quantas e quais cores deverão constar nos materiais promocionais, e outras mais, que vão determinar também a eficiência e a penetração desses materiais no decorrer da campanha, bem como os meios de difusão e distribuição.

Segunda etapa: Depois que se têm em mãos os dados referentes à quantidade e espécie de materiais e serviços a serem orçados, deve-se fazer o levantamento das fontes de fornecimento, e estimar-se o potencial ou a capacidade de produção e qualificação de cada possível fornecedor, avaliando-se as possibilidade de fornecer os produtos ou serviços nos prazos ideais, procurando ainda sondar os mercados e detectar qual a previsão destes em relação ao fornecimento regular de suas matérias-primas, pois essa precaução permite ao candidato economizar fortunas por meio da compra antecipada dos materiais mais solicitados durante um ano eleitoral, garantindo seu suprimento a preços aceitáveis, mesmo em épocas de escassez.

Terceira etapa: Nesta fase, passa-se ao levantamento dos custos que irão compor a previsão orçamentária da campanha, solicitando aos fornecedores previamente selecionados os seus preços e prazos de entrega.

Quarta etapa: Completada a previsão orçamentária inicial, projeta-se a inflação do custo de serviços, provável no período, até o dia da votação, e acrescenta-se um percentual idêntico ao custo total inicial.

As despesas

Há outros fatores a ser considerados na elaboração de um orçamento, que poderão ser mais bem explicados após a verificação dos diversos custos que vão integrá-los.

Assim, de maneira geral, esses custos são representados pelas seguintes classes de despesas:

Despesas de viagem

Aqui se incluem os gastos com transportes, estadas, refeições etc., a serem feitos pelo candidato e comitiva durante a campanha, e podem ser previstos por meio do estudo de seu roteiro e calendário de atuação.

Despesas com contratações (recursos humanos)

Representam aquelas realizadas na contratação de cabos eleitorais e assessores pessoais; variam de acordo com a amplitude das regiões ou segmentos sociais em que o candidato pretende atuar.

Despesas com serviços institucionais

São aquelas efetuadas com as agências de propaganda ou outros profissionais que tiveram incumbências como criação de símbolos e *slogans*, fotos, composição e redação de textos, arte-finalização, assessoria de imprensa, e outros utilizáveis previamente e que tiverem ligação indireta ou intelectual com a campanha.

Despesas com serviços operacionais

São os gastos que têm ligação direta e física com a campanha, como serviços de *buffet*, agências de modelos (distribuição de materiais e recepção de convidados), empresas especializadas em sonorização e iluminação, contratação de serviços de colocação, montagem e desmontagem de palanques, incluindo ainda a contratação de *shows* e atrações a serem utilizadas.

Despesas com materiais de campanha

Realizadas pela compra de materiais institucionais e promocionais que deverão se utilizados: faixas, pôsteres, impressos em geral, bandeirolas, adesivos, cartazes etc.

Despesas com brindes

Ao custo dos chaveiros, bonés, viseiras, canetas, isqueiros, porta-títulos e outros, devem-se somar ainda os gastos com a sua distribuição.

Despesas com mala direta

Incluem os gastos com listagem, etiquetas, envelopes, impressão, correio e outras que se fizerem necessárias para o seu envio.

Despesas com comitês

São compostas por aluguéis, consumo de água e energia, móveis e utensílios, materiais de escritório de limpeza, conservação, telefone, salários etc.

Despesas com veículos

São apresentadas separadamente por constituírem gastos que atingem montantes significativos, dependendo da área a ser atingida. Os custos englobam a compra, ou aluguel, de automóveis, sonorização, motorista, combustível, manutenção, decoração externa, seguros etc.

Despesas de divulgação

Neste grupo se incluem as matérias pagas em jornais, revistas e outros meios de comunicação. São de difícil previsão.

Doações

Estes gastos variam de acordo com a *generosidade* ou disponibilidade financeira do candidato e são importantes, pois ajudam a fixar uma boa imagem junto a instituições filantrópicas, clubes, agremiações esportivas ou sociais, movimentos populares e outros agrupamentos desta natureza. Entretanto, essas contribuições não devem ser astronômicas nem insignificantes, para não dar a impressão de opulência ou mesquinhez e avareza, e o candidato deve procurar situar-se sempre no meio-termo.

Nesta classe de despesas estão incluídas ainda aquelas efetuadas na compra de presentes a aniversariantes, recém-casados, contas de lanchonete ou restaurante, que são difíceis de prever, mas que são importantíssimas para a aceitação comunitária do candidato, aproximando-o de seus integrantes e popularizando a sua imagem.

Nem sempre uma doação deve ser feita em moeda sonante, muitas vezes o candidato pode valorizar mais o seu ato, doando materiais ou serviços de utilidade a esses grupos ou indivíduos, pois assim mantém sob seu controle a utilização dos recursos despendidos e garante, dessa maneira, um efeito mais prolongado de seu gesto. Por exemplo: em vez de doar uma soma em dinheiro, poderá doar a um clube esportivo jogos de uniforme, promover torneios, constituir uma arquibancada etc. Doar sapatos, roupas e alimentos a famílias necessitadas. Doar um terreno para instalar um parque infantil à comunidade.

Quando o candidato opta por esse tipo de doação, deve sempre considerar prioritariamente a utilidade daquilo que está doando, para só então analisar o custo que seu ato envolve, pois nem sempre o que é mais caro tem maior utilidade para aqueles que estão recebendo a dádiva.

As doações representam ainda gastos praticamente forçados para um candidato em ano eleitoral. É incrível observar-se o quanto se avolumam, nesses períodos, os convites a ele dirigidos para apadrinhar batizados e casamentos, pedidos de contribuição para instituições de caridade e campanhas de todo tipo, convites para festas de aniversário, solicitações de emprego e outros favores. O candidato deve responder a todas essas ações, pois a sua negativa pura e simples vai certamente lhe acarretar anticabos eleitorais, o que nem sempre é interessante.

Portanto, já que os gastos são forçados, o candidato deve procurar tirar de cada doação o máximo proveito possível em termos de prestígio e de votos. Isso deve ser feito de maneira sutil e persuasiva, sem que os solicitantes sintam-se pressionados, pois aí corre-se o risco de obter deles uma promessa favorável e uma ação oposta.

Financiamento de campanhas aliadas

Este fator de custo, de acordo com as características já analisadas representa em certos casos uma parcela significativa dos recursos a ser empregados pelos candidatos, conforme o número de alianças efetivadas e o grau de investimento que requerem.

O investimento nem sempre é feito em dinheiro, pois é vantagem para o candidato *financiador* que a colaboração seja feita em materiais de campanha, porque desta forma se pode manter um controle mais efetivo do uso eficaz dos recursos despendidos e uma influência maior sobre a campanha dos candidatos *financiados*, garantindo assim que a transferência dos votos seja a maior possível.

A teoria posta em prática

Levando em consideração todos esses elementos, é possível ao candidato partir para a elaboração do orçamento, do qual se procura dar uma ideia geral, baseada em dados hipotéticos.

Imagine-se que um candidato postula um mandato junto à prefeitura de um município X, precisando, para isso, obter 45 mil votos, aos quais ele acresce, como margem de segurança, outros 15 mil, dimensionando a sua campanha para conquistar, portanto, 60 mil votos.

Já se tem em mãos dados sobre as características do município e de seus habitantes, bem como de sua divisão política. Suponha-se um município eminentemente industrializado, com alta densidade demográfica, uma população recenseada de 500 mil habitantes, dos quais 190 mil votam no município, constituindo-se, portanto, no potencial eleitoral da região.

Já se sabe como está segmentada essa população, segundo classe social, atividade econômica, nível cultural, distribuição geográfica, sexo, faixa etária, conhecendo-se também o peso de seu partido junto às diversas faixas e a sua base eleitoral (penetração).

O estudo sobre concorrência (partidos e candidatos) está concluído, as estratégias de atuação delineadas e as alianças se encontram em seu estágio final. A campanha tem suas linhas gerais traçadas, criando a necessidade de se passar ao estudo da viabilidade econômica, o que exige a apresentação de uma previsão orçamentária completa.

O orçamento aqui transcrito foi elaborado pela Brasmarket, sob encomenda de um dos candidatos a quem presta assessoria, num dos oitos Estados em que a empresa atua, e cujos dados e custos foram alterados pelos autores, a pedido da empresa, para não ferir princípios de ética profissional. Também foram alterados os dados preliminares e incluídas características diversas, o que não altera, em si, a sua validade, pois o que se procura demonstrar são os processos e etapas que compõem uma previsão orçamentária.

Item A: *Serviços operacionais*

a) colocação de 1.800 faixas em lugares estratégicos;
b) 40 montagens e desmontagens de palanques, incluindo construção, transporte, decoração, sonorização e iluminação;
c) locação de 5 carros sonorizados, incluindo despesas de combustível e motorista por 150 dias;
d) locação de 5 carros sonorizados, incluindo despesas de combustível e motorista pelos 70 dias que antecederem as eleições;
e) contratação de 30 cabos eleitorais nível A, para toda a campanha, devidamente orientados;
f) pinturas murais em locais estratégicos (60 no total);
g) 5 elementos para segurança de comícios;
h) 2 balões infláveis a gás hélio, durante 180 dias.

Custo total .... R$100,00

Item B: *Serviços institucionais de campanha*

a) fotolitos;
b) artes-finais;
c) estúdio fotográfico;
d) assessoria de imprensa;
e) pesquisas (uma geral, quatro de suporte e seis específicas);
f) redação.

Custo total .... R$100,00

Item C: *Contração de shows*

    40 apresentações

Custo total .... R$100,00

Item D: *Reserva para despesas forçadas*

    Almoços, doações, distribuição de alimentos etc.

Custo total .... R$100,00

Item E: *Serviços de assessoria e consultoria*

a) análise de pesquisas;
b) elaboração do plano estratégico;
c) avaliação periódica da campanha em relação às campanhas dos adversários e revisão das estratégias;
d) supervisão e aconselhamento das campanhas aliadas;
e) criação (símbolo, *slogan*, visual);
f) montagem do sistema de informações;
g) elaboração de um calendário de eventos;
h) organização de eventos;
i) análise seletiva dos materiais da campanha;
j) construção da imagem.

Custo total .... R$100,00

Item F: *Histórias em quadrinhos*

    20 mil revistas impressas em quatro cores, contendo 16 páginas, mais os seguintes serviços:

a) criação;
b) *layout*;
c) arte-final;
d) redação;
e) montagem;
f) composição;
g) revisão;
h) impressão;
i) fotolitos.

Custo total .... R$100,00

Item G: Materiais e brindes de campanha

Quantidade	Cores	Material
20.000	3x0	adesivo PVC
2.000	1x0	agendas plásticas
20.000	2x0	agulheiros
500	2x0	braçadeiras
20.000	2x0	bexigas tamanho 4
10.000	2x0	bonés
20.000	2x0	*bottons*
1.000	1x0	bolsas de náilon
10.000	3x0	cartazes
5.000	3x0	camisetas
10.000	1x0	canetas
50.000	1x0	caixas de fósforos
5.000	2x1	chaveiros (poliestireno)
5.000	1x0	chaveiros (mosquetão)
2.000	1x1	cinzeiros
5.000	3x1	cadernos (brochura)
5.000	2x0	fitas para cabeça
2.000	2x0	faixas quebra-sol
1.500	2x0	faixas morim
300	1x0	faixas tergal
300.000	1x1	malas-diretas (3 remessas)
2.500	1x0	pranchetas (duratex)
2.500	1x1	pranchetas (poliestireno)
50.000	1x0	porta-títulos
10.000	1x0	réguas
10.000	2x0	viseiras (plásticas)

10.000	2x0	viseiras (dúplex)
200.000	1x0	volantes-papel *off-set*
5.000	2x0	protetor solar para automóveis
5	2x0	troféus
10.000	2x2	bandeirinhas de mão
100.000		calendários de bolso
10.000		leques
600	2x2	bandeirolas (4 modelos)
30		jogos de camisa, calção e meias
30		bolas oficiais
30		sacolas
20.000		sacolas (plásticas)
10.000		sacolas (de papel)
50.000		brinquedos
36.000	2x0	copos
100.000	2x0	guardanapos
5.000	4x0	quebra-cabeças
2.000		baralhos
5.000		discos
		produção de *jingle*
5.000	1x0	capas de chuva
10.000	2x2	tampas de canetas
20.000	2x0	toalhinhas descartáveis
200.000	1x0	cédulas
150	3x3	cavaletes

 Custo total .... R$100,00

Item H: *Taxa de produção*

 Supervisão dos fornecedores de materiais x

 Custo total .... R$100,00

Item I: *Custos de montagem e funcionamento dos comitês*

a) aluguéis;
b) adaptação do prédio (decoração, pintura, lâmpadas, tapetes etc.);
c) móveis e utensílios (mesas, cadeiras, sofá, máquinas de escrever, telefones, arquivos etc.);
d) despesas de manutenção (material de limpeza etc.);
e) materiais de escritório (impressos etc.);

f) salários (recepcionistas, telefonistas, *boys*, auxiliar);
g) contas diversas (luz, água, telefone, impostos);
h) outras despesas (seguro, café etc.).

＊＊

Custo total .... R$100,00

Item J: Outros custos

a) matéria paga em jornais e revistas;
b) despesas com transportes;
c) despesas pessoais (alimentação, vestuário, aluguel etc.).

Custo total .... R$100,00

QUADRO DA PREVISÃO ORÇAMENTÁRIA

ITEM		TÍTULO	CUSTO PRÉVIO	NECESSIDADES DURANTE A CAMPANHA		
				I até 30 dias	II 60/90 dias	III 120/150 dias
	A	serviços operacionais	100,00	20,00	35,00	45,00
	B	serviços institucionais	100,00	60,00	30,00	10,00
	C	contratação de *shows*	100,00	25,00	25,00	50,00
	D	reserva de despesas forçadas	100,00	30,00	35,00	35,00
	E	consultoria e assessoria	100,00	33,00	33,00	34,00
	F	H.Q.	100,00	20,00	30,00	50,00
	G	materiais de campanha	100,00	10,00	20,00	70,00
	H	taxas de produção	100,00	10,00	20,00	70,00
	I	montagem/funcionamento de comitês	100,00	40,00	30,00	30,00
	J	outros custos	100,00	30,00	30,00	40,00
TOTAL CUSTO PREVISTO			1.000,00	278,00	288,00	434,00
Mais 105 mensal (ajuste)			—	27,80	80,60	228,00
CUSTO PROGRAMADO			—	305,80	368,60	662,00

Custo provável da campanha

I –	Previsão até 30 dias	R$ 305,80
II –	Previsão em 30/60 dias	R$ 368,60
III –	Previsão em 90/120 dias	R$ 662,00
	Subtotal	R$ 1.336,40
IV–	Margem de erro/imprevistos (20%)	R$ 267,28
	Total geral*	R$ 1.603,68

Por meio do exemplo analisado, pode-se verificar que foram seguidas as normas descritas nesta obra para a escolha dos materiais promocionais e

---

* Não estão previstos custos de financiamento às campanhas aliadas.

brindes a ser utilizados na campanha, e se procurou assegurar de todas as maneiras possíveis a presença constante do candidato, em todos os segmentos da comunidade.

Quanto à distribuição dos recursos durante a campanha, cabe ao candidato estipular de acordo com a disponibilidade ou estratégia prevista. Porém, convém observar que é necessário ao candidato reservar uma boa parte de recursos para a aplicação maciça no final da campanha, quando naturalmente haverá uma intensificação de reforços por parte de todos os concorrentes, o que requer que cada um procure manter-se à tona, pois é grande o risco de ficar sepultado pelo considerável volume de propaganda e esforços promocionais dos demais concorrentes.

Outro cuidado a ser tomado é jamais ficar na dependência de um único fornecedor, pois existe o perigo de não ser atendido numa eventual emergência, por acúmulo de serviços, ou até por falência. O ideal é montar um esquema de fornecimento que inclua no mínimo três fornecedores de cada material de que se tenha necessidade, levando-se consideração, além do preço, a qualidade e a capacidade de produção de cada um deles, distribuindo-se trabalhos a serem executados entre eles, pois, na impossibilidade de um, sempre haverá outros dois.

Pode-se também obter vantagens quando se tem capacidade de estocar produtos, pois, à medida que aumenta a quantidade a ser produzida de cada material, diminui o seu custo unitário, proporcionando ao candidato o ganho proveniente da *economia de escala*.

Outra maneira de se conseguir um *bom preço*, e ainda *prever* com certeza o *custo* de um produto ou serviço *através do tempo* de duração da campanha, assegurando-se o fornecimento ao tempo certo, independente de leis da oferta e da procura, é firmar um contrato com um fornecedor, programando as entregas de acordo com as necessidades do candidato. Normalmente, o fornecedor aceita esse tipo de contrato quando o seu cliente lhe antecipa o custo da matéria-prima (que geralmente costuma variar entre 40% e 60% do preço final), faturando o restante de acordo com as entregas programadas.

Esse contrato é vantajoso para ambas as partes e o candidato não tem de se preocupar com o estoque de materiais ou com sua eventual escassez, pois, caso esta se concretize, estará levando uma substancial vantagem sobre os seus concorrentes, que terão de pagar muito mais caro para comprar o mesmo material já à sua disposição. Entretanto, cabe ressaltar que é extremamente perigoso firmá-lo com uma empresa sem antes assegurar-se de sua idoneidade e solidez, pois, caso leve em conta apenas o preço mais barato, corre o risco de ver-se sem o dinheiro ou, pior, sem o material, e até mesmo sem os dois.

Quando um candidato dispõe de recursos que lhe possibilite estocar produtos ou firmar contratos de programação com seus fornecedores, simplifica-se bastante a tarefa orçamentária a ser prefixada, pois são dispensáveis os cálculos de correção e de margem de erro.

13. A Arrecadação de Fundos Eleitorais

Este capítulo pretende oferecer aos candidatos todas as informações possíveis para que possam montar estruturas e realizar eventos para gerar recursos, buscar apoiadores e fontes de financiamento, conhecer as motivações e argumentos que possam auxiliá-los a viabilizar financeiramente suas campanhas. O leitor sabe que este é um tema delicado e que informações sobre esta atividade são trancadas a sete chaves, o que dificulta muito a pesquisa e o acesso a informações.

Para oferecer estas sugestões me vali, em parte, do pouco que pude observar sobre esta atividade em algumas campanhas das quais participei no exterior, onde o assunto é tratado com menos preconceito e mais abertamente. E usei do bom senso e da lógica, para encaixar nelas os fragmentos de informação disponíveis sobre este assunto aqui no Brasil.

O custo de uma campanha eleitoral

A cada ano eleitoral, um dos temas que passam a constar com frequência dos órgãos de imprensa é o custo das campanhas. Sinto calafrios cada vez que sou convidado, em entrevistas, a discorrer sobre custos de campanhas, pois o assunto é delicado, tratado quase sempre preconceituosamente e requer uma abordagem cuidadosa.

Bom e triste exemplo do tratamento preconceituoso que o tema recebe de parte significativa de nossa imprensa é o tom de *surpresa* expresso por alguns jornalistas e comentaristas de TV diante das previsões de gasto de campanha que os candidatos e partidos fazem à Justiça Eleitoral.

Poucos órgãos de imprensa divulgam matérias dignas e isentas, algumas delas incluídas aqui, mas a regra geral é: se ficar o bicho come, e se correr, o bicho pega. Os que às vezes manifestam ironia e ceticismo diante de cifras irrisórias e irrealistas demonstram estranheza diante das cifras mais realistas, e lançam a suspeição sobre quais seriam os reais propósitos de quem se propõe a gastar, para eleger-se, muito mais do que receberá em remuneração ao longo do exercício do seu mandato.

Os finórios vigaristas que enganam a todos apresentando números irrisórios de campanha, e que ainda têm coragem de bater no peito como se fosse uma razão de orgulho o raquitismo do seu caixa de campanha, ocultam, deliberadamente, suas fontes de contribuição e evidenciam o seu desprezo pela inteligência da Justiça, da imprensa e de todo o eleitorado.

Mais contribuição daria à sociedade o jornalismo de algum órgão de imprensa que se dispusesse a fazer uma reportagem investigativa, simplesmente, de quanto custa a um candidato ao governo ou à presidência, em telefone, locações por valor simbólico, transporte, logística para realização dos eventos, custos de alimentação, publicidade, assessoria de imprensa etc., cada dia de campanha.

Não importa que outras pessoas tenham pagado pelos pratos de comida que alimentaram o candidato e sua comitiva, que os carros ou transporte que usam para locomover-se não lhes tenha custado nada (custou a alguém), ou que o jornalista que o assessora esteja trabalhando como voluntário: todos estão contribuindo, com material ou serviços, para a campanha e suas contribuições estão sendo sonegadas ou omitidas por aqueles candidatos.

Para saber qual é o valor de mercado de uma campanha nacional ou estadual nas ruas, num curto período altamente competitivo e de acirrada disputa, bastaria, por exemplo, perguntar à Ambev, Kibon ou à Coca-Cola quanto gastam diariamente para manter seus produtos, participação de mercado e a sua imagem nas ruas no período do alto verão.

A única exceção à regra dos custos são os candidatos das legendas ditas ideológicas, aqueles que têm redutos geográficos consolidados (ex-governantes) ou, ainda, os candidatos que representam segmentos de atividade ou minorias. Mas é sempre bom lembrar que a significativa economia que aquela classe de candidatos possa ter com os gastos de mão de obra, não a exime de todos os demais custos que uma eleição impõe aos candidatos e, como dinheiro não nasce em árvores, tudo aquilo que não gastaram de seus bolsos, saiu do caixa ou do bolso de alguém.

Contudo, esta obra me dá o espaço necessário para detalhar e esclarecer o tema da arrecadação de fundos eleitorais, um pouco melhor e sem nenhum preconceito, àqueles eleitores que estão pretendendo iniciar ou que recém-inauguraram seus projetos políticos.

A opinião pública tem uma visão tão parcial quanto as informações que recebe sobre os custos das eleições no Brasil. "Cada cabeça, uma sentença". Assim, dependendo da fonte consultada pela imprensa, multiplicam-se e são divulgadas estimativas e mais estimativas de custos, as mais contraditórias, e que vão desde afirmações de candidatos de que nada gastarão em suas campanhas além do seu tempo e de seus simpatizantes, às risíveis (sub)estimativas dos partidos, as *sci-fi* projeções de publicitários, até as megalomaníacas projeções de alguns especialistas e cientistas políticos...

Enfim, parece que a única afirmativa correta é que o "céu é o limite" e que há cifras para todos os gostos (e bolsos...). O fato inegável é a grande resistência em abordar com clareza e objetividade o assunto.

Os cuidados e temores que a divulgação das fontes de financiamento impõem aos candidatos provêm, em grande parte, dos seguintes fatores:
1) limites e restrições legais com gastos eleitorais, fixados pela legislação em níveis inferiores às necessidades reais;
2) necessidade de proteger dos adversários, suas fontes empresariais de financiamento, o montante das contribuições e os nomes de seus doadores para evitar que estes possam vir a sofrer coerção, pressões ou assédio de outros concorrentes;
3) temor de serem caracterizados, pelos adversários, como *ricos* ou, pior, como *desonestos* ou *perdulários* e sofrerem campanhas do tipo "o tostão contra o milhão".

Além do mais, existe um receio (justificado) de que seus adversários e comunicadores se utilizem daqueles dados de natureza estratégica para semearem suspeitas junto à opinião pública, e que esta, superficialmente informada acerca dos custos de uma candidatura, pergunte-se:
1) o porquê de dispêndios tão elevados, se o postulante ao cargo, uma vez eleito, pelo menos matematicamente, não conseguirá se ressarcir dos seus gastos, ainda que some a integralidade dos seus vencimentos durante os anos de mandato;
2) quais interesses e expectativas de retribuição motivariam os doadores, que tipo de compromissos de reciprocidade ou qual a natureza da retribuição que esperam em troca do seu investimento.

Esses temores são justificáveis, principalmente nesta conjuntura política, quando a popularidade e a credibilidade da classe política atingem níveis críticos e alarmantes. E a tendência é de agravamento da situação, pois é característico da natureza humana acreditar em tudo que se ouve de ruim sobre alguém que não se considera digno, e duvidar daquilo que ouvir de bom a respeito dele.

Todas as pesquisas sobre o assunto apontam para o fato de a opinião pública associar aos políticos todos os males, como corrupção, empreguismo, nepotismo, negociatas, demagogia, inflação, má gestão e uma infinidade de outros *ismos* ou expressões pejorativas que lhes são imputadas por contingentes cada vez maiores da sociedade.

Este péssimo conceito é o fator que mais contribui para elevar o custo das campanhas, pois muitos eleitores veem nos períodos eleitorais a oportunidade de tirar uma casquinha ou obter algum benefício pessoal em troca de seu voto, demanda que, sempre, acaba atendida por algum candidato, o que contribui para consagrar a prática. Assim, o melhor e primeiro caminho para reduzir o custo das eleições de candidatos está não na restrição à comunicação e, sim, na melhora da imagem da classe política e das instituições.

Já em 1982, em obra que escrevi com Joseph Luyten,* alertamos os partidos para a necessidade de praticarem o *marketing* político, pois o segredo, a melhor maneira de reduzir custos de campanha, não está em cercear ou reduzir a propaganda e, sim, em privilegiar sua eficácia, ou seja, para gastar menos é preciso gastar bem.

Candidatos e partidos que controlam as máquinas públicas incentivam a prática do assistencialismo, porque os custos que ela gera são absorvidos pelo erário público e, afinal, atender às demandas da população (eleitores aliciados e simpatizantes não deixam de ser cidadãos) é um dos objetivos constitucionais e legítimos de uma gestão e tem até rubrica legal: assistência social.

Muitos candidatos, que não têm governos nem máquinas públicas para auxiliá-los, condenam a utilização da máquina pública por seus rivais e denunciam abuso de poder, mas não têm nenhum pudor nem veem nada antiético de se valerem do poder econômico e assistencialista de máquinas privadas, tais como sindicatos, hospitais, empresas de planos de saúde, universidades, ONGs etc. para prestarem o mesmo tipo de assistencialismo.

A regra geral, na prática é uma só: cada um trata de usar tudo o que tem para destacar-se ou obter alguma vantagem sobre seus adversários.

Quem mente: o candidato que afirma não gastar nada com sua campanha ou o publicitário que estima os custos em centenas milhares ou milhões de dólares?

A resposta a uma pergunta tão objetiva, necessariamente, tem de ser ambígua: os dois podem estar certos ou errados, dependendo de qual tipo de campanha se estiver falando. Isto porque um candidato, para fazer sua campanha, tanto pode gastar milhões como sair dela com milhões de lucro. Tudo vai depender da estrutura, de aliados, recursos humanos, apoiadores e votos que cada político tem como cacife. É mais ou menos assim: quem tem põe; quem não tem, trata de achar os financiadores que ponham por ele. E quem tem muitos votos, ou financiadores, além de não pôr nada, pode até sair com mais do que tinha antes de disputar.

O custo de uma campanha dependerá também da estratégia a ser adotada e do público-alvo de uma campanha: se o candidato já for conhecido gastará menos do que um que está estreando no universo da política. Mas, se o estreante for um radialista ou apresentador de TV de programas de grande audiência, um consagrado campeão desportivo, ou um jogador de futebol, que tenha passado por todos os times da 1ª divisão, além de não gastar, sempre encontrará alguém disposto a financiá-lo, na esperança de conquistar parte dos votos do fã-clube.

Um candidato popular, com reduto eleitoral, pode *dobrar* com companheiro de partido que postule outra posição e conseguir, em troca, todo o

---

*Marketing *político: eficiência a serviço do candidato,* São Paulo, Global, 1982.

apoio financeiro e material que precise. Outro pode representar segmentos econômicos, profissionais ou sindicais e de lá obter os recursos para financiar sua campanha. Como não recebeu em dinheiro, vai bater no peito para dizer que não gastou quase nada em sua campanha, o que é meia verdade (se é que pode existir algo assim). Há os que se apoiam nas *máquinas* governamentais ou sindicais e também os que misturam um pouco de cada hipótese, e, por isso, não precisam enfiar a mão nos próprios bolsos para suprir os gastos.

Governantes e ex-governantes ou ex-algum-cargo-importante também têm financiadores garantidos e conheço alguns que, ao sentirem que sua chance de vitória é pequena, em vez de injetar o dinheiro dos donativos na campanha, preferem injetá-los em suas contas bancárias.

Mas uma coisa é certa: fazer uma boa campanha custa dinheiro, e quanto maior forem a ambição do candidato, o número de eleitores e o território a ser atingidos, maiores serão as despesas. Ao longo deste capítulo vamos tratar vários aspectos que envolvem o tema *arrecadação de fundos* e os meios utilizados pelos partidos e candidatos para obter donativos e financiar suas campanhas. Ressalvo que nunca ocupei posição de arrecadador de fundos em nenhuma das campanhas das quais participei, mas tive algumas oportunidades de assistir, refletir e perceber alguma coisa na área, experiências e conclusões que passo agora aos leitores.

As variáveis que influem nos custos (de *A* a *Z*)

Só para que o leitor possa avaliar o quanto pode ser complexa esta matéria, segue a lista de algumas variáveis que influem no montante do investimento eleitoral de um candidato:

a) a abrangência territorial da campanha;
b) o posto a que o candidato concorre;
c) grau de conhecimento popular do candidato;
d) carisma pessoal do candidato;
e) se o candidato tem reduto eleitoral consolidado ou não;
f) a região do País onde ocorre a disputa;
g) a popularidade dos governantes e/ou dos líderes e patronos que apoiam o candidato;
h) ser oposição ou situação (interage com a situação do item *h*);
i) a situação sociopolítica e a conjuntura econômica vigente no período eleitoral;
j) o investimento de seu principal concorrente ou dos adversários;
k) a estratégia de comunicação e de campanha adotadas e os instrumentos utilizados;

l) grau de especialização, qualificação ou profissionalismo do *staff* e consultores;
m) disponibilidade de mão de obra voluntária, cabos eleitorais ou meios para mobilização da militância;
n) a inserção (apoio ou oposição) que a candidatura tiver na imprensa;
o) o conceito e posicionamentos próprios e de adversários;
p) as possibilidades de o partido atingir o quociente partidário;
q) o tempo de rádio e TV que seu partido tiver (horário eleitoral gratuito);
r) o potencial eleitoral dos candidatos que concorrem com ele dentro da agremiação partidária;
s) inserção social do partido (capacidade de obter votos na legenda);
t) se proporcional a popularidade do candidato majoritário e sua colocação na disputa;
u) o grau de engajamento e lealdade das assessorias;
v) a infraestrutura partidária;
x) capacidade de articulação do candidato e sua coordenação política;
z) a capacidade do sistema de levantamento de informações e a confiabilidade das informações.

Até as características históricas e culturais das comunidades acabam influindo nos gastos eleitorais, como ocorre em determinadas regiões do País, onde as populações se habituam, há gerações, com o assistencialismo, o paternalismo e o clientelismo que são a base dos *currais* eleitorais.

No Brasil ainda existem muitas regiões onde o título eleitoral funciona como cartão de crédito para seu portador, que consegue sementes, crédito, vagas nas escolas, emprego, próteses dentárias e até material de construção em troca de sua *fidelidade* (leia-se: voto).

Minha experiência permite afiançar aos aspirantes à carreira política que esta não é uma seara para se entrar antes de planejar, cuidadosamente, cada detalhe operacional envolvido numa campanha. No mínimo, há que se ter muito de uma ou um pouco de cada uma destas condições:

a) ter votos;
b) ter dinheiro;
c) ter amigos com dinheiro;
d) ter amigos donos de votos.

Os objetivos comuns às campanhas

O objetivo de qualquer campanha eleitoral é a vitória, de pessoas, ideias ou propostas. Para um movimento sair vitorioso de uma campanha, é necessário dosar instrumentos e estratégias para atender a todas estas sete premissas:

- propagar melhor que os concorrentes as suas ideias, propostas e posicionamentos;
- mostrar que os benefícios e vantagens que oferece são maiores (racional);
- fixar o conteúdo da propagação na memória daqueles a quem se dirige, mantendo a boa imagem e o melhor *recall* (índice de memorização) possível junto à opinião pública;
- despertar simpatia, afinidade, boa vontade ou desejo (emocional);
- conquistar adesões, convencendo pessoas e arregimentando seu apoio ao movimento;
- motivar estas pessoas para conseguir sua mobilização;
- administrar a mobilização para que sua força seja canalizada para a consecução dos objetivos dos administradores da campanha.

Propagar ideias, convencer, conquistar, motivar e administrar gente, em espaço de tempo muitas vezes curto, não é coisa que se faça sem custo. Esse custo é relativo e varia em função da estrutura operacional, recursos humanos, respaldo na base de ação social ou política com que se conta ao lançar a campanha, bem como da popularidade ou conceito inicial que o líder do movimento e seus apoiadores desfrutem na sociedade. A criatividade e o senso de oportunidade também contam muito no preço final de um movimento.

Qualquer campanha objetiva agrupar poder e vencer obstáculos e as forças contrárias ou adversárias. É fundamental, em termos de fixação de custos, saber que os concorrentes não serão estáticos e também se valerão, com maior ou menor eficácia, de todos os recursos citados acima para prevalecerem ou resistirem a um movimento adversário. Cada ação gera uma reação, assim como a cada vitória, se contrapõe, no lado oposto da moeda, uma derrota.

O custo de eleição x os gastos com a eleição

Contudo, o que é gasto *por fora* (pelos governos) nos períodos eleitorais é muito mais do que gastam os candidatos. No esforço derradeiro para se reelegerem ou *fazerem* seus sucessores, os governantes intensificam o ritmo das obras – geram mais empregos e colocam em dia os pagamentos aos fornecedores – para inaugurá-las nos anos eleitorais. Circula mais dinheiro na economia e se geram mais empregos, criando uma sensação de prosperidade que favorece e aumenta muito as chances de vitória dos candidatos *chapa branca*. As oposições, por sua vez, também usam e abusam dos meios que tiverem ao seu alcance, tais como as máquinas sindicais e as estruturas operacionais das empresas, meios de comunicação ou associações que controlem.

Os líderes de situação, detentores de *máquinas* administrativas em todos os níveis, jogam pesado para granjear popularidade, mostrar serviço e tentar eleger seus sucessores. Todas as parcelas dos setores econômicos aliados aos políticos da situação também jogam bruto para manter seus *status quo* e eventuais privilégios. Os setores menos favorecidos, preteridos ou descontentes com os *donos* do poder político, também jogam duro e injetam recursos para viabilizar a eleição de candidatos oposicionistas. Resumindo: quem está no poder joga tudo para lá permanecer e quem está do lado de fora joga tudo para conquistá-lo.

Tradicionalmente, os executivos municipais, estaduais e federais administram de forma a concentrar seus investimentos e suas obras nos períodos eleitorais, para inaugurá-las ou iniciá-las com grande pompa e estardalhaço (para gerar e fomentar a expectativa social de benefícios futuros), favorecendo tanto os executivos como os candidatos que apoiam.

Mas já foi muito pior. Antes de o presidente Fernando Henrique Cardoso conseguir aprovar a reeleição, no Brasil se praticava a tática de *terra devastada*, ou seja, como sabiam que teriam que *entregar* a administração ao sucessor, fosse ele aliado ou adversário, e permanecer por quatro longos anos na *sombra*, os executivos comprometiam até o último centavo em projetos, obras e propaganda maciça, para que aquelas obras fossem creditadas às suas administrações, sem se esquecerem de esgotar a capacidade de endividamento de *suas* máquinas municipais ou estaduais.

Esta era uma realidade lamentada, em prosa e verso, pela grande maioria daqueles que assumiam prefeituras e governos estaduais, cheios de planos e compromissos, para logo descobrirem que pouco ou nada poderiam realizar nos dois primeiros anos de mandato além de pagarem dívidas e tocarem obras *legadas* pelos seus antecessores, ou pagarem alto preço político pela sua interrupção. Lembro-me de um amigo que, pouco depois de assumir a prefeitura, confessou-me que tinha até medo de abrir uma gaveta, ou arquivo, tantas foram as *bombas* de efeito retardado que lhe deixara seu antecessor. Se você é político, deve conhecer muitas histórias *cabeludas* sobre estes fatos e, talvez, tenha até passado por situações semelhantes.

Consequências macroeconômicas dos investimentos eleitorais

Nos períodos eleitorais são mobilizadas, diretamente nas campanhas, centenas de milhares de pessoas nas figuras de candidatos, assessores, cabos eleitorais e funcionários públicos. Antes de aprovada a lei que regerá estas eleições, que cerceia o uso de materiais promocionais, *showmícios* e brindes de campanha, o investimento direto nas campanhas irriga e estimulava, economicamente, diversos setores de atividade envolvidos com serviços e materiais utilizados na campanha. Eram agências de propaganda, assessorias de imprensa, fotógrafos, fornecedores de serviços gráficos e serigráficos, fabricantes de brindes, camisetas e fogos de artifício, empresas de equipamentos sonoros e de iluminação, empresários de artistas, cinegrafistas e produtores, marceneiros etc., ocupando outras centenas de milhares de empregos destes setores.

O investimento do setor da administração pública envolve dezenas de milhões de empregados das empreiteiras, empresas de engenharia, da construção civil, funcionários públicos, publicitários etc. É também nos períodos eleitorais que são adotados um sem-número de medidas. Ou populistas, que oneram ainda mais os cofres e o déficit público, tais como, subsídios para agricultores e pecuaristas, anistias fiscais, isenção de ICM para taxistas, facilidades para o consumo, reformulações no sistema habitacional para reduzir a *carga* sobre os mutuários, e muitas outras medidas, batizadas hoje como *sacos de bondades*, ou medidas provisórias *do bem*. Tudo isso acaba aquecendo a economia, gerando índices de emprego e de renda mais elevados ampliando o consumo e *irrigando* todos os setores da economia (comércio, indústria e serviços).

A economia informal se fortalece e "todos viveriam felizes para sempre".

Mas, infelizmente, não era bem assim que a história acabava: toda *bolha* de crescimento econômico sazonal acabava sendo financiada por parceiros trágicos: o endividamento, externo e interno, a emissão de dinheiro sem lastro, a demanda sazonal e a inflação. Ao fim da festa cívica, coroados os vencedores, o caminho que restava ao País seguir era um só: a recessão.

Foi assim em 1983, foi assim em 1987, e assim será sempre. Em 1990, cassaram a poupança nacional; em 1995, vivemos os ajustes sob o impacto do Plano Real; em 1999, nova crise, que levou o País às portas do FMI e acabou a paridade da moeda. Apenas em 2003 a situação foi mais tranquila, mas só porque ela (a crise) foi antecipada para o próprio ano da eleição, 2002, quando o temor da eleição de um líder da esquerda gerou instabilidade. A economia registrou sucessivos *recordes* de desemprego e o dólar disparou, ultrapassando a barreira dos R$ 3,00.

Assim, embora não seja economista, me parece que não há dúvidas quanto à pressão que a disputa eleitoral exerce sobre a economia, derivada dos gastos públicos e publicitários dos governos de um lado, e dos investimentos sociais, relaxamento dos controles monetários e políticas fiscais do outro.

Embora a pressão tenha diminuído muito com a instituição da reeleição, que leva muitos governantes a usarem de cautela nos gastos eleitorais para que as bombas preparadas por eles não estourem em suas mãos, caso se reelejam, não dá para conter os governantes. E nem para evitar as medidas *populares* que oneram os cofres públicos e empurram, com a barriga, a hora da verdade econômica, apenas retardando o momento da explosão, de preferência, nas mãos dos sucessores.

Evito fazer juízos de valor a favor ou contra as práticas eleitorais brasileiras ou aos nossos líderes políticos, porque, entre eles, há os bons e os maus, como, aliás, no resto das atividades humanas. Apenas constato uma realidade que me permite ousar, com base no histórico e no rumo dos acontecimentos, fazer projeções e previsões. Não tenho pretensões de fazer aqui um estudo sociológico e, sim, uma obra prática. De profissional para profissionais. Mesmo sabendo qual é a consequência final dos gastos eleitorais, estaria mentindo se dissesse a um candidato que a utilização da máquina administrativa em seu favor seria um empecilho à sua vitória eleitoral.

Para vencer uma eleição é preciso ter dinheiro, seu ou de outro

O candidato que levar a sério a sua iniciativa tem de estar consciente que terá uma árdua tarefa e muitos desafios pela frente. Nos pequenos municípios, é perfeitamente possível fazer uma campanha muito barata: as distâncias são pequenas e o quociente eleitoral necessário para conseguir uma vaga permite que o contato corpo a corpo seja suficiente para garantir o número de votos suficiente para eleger-se prefeito ou vereador... desde que não haja *caciques* ou *coronéis* a serem enfrentados, pois aí os custos se multiplicam...

É bem verdade que um candidato possa se dispor a disputar contando apenas com os materiais ou recursos fornecidos pelo candidato majoritário, mas terá que encarar uma dura realidade: disputará em condições de desvantagem frente aos demais candidatos, de todas as legendas, inclusive a sua, do que estaria, caso pudesse personalizar e ampliar o alcance de sua campanha. De qualquer forma, o dinheiro que não sair do bolso do próprio candidato, sairá do bolso de outro, tornando-o um dependente durante a campanha e, a menos que ele não tenha nenhum caráter ou muita cara de pau, será devedor de favores ou, pelo menos, deveria ser muito grato aos seus apoiadores, depois da eleição.

Se o candidato é famoso ou influente, significa que investiu antes do período eleitoral, e a facilidade, ou redução, do seu custo eleitoral agora lhe custou algo, antes.

Outra verdade incontestável sobre os custos eleitorais é que, *à medida que aumenta o número de eleitores a ser atingido e conquistado, tanto maiores serão os custos da campanha eleitoral,* a ponto de ser mais caro eleger-se candidato a vereador num centro como São Paulo, do que conquistar uma prefeitura em muitos municípios de médio porte. Por isto, geralmente, são hipócritas, ou ingratos, os que afirmam que a sua eleição não lhes custou nada. Se o que dizem é verdade, é porque custou algo para alguém. Resumindo: uma eleição pode custar muito ou pouco, mas sempre exigirá investimentos.

Só o tempo investido, o seu suor e o de seus correligionários podem substituir o dinheiro

Se o dinheiro for curto, ao candidato só resta substituí-lo com o trabalho árduo e motivado, dele e de quantos seja capaz de reunir em equipe. Se conseguir conjugar competência, trabalho, perseverança e apenas um pouco de sorte (errar menos que o adversário), poderá vencer a eleição gastando muito menos que os concorrentes.

A eleição mais cara é aquela que se perde

Antes de decidir disputar, o candidato deve lembrar-se que, seja lá quanto for que estiver investindo, terá gasto muito mais que o adversário se perder a disputa, pois pagou por algo que não levou. Muitos candidatos vão à bancarrota, pois como num jogo, o bom jogador é aquele que sabe quando chega a hora de parar.

Por que as campanhas custam tão caro: políticos não pagam o que compram

O roteiro clássico dos calotes

Todos os calotes que recebi de candidatos seguiram o mesmo roteiro: até a fase intermediária da campanha, os débitos contraídos sempre foram religiosamente honrados, à vista, e, muitas vezes, antecipadamente pelos candidatos-clientes. Na reta final da campanha, quando faltavam dez ou quinze dias para a data final, quando as campanhas e esforços promocionais, naturalmente, se intensificam, o candidato ou coordenador negociavam, pela primeira vez, um prazo diferente de pagamento, ao mesmo tempo em que aumentavam substancialmente o valor de suas encomendas. Diante das promessas de pagamento em prazo anterior ao do dia da eleição, a experiência demonstra que, na véspera da eleição, é mais fácil falar com o Papa, ou com a Rainha da Inglaterra, do que com a maioria dos candidatos e *caixas* de campanha, principalmente se o assunto a ser tratado for uma cobrança.

Se você é fornecedor, creia: pior do que negar crédito a um cliente, que até o momento não deu motivo algum para desconfiança e do que sentir *dor no coração* em recusar o polpudo pedido e a significativa encomenda, é, seguramente, levar um calote. Se o candidato ganhar, virá com o *nhem-nhem-nhem* de lhe pedir paciência que você ainda vai ganhar muito com ele (mas só depois que assumir). Se perder, nem esta esperança você terá, e quando muito, será convidado a compreender que o dinheiro que ia chegar não veio, que ele deve mundos e fundos e, agora que a campanha acabou, não há como lhe pagar. Se o candidato for muito especial vai pedir um desconto e lhe proporá um acerto, sempre parcial e parcelado. Como você não vendeu com nota e ainda se achou esperto por sonegar o fisco, dançou: é apenas mais um dos milhares de fornecedores que, em todos os períodos eleitorais, caem no conto da carochinha e acabam com o mico nas mãos.

Mas se você não é novato no ramo, não tem muito que chorar, pois, achando que ia levar um calote, já cobrou de duas a três vezes mais do que devia ou do que valiam seus serviços e produtos nos primeiros fornecimentos. Aí, você e seu cliente se mereceram um ao outro, e bom cabrito não berra. Se comprou este livro e está pensando em fornecer materiais ou serviços de campanha, deixo claro que não estou recomendando a ninguém transgredir a lei, mas saiba que tudo o que você vende sem nota tem de ser recebido antes ou contra a entrega, ou então peça os dados de uma empresa que esteja apoiando o candidato e emita a nota contra ela, pois o melhor imposto que você já terá pago na sua vida será este, porque vai lhe garantir a remuneração pelo seu trabalho.

Como esta prática se repete a cada eleição, os fornecedores ou aprenderam a dizer *não* ou embutem, nos preços de encomendas políticas, um *spread*, ou taxa de risco, que acaba por elevar os custos finais para todas as campanhas. Os candidatos corretos acabam pagando pelos calotes daqueles que não são; ou dos maus jogadores, que não sabem programar-se e arriscam todas as fichas que têm (e as que não têm), na ânsia de não perder o que já tinham investido, comprometendo a sua estabilidade econômica e a sua reputação.

E você que é candidato e é correto, antes de lançar-se, estude bem as suas disponibilidades e as de seus adversários, pois os gastos deles, muitas vezes, poderão obrigá-lo a gastar muito mais do que o previsto, principalmente se a disputa estiver por margens estreitas de intenção de voto. Para não se arruinar, só entre no jogo se estiver certo de que terá cacife para pagar os *blefes*, ou pagar para ver o jogo dos demais jogadores na cartada final.

Falta foco às campanhas

No capítulo referente ao planejamento das campanhas, os malefícios dos erros e dos desperdícios já foram abordados, como cavaleiros do apocalipse. Quanto menos informações sobre os eleitores e seus concorrentes um candidato tiver, mais imprecisa será sua estratégia e maior será a dispersão dos seus recursos. Sem um foco objetivo, fica obrigado a diversificar os meios que terá de utilizar para alcançar e convencer os eleitores, gastando o mesmo dinheiro e esforço para chegar aos eleitores que:

1 – o rejeitam, ou já optaram por seus concorrentes (desperdício);
2 – estão indecisos;
3 – já são seus (mais desperdício).

Não fora a desinformação, o correto seria que o candidato investisse mais para conquistar os eleitores indecisos, desde que soubesse qual é o perfil deles e onde estão mais concentrados, e o segundo foco seria investir para fortificar redutos e mantê-los, o que requer estratégias específicas e diferentes. Só então, se ainda lhe sobrarem tempo e dinheiro, é que o candidato deveria investir recursos contra os adversários, para procurar desgastá-los e poder avançar sobre eleitores, a princípio, resistentes.

Desconfie de quem disser que não é preciso de dinheiro para vencer uma eleição

O custo de uma eleição não se resume ao dinheiro desembolsado para pagar a parte visível do imenso *iceberg* que se constitui um empreendimento eleitoral, como os impressos, brindes, propaganda, produtora etc. Repito: os que dizem que disputar uma eleição não exige dinheiro, ou não dão valor aos seus próprios esforços e trabalho dos correligionários ou, mais provável, estão apenas se gabando e fazendo jogo de cena para a plateia (a opinião pública).

Sobre a contratação de serviços para campanhas, saiba que o profissionalismo reduz os riscos, aumenta a eficiência e, em decorrência, barateia os custos globais do candidato, mas é aconselhável desconfiar do que é barato demais, pois o custo final pode sair bem mais caro e o candidato arrisca-se a comprar *gato por lebre*. Não faltarão vigaristas, oportunistas e pseudoespecialistas, espécies que pululam em abundância durante os períodos eleitorais e, na ânsia de conseguir um contrato, alguns não pensarão duas vezes antes de afirmar que sua campanha pode custar a metade do preço estimado pelo concorrente. Quem já contratou pedreiros *picaretas* para reformar um imóvel saberá do que estou falando. Cuidado, pois nestes casos, é bem provável que, no meio da sua campanha, você descubra que a verba prevista já *estourou* e, caso não disponha de mais, acabe na *mão*, como o pintor a quem tomaram a escada e que, subitamente, se vê dependurado na brocha...

Só o dinheiro não basta para ganhar a eleição, mas ajuda bastante

Se dinheiro e *máquina* política bastassem para vencer eleições, as oposições não teriam espaço em lugar algum do planeta Terra e as ditaduras seriam eternas, pois mais que estrutura e máquina, as últimas ainda detêm o poder da força e o controle da informação. Dinheiro só é importante se o candidato aplicá-lo nos seguintes objetivos: convencer, conquistar, mobilizar e motivar *gente*. Eleição se ganha com gente, e quanto maior é o contingente de pessoas envolvidas numa campanha, maiores serão as perspectivas de vitória de um candidato.

Já testemunhei muitas campanhas similares, mas para ficar num exemplo que o Brasil conhece, cito a de Tancredo Neves contra Eliseu Resende (Minas Gerais, 1982), quando a estrutura e o poder econômico do adversário foram superados por uma candidatura mais frágil e carente de recursos que a ostentada pelo adversário (mas também muito mais matreira e experiente). O próprio MDB (agora PMDB), apesar do regime militar e contra a máquina representada pelos governos federal, estaduais e municipais, da Lei Falcão e dos inúmeros casuísmos eleitorais, infringiu grandes derrotas eleitorais à Arena (depois rachada entre PDS e PFL, depois PPB e, hoje, PP), valendo-se da conjuntura para superar o raquitismo de seus recursos. O PT, no tempo ainda não assumia o caixa dois e os recursos não contabilizados, também serve como excelente exemplo de que é possível vencer eleições com pouco dinheiro e muito trabalho (e uma providencial mãozinha das *máquinas* sindicais trabalhando a todo vapor).

Portanto, não desanime se o único problema ou obstáculo à sua frente for a estrutura econômica de sustentação de seus adversários. Se achar que tem a determinação, sustentação social, apoios e conta com uma equipe bem qualificada, com habilidade e oportunismo, como recomendam as artes marciais, você pode até empregar a força do concorrente contra ele próprio, como prova a próxima regra: dinheiro em excesso, na mão de candidato *trouxa*, atrapalha.

Gasto de campanha, segredo trancado a sete chaves

Apesar de ter dito que só dinheiro não basta para ganhar-se uma eleição, se você tiver bastante, não se desanime: bem empregado, o dinheiro ajuda – e muito. Contudo, não exagere. Esconda o montante de seus gastos e disfarce, o melhor que puder, sua condição financeira, pois candidato *rico*, é como curva de rio: tudo o que é entulho encalha ali.

Cuidado com a ostentação, pois não é impossível transformar você num vilão e a sua vantagem em seu calcanhar de aquiles, reeditando as *manjadas*, mas sempre eficazes campanhas, do "tostão contra o milhão". Evite o risco de ser rotulado como o candidato das oligarquias, das elites, ou como o líder das forças do mal. O eleitor brasileiro é muito suscetível aos romances de capa e espada, nos quais o pobre e virtuoso, embora em flagrante desvantagem, vence o rico, todo-poderoso e corrupto vilão.

Um dos maiores redutores de custos de uma campanha é o *verbo*, ou seja, a habilidade de trocar o apoio no presente pelo benefício futuro. Bem aplicada, esta moeda (a articulação) é legítima (quem não se lembra das dores de cabeça que José Sarney teve para tentar atender todas as nomeações que tinham sido anotadas por Tancredo?). Mas esta é uma moeda que vale mais na mão das oposições (que não têm outra coisa para trocar) e ainda assim, muitas vezes, é mal empregada pelos candidatos. Portanto, gaste o que for preciso, mas seja discreto e evitará muita dor de cabeça, como ser assediado por pedidos de toda ordem ou perseguido por um séquito de vigaristas, oportunistas e *gênios* tentando vender milagrosas e mirabolantes fórmulas e instrumentos para ganhar votos. Em questões financeiras, o melhor estilo é o do *mineirinho*, e contar vantagens só lhe trará desvantagens, a começar pela flagrante artificialidade e inconsistência das suas contas de campanha junto ao TRE.

Alguns candidatos disfarçam as fontes de financiamento ou legalizam os ingressos de recursos numa campanha, através de recursos de *fachada*, tais como banquinhas de *venda* de materiais e brindes a simpatizantes anônimos, bilheteria de bailes e eventos para angariar fundos, churrascos, bingos, divulgação da abertura de contas bancárias para receber donativos espontâneos e muitas outras brechas legais, que convenientemente nossos legisladores não viram e abriram para permitir que as contas *fechem* na hora do acerto final. *E muito cuidado quanto à delegação de funções nesta área...*

O apoio dos empresários

Em 16 de abril de 1989, tive a grata satisfação de ler, na *Folha de S. Paulo*, uma matéria assinada pelo editor do "Painel Econômico", daquele jornal, Frederico Vasconcelos, que abordava o papel das classes empresariais brasileiras na arrecadação de fundos em campanhas eleitorais.

Digo grata satisfação, pois aquela foi uma das raras oportunidades em que considerações sobre um tema polêmico foram feitas sem sensacionalismo ou preconceitos de qualquer espécie, o que torna a matéria digna de figurar nesta obra:

Empresários ainda buscam nome para conter a esquerda

Frederico Vasconcelos

A sete meses da eleição para presidente da República, os empresários ainda não sabem quais serão os candidatos que receberão seus votos e em quais nomes descarregarão seus cruzados novos para a habitual ajuda na campanha eleitoral. É certo, porém, que a eleição de novembro deverá movimentar um volume maciço de recursos financeiros oriundos da iniciativa privada, talvez em níveis jamais atingidos em eleições anteriores.

O voto do cidadão-empresário é ideológico, mas o apoio do grande empresário aos candidatos é pragmático. As entidades de classe costumam recomendar (reservadamente) que as contribuições sejam dirigidas a todas as candidaturas viáveis. O empresariado nunca cacifou exclusivamente este ou aquele candidato. O que diferencia esta eleição de outros pleitos é a ausência de um candidato viável comprometido com os princípios de livre iniciativa (veja texto a seguir).

Isto levará a uma administração mais larga de dinheiro para viabilizar as campanhas de um número maior de pretendentes ao lugar de Sarney. Numa eleição em dois turnos, o desembolso será duplo. Já circula a orientação entre o empresariado para não queimar todos os cartuchos na primeira fase. A recomendação é destinar agora apenas o que é chamado de "campanha de manutenção", concentrando o chumbo grosso no segundo turno. As primeiras articulações para obtenção de recursos estão em pleno desenvolvimento. Numa fase mais avançada, haverá a indicação de coordenadores em cada partido e as contribuições serão levantadas por setor de atividade.

A disposição do empresariado de investir financeiramente numa eleição aumenta na razão direta do temor ao avançado das esquerdas. Quanto mais limitada a chance de o empresário ter candidatos "confiáveis" no poder, maior a generosidade na concessão de recursos para inviabilizar a ascensão de Lula ou de Brizola.

Na visão dos empresários, o que está em jogo na próxima eleição é assegurar, por exemplo, que o sistema financeiro não será estatizado, que as conquistas do lobby rural na Constituinte serão mantidas ou que um novo governo não hostilizará o capital estrangeiro. Apesar das negativas das lideranças desses três segmentos, empresários com trânsito fácil entre os partidos confirmam que os bancos, os empresários rurais e as multinacionais estarão mais dispostos a participar dos esquemas informais de levantamento de recursos para sustentar candidaturas "confiáveis".

Há também um fator conjuntural que permite antever uma maior liberalidade no suporte empresarial a candidatos que não sejam "de esquerda". A economia vai mal, mas os resultados das empresas têm sido muito bons. Grandes somas estão girando no overnight e são consideráveis as operações de retorno de dólares ao exterior. Numa visão pragmática, muitos empresários entendem que contribuir financeiramente para assegurar o livre mercado é um investimento que pode garantir a sobrevivência do sistema capitalista a médio prazo ou impedir, a curto prazo, o avanço da estatização.

Na falta de programas partidários que orientem os empresários, as entidades de classe estão fazendo levantamentos sobre questões específicas de cada setor. Servirão para cobrar dos candidatos posições a respeito. Os contatos mais amplos, como as consultas que a Fiesp fará aos presidenciáveis e as audiências públicas promovidas pelo autodenominado Pensamento Nacional das Bases Empresariais, têm pouco efeito sobre a definição de apoios substanciais pelos grupos econômicos mais influentes. Os micro e pequenos empresários têm pouco peso nesse processo político, reagindo quase sempre como eleitores comuns.

Os compromissos maiores são obtidos em encontros reservados, com pequenos grupos de empresários de grosso calibre. Normalmente são realizados em clubes fechados ou na casa de um grande empresário e o fato não chega aos jornais. Essas reuniões vêm sendo realizadas desde o final do ano passado, foram atropeladas pelo "choque verão" e retomadas desde o início de março. Participam os próprios candidatos, geralmente acompanhados por economistas que os assessoram. Quanto às multinacionais, as trocas de informações com empresários de maior circulação no meio político são permanentes. Muitas vezes elas são realizadas sob o pretexto de apresentar novos executivos.

A articulação que está sendo feita agora entre o empresariado e os candidatos corresponde ao que alguns empresários chamam de "tateação": há trocas de informações depois de cada encontro, para confirmar as promessas feitas ou checar se houve "mascaramento ideológico" (compromissos que podem ser assumidos pelo candidato num determinado encontro e não confirmados em outro, com públicos distintos). Nessas ocasiões ocorrem as "amarrações", que podem incluir o esclarecimento sobre como o candidato orientará questões de interesse direto de um segmento empresarial ou as primeiras definições sobre a futura política econômica. E até mesmo pode surgir o perfil do eventual substituto de Maílson da Nóbrega.

Empreiteiros investem mais

Os empreiteiros, notadamente os grandes grupos do setor, formam o segmento empresarial que encabeça qualquer lista dos maiores contribuintes para as campanhas eleitorais. Segundo profissionais que já participam de levantamentos de fundos, esta liderança é seguida pelos banqueiros, industriais, empresários rurais e comerciantes. Os dirigentes das entidades que representam estes segmentos empresariais, no entanto, discordam desta avaliação.

As multinacionais participam com a mesma desenvoltura das empresas nacionais no levantamento de recursos. A liderança dos empreiteiros abre espaço para que especialistas citem o governo como o cabeça da lista, ao permitir acertos prévios sobre sobras e comissões.

Ainda é do mesmo editor o artigo que a seguir transcrevo:

Apoio financeiro é tema polêmico

Frederico Vasconcelos

"O empresário apoia com recursos financeiros, porque não tem densidade eleitoral, não tem condições de catalisar uma candidatura ideológica", diz Lawrence Pih, diretor do Moinho Pacífico, vinculado hoje ao PSDB. Ele é um dos poucos empresários que assume com naturalidade o fato de haver apoiado materialmente candidatos das mais diferentes tendências, em outras eleições.

O presidente da Federação do Comércio do Estado de São Paulo, Abram Szajman, diz que "o empresário realmente não consegue votos, mas influência da opinião pública". Segundo ele, "esta é uma eleição solteira, não teremos aquele vereador que vem pedir faixas e chaveiros. O discurso do candidato terá mais força do que o dinheiro".

"Precisamos desmistificar esta questão e seria bom que os próprios candidatos pudessem dizer que foram eleitos sem ajuda do dinheiro de ninguém".

"O empresário da construção civil tem a obrigação de participar politicamente, de se incorporar a uma campanha e até de dar ajuda econômica. Não vejo nada errado nisso", diz Carlos Zveibil Neto, presidente da Associação Paulista dos Empreiteiros de Obras Públicas (Apeop). "O que acho errado é a Legislação e a estrutura partidária brasileira impedirem que isso seja feito às claras." O que a maioria dos empresários da construção civil entende como um desrespeito são acordos com grandes empreiteiras, preterindo as pequenas.

"Os bancos são mais fechados, mas, diante do risco da estatização do sistema, eles deverão jogar pesado", comenta um industrial que conhece bem o funcionamento desses canais de apoio. "Se tivéssemos essa força, não teríamos tomado a lambada na Constituinte", comentou um banqueiro paulista. As contribuições dos empresários são feitas através da concessão de sistemas de informática, papel, veículos, empréstimos de aeronaves e imóveis para sediar os comitês, ou em dinheiro vivo.

O presidente da Sociedade Rural Brasileira, Flávio Teles de Menezes, diz que "com horário gratuito na televisão, o que valerá são as ideias. Quem vai receber votos na proporção do dinheiro gasto, vai dançar", diz ele. "Mas sei que todos vão buscar fundos, o que é natural". Ele entende que todos os partidos deveriam fazer como o PT, que abriu uma conta para receber contribuições. "Quando a sociedade é aberta, fica reduzido o peso do poder econômico", afirma.

Mas nem todas as formas de arregimentação abertas são aceitas por Menezes. Ele não aprova, por exemplo, os leilões de gado da União Democrática Ruralista (UDR). "Nossa entidade só recebe colaborações voluntárias através da contribuição mensal do associado", diz, numa farpa dirigida ao candidato Ronaldo Caiado.

Os *outros* motivos do apoio financeiro

Além das razões lembradas pelo editor econômico da *Folha de S. Paulo* e admitidas pelos empresários entrevistados, existem outros motivos, mais ou menos legítimos e até ilegítimos, que podem levar um empresário a financiar candidatos nos períodos eleitorais.

Entre os legítimos, está o fato de que, num país onde o Estado domina substancialmente a economia e nela intervém com frequência, influir nos rumos das políticas públicas e econômicas estabelecidas pelos governos pode ser uma questão de vida ou morte para setores inteiros da atividade econômica. Uma declaração do ministro da Fazenda ou presidente do Banco Central, meio ponto a mais ou a menos na política do Conselho Monetário Nacional na fixação da taxa de juros ou flutuações que impactos de ações governamentais produzem na cotação do dólar podem fazer toda a diferença entre azul e o vermelho expresso nos balanços de bancos e empresas exportadoras.

A escolha: recompensa ou castigo, retaliação ou sedução

Menos legítimas, mas não menos práticas e vitais para as empresas, são as necessidades de fazer parte ou ao menos influir nos possíveis inúmeros cartórios estabelecidos pelo governo na área de incentivos fiscais, fixação e concessão de cotas de importação e exportação, ou para assegurar acesso a subsídios, às linhas de crédito especiais, reservas de mercado, concessões e favorecimentos diversos.

Para exemplificar a real necessidade dos empresários buscarem exercer influência em nível político, é só pensar na *generosidade* que acomete parte de nossos políticos, em estender benefícios do assistencialismo ou *programas* sociais à custa da elevação da carga tributária, principalmente quando se aproximam os períodos em que terão de disputar reeleições. Ao criarem novas despesas, surge a necessidade de *criarem* novas fontes de receitas, mexer nas alícotas dos tributos etc., e aí, o *mico* sempre acaba nas mãos de setores produtivos menos articulados politicamente, que, por falta de aliados e defensores, terão o *privilégio* de pagar a conta.

Os fins justificam os meios?

No limite da legalidade, está uma faixa composta pela imensa legião dos fornecedores *deserdados* que, ao sentirem-se impotentes para mudar as regras do jogo, lutam para *furar* o bloqueio e a hegemonia dos cartórios que alijam suas empresas da lista de fornecedoras do setor público e das estatais:

esta categoria acha que os fins justificam os meios e vê, no apadrinhamento de candidatos, o único caminho para desenvolverem seus negócios e crescerem. Destes, pelo menos parcela tem *fins* ou interesses legítimos: o de ser levados em conta ou poderem concorrer sem discriminação nas concorrências feitas pelo poder público, direito legítimo que lhes seria assegurado pela interferência e fiscalização dos eleitos sobre os órgãos compradores.

Eu, por exemplo, depois de várias experiências e tentativas de qualificar-me para fornecer a órgãos públicos, governos e estatais, como a Petrobras, por exemplo, já perdi a esperança e me incluo aqui, nesta categoria. Já participei de algumas concorrências que, após ganhas, foram depois simplesmente anuladas e substituídas por outras.

Um exemplo de uma destas ocorrências, que dou para desagravar meu pai, que tem mais de oitenta anos e ainda não se conforma do percalço sofrido pela indústria que éramos proprietários: depois de ganharmos uma concorrência pública fui procurado por um dos derrotados e neguei-me a fazer parte de uma fraude com uma gráfica que fazia parte do *esquema*. Passei por uma amarga experiência ao denunciar a quadrilha que operava no INSS e, depois de protagonizar uma grotesca farsa montada pela corregedoria daquele órgão, que na época era gerido por um famoso ministro (depois escolhido para cuidar da moralidade pública de um governo federal), recorremos à Justiça, perdemos a causa e ainda tivemos que pagar as custas do processo. E o serviço (*displays* de metal e acrílico) acabou executado pela empresa que encabeçava a *máfia* (uma indústria gráfica, que mexe com papel) e pelo menos, aprendi uma lição: fornecer para alguns governos e estatais, com honrosas exceções, é uma simples questão de Q.I. (Quem Indicou).

Em outra oportunidade, presenciei outra fraude, desta vez no setor de loterias da Caixa Econômica Federal no início da gestão Collor, digna de figurar entre os escândalos nacionais e que levou uma agência de propaganda de um amigo meu à falência. Por incrível que possa parecer, a *nossa* Caixa *apropriou-se* de todo o trabalho de criação da logotipia e programação visual das loterias no Brasil (o trevo). Passada mais de uma década, o amigo e já pobre publicitário, que investiu o que tinha e o que não tinha para atender à estatal, passou por amargos momentos e ainda não teve seu caso julgado (meu consolo é que os gestores daquela época não fizeram parte de nenhum outro governo).

O ilegítimo e o imoral

Antes de abordar esta classe de contribuições, quero aclarar os leitores que farei aqui apenas algumas especulações sobre o tema, com base em probabilidades e hipóteses, e não em fatos que possa comprovar.

O ilegítimo supostamente teria três vertentes distintas: a primeira vou deixar passar em branco, para não *chover no molhado*, pois volta e meia o País é sacudido por escândalos envolvendo concorrências fraudulentas, favorecimentos espúrios e tantas outras promiscuidades entre o poder público e o setor privado. Esta faixa de financiadores se caracteriza sempre que o donativo eleitoral estabelece um compromisso de reciprocidade: os padrinhos da eleição esperam tornar-se os *apadrinhados* de seus candidatos caso estes cheguem ao poder, em acordos espúrios que visam substituir os velhos por novos cartórios privilegiados, em sociedade com seus ex-apadrinhados.

O terceiro, o mais imoral, cruel e raramente dito, seria que a participação empresarial na política poderia se dar também por *livre e espontânea pressão* (leia-se coação). O Estado disporia de um verdadeiro arsenal de instrumentos coercitivos para *influenciar* ou *convencer* empresários a *apoiarem* seus candidatos situacionistas, e também para *dissuadi-los* de financiar seus adversários. Na mesma linha, mas na outra ponta, a da *sedução*, estaria a concessão dos *prêmios* e incentivos que iriam, desde *polpudos* contratos, facilidades e anistias fiscais (perdão ou parcelamento de dívidas) até a simples decisão política de pagamento pontual das faturas por serviços prestados anteriormente.

A neutralidade não é uma opção: é um risco

Aos que se achassem um território suíço (querem permanecer neutros) e aos recalcitrantes, aqueles que *teimassem* em apoiar candidatos oposicionistas, a retaliação, digo, todo o rigor da lei: devassas fiscais, dificuldade para obtenção de crédito na rede bancária oficial, pressão através de fornecedores ou clientes ligados ao poder, burocracia, facilidades para instalação ou fortalecimento de empresas que lhes façam concorrência. Em linguagem corrente, os adversários receberiam dos detentores do poder o tratamento que *merecem*: pão e água (e muita chibatada).

Para se ter uma ideia do que poderia custar a um setor econômico dar as costas aos apelos dos candidatos ou tentar permanecer neutro e alheio ao processo eleitoral, imagine o leitor se forem procedentes estas informações: dizem as más línguas que, em represália às indústrias do setor automobilístico, que não teriam correspondido às suas expectativas, após amargar pesadas críticas feitas pelo presidente Collor sobre a qualidade de seus produtos, comparados a carroças, o setor foi punido e perdeu a reserva de mercado, passando a enfrentar a concorrência das empresas japonesas, coreanas e europeias. Mais recentemente, em maio de 2006, se forem verídicas as denúncias, o País assistiu à queda de braço travada por Daniel Dantas com o governo do PT, que é acusado de suposta retaliação ao banqueiro em razão da suposta negativa de ele doar algumas dezenas de milhões de dólares para os supostos *recursos não contabilizados* do suposto caixa 2 do partido governista. Por outro lado, instituições financeiras *simpáticas* ao governo teriam sido contempladas com a exclusividade e primazia na exploração de rentáveis segmentos de empréstimo.

Se as razões que levaram àqueles episódios foram as apontadas ou não, o fato é que pelo menos no primeiro caso (Collor), como consumidor, agradeço à Providência Divina por tal falha e imprevidência das montadoras, o que não me impede de ficar estarrecido com o jeito truculento e, para estar na moda, *pouco republicano* com que estes temas podem ser tratados no País.

A mim parece lógico supor que tais procedimentos não devam ser tão usuais ou correntes, tanto que não saberia citar governante algum condenado por estas práticas. Tudo não passaria de um mero exercício de pensamento, como afirmar-se que haveria suposto favorecimento aos veículos *aliados* ou que não passaria de meros *choramingos* as denúncias eventuais de discriminação na distribuição das verbas oficiais de publicidade, em flagrante retaliação contra os veículos de comunicação que façam oposição ou desagradem aos executivos municipais, estaduais ou federais.

Os setores empresariais & a profissionalização das campanhas

Alguns (bons) conselhos

De livre e espontânea vontade ou não, seja qual for o motivo, considero importante que os empresários ou setores empresariais, que apoiam tradicionalmente candidatos, profissionalizem o seu investimento eleitoral, de forma a gastar menos e obter mais em troca cada centavo investido. Isso porque grande parte do que se investe em campanhas eleitorais é simplesmente desperdiçado pelos candidatos, em função da desorganização e da falta de profissionalismo com que são administrados os recursos, o que acaba acarretando, no mínimo, alguns inconvenientes para os financiadores:

a) o seu candidato gasta muito, mal e depois volta para pedir mais *apoio*;
b) para não perder o que já apostou, o investidor se vê obrigado a dobrar seu *cacife*;
c) o adversário do seu candidato ganha a eleição e o apoiador, que apostou mal, fica *na mão*.

Contribua não só com aquilo que todo candidato quer, mas com aquilo que ele mais precisa

Somando-se essas alternativas ao fato de ser profundamente desagradável, a qualquer um, ver o seu dinheiro mal aplicado, é vantajoso aos patrocinadores de campanhas eleitorais profissionalizarem seus investimentos, contribuindo com seus candidatos e oferecendo-lhes aquilo que, sem sombra de dúvida, eles mais necessitam: informação, apoio organizacional e orientação profissional, e tudo mais que possa garantir a eficácia das suas ações e estratégias eleitorais, como *telemarketing*, postagem, carros, material gráfico etc. Quando o candidato insistir em obter contribuições em dinheiro, sob a alegação de dívidas de campanha, peça-lhe a lista de credores e o acerto direto com eles (muitas despesas são contabilizáveis).

No mínimo, o empresário terá a certeza de que o seu dinheiro será bem aplicado e, ainda, quais são as reais possibilidades de vitória daquela campanha, informação valiosa para definir seu posicionamento durante a disputa.

Donativo de campanha não é despesa: é investimento

O investimento eleitoral saiu da coluna das despesas e passou a ser encarado com maior profissionalismo e como fonte de receita por muitos empresários, que passaram a encarar esta nova necessidade gerencial de suas empresas que, embora seja sazonal, é tão relevante como a manutenção de seus *lobistas* ou seus departamentos de relações públicas na área política e governamental.

As vantagens em coletivizar *as doações*

Recomendo a qualquer entidade de classe, que realmente queira prestar um relevante serviço aos seus afiliados, que mantenha uma seção específica para obtenção e análise de informações sobre a evolução dos quadros eleitorais, capaz de avaliar as chances de eleição dos diversos candidatos e forças políticas. Outra medida positiva é a centralização das doações das médias e pequenas empresas afiliadas, tornando-as mais significativas e direcionando o apoio da entidade àqueles candidatos mais *afinados* ou comprometidos com as teses e interesses do setor.

A coletivização das contribuições é uma medida que fortalece seus filiados com menor capacidade de investimento, que obtêm proporcionalmente mais baixo comprometimento político. Protege-os também dos riscos que envolvem o apoio e contribuições diretas aos candidatos. Lembro que qualquer candidato em busca de recursos prometerá mundos e fundos e recomendo às entidades setoriais que concedam seu apoio aos candidatos que lhes pareçam mais bem-dotados de capacidade de articulação, pois, uma vez eleitos, estes poderão alinhavar acordos e ampliar o poder de influência e apoio aos interesses ou na defesa do setor.

Aposta eleitoral x *aposta lotérica:* cercar *o jogo aumenta as chances de vitória*

Quando o apoio, ou o financiamento, eleitoral ocorre em nível coletivo, de entidade de classe, o maior volume do investimento torna mais fácil dividir o apoio da categoria aos dois ou três candidatos mais viáveis, protegendo todo o setor de retaliação, qualquer que seja o candidato vitorioso. Além desta maior flexibilidade, o apoio da entidade preserva as empresas afiliadas e não as compromete com facções políticas e nem perante seus acionistas ou controladores internacionais, caso as contribuições apareçam nas listas de doadores de um ou mais partidos.

Já as grandes empresas têm capacidade de investimentos eleitorais e análise muito maior, além de enfrentarem concorrência mais selvagem e terem interesses mais abrangentes e específicos, e têm de financiar seus próprios candidatos ou estabelecer relações de reciprocidade individual.

Os donativos e contribuições individuais: um voto só é seguro quando o eleitor investe algo na campanha

Para fazer frente aos valores conjunturais ou circunstanciais, toda campanha tem de contar com mecanismos de arrecadação capazes de viabilizar os seus custos estruturais, operacionais e satisfazer sua demanda de recursos materiais, financeiros, humanos e técnicos.

Mais que simples fontes de recursos, os pequenos apoiadores e financiadores potenciais devem ser encarados como cabos eleitorais de altíssima qualidade e como investidores, independendo do seu *status,* de sua motivação e do valor da contribuição.

Joseph Gaylord, diretor-executivo do Partido Republicano dos EUA, especialista em *marketing* político e coordenador de duas campanhas vitoriosas (de Ronald Reagan e de George Bush – o pai), em conversa que tivemos por ocasião de sua vinda ao Brasil para participar do nosso I Congresso Internacional de *Marketing* Político promovido pela Brasmarket e *Jornal do Brasil,* confirmou nosso ponto de vista: para ele, um voto só pode ser considerado como garantido a partir do momento em que o eleitor *investe* alguma coisa na campanha, seja um único dólar, uma hora por semana em prol da candidatura ou a apresentação de amigo ou familiar ao candidato ou à coordenação da campanha. Desde esse instante, ele tem algo a perder com a derrota do candidato que apoia – um investimento ou interesse a preservar, tornando-se um acionista e um cúmplice do empreendimento eleitoral.

Nas relações entre o candidato e apoiadores, a satisfação recíproca das suas necessidades e interesses, traduz o mais puro conceito de *marketing.* E a utilização do *marketing* político e das técnicas de relações públicas na área financeira das campanhas aumenta o alcance e a eficácia do processo.

Mas os partidos brasileiros ainda não valorizam as contribuições de pequeno valor unitário, feitas por simpatizantes e voluntários. Dizem que falta tradição, que a maioria do povo é pobre e, não dizem que o conceito da classe política também não ajuda muito. Quando muito, os partidos cobram uma contribuição dos militantes empregados por indicação do partido.

Tenho insistido muito (e em vão) que o que importa para o partido ou candidato não é o montante final das contribuições, mas o sólido vínculo emocional criado e o compromisso pessoal que o donativo eleitoral cria no colaborador, que, a partir de sua modesta contribuição, deixa de ser agente passivo e passa à condição de militância ativa.

Como exemplo do quanto pode significar uma estrutura arrecadadora alicerçada pelo *marketing*, em 1990, nos Estados Unidos, os partidos Republicano e o Democrata receberam doações do governo americano para o desenvolvimento das campanhas presidenciais, no montante de US$ 47 milhões para cada um. Esta importância, todavia, não representa nem 20% do investimento eleitoral dos candidatos, que complementam suas necessidades financeiras por meio de doações espontâneas de filiados e simpatizantes, até um limite fixado em US$ 1.000 por pessoa física. Só o Partido Republicano administra um *mailing list*, ou relação, com mais de 1,15 milhão de contribuintes tradicionais, que chega a triplicar nos momentos culminantes ou mais emocionais da campanha eleitoral.

Situação x oposição: quem leva vantagem

A tarefa de arrecadar fundos de campanha é complexa: cada *alvo* ou financiador potencial requer uma estratégia exclusiva e original. Exige de seus responsáveis uma enorme força de vontade e organização, disposição de sondar e coletar informações que possam valer na montagem da estratégia e abordagem de cada potencial financiador. Saber para quem ele vende, quanto vende ou quantas vezes tentou entrar na área pública, quem são seus padrinhos, clientes, concorrentes, hábitos, situação financeira pessoal e fiscal da empresa, ou quais as ligações políticas e amizades que mantém no meio político, são apenas algumas das informações que um profissional de arrecadação tem de buscar e analisar *antes* de telefonar para o potencial financiador para agendar a primeira reunião ou pedir a algum amigo comum que o faça.

A única exceção ocorre quando se trata de uma campanha apontada nas pesquisas como franco-favorita: aí quem corre atrás do coordenador e do candidato são os financiadores. Ainda assim, mesmo favorecido, tanto pela quantidade de apoiadores quanto no montante de suas contribuições individuais, o cuidado de conhecer bem os interlocutores e o passado deles é uma boa recomendação, e a atenção tem de ser redobrada, para evitar compromissos conflitantes ou doações que possam comprometer ou trazer riscos para a candidatura.

Os caminhos & métodos situacionistas

Além de invariavelmente contar com a maior estrutura operacional, recursos e maior fartura de mão de obra, os candidatos de situação sempre terão mais facilidade de arrecadar fundos do que os candidatos de oposição. À primeira vista, um candidato novato poderia pensar que é tudo muito fácil e que só bastaria conseguir a lista de fornecedores do governo para visitá-los e *passar o chapéu*, prometendo-lhes que, se for eleito, tudo continuará como está, ou seja, ele continuará fornecendo ao governo. Compromisso assumido, bastaria pedir-lhes a contribuição, que dificilmente seria negada.

Se você for o candidato majoritário do grupo dominante, as coisas são fáceis assim, mas se for apenas mais um dos candidatos proporcionais e não tiver o apoio dos titulares das secretarias que adquirem os materiais e serviços, você está *frito*: terá que percorrer a mesma *via-crúcis* de seus adversários na oposição.

Isto porque todo governo está retalhado em feudos e cada um deles tem um senhor feudal. Se não for o próprio titular da secretaria ou ministério, acima do senhor feudal está o seu padrinho político ou os donos da indicação dele. Durante a eleição, a máquina da secretaria já tem dono e a única forma de você beneficiar-se dela é fechando uma aliança com ele, a dobradinha. Se você tiver um bom cacife pessoal (votos, prestígio, máquina ou dinheiro), fica mais fácil, pois você tem o que trocar. Se não tiver, mas for um bom articulador ou mantiver laços de amizade ou boas ligações (amigos que tenham vínculos de amizade) com o governante, chefes políticos ou o candidato majoritário, pode batalhar para tornar-se um de seus *protegidos*.

Fora dos casos citados, a chance derradeira de você poder apoiar-se nos esquemas de financiamento oficiais, é se tiver relações pessoais com aquele empresário antes de ele se tornar fornecedor do governo ou se você foi um dos *padrinhos* dele do ingresso da empresa nos círculos estatais.

A *única* mãozinha *que nunca falha*

Se a sua candidatura *situacionista* não se enquadrar em nenhum daqueles casos, prepare-se para enfrentar o temporal: você está sozinho e a única mão amiga com que pode contar para ajudá-lo, é aquela que está na ponta de cada um de seus próprios braços (perdoem-me, mas não pude resistir àquela máxima, só para quebrar o gelo).

Os caminhos dos primos ricos e dos primos pobres na oposição

Existem pelo menos duas grandes categorias de oposição e cada uma delas tem várias ramificações: a primeira, privilegiada, é a oposição que já foi governo no passado, e a segunda é a sua prima pobre: a oposição que nunca ocupou o poder.

Os candidatos do primeiro grupo, os ex-situacionistas, já têm o mapa da mina e sabem o caminho das pedras: suas articulações financeiras são muito semelhantes aos dos grupos situacionistas, exceto pelo fato de saberem que obterão um volume menor de recursos junto aos fornecedores que perderam seus espaços com a ascensão de um novo grupo político que os substituiu.

Contudo, têm boas chances de arrecadação junto aos fornecedores que permaneceram servindo ao novo governo mesmo depois de o grupo (agora na oposição) perder o poder. Se a empresa que permaneceu como fornecedora não for um monopólio, o ex-governista saberá que se ela permaneceu lá é porque provavelmente apoiou, por baixo do pano e ao mesmo tempo, a eles e aos seus adversários, ou fez com o governo atual os mesmos acordos que tinha com o governo na época em que seu grupo estava no poder. Agora chegou a hora de cobrar o mesmo expediente e benefício àqueles fornecedores, pedindo seu discreto auxílio, sob garantia de sigilo.

Os primos pobres terão de se esforçar muito mais, pois receberão proporcionalmente menos que os governistas e os ex-governistas nas suas incursões à caça de financiamento, a menos que, ou:

- despontem como favoritos nas pesquisas;
- apareçam como viáveis eleitoralmente ou
- ostentem percentuais que os coloquem como fiéis da balança nas composições visando a disputa do segundo turno;
- tenham chance de fazer bancada razoável, para negociar com o grupo vitorioso a composição da maioria parlamentar que dará governabilidade ao grupo que aparece bem situado.

Caso os primos pobres não se incluam em nenhuma daquelas categorias, suas opções restantes seriam:

- buscar apoio junto a outros dirigentes do partido que ocupem ou façam parte de governos e tenham pretensões políticas futuras, colocando-se à disposição destas no futuro em troca de apoio no presente;
- outro passo, se você for candidato proporcional, é buscar dobrar com candidato de sua legenda que concorra a cargo noutra esfera;
- caso não consiga fazer um acordo capaz de sustentar sua candidatura dentro de seu partido, busque uma aliança, ou *dobrada*, com candidato de outra legenda, negociando uma entrada no seu reduto em troca do auxílio financeiro dele;

- se você é candidato a cargo majoritário e seu partido não tiver ninguém ocupando ou fazendo parte de governos (o que lhe poderia assegurar acesso a fornecedores), é o caso de reunir-se com a cúpula do partido e antecipar as negociações e a aliança cuja composição só se daria no 2º turno. É muito provável que um dos dois ou três candidatos, que estão encabeçando a disputa eleitoral, esteja disposto a fechar um acordo que possa impulsionar sua candidatura ou causar danos ao principal adversário dele. O seu problema é que não existem papais-noéis nem apoios desinteressados do outro lado da fronteira do seu partido e, na prática, seu novo aliado estará usando o seu cacife para negociar mais apoio para ele e/ou alugando sua voz para atacar o adversário. De uma forma ou de outra, seu novo aliado vai interferir na sua estratégia original, para tornar você uma peça do tabuleiro estratégico dele. Convença-se, desde logo, que você está entregando seus anéis para preservar seus dedos.

Independentemente de ser um deserdado da situação ou da oposição, além dos caminhos expressos aqui, ao longo de todo o capítulo apresento inúmeras formas de arrecadação alternativas e espero que você possa encontrar alguma saída que lhe permita resolver ou, ao menos, minimizar seu problema de financiamento de campanha.

Candidatos viáveis arrecadam mais, sejam oposicionistas ou não

Da mesma forma que a energia gasta por quem rema contra a maré é muito maior do que aquela despendida por quem rema a favor da correnteza, o quadro conjuntural no período de duração da campanha e os fatos novos capazes de causar impacto na disputa influem no custo de sua realização.

Você não tem poder sobre a conjuntura, mas tem sobre os fatos novos, pois é um dos protagonistas do cenário. As ações e estratégias adotadas pelos concorrentes na disputa podem influir sobre as tendências populares, gerar bloqueios e oportunidades que poderão tanto impulsionar uma das campanhas como se constituir numa âncora ou em mais um obstáculo a ser vencido.

Quem está a favor do vento (circunstâncias) remará (gastará) sempre menos e, na outra ponta, como tem expectativas favoráveis de vitória, terá muito mais facilidade de encontrar apoiadores e financiadores, não importando se é governista ou oposicionista.

Se você não é candidato majoritário, cuja prova de viabilidade não depende dele, mas das pesquisas divulgadas pela imprensa, sua probabilidade de ganhar a adesão de financiadores está diretamente ligada à sua capacidade de convencer e de demonstrar sua viabilidade. Se você é viável e tem certeza disto, vale a pena gastar com uma pesquisa que constate o fato:

o que pode arrecadar com ela compensará o seu custo. Caso contrário, monte sua tese para provar sua viabilidade: terá oportunidade de usá-la durante toda a campanha, tanto para conseguir dinheiro como para conquistar aliados.

Descobrir para onde sopram os ventos ou para onde vão as correntes predominantes é a habilidade dos desportistas adeptos da náutica, asa delta ou surfe. Candidato hábil é aquele que sabe valer-se das pesquisas e analisar a conjuntura e as tendências para poder posicionar-se a favor dos movimentos sociais e correntes da opinião pública, impulsionando sua campanha.

No período eleitoral, aqui no Brasil ou em qualquer democracia, mais avançada ou mais atrasada, existe uma verdade histórica, inexorável, que sustenta o princípio da democracia e da alternância do poder: nos períodos de prosperidade e de paz social, a tendência popular é fortíssima no sentido de manutenção do *status quo:* o discurso oposicionista não *cola* e as campanhas de candidatos da oposição encarecem. Em conjuntura eleitoral onde impera a crise econômica, que invariavelmente gera a insegurança e a intranquilidade, a tendência é pela alternância do poder: o discurso oposicionista se valoriza e suas campanhas custarão muito menos que as situacionistas. Esta hipótese será mais bem esclarecida em outros capítulos ao longo desta obra, mas deve ser reconhecida pela classe política e pelos especialistas em *marketing*, pois onera as campanhas eleitorais e produz resultados, muitas vezes, devastadores.

O primeiro passo na arrecadação de fundos: listar os apoiadores tradicionais e identificar os potenciais e as razões do eventual apoio

Quanto aos interesses que motivam os nossos apoiadores e à procura de apoiadores, identificamos nove categorias principais, onde pode ser incluída a quase totalidade dos contribuintes potenciais de campanha. São eles:

I – Os que têm alguma pretensão política atual e futura
a) os aliados políticos com base nos municípios;
b) prefeitos, políticos e empresários que pretendam disputar eleições futuramente e que necessitem ampliar sua base regional;
c) prefeitos e empresários de outras regiões que pretendam disputar eleições na cidade onde o candidato tenha sua base;
d) adversários políticos de lideranças locais que, além de ampliarem sua base eleitoral, pretendam enfraquecer seus concorrentes (o inimigo do meu inimigo é meu amigo);

e) os presidenciáveis;
e) os secretários de Estado com pretensões políticas.

II – Quem tenha algo a ganhar ou a perder em função do resultado eleitoral

a) os atuais governadores;
b) os atuais prefeitos;
c) quem tenha algo que possa ser comprado pelas administrações públicas;
d) quem já vende algo para a administração pública;
e) quem já tenha ou aspire ter cargo ou ser favorecido em algo pelo poder público;
f) quem possa ter interesses atendidos ou prejudicados pelas decisões governamentais.

III – Quem tem vaidade ou quer ser amigo do rei

IV – Quem quer ou precisa sentir-se poderoso e dono do rei *(buscam* status*)*

Nestas duas categorias se incluem empresários locais, sindicatos, associações, lideranças comunitárias, algumas lideranças religiosas etc.

V – Os que têm muito dinheiro e pouco poder político (e os vaidosos)

VI – Os que dependam ou possam ser beneficiados pelo rei

VII – Os simpatizantes e os idealistas

São os que apoiam não propriamente o candidato, mas a si próprios e às suas ideias e convicções, por identificá-las com as apresentadas pelo candidato, fazendo dele o defensor de suas causas.

VIII – Os inimigos políticos dos adversários do rei

Os inimigos políticos ou concorrentes empresariais de seus principais adversários.

IX – Os que precisam da proteção ou da benevolência do rei *para sobreviver*

Banqueiros do jogo do bicho e seus representantes: operadores do jogo clandestino etc.

Um erro comum

Todas as pessoas, ao investirem qualquer coisa, seja dinheiro, tempo ou trabalho, esperam receber algo em troca, nem que seja a gratidão ou o reconhecimento do apoiador, ou seja, sentirem-se valorizados e credores do favor emprestado.

Esta compreensão é muito importante para o candidato e sua assessoria, a fim de evitarem a criação de mil barreiras entre os apoiadores e o candidato, distanciando-o justamente daqueles que mais poderiam ajudá-lo a vencer, pois mais que eleitores, são *contribuintes*. O erro, quando cometido, reflete-se negativamente, primeiro no bolso do candidato e depois na urna, uma vez que aquele que pretende doar algo à campanha se sente desprestigiado, perde a motivação e o desejo de apoiar. Isso quando não se revolta e se transforma num anticabo eleitoral e passa a militar ativamente contra aquele que antes pretendia apoiar.

Por isto é importante eliminar barreiras despropositadas que as assessorias criam e normalmente são justificadas com a desculpa de *proteger* o candidato das solicitações de reciprocidade ou evitar que este se veja obrigado a comprometer-se com patrocinadores. Existem formas mais inteligentes, mais sutis e menos desgastantes que esta para contornar ou evitar propostas espúrias ou compromissos indesejáveis, e um candidato não é exatamente uma criança que necessite deste tipo de proteção (ou, pelo menos, não deveria).

O exemplo de Jânio Quadros

O exemplo narrado a seguir foi vivenciado por este autor e demonstra que existem outras táticas muito mais criativas e eficazes do que as normalmente empregadas pelas assessorias.

Trata-se de uma experiência e lição ministrada por um professor de inquestionável e invejável competência e experiência, o carismático e polêmico Jânio Quadros.

Em 1985, no auge da disputa pela Prefeitura de São Paulo, um empresário amigo pediu-me que agendasse uma reunião com os então candidatos Jânio Quadros e Fernando Henrique Cardoso. A intenção dele era fazer média, doando alguns materiais de utilidade promocional da campanha e aproveitar a oportunidade para colocar as suas indústrias à disposição do candidato, promovendo reuniões ou churrascos para seus funcionários e fornecedores, para apresentá-los ao líder.

Enquanto a reunião com o então senador Fernando Henrique Cardoso levou um mês para ser agendada, após falar com pelo menos uma dezena de pessoas do *staff* do candidato, para marcar a entrevista com Jânio bastou-me solicitá-la a um de seus cabos eleitorais mais humildes e de forma bastante inusitada.

Na verdade, o encontro resultou de um simples comentário feito na presença desse cabo eleitoral, sobre a tarefa de que fora incumbido e me preparava para agendar com algum entre os auxiliares mais próximos e graduados de Jânio Quadros. Nesta altura da conversa, o cabo assegurou-me de que ele se encarregaria de estabelecer o contato, prometendo dar uma resposta na manhã do dia seguinte.

Incrédulo, surpreendi-me quando, na hora aprazada, a pessoa apresentou-me duas oportunidades para a entrevista: uma no dia seguinte, às 7 horas na própria residência de Jânio ou num outro horário, à tarde, no seu comitê, apenas dois dias após a solicitação. No dia acertado, uma hora antes, o cabo eleitoral já estava em meu escritório e acompanhou-nos ao comitê central de Jânio.

Alertei meu amigo quanto à possibilidade de não sermos recebidos ou armarmos-nos de paciência e fazer serão na recepção do comitê, em função da baixa qualificação do nosso agente, mas decidimos pagar para ver.

Chegando ao comitê, apinhado de gente de toda espécie e origem, fomos de pronto avisados pela dona Kalime, fiel secretária do candidato, de que seria impossível sermos recebidos por Jânio. Apresentou-nos uma agenda onde constavam compromissos com políticos, autoridades e empresários notáveis e de altíssimo escalão, lamentando não haver encontro previamente agendado conosco e nem tempo para o *presidente* nos receber.

Nem pretendia retrucar, mas o cabo eleitoral insistiu com a secretária que o próprio candidato havia marcado a reunião, desafiando-a obter dele (Jânio) a confirmação, ao que ela acedeu, retornando em seguida, pedindo desculpas e solicitando que aguardássemos alguns minutos, uma vez que o *presidente* nos atenderia. Intimou-nos, contudo, a sermos breves, pois os compromissos agendados eram de capital importância para Jânio e que já havia até algumas pessoas esperando para ser atendidas.

Em breve estávamos diante do lendário Jânio, acomodados em desconfortáveis e espartanas cadeiras de madeira, enquanto este atendia a duas ligações e conversava de forma íntima e familiar com o presidente da República José Sarney, mandando recados a ministros e, em seguida falando com o doutor Roberto Marinho, que pacientemente esperava na outra linha o privilégio de ser atendido.

Antes de terminar a última ligação, dona Kalime postou-se do lado do candidato e, logo após este desligar, deu uma simpática bronca por não ter sido avisada dos compromissos extra-agenda assumidos por ele, aproveitando para comunicá-lo de que já se encontravam fora dois deputados e um presidente de estatal. Jânio, paternal, despachou-a e veio até nós, cumprimentando-nos e agradecendo o apoio que lhe emprestávamos, mostrando-se informado sobre o motivo de nossa visita.

Atencioso e interessado, pediu-nos detalhes sobre a indústria de meu amigo: quantos empregados, principais clientes (e coisas sobre as quais gostamos de falar ou nos gabar quando alguém nos dá oportunidade). Solicitou a este que marcasse a data para um churrasco, ou um almoço íntimo e simples, à base de arroz com feijão, bife e salada onde fossem convidadas a participar as principais lideranças entre os funcionários da empresa, frisando que este almoço devia ser regado à base de suco de laranja.

Interessou-se em saber de algumas opiniões do industrial sobre o momento eleitoral e, nesse ínterim, fomos novamente interrompidos por sua secretária, aparentemente aflita em razão dos proeminentes personagens que aguardavam na recepção e já davam sinais de impaciência com o atraso. Diante disso, Jânio agradeceu novamente o apoio, pediu-nos desculpa pela pressa e ainda conseguiu do empresário mais alguns compromissos.

A entrevista durou exatos oito minutos. Meu amigo saiu vivamente impressionado com Jânio, e confessou-me que se sentia gratificado por ter sido recebido antes de autoridades tão destacadas, comentando a intimidade e o trânsito que Jânio tinha nos mais altos círculos e escalões hierárquicos da República.

Só aí, eu o fiz ver que tinha se comprometido com Jânio muito além do que pretendia inicialmente e, ainda por cima, não tinha solicitado dele nenhuma das posições e reciprocidades que tinha em mente. Descontando os tempos do telefonema, em pouco mais de cinco minutos, Jânio havia conquistado o que o industrial pretendia dar, o que nem sonhava oferecer, não assumindo compromisso algum e ganhando ainda um novo eleitor e cabo eleitoral.

É verdade que nem todos podem ser Jânio, mas é muito importante que não cometam erros como os de Papa Júnior em 1982, Fernando Henrique Cardoso em 1985 ou Antonio Ermírio de Moraes em 1988, que, de tão assessorados por um número tão grande de coordenadores, acabaram não conseguindo somar apoios importantes, justamente por se encastelarem em posições inacessíveis aos seus apoiadores potenciais.

Afinal, quem tem algo a oferecer tende a não tolerar sentir-se desprestigiado e não espera semanas para ter oportunidade de ser recebido pelo candidato com que simpatizam, ao contrário dos *chupins*, parasitas e os que têm pouco ou nada a oferecer, todos donos de uma paciência e persistência inesgotáveis.

O segundo passo: definição do que pedir a cada um

Relacionados nomes, endereços e identificados os interesses que poderiam levar um apoiador a patrocinar a campanha, é necessário verificar o que cada um produz e até como o produto ou serviço pode ser utilizado em benefício da campanha. Este cuidado certamente produzirá saudáveis resultados para o caixa da campanha, seja reforçando-o com dotações em espécie, ou aliviando os dispêndios que teriam de ser feitos caso a contribuição não fosse concretizada.

Pedir ou arrecadar fundos é muito mais do que uma tarefa mecânica: se constitui uma verdadeira arte, que exige de seus aficionados muita paciência, sutileza, inteligência e dedicação, além de manha, muita manha. Um boi pode ser transformado em dinheiro, em rifa, ou virar vários churrascos que aufiram para o candidato excelentes benefícios eleitorais. Rádios, enceradeiras, televisores e uma infinidade de outros artigos também podem ser rifados ou convertidos em dinheiro na forma simpática de um bingo. Com um cantor, ator ou conjunto musical pode-se atrair gente para os comícios e promover bailes e *shows* que rendam resultado de bilheteria. Um salão de bailes cedido por um clube ou o apoio de uma agremiação esportiva pode render um baile ou festa para motivar os correligionários e arrecadar a receita do bar, ou uma vibrante partida de futebol, na qual a estrela é o candidato apoiado. E assim por diante.

Outra dica: solicitar apoio em forma de produto ou serviço produzido pelo próprio patrocinador é, muitas vezes, mais fácil de ser atendido, pois este não terá de enfiar a mão no bolso para atender ao pedido. Os exemplos são inúmeros e como são *dicas* da maior utilidade para os candidatos, passo aos leitores algumas formas de apoio sem o envolvimento de valores monetários.

Empresas de ônibus: passes para utilização dos cabos eleitorais ativos e transporte de eleitores da periferia e zona rural para comícios, eventos etc. Utilização dos espaços nas laterais e traseiras dos ônibus (vale também para empresas de táxi) para veiculação da campanha do candidato.

Farmácias: atendimento privilegiado ou descontos especiais aos enviados pelo candidato, doação de amostras grátis de medicamentos (que um farmacêutico tem facilidade de conseguir junto aos laboratórios).

Gráficas: fornecimento e impressão de retalhos, aparas ou sobras de papel e adesivos, na carona de outros serviços de impressão dos clientes (gratuita para o candidato).

Despachante: não cobrança de honorários, tratamento diferenciado ou concessão de desconto sobre serviços prestados aos eleitores enviados pelo candidato.

Médicos, dentistas, ambulatórios: consultas gratuitas em certos dias ou horários para os enviados pelo comitê, amostras grátis de medicamentos.

Mecânicos: revisão e manutenção de veículos da campanha, descontos especiais aos eleitores indicados aos comitês.

Restaurantes, lanchonetes: almoços, jantares do candidato com aliados ou financiadores (pequenos grupos), cessão do recinto para reuniões de interesse do candidato e para eventos maiores, para a motivação dos cabos eleitorais, descontos especiais, lanches para cabos eleitorais.

Frigoríficos, matadouros, açougues, restaurantes, ou centrais de abastecimento: podem fornecer matéria-prima para excelentes *sopões* preparados por voluntariado e ofertados diariamente aos pobres, em seu nome, pela paróquia, ou centro espírita (o que mostrará também que você se preocupa com os pobres e que conta com o apoio de avalistas morais).

Área hoteleira: hospedagem para aliados, apoiadores e cabos eleitorais, cessão de apartamentos e de locais privativos para reuniões, auditórios para palestras, convenções partidárias, cursos de treinamento e de motivação etc.

Universidades: bolsas de estudo, material gráfico, local para reuniões, cursos e palestras, apoio logístico, acesso aos alunos e professores das entidades etc.

Além desses possíveis patrocínios, o coordenador financeiro de uma campanha deve estar preparado para promover todo tipo de permuta e para transformar qualquer tipo de produto ou serviço doado em moeda corrente ou para alavancar votos. O volume deste tipo de pequenas contribuições e donativos em produtos e serviços está justamente no seu efeito acumulativo e o responsável por esta subárea de coordenação deve ser perspicaz e ter como lema: "o que sobra para uns é o que falta para outros".

Nestas condições aceita-se de tudo, desde sacos de cimento e latas de tinta da casa de materiais de construção até vigas e madeira e sarrafos oferecidos pela serraria, exames laboratoriais, próteses dentárias, obras artísticas, mesas, cadeiras, linhas telefônicas, rações etc. Lembre-se sempre: todo o apoio tem um eleitor por detrás. Deve ser bem recebido e utilizado com sabedoria pela coordenadoria financeira.

Outros instrumentos de arrecadação

A coordenação financeira de uma campanha não deve se restringir à função de receptora e administradora dos recursos captados junto a grandes doadores. Existem muitas outras fórmulas de arrecadar fundos de campanha, cada uma com características peculiares, e cabe à coordenadoria implantar os sistemas que viabilizam as novas fontes de receita.

Nas grandes campanhas aos cargos executivos, a descentralização da responsabilidade de arrecadar fundos pode representar significativa economia e um alívio da pressão financeira proveniente dos colégios eleitorais interioranos: basta o coordenador delegar aos aliados e candidatos proporcionais de seu grupo a execução dos eventos destinados à arrecadação de fundos para custeio das atividades e despesas locais.

Entre os instrumentos mais utilizados por candidatos na arrecadação de fundos estão:

a) *As rifas e os sorteios:* tudo pode ser alvo de rifas, desde um eletrodoméstico até um apartamento ou terreno, passando pelas prendas mais convencionais, como automóveis, viagens, videocassetes e equipamento de som, até as mais inusitadas, como cabeças de gado, cobertores, cestas de alimentos, material de construção, viagens etc. O candidato pode lançar diversas rifas com faixas de prêmio e custos de aquisição diferentes, para facilitar a venda dos *tickets* numerados nos comitês e pelos cabos eleitorais aos simpatizantes.

b) *Os bingos:* é uma fórmula que permite "matar dois coelhos com uma só cajadada". Arrecadar fundos e reunir eleitores, constituindo-se numa ótima oportunidade de entrosamento entre o candidato e a sociedade onde disputa. Os dividendos eleitorais poderão ser maiores se o candidato divulgar que o valor arrecadado será destinado à caridade ou à assistência social (a fila interminável de pobres e necessitados que não desistem de assediá-lo em seu comitê).

c) *Bailes e shows artísticos:* funcionam de forma semelhante ao bingo e oferecem as mesmas oportunidades de promoção pessoal. Caso o candidato decida não cobrar ingressos, ainda poderá faturar algum lucro com a comercialização e operação do serviço de bar (bebidas, lanches e salgados).

d) *Torneios esportivos: idem* na forma, efeito e oportunidade aos benefícios mencionados no item *c*.

e) *Venda de material promocional e brindes personalizados:* na Europa, todos os partidos se valem deste recurso para reforçar os caixas de campanha, no que são seguidos, rudimentarmente, pois sem utilização de *marketing* adequado, pelo PT e algumas agremiações. Mais que oferecer uma perspectiva de grandes arrecadações, a implantação deste sistema tem servido como cobertura para justificar a procedência dos recursos dos candidatos, protegendo as fontes reais de apoio e servindo para *esquentar* o dinheiro gasto em contratação de fornecedores e serviços.

A abertura dos comitês e a sua transformação em pontos de comércio podem render muito e não custam um centavo a mais para o candidato. E o benefício publicitário pode ser ampliado, caso o candidato opte por confeccionar banquinhas ou usar seus *outdoors* ambulantes (veículos da campanha), distribuindo-as pelos pontos mais privilegiados na cidade nos horários de maior circulação, ganhando espaços promocionais em pontos de alto fluxo populacional, comparáveis ao efeito dos *outdoors* e *contornando* os impedimentos legais para a propaganda de rua.

A montagem do esquema de arrecadação de fundos via comercialização é o melhor antídoto contra acusações de opositores, sempre que estes procurem lançar suspeição sobre seus apoiadores, ou vincular o candidato aos *patrões* ou defensores de interesses contrários aos do eleitorado, tentando reeditar as surradas táticas da campanha do *tostão contra o milhão*. Afinal, você é um candidato tão bom que consegue financiar sua campanha só com a ajuda dos seus próprios simpatizantes, o que vai servir também na sua defesa contra calúnias e processos que visem indiciá-lo por crime eleitoral de *abuso de poder econômico*.

f) Almoços, churrascos e jantares de apoio à candidatura: este é um bom exemplo sobre como transformar o apoio do dono de restaurante ou do amigo do *buffet* em dinheiro *vivo*. Cobrando dos comensais uma taxa destinada a efetivar as adesões nesses eventos, cujos custos ou são inexistentes ou irrisórios, graças a acordo com o apoiador.

g) Os "livros de ouro": nos eventos, como os citados anteriormente, é comum a solicitação sutil de contribuições aos simpatizantes, simplesmente fazendo passar entre eles um livro para registrar donativos à campanha. Dicas de *marketing* de rua:

- não se esqueça de encabeçar sua lista com os financiadores e apoiadores mais generosos, para estimular contribuições mais elevadas daqueles que não gostam de ficar por baixo ou não querem parecer mesquinhos;
- quando o evento (jantares, coquetéis) for destinado às elites, fixar preços elevados pelos ingressos de adesão e depois oferecê-los graciosamente, como uma especial deferência aos convidados mais VIPs. No mínimo, você valoriza a ocasião, fazendo uma *média* que estreitará seus vínculos pessoais com quem está em posição de auxiliá-lo em algum momento, ou estimulará a retribuição de sua *cortesia* com maior generosidade na hora dos agraciados assinarem o livro de ouro de sua campanha.

h) Leilões: quando o candidato recebe muitos donativos em mercadorias e principalmente obras provenientes do apoio de artistas, é aconselhável a promoção de leilões, nos quais serão vendidas as obras de arte e demais produtos disponíveis a um seleto grupo de apoiadores.

i) Outros eventos: dependendo dos recursos humanos que um candidato disponha, da qualidade de simpatizantes e mão de obra voluntária, poderá se valer destas vantagens para fazer dinheiro, seguindo o exemplo de muitas seitas ou organizações religiosas e beneficentes: basta criar eventos, nos moldes das quermesses, barraquinhas de doce, salgadinhos e artesanato, cujas prendas e produtos são ofertados pelos simpatizantes e voluntários, ou confeccionados com matérias-primas ou ingredientes fornecidos pelo candidato.

Ainda apoiando-se em sua mão de obra gratuita, uma coordenação pode administrar e estimular o surgimento de microempresas prestadoras de serviço, fornecendo-lhes a matéria-prima e participando dos lucros, tais como serviços de *buffet* (venda de doces, bolos e salgadinhos para festas de aniversários, comemorações e coquetéis de empresas), ou emprestando uma máquina de costura para uma voluntária confeccionar materiais úteis à campanha, como bonés, acabamentos etc.

j) *Criatividade:* o único limite para efetivação de sistemas arrecadadores para campanhas eleitorais é a criatividade que cada grupo político ou candidato disponha. As alternativas aqui relacionadas servem apenas como indicadores do que se pode obter, constituindo-se mero ponto de partida para que os candidatos criem novas fontes de recurso.

Ex.: Se a cidade onde se disputa for praiana ou turística, por exemplo, o candidato pode colocar os filhos de seus colaboradores para fabricar *pipas* ou *papagaios* com a propaganda de campanha, que serão comercializados nas praias. Com uma caixa de isopor, gelo, água e suco artificial, já se torna possível montar equipes de vendedores de sorvetes e refrigerantes, que, nos fins de semana, ajudarão no faturamento. Na porta da rodoviária e hotéis, poderão vender *souvenirs* e artesanato aos visitantes... Enfim, com criatividade e disposição, tudo pode ser transformado em dinheiro.

Estabelecendo sistemas eficazes de arrecadação

Todas as operações desenvolvidas por essa coordenação devem ser alvos de um plano bem-articulado e realizado por pessoas bem preparadas para o exercício dessa tarefa. É salutar estabelecer uma periodicidade das visitas e contatos telefônicos com cada apoiador, programar os contatos nos prazos estabelecidos pelos financiadores para a concretização dos compromissos assumidos, pré-qualificar e analisar o potencial de cada patrocinador, determinar estratégia de relações públicas etc.

Controles eficazes sobre os arrecadadores

Nas campanhas de menor porte é possível ao candidato indicar para a função apenas as pessoas de sua irrestrita confiança. Nas maiores, isto nem sempre é possível e são comuns os desvios de recursos manipulados pelos agentes arrecadadores. Como o dinheiro de campanha é quase sempre *frio*, mesmo ao tomar conhecimento da fraude, pouco resta a fazer, a não ser lamentar o logro e, após cuidadosa análise (o arrecadador pode ser um aliado importante), escolher se engole o sapo e considera o desvio como taxa de serviço prestado ou afasta de vez o agente faltoso.

Para inibir essas ocorrências, o coordenador da área pode tomar três providências:

- estabelecimento de controle rigoroso dos relatórios apresentados pelos arrecadadores, ligando eventualmente para os *simpatizantes* visitados e conduzindo a conversa de forma a poder julgar a eficiência e a honestidade de seus subordinados;
- contato telefônico imediato com o patrocinador após cada contribuição efetivada, agradecendo o gesto e mencionando o montante, quantidade e espécie de apoio;
- delegação às pessoas de menor confiança, apenas dos contatos com patrocinadores situados em áreas geográficas mais remotas (e que dificilmente seriam contribuintes) ou para coordenar a área dos que farão doações em forma de fornecimento de produtos e serviços, diminuindo a possibilidade de desvios.

Dicas para melhorar o seu perfil da arrecadação

I – *Tenha sempre com você, a projeção orçamentária de sua campanha e a lista de fornecedores.* A melhor tática para o candidato junto aos colaboradores mais *difíceis*, é apresentar-lhes uma lista de materiais, com inúmeras faixas de preço (para todo tipo de bolso), e solicitar que cada um escolha uma das alternativas ali contidas, como forma de contribuição. Afinal, é melhor sair com um passarinho na mão agora, do que com a promessa de dois passarinhos no futuro, principalmente quando se sabe que o colaborador será assediado por inúmeras outras solicitações de apoio financeiro por parte de candidatos rivais, o que torna bem real a probabilidade de que venha a pulverizar cada vez mais as suas contribuições. Se muitos financiadores optarem pela compra do mesmo item, combine com os fornecedores a restituição em dinheiro das encomendas *repetidas*.
Acompanhando o orçamento e planejamento de materiais e serviços e reforçando o impacto da apresentação, é conveniente também mostrar os elementos visuais que se pretende utilizar na campanha, tais como símbolos, cores, *slogan, layouts* etc.

II – *Peça sempre e somente aquilo que o consultado não tenha condições de recusar.* Esta lição aprendi com um amigo e colega de trabalho no tempo em que fui convidado por meu amigo Geraldo Vianna, para ocupar a Secretaria de Comunicação da NTC, entidade patronal que abrange nacionalmente o setor de transporte rodoviário de cargas. Uma tarde, meu colega Getúlio solicitou-me um empréstimo no valor equivalente a aproximados R$ 200,00. Prontamente acedi e passamos a tratar de outros assuntos, quando juntou-se a nós um outro diretor da entidade, ao qual o companheiro solicitou o mesmo empréstimo que eu acabara de conceder-lhe.

Intrigado, assim que o outro se afastou, perguntei-lhe por que razão não me pedira logo os R$ 400,00 se era esta a sua necessidade. Ele explicou-me que o valor que realmente precisava era, na verdade, R$ 800,00. Todavia, as chances de conseguir, de uma só pessoa, um empréstimo no valor total, eram muito menores. Por outro lado, tinha absoluta certeza de que nem eu, nem qualquer outro dos amigos a quem recorreu, lhe negaria um empréstimo no valor solicitado. Além do mais, demonstrava sua consideração ao não infligir, a nenhum de nós, o dispêndio de uma importância que nos poderia pesar no orçamento.

Este exemplo poderia resumir-se num curto e sábio adágio popular: "quem tudo quer, nada tem". Não dimensionar o que se pede é o erro mais comum perpetrado pelas assessorias financeiras dos candidatos. Em determinados casos, é recomendável obter-se aos poucos de patrocinadores os recursos que pretendemos, para não incorrer na mesma tolice do personagem que, por falta de paciência, acabou matando a galinha que botava os ovos de ouro.

III – As pesquisas e enquetes que apontem o candidato em situação de favoritismo ou provem sua viabilidade eleitoral também são poderosos instrumentos de arrecadação, à medida que o patrocinador passe a julgar seu investimento como de baixo risco. Uma pesquisa que desfavoreça seus adversários também pode significar uma pisada no tubo que conduz *oxigênio* para a campanha deles, causando-lhes sérios transtornos e diminuindo o fluxo de investimento nas campanhas rivais: e tudo o que é ruim para seu adversário é bom para você.

IV – Se for o desfavorecido, trate de preparar-se para demonstrar aos seus financiadores que sua candidatura está em ascensão e que os resultados não retratam a realidade, mostrando-se confiante e seguro das suas perspectivas de vitória. E peça-lhe auxílio.

V – Faça seu contribuinte sentir-se o patrono de sua campanha, engajando-o emocionalmente. Cuide, porém, de fazê-lo na medida justa, para que não sinta que tem você nas mãos dele. A receita ideal é transferir-lhe a sensação de *status* ao fazer parte de um grupo muito seleto e privilegiado de apoiadores e conselheiros pessoais.

VI – Como já foi dito, tranque a sete chaves os nomes de seus apoiadores, para evitar que os concorrentes, até de seu próprio partido, descubram o seu *mapa da mina* e esgotem o seu potencial, assediando os seus patrocinadores. Você pode até pedir o apoio dele para algum aliado ou *dobrada* que possa ser de valia posteriormente ao financiador, mas que este apoio se dê por seu intermédio.

VII – Como também já foi dito, seja criativo: a ajuda de que precisa pode não custar nada ao seu interlocutor. Mais um exemplo: o dono de supermercado, loja ou padaria não gastaria nada a mais se, ao encomendar os sacos, sacolas e papel de embrulho, que oferecem aos seus clientes ou embalam seus produtos, pedir que o fornecedor ali imprima, junto à sua marca tradicional, a frase: "Vote em fulano de tal" ou que conste o seu nome e *slogan*.

VIII – Todo o apoio recusado por você, vai para um de seus adversários e lhe trará um inimigo ou desafeto. Durante uma eleição um candidato só afronta alguém, se puder com isto ganhar mais votos do que os que pode perder com o confronto. Assim, quando desconfiar que um financiador potencial possa lhe propor qualquer acordo ou compromisso nada *republicano*, escale algum familiar ou amigo muito próximo, de sua inteira confiança, para receber a oferta em seu nome, evitando assim, comprometer-se.

Se o apoiador insistir em encontrá-lo pessoalmente, agende num local público e faça-se acompanhar por pessoas que tolham a liberdade do financiador em expor-se. Mas, se ainda assim for posto contra a parede, e o financiador insistir em obter sua palavra ou garantia pessoal para ações ilícitas, não corra risco: civilizadamente, agradeça a oferta e não aceite a contribuição. Se você for considerado uma *barbada*, é muito provável que o *inconveniente* acabe contribuindo com sua campanha mesmo sem o seu compromisso, só para fazer média, por avaliar que não será bom para ele tê-lo como inimigo ou até na vã ilusão do "amanhã, quem sabe..."

IX – Aconselhe-se sempre com seus apoiadores. Como ensina a Lei de Murphy, sempre poderá encarregá-los de viabilizar ou ajudar executar as suas próprias sugestões. Na pior das hipóteses, estará fazendo um saudável e, talvez, um rendoso trabalho de relações públicas.

X – Gaste sempre onde você puder obter mais em troca (mas cuidado: o barato demais sempre acaba saindo caro).

XI – Não tenha donos. Só aliados. Assim você manterá todas as portas abertas e ainda será mais valorizado pelos seus aliados tradicionais. A vassalagem às vezes é um mal necessário, mas, mal dosada, pode chegar a um ponto em que passa a depreciar o vassalo e não rende mais benefícios.

XII – Para um empresário, o financiamento eleitoral, quando não se deve a razões emocionais ou afinidade, é um investimento. Não reclame nunca, não aparente cansaço ou desânimo, nem se mostre pessimista ou temeroso quanto ao êxito de sua campanha: não se deve aparentar isto nem aos seus familiares e amigos mais próximos, quanto mais diante de um apoiador potencial. Faça-o saber das suas necessidades a curto e médio prazos, não se acanhe de pedir auxílio mas, caso este não se manifeste positivamente, despiste e peça-lhe sugestões sobre quem poderia auxiliá-lo ou peça-lhe conselhos. Nesta situação é melhor ouvir do que falar, pois não faltarão a ele outras opções e alternativas ao seu nome.

XIII – Na reta final, quando um patrocinador já tiver investido o bastante na sua campanha para preocupar-se em não perder o que já empregou, é o momento de forçar a barra e conseguir um aporte financeiro derradeiro.

XIV – Visite, mantenha contatos telefônicos e farta correspondência com seus apoiadores, para que estes nunca possam sentir-se usados nem concluir que você é um mau-caráter. Você estará evitando constrangimentos futuros desnecessários, quando tiver que lhes pedir um *reforço* adicional de contribuição.

XV – Dinheiro, por mais que se tenha, não é garantia de vitória eleitoral. É necessário que se saiba como empregá-lo, com inteligência, evitando os excessos. Além do já dito anteriormente, as campanhas opulentas elevam o custo político e financeiro de cada aliança e fornecimento: as afinidades passam a ser medidas em unidades monetárias e são substituídas pelo mais puro interesse.

XVI – Procure chegar, sempre que possível, ao financiador potencial, apresentado por algum amigo comum, ou por alguém a quem este deva favores ou esteja ligado por algum vínculo de interesses mútuos. Este cuidado *esquenta* desde o início o seu contato, aumentando as probabilidades de você conseguir o apoio que pretende. O apresentante acabará funcionando como seu avalista e, caso o financiador decida negar-lhe o seu apoio, além de você, ele estará contrariando, indiretamente, também ao seu apresentador.

XVII – Se uma empreiteira ou grande empresa estiver apoiando seu principal adversário, procure sua concorrente mais forte dentro do município ou Estado. Se não houver nenhuma, procure na região ou Estado mais próximo um concorrente da empresa que apoia seu adversário e ofereça-se como canal que facilite a expansão dos negócios e consolidação da imagem dela na sua área de influência.

XVIII – Quanto menos você precisar do apoio financeiro do candidato majoritário da sua legenda ou do deputado da sua região, mais vantagens obterá dele.

XIX – Como nos empréstimos bancários, é mais fácil conseguir algo dos apoiadores quando você, por *descuido*, deixar entrever que já tem o suficiente para financiar a sua candidatura.

XX – Promova uma concorrência sadia entre seus apoiadores. Uma das formas de provocar esta atitude é comentar com um patrocinador donativos ou apoios de outros *simpatizantes*, sempre com o cuidado de não declinar nomes e revestindo estes comentários da abordagem estratégica e sutileza que o assunto requer.

XXI – Estabeleça cotas, parcelando o investimento do patrocinador ao longo da campanha. Você estará usando a mesma tática comercial que leva um consumidor comum a gastar mais do que poderia, e viabiliza um apoio que não se consumaria, se o apoiador tivesse de pagar à vista.

XXII – *Blefar* pode ser fundamental, mas é preciso cuidado para não ser pego de *calças curtas*. Evite exageros e dê informações precisas do que puder ser comprovado pelo apoiador. Forneça referências e fontes de consulta para o apoiador poder checar suas colocações (mesmo porque dificilmente ele irá atrás disso). Fundamentando bem 70% de sua argumentação, dificilmente deixará de *vender* o blefe embutido nos 30% restantes.

XXIII – Nunca subestime a inteligência ou a habilidade de um apoiador, por mais burro ou inocente que este possa parecer. Lembre-se de que se ele chegou a uma posição tal, que o obriga a pedir-lhe ajuda, é porque deve ter qualidades, ainda que não consiga enxergá-las.

XXIV – Saiba que seus adversários retaliarão seus apoiadores, caso descubram quem são eles. Tudo que puder ser usado contra você e contra eles, da dissuasão à pressão, vai ser tentado.

XXV – Não fale mal de seus adversários gratuitamente. São preferíveis a análise fria e o destaque das fraquezas e defeitos reais deles. Só toque no assunto se o interlocutor der a *deixa* e conduza suas considerações de acordo com a abertura e indícios que lhe forem fornecidos pelos apoiadores potenciais. Muito cuidado: o terreno é pantanoso e financiadores costumam ser contumazes agentes do leva e traz, muito úteis quando você quiser espalhar boatos para desinformar ou desestabilizar seus adversários.

XXVI – Monte um escritório reservado, em local onde você possa receber seus aliados e apoiadores secretamente. O QG servirá ainda como refúgio das pressões que o candidato sofre pelo assédio de eleitores e dos próprios companheiros de chapa, assegurando-lhe a tranquilidade necessária para análise e tomada de decisões. Use sempre o automóvel ou a carona de seus assessores mais íntimos para chegar ao comitê.

A arrecadação de fundos nas grandes campanhas

Várias democracias adotam o modelo de financiamento público dos partidos e campanhas eleitorais, que tratam de reforçar seu caixa via emissão de bônus eleitorais, contribuições de políticos da legenda, filiados e simpatizantes.

No Brasil, a última Constituição foi bastante liberal quanto à autonomia dos partidos em angariar fundos eleitorais. Não fixou limites de gastos com campanha e os candidatos seguem beneficiados com espaço diário e gratuito nas rádios e televisão, transmitido em rede nacional nos 45 dias que antecedem a eleição e nos 20 dias que separam o primeiro do segundo turno.

Paradoxalmente, impede que os partidos possam comprar espaços publicitários nos veículos de comunicação de massa, inclusive jornais e revistas, sob o pretexto de *proteger* as legendas menores, ou mais *pobres*, do abuso de poder econômico. Outro *eufemismo* político brasileiro, pois esta preocupação com a *proteção* aos pequenos, ou pobres, é simplesmente ignorada ou *esquecida* quando as grandes legendas legislam em causa própria, ficando com a *parte do leão* do espaço concedido gratuitamente aos partidos para propaganda eleitoral e dos repasses do fundo partidário e no acesso a cargos nos legislativos.

Os financiamentos eleitorais estrangeiros (ilegais)

Casuísmos à parte, a identificação dos patrocinadores potenciais para campanhas presidenciais é o mesmo descrito anteriormente, bem como os itens de projeção orçamentária, dicas etc.

Todavia, o alcance destas campanhas abre as portas para contribuintes estrangeiros das áreas pública e privada. Vi isto ocorrer em outros países da América Latina, mas como estas contribuições são ilegais, pelos termos da legislação vigente em todos os países, suponho que elas inexistem, e não gastarei tempo em tecer considerações a respeito destas possibilidades. Parodiando o autor Pedro K. G. Navarro, não acredito em bruxas, mas que elas existem, existem.

Entendo como legítimos o interesse e o direito, tanto do Brasil como dos países estrangeiros, de pugnarem pela vitória e predominância dos interesses comerciais e econômicos de seus povos, apoiando a eleição de líderes aliados ou com quem tenham maior afinidade. Mesmo quando usam para isto todos os meios, recursos e alianças estratégicas, inclusive todas as formas de cooptação, sedução, pressão ou apoio a líderes estrangeiros, incluindo o suporte eleitoral aos aliados externos do País. Também entendo como legítimas as tentativas, embora inócuas, de os legisladores procurarem impedir tais práticas.

Mas condeno ingerências na soberania de outros povos que resvalem no emprego da força (golpes de Estado e financiamento de revoluções) ou a cumplicidade em fraudes e conspirações que afetem a estabilidade socioeconômica e a democracia de outras nações. Se um povo escolhe livremente um dirigente corrupto ou mau-caráter, merece arcar com a consequência de sua má escolha. Porém, comprar imprensas locais, intervindo abertamente para desequilibrar a correlação de forças políticas internas, como o fazem alguns governos, ou acumpliciarem-se à fraude para eleger maus governantes, em países cujos povos vivem abaixo da linha da miséria, é uma prática que acho condenável.

Para burlar a legislação, o apoio financeiro viria por vias indiretas e são utilizadas ONGs – Organizações Não Governamentais, bancos e multinacionais; câmaras de comércio; associações de comércio bilateral, embaixadas e representações diplomáticas e até, se é que merecem algum crédito as recentes acusações de ex-assessores do ex-ministro Palocci, o apoio financeiro poderia ser feito em espécie e contrabandeado em caixas de rum!

Já os apoios e financiamento (também ilegal) por parte das empresas multinacionais deve-se ao fato de que elas concorrem e disputam os mercados nacionais como qualquer outra empresa e têm que prestar contas de seus resultados aos seus acionistas. Mas também pagam impostos, contratam empregados e estão sujeitas às restrições, riscos ou benefícios que as empresas nacionais, tudo mencionado neste capítulo. Dados os fatos, tentar restringir os donativos eleitorais das multinacionais é apenas mais um capítulo no jogo de faz de conta, para satisfazer a *plateia* (a sociedade) e ampliar o raio da ilegalidade e obscuridade em torno dos financiamentos de campanha.

Como e onde buscar os recursos financeiros para uma campanha de grande porte

Por maiores que sejam a estrutura partidária e a saúde financeira de um candidato, *bancar* uma campanha de abrangência territorial de 8,5 milhões de km^2, simultânea em milhares de municípios com características regionais, econômicas, sociais e culturais peculiares e diferenciadas, não é tarefa fácil, até para quem dispõe e se vale das máquinas públicas ou sindicais. Qualquer candidato, ainda que com chances remotas de vitória, pode ser decisivo no segundo turno e esta condição lhe confere *status* para abordar e obter apoio de grandes apoiadores: federações empresariais, bancos, grandes empresas de todos os setores da economia.

Todas as razões pelas quais se dão estes apoios e procedimentos seguem as já apontadas ao longo deste capítulo. Mudam apenas a escala ou montante, mas as contribuições também podem se materializar em dinheiro, pagamento de materiais e serviços, apoio estrutural e logístico, despesas de transporte etc.

Ainda que a militância partidária seja ativa, entusiasmada e gratuita, é preciso auxiliá-la nos seus custos de locomoção, telefone, montagem de comitês, material de divulgação e uma infinidade de pequenas despesas que, graças à dimensão da eleição, acabam somando vultosos gastos, mensuráveis em milhões de dólares.

Em países menores que o nosso e contando com financiamento público, os partidos desenvolvem, nos períodos eleitorais, mecanismos arrecadadores alternativos. Aqui, a melhor solução acaba sendo a descentralização das coordenações de arrecadação e a criação de sistemas de autofinanciamento regionais, assentados nas bases de financiadores tradicionais de pleitos municipais e estaduais (os já descritos neste capítulo). Os partidos menores conseguem os recursos reforçando seus esquemas de arrecadação com as coligações e com as contribuições pessoais de seus candidatos e da abnegada militância dos simpatizantes.

O PT antes da era dos Silvinho Land Rover e Delúbio

Se não tivesse presenciado e testemunhado o funcionamento de esquemas populares de arrecadação, não acreditaria que o sistema funcionasse. Mas presenciei o sistema de arrecadação do PT e tive o privilégio de atestá-lo em 1982. O tesoureiro em São Paulo era o diligente, afável e corretíssimo (e, lógico, barbudo) potiguar Rochinha, que nunca desonrou sua palavra e nos pagava pelos *bottons* de estrela, que fornecíamos para o partido vender aos simpatizantes, com envelopes pardos, bem gorduchos, recheados com centenas de notas – e cheques – de 1, 2, 5 cruzeiros.

Lembro disto porque cada envelope pardo daqueles, se proveniente de outros partidos, conteria uma pequena fortuna e sempre me vinha este pensamento à cabeça ao receber os *pacotes* de dinheiro do sempre simpático e metódico Rochinha: ao contrário de práticas malandras e comuns usadas por não menos malandros espertalhões, que se aproveitam da eventual impossibilidade de conferência para subtraírem um maço de notas de seus envelopes também pardos, nos pacotes humildes, mas honestos, do Rocha nunca sobrava nem faltava um só cruzeiro. Naquele tempo ainda não tinham sido inventados os tais recursos *não contabilizados*.

Causos à parte, e voltando ao que interessa, vi poucas agremiações recorreram, de forma permanente e sistemática, ao financiamento baseado na angariação de fundos via doações populares como o PT. Se fosse conselheiro do presidente, recomendaria que achasse seu companheiro Rochinha e o pusesse para tomar conta da chave dos cofres do governo federal.

O Prona do Dr. Enéas

O Prona, montado na maré de votos de legenda que lhe conferiram a postura folclórica e o vantajoso posicionamento de seu anticandidato, apoderou-se provisoriamente da bandeira do voto de protesto e uniu o útil ao agradável: loteou o partido a quem se dispusesse seguir seu fundador e pagar pela *franquia*, comprando cartilhas e financiando a estruturação da legenda nos municípios e Estados. Em vez de procurar fontes de financiamento social ou empresarial, o fundador extraiu os recursos que necessitava para viabilizar seu projeto nacional de suas bases partidárias.

O varejo do financiamento eleitoral

Nas campanhas majoritárias, é mais restrito o número de financiadores cobiçados pelos candidatos, que erroneamente selecionam mais pela qualidade ou tamanho das doações do que pela quantidade de contribuintes.

Contudo, as estruturas financeiras das campanhas municipais são alicerçadas nos pequenos apoiadores, como donos de farmácia, de postos de gasolina, mercados, fazendeiros e um universo de colaboradores normalmente desprezados nas campanhas de grande porte, que concentram os donativos *por atacado*. Se estas estruturas municipais *varejistas* de arrecadação fossem administradas com inteligência e profissionalismo, estimo que teriam condições de financiar as campanhas presidenciais, transformando as coordenações municipais em células autônomas financeiramente.

Os instrumentos de arrecadação tradicionais oferecem resultados aquém do seu potencial, pois tanto candidatos como as agremiações não sabem ou não precisam promovê-los técnica e adequadamente. As contas bancárias nacionais e as poucas campanhas dirigidas aos militantes e simpatizantes são artificiais e amadoras, deixando evidente ou sua incompetência ou que seu objetivo estratégico é outro.

Critérios objetivos de seleção, treinamento e motivação dos agentes arrecadadores e colaboradores, tornariam possíveis para alguns dos candidatos, que concorrem à presidência (os mais carismáticos), montarem estruturas que tornem administrável e viabilizem esta potencial e promissora fonte de contribuições. Com os vastos recursos tecnológicos que a informática, a telefonia e a internet colocam hoje à disposição dos candidatos, é possível desenvolver eficazes sistemas de arrecadação financeira alternativos: são recursos extraordinários e, apoiados em boas estratégias de *marketing*, seriam capazes de revolucionar as condições administrativas e operacionais e superar as barreiras do tempo e distância, que parecem, à primeira vista, obstáculos intransponíveis.

A importância de identificar e explorar as rivalidades e divergências

Movido pelo instinto de sobrevivência política, proteção dos seus interesses e futuro político, ou para preservar a fatia de poder e cacife político, os governantes fazem o que estiver ao seu alcance para impedir o crescimento das oposições nos seus *quintais*. Somadas às tradicionais rivalidades dentro e fora dos seus partidos, provocadas pelas divergências de interesses e confronto de ambições, estas situações de tensão oferecem largas margens de manobra e oportunidade para candidatos que saibam usar os temores e rivalidades dos poderosos em seu benefício, transformando seu apoio em recursos e estrutura para suas campanhas eleitorais.

Os prefeitos e os candidatos às prefeituras terão mais peso do que os vereadores e aspirantes, junto a candidatos ao governo e governantes. Todavia, vereadores têm peso específico suficiente para obter apoio de deputados estaduais e federais na defesa de interesses comuns. Além dos deputados eleitos, os candidatos a vereador não devem esquecer de buscar os primeiros colocados nas listas de suplentes e os deputados que perderam seus mandatos na última eleição, todos possivelmente interessados em reforçar suas bases ou recompô-las, para viabilizar pretensões futuras. Na mão inversa, o esquema tático é igual e os vereadores têm para os deputados, o mesmo peso específico.

Governantes impedidos de tentar a reeleição ficarão na *chuva* por um tempo e também têm interesses a preservar. São mais acessíveis aos apelos de candidatos, até por uma questão vaidade, pois muitos desejam *fazer* seus sucessores e eleger candidatos subordinados, coroando sua administração com uma vitória eleitoral e preservando, no universo político, seu *status* de líder consagrado, com cacife para continuar influindo no âmbito partidário e sendo cortejado por situacionistas e oposicionistas.

Os prefeitos impedidos de tentar suas reeleições

Tanto candidatos a deputado como a vereador têm grandes chances de seduzir e ganhar apoio de prefeitos ou governadores que não podem disputar suas reeleições. A maior motivação dos governantes em fazer seus sucessores, mesmo correndo o risco de criarem ingratos, se dá porque, derrotado o seu candidato:

- a derrota será explorada pela oposição como uma derrota dele;
- é grande a probabilidade de o vitorioso promover o desgaste do antecessor, culpando-o por tudo o que não fizer (como Lula fez com FHC no primeiro ano de governo);

- anunciando, com estardalhaço, *devassas* administrativas;
- colocando sob suspeição contratos efetivados da gestão anterior;
- tomando medidas draconianas contra seus ex-auxiliares e aliados mais próximos e fiéis;
- desmantelando os esquemas de fornecedores;
- promovendo uma série de outras medidas da mesma natureza que, certamente, não visarão beneficiar o antecessor.

Além da perseguição política que lhe promoverá seu sucessor, é provável um grande número daqueles governantes impedidos de tentar a reeleição aspire disputar a próxima eleição; e, sem dúvida, todos acalentam com carinho a ideia de retomar seu trono mais adiante, não se furtando a ajudar a eleger, agora, candidatos que, eleitos, poderiam apoiá-lo mais tarde.

Conhecendo os interesses, fica mais fácil estabelecer a argumentação e as estratégias que precederão e sucederão seu pedido de apoio. Todavia, a natureza política destes apoiadores em potencial requer que o contato seja feito também em nível político, exigindo que a coordenação financeira trabalhe em parceria com a coordenadoria política, que é mais afinada e sensível às injunções políticas e adequada para a tarefa.

O que um deve saber sobre o outro para facilitar a obtenção de apoio de prefeitos

Para cercar-se de todos os elementos possíveis e para tentar evitar sair com as mãos abanando, antes de marcar a entrevista, o candidato e seu coordenador político devem preparar-se bem, munindo-se das seguintes informações sobre o seu interlocutor:

1. aliados tradicionais ou eventuais que o líder a ser consultado mantém na região e na cidade;
2. histórico detalhado sobre o potencial eleitoral, redutos, passado político, *status* partidário, interesses econômicos e pretensões políticas futuras dele e de seus prováveis herdeiros políticos (familiares);
3. máquina administrativa de que dispõe ou sobre a qual exerça influência;
4. deputados estaduais e federais ligados ao prefeito ou apoiados por ele;
5. líder da bancada na câmara municipal e vereadores mais próximos ao prefeito;
6. acesso direto que tenha a secretários de governo e ministérios;
7. dois ou três fornecedores de sua gestão aos quais gostaria de ter acesso por intermédio e apresentação dele;
8. dois ou três fornecedores com projetos novos que sejam seus aliados e cuja contratação lhe renderia os donativos de que precisa.

Para facilitar o trabalho e aumentar a possibilidade de conquistar apoio, deve reunir e organizar informações e documentos sobre sua candidatura e seu posicionamento na disputa, tais como:

1. projeto que demonstre a viabilidade eleitoral do titular da campanha, bem como o nível de profissionalismo envolvido;
2. pesquisas encomendadas, de terceiros, recortes de matérias em jornais e revistas sobre o candidato e as campanhas que se desenvolvem no município;
3. cacife eleitoral, ação social e política do solicitante, demonstrando que, independentemente do resultado eleitoral, uma aliança com este será útil ao solicitado;
4. argumentação sólida e firme que demonstre a confiabilidade sobre os compromissos e reciprocidade que você pode firmar, caso seja apoiado, visando convencer o provável apoiador de que a aliança é vantajosa para ambos;
5. uma projeção orçamentária (o que e de quanto precisa). O que você já dispõe é outra informação que poderá ser importante (estas informações devem ser convenientemente distorcidas e retocadas, a fim de não correr riscos, caso o seu interlocutor traia o sigilo e passe informações a seus concorrentes);
6. considerações precisas e confirmáveis sobre o quadro eleitoral da cidade de origem, ainda que, a princípio, a situação não lhe seja totalmente favorável (é lógico que, neste caso, você só abordará o assunto se solicitado ou instado a fazê-lo).

É natural que cada apoiador tenha reservas em relação a alguém que não faz parte do seu círculo de relações tradicionais, principalmente por não existirem garantias quanto à palavra e à honestidade de um *desconhecido*. Se não tiver avalistas pessoais no círculo de relações do prefeito, a maior garantia que você pode oferecer de que honrará o compromisso assumido em troca do apoio é provar ao interlocutor que a aliança atende aos interesses e projeto político dele, ou que nada teria a ganhar, ou talvez até algo a perder, com o não cumprimento do acordo.

Em política não existe, a rigor, compromisso irretocável a longo prazo. Você sabe disso tanto quanto seu interlocutor, mas a sinceridade, seu passado e a credibilidade que você conseguir passar ao apoiador serão decisivos. Deixe nas entrelinhas a ideia de que, ao concretizar o acordo, ele tem mais a ganhar do que a perder, pois sabe bem que apostar é um risco que não se pode evitar no jogo do poder.

A moeda corrente em política: a troca

Em negociações de apoios e alianças com lideranças políticas, salvo em circunstâncias muito especiais e favoráveis, não jogue fora seu tempo pedindo dinheiro: a moeda política para transações nas alianças chama-se trânsito, troca, tráfego de influência, apoio logístico (uso da máquina administrativa a favor ou contra alguém) apresentação a financiadores e favorecimento. Todavia, aquelas moedas políticas valem tanto quanto dinheiro vivo, pois é conversível em capital e serviços de primeira utilidade para a campanha eleitoral.

Embora existam exceções, a regra é que é mais fácil tirar água de *pedra* do que dinheiro de líderes políticos, salvo em situações especiais, quando se trata de pagar contas de publicidade cooperada, aliados que administram comitês conjuntos, ajuda de custo a cabos eleitorais etc.

Outra ferramenta eficaz na busca de doadores ou apoiadores importantes é saber detectar e explorar em seu favor as rivalidades naturais derivadas dos conflitos de interesses entre os grandes líderes, que se repete e se multiplica em todos os níveis ou escalões da estrutura dos seus governos. Lembre-se de que toda a maioria é composta por inúmeras minorias e que, embora aparentemente estejam juntas, não são coesas nem impermeáveis, todas interessadas em ampliar espaços e faixas de poder e cada uma tem autonomia de decisão.

Características dos pedidos e apoios políticos

Salientando apenas o lado financeiro, só para efeito de ilustração, exemplifico alguns favores que podem ser solicitados a apoiadores políticos, segundo a natureza da posição que ocupem. Ressalvo a minha condição de técnico e pesquisador, a quem não cabe julgar se a prática eleitoral é ética ou não, mas apenas oferecer subsídios aos leitores, retirados de situações que tive conhecimento ao longo de minha carreira e que produziram resultados positivos, motivo pelo qual transfiro àqueles que me prestigiam. Afinal, aqueles que contratam e pagam meus serviços de consultoria ou auditoria de campanhas eleitorais não esperam que lhes faça juízos de valor, mas sim dê conselhos e faça considerações que possam contribuir para sua vitória.

O que geralmente se pede

a) *A um prefeito aliado na cidade onde o candidato disputa*

1. Que o esquema clientelístico de administração municipal se faça por meio do candidato e de seus aliados (2ª lei da Constituição dos Bichos – alguns são mais iguais do que outros), prestando os mesmos serviços à população, mas distinguindo os eleitores que recorrem a estes serviços recomendados pelos aliados, dando-lhes atendimento prioritário ou, ao menos, especialmente cortês.

2. Que apresente e exerça influência sobre os fornecedores dos órgãos públicos para que estes contribuam para a campanha.
3. Que represente o candidato ou lhe apresente aliados políticos nas instâncias estaduais e federais ou vice-versa, abrindo-lhe portas, que possam redundar em novas fontes de recursos.
4. Contratação de serviços profissionais de empresas aliadas, que tragam reflexos positivos para a campanha.
5. Se o prefeito for bem relacionado com o governo estadual ou com secretários de Estado, pode requisitar que a máquina estadual e federal com representação no município trabalhe a favor do seu *afilhado* político, nos moldes de item 1.
6. Se o prefeito é de uma cidade pequena e não pretende concorrer com prefeitos de cidades maiores nas eleições seguintes, pode *fazer a ponte* e apresentar os candidatos que apoia aos seus colegas de cidades maiores, recomendando a eles seu *protegido* e prometendo apoiá-los no seu município quando disputarem eleições estaduais.

b) Aos prefeitos de outras cidades

Se você for candidato de oposição ao prefeito de sua cidade, é provável que seus simpatizantes e aliados sejam tratados *a pão e água* pela gestão, ficando em desvantagem quanto ao esquema clientelístico de sua campanha. Aproveite para denunciá-la e explorar a discriminação politicamente em seu favor. Mas sua saída pode estar na montagem de um sistema semelhante ao do governista, apoiado em outras máquinas administrativas municipais da região onde você disputa, se prefeitos forem filiados à sua legenda ou pertencerem a agremiações concorrentes daquela que abriga o prefeito de sua cidade.

Caso o prefeito que você procurar tenha ambição política e queira ampliar sua área geográfica de influência, aumentam substancialmente suas chances de conseguir socorro. Não espere, contudo, que seu possível aliado vá entrar em confronto direto com o prefeito de sua cidade, pois além de não ser politicamente inteligente, existe o *espírito de corpo* e certa camaradagem que acaba se estabelecendo entre os prefeitos, colegas de profissão.

Por isso, todos os contatos devem ser revestidos do maior sigilo, assim como os recursos obtidos através da aliança *branca*. Se o prefeito for do mesmo grupo político do governo estadual ou federal, além das apresentações a fornecedores, lideranças políticas e autoridades do escalão estadual e federal, nos mesmos moldes dos descritos no item *a*, o candidato pode solicitar *carona* no trânsito ou influência dele nas outras esferas dos governos, conseguindo, por exemplo: transferências de funcionários, atendimento médico, internações e cirurgias, facilidades fiscais e nos trâmites burocráticos junto a repartições públicas estaduais e federais (Ministério do Trabalho, Secretaria da Agricultura, Crédito Rural, programas especiais de crédito subsidiado etc.), cadeiras de rodas, muletas e próteses, certidões, alvarás, assessoria jurídica e uma série de favores com os quais o candidato poderá obsequiar seus simpatizantes e apoiadores, aumentando seu cacife e suas armas para arrecadação de fundos e votos.

A habilidade na apresentação inicial de seu projeto e intenções são da maior importância, pois será mais fácil que ele venha a *adotá-lo* como afilhado político, se você convencer seu interlocutor:

- de que tanto o atual prefeito da sua cidade como o seu rival apoiado por ele, poderão tornar-se concorrentes seus e se constituirão em obstáculos aos projetos políticos dele;
- que o concorrente apoiado pelo prefeito na sua cidade não tem chances de se eleger (o que reduzirá consideravelmente o peso político do prefeito derrotado);
- que a sua candidatura é favorita e é a que tem maiores chances de vencer.

Também facilita seu trabalho de convencimento lembrar, ao possível protetor, as vinculações políticas que seus concorrentes locais mantenham com lideranças adversárias ou hostis ao prefeito a quem você recorre, tirando partido das rivalidades políticas conjunturais.

Trabalhe na mente de seu interlocutor outras vantagens que podem representar a ampliação da influência regional e do *cacife* político dele, por exemplo, na conquista de posições de coordenadoria dentro das campanhas presidenciais, valorizando-o e tendo sempre em mente esta verdade: "O marido, se fisga pelo estômago. O político, pela vaidade e ambição".

Se quem está no governo estadual é o seu grupo político e você tem aliados em alguma das secretarias, poderá apresentar-se ao prefeito da cidade vizinha como um canal de interlocução com as áreas do governo e desobstrução dos canais da prefeitura com o governo, tirando-a da lista negra dos adversários tratados a pão, água e chicote. Sonde antes de oferecer-se, pois é possível que haja barreiras intransponíveis e é provável que o grupo no governo já tenha tentado aliciar o prefeito, sem êxito.

c) Aos secretários de Estado

Procure os que ambicionarem se candidatar nas próximas eleições (têm luz própria) e aqueles que forem indicados diretamente pelo governador. Para chegar aos secretários indicados em acordos políticos, por lideranças partidárias, o melhor caminho, geralmente, é abordar o deputado ou senador responsável por aquela indicação.

Peça a eles os mesmos favores que os recomendados no item *b*, tome os mesmos cuidados e adapte a argumentação, baseado-se nas informações estratégicas previamente levantadas. Seja objetivo no detalhamento de como a máquina administrativa, sob o comando de seu interlocutor, pode ser utilizada licitamente em seu favor, para facilitar a efetivação do apoio, em prazo imediato, se ele assim o desejar. Lembre-se de que nos contatos com secretários de Estado você terá que satisfazer a dois interesses simultaneamente: os do consultado e os do governador, convencendo o seu interlocutor de que você é uma *apetitosa* azeitona que este colocará na sua empada e uma ficha importante para enriquecer o seu *cacife* eleitoral.

Se o secretário consultado pertencer ao mesmo partido do seu principal concorrente e do prefeito de sua cidade, você ainda terá chance de conquistar apoio, desde que a ala a que este pertença seja diferente e adversária daquela que abriga o seu rival. Neste caso, o candidato deve se oferecer como um *seguro* especial quando, e se, o resultado eleitoral vitimar os seus adversários locais, garantindo seu apoio político e eleitoral ao aliado e apoiador.

Caso a corrente partidária a que pertença o secretário for minoritária dentro da agremiação no poder, a própria perspectiva de possuir uma carta na manga para viabilizar seu projeto político, fora da máquina partidária e administrativa que já conta para sua futura campanha, favorece o solicitante.

d) A um governador

Caso você concorra em grandes centros ou redutos eleitorais estratégicos para o governador de seu Estado, aumentam as suas chances de chegar até ele.

Esta proeza dependerá do trânsito e da força de seus aliados políticos, ou se você constar como favorito ou viável nas pesquisas que os governos geralmente patrocinam nos períodos eleitorais. De uma forma ou de outra, caso a oportunidade se apresente, o candidato deve lembrar que seu tempo será curto e sua exposição terá que ser sucinta, objetiva e sutil, sem os rodeios e exageros, erros a que a emoção do candidato normalmente acaba por induzir.

Não gaste seu precioso tempo com explicações, queixas, lamentações ou considerações negativas. Seja positivo, demonstre a sua viabilidade e como a máquina estadual pode ser utilizada para apoiá-lo em sua cidade. Não explicite nenhum pedido e preocupe-se apenas em cativar o interlocutor. Peça-lhe o nome do auxiliar dele, a quem você poderia entregar uma pasta, contendo um resumo objetivo de como pensa que o governo poderia socorrê-lo. Se o governador solicitar que expresse suas necessidades, faça-o de forma tópica e hierarquizada nas suas prioridades, para facilitar a tarefa de o governador despachar ordens para concretizar o apoio dele.

Antes de pedir, faça-o saber que está se colocando a serviço do projeto político dele e disposto a cumprir qualquer missão e coloque-se prontamente à disposição para o que mais possa precisar. Isto mesmo: não tenha vergonha de babar os ovos e bajular o governador, mas não imagine que ele é tolo, ou não teria chegado ali. Com isto quero dizer que seu trabalho de sedução não pode chegar ao ponto de distorcer a realidade e apresentar dificuldades que o governante enfrente no colégio eleitoral onde você concorre. Você tem de saber colocar-se como um instrumento a mais para solucionar os problemas do governo, ou será visto como apenas mais um bajulador e não servirá para nada.

Peça-lhe que o apresente e o recomende aos seus secretários de governo e jamais incorra no erro de pedir dinheiro para a campanha ao governador. Este é tema para tratar com os secretários de governo que lhe forem apresentados, a menos que a iniciativa de abordar a questão parta do próprio governador ou do principal coordenador político dele, que certamente estará presente à reunião.

Se você foi breve, objetivo, e usou todo o seu charme, bom humor e positivismo para embalar a sua objetividade, é bem provável que tenha causado boa impressão e que o governante tome a iniciativa de esticar e conduzir o diálogo. Antes de se retirar, procure obter dele alguma providência ou apresentação ou, na pior das hipóteses, a data para as apresentações solicitadas. E não se esqueça de fazer média, antes e depois do encontro, com os principais assessores do governador, para conquistar simpatias e eliminar resistências ao atendimento de suas solicitações por parte destes auxiliares, que detêm poder suficiente para causar mil empecilhos e até para engavetar as determinações do governo que beneficiem aqueles que lhes forem antipáticos.

e) A governadores de outros Estados

Se você tiver contra si o governador do seu Estado, procure contatar um governador cujas pretensões políticas (disputar a presidência, ou a vice-presidência para consolidar liderança regional) o coloque em posição antagônica ao grupo do seu adversário. Embora a rivalidade não chegue a motivá-los para o confronto direto, cada revés político, golpe ou derrota eleitoral sofrido pelo governador adversário, enfraquece o rival, e cada apoio que conquistar na base política do outro, fortalece seu próprio cacife eleitoral. Apoiar indireta, oculta e seguramente um candidato viável que dispute um grande centro no Estado governado por um concorrente pode ser um bom negócio.

O candidato nessas circunstâncias aparece como sendo um *cavalo de troia* e é instrumento de ação política a serviço do governador interessado.

Observando os preceitos recomendados no item *d*, o candidato deve solicitar apenas dois favores: apresentação e recomendação a empresários patrocinadores de campanha e, eventualmente, a ministros da confiança do governador (ou por ele indicados). Com os primeiros, poder-se-á obter dinheiro, e com os ministros, solicitar apoio da máquina federal para o clientelismo local.

f) Aos deputados estaduais e federais

Caso você seja candidato a vereador ou prefeito, peça ao(s) deputado(s) a apresentação de financiadores, prefeitos e autoridades estaduais e federais; o apoio de máquinas administrativas que controlem; apoio de funcionários federais ou estaduais por eles indicados para cargos públicos na sua região ou cidade; apoio na busca de contribuições para quitar débitos e compromissos da campanha ou com fornecedores etc.

Tradicionalmente, os deputados estaduais e federais são fontes de recursos para campanhas municipais, pois têm interesse direto em consolidar redutos eleitorais que lhes garantam não só a reeleição, mas o cacife político junto aos governadores e outras autoridades nas esferas estadual e federal. Caso o deputado com base na sua cidade, ou região, esteja apoiando seu adversário, ou que o ajude displicente e insuficientemente, não hesite em buscar o apoio do principal adversário, ou desafeto dele, na região ou fora dela.

Se você for candidato a vereador e não fizer parte da *panela* formada pelo candidato a prefeito, o vice e um pequeno grupo de aspirantes à vereança, não rompa ou dê recibo de sua justa indignação ante o protecionismo, deixando a porta aberta para uma composição futura. Busque apoio daquele que lhe oferecer melhores condições entre os deputados estaduais e federais de seu Estado, mesmo que não tenha base eleitoral no município onde você disputa.

Implante e desenvolva sua campanha com eficácia e dedicação, organize seus próprios minicomícios e reuniões, e administre bem seus cabos eleitorais. À medida que os resultados de seu trabalho se reflitam no crescimento de sua candidatura, esteja certo de que o candidato majoritário começará a prestar atenção, procurará aproximar-se de você e conquistá-lo, introduzindo-o em seu rol de favoritos.

É quase certo que o deputado da região também tentará conquistá-lo para afastar o perigo de ter um concorrente com um anzol no *pesqueiro* eleitoral dele. Aí, cabe ao aspirante à vereança analisar as alternativas e conveniências em aceitar ou não o cortejo. Caso troque o deputado, rompendo o acordo interior, saiba que ganhará um desafeto poderoso e negocie bem a sua nova aliança que, naturalmente, será muito valorizada, obtendo justa compensação pelo descuido e desatenção de que foi alvo inicialmente.

Normalmente, é mais vantajoso para o candidato a vereador manter a sua aliança original com o adversário do deputado da região, pois fica dono de um canal de respaldo político que poderá fortalecê-lo nas composições com a futura administração municipal.

g) A sindicatos, associações, entidades de classes, religiosas, cooperativas

Os sindicatos e associações são tradicionais apoiadores de candidatos. O problema é que, quase sempre, essas entidades costumam lançar candidatos próprios, ou ainda apoiam políticos tradicionalmente vinculados a elas.

Todavia, um favorito na disputa, ou que pareça ter boa chance de vitória, tem possibilidades de conseguir apoio. *Via de regra*, esse tipo de patrocinador costuma contribuir com material impresso, fornecimento de *mailing list* de afiliados, administração da campanha em âmbito interno, utilização da máquina administrativa, dos serviços que cada um oferece aos associados etc. O item mais importante que você pode receber de apoiadores dessa natureza é gerencial e potencial humano, e eleição se faz e se ganha com gente.

Este é o grande segredo das esquerdas e daqueles que, com muito pouco dinheiro, saíram vitoriosos de confrontos com adversários amparados por financiadores fortes e máquinas administrativas poderosas. Qualquer bom observador notará que o PT cresce exatamente nos centros onde os sindicatos se fortalecem e se organizam. Em tempos de crise cada máquina sindical tem poder dez vezes maior do que as máquinas administrativas situacionais.

O segundo grande segredo é transformar os filiados do sindicato apoiador em simpatizantes e em militantes organizados. Já nas entidades patrocinais se pode obter dinheiro, itens estruturais e apoio organizacional, além de acesso individual a cada líder empresarial que compõe a diretoria e a base eleitoral dos dirigentes da associação.

Outras considerações sobre a arrecadação de fundos

São infinitas as fórmulas de abordagem e o rumo das negociações e conversações dependem do humor, da personalidade, da oportunidade, da simpatia e de mais uma série de outros fatores que fogem ao domínio dos candidatos. De uma maneira geral, as chances de conquistar o apoiador são maiores para os mais carismáticos ou simpáticos, depois, os que conseguirem mostrar-se inteligentes, organizados, viáveis eleitoralmente, confiáveis e objetivos. E estas qualidades podem ser demonstradas por quem maneje com eficácia as informações estratégicas descritas anteriormente.

A projeção financeira, além de demonstrar organização, é um meio sutil de fazer seus apoiadores saberem do que você está precisando e assim evitar que inundem o seu comitê com *santinhos* e cartazes, muitas vezes de gosto duvidoso, enquanto o que faltam são adesivos, linhas telefônicas, automóveis, combustível, bolsas de estudo, alto-falantes etc.

A programação visual (*layouts*) de uma campanha serve para despertar interesse e quebrar o gelo, além de impor, com delicadeza, um padrão para aquele que pretende contribuir com material, evitando que sua campanha acabe tendo visuais, *slogans* e diagramações diferentes, quebrando a unidade que dá força e eficácia ao material empregado.

É dando que se recebe

Esta frase, de São Francisco de Assis, gerou a maior polêmica e muita dor de cabeça ao falecido e então deputado federal Roberto Cardoso Alves e às lideranças do Centrão. Mas ela exprime um conceito válido em todos os aspectos da vida e do inter-relacionamento social, empresarial e político da humanidade. No caso dos entendimentos entre candidatos e financiadores, sejam eles políticos, empresários ou cidadãos comuns, a observância da reciprocidade e da relação custo x benefício é fundamental.

Tudo o que foi relacionado até agora perde o significado ou tem seu valor relativizado se o candidato não conseguir conscientizar e convencer seu apoiador de que, no fundo, o que ele investir agora em sua campanha, seja prestígio, serviço, trabalho, material, influência ou dinheiro, terá retorno em futuro determinado. Além da amizade, ou gratidão, o apoiador político, geralmente, é vulnerável à perspectiva de um apoio político no futuro, quando ele estará na mesma situação de candidato.

Também costuma produzir bons resultados, pois reforça o primeiro benefício, a tática de citar um ou dois de seus apoiadores mais notáveis, fazendo-o perceber que você tem condições de conseguir que eles (e mais os outros que não citou) retribuam posteriormente com a campanha eleitoral que o aliado político enfrentará depois. Esta expectativa colocará você na posição de futuro agenciador ou arrecadador de recursos do líder político em sua região, em retribuição ao apoio que este lhe conferir agora.

Outra tática que vi funcionar é usar o maior tato e cuidado possível para não exagerar na dose, mas atemorizar seu interlocutor, deixando-o com a impressão de que, se ele não apoiar, você poderá ser obrigado a *cair* nos *laços* de seus maiores desafetos ou adversários políticos. Uma variante desta estratégia, que pode resultar na conquista do objetivo, é citar vinculações que seu maior adversário teria com os adversários do líder consultado, colocando-se como se fosse o instrumento dele para derrotar não só o seu concorrente, mas também o dele, matando dois *coelhos* com uma só *cajadada*.

A arrecadação de fundos eleitorais: a zona cinzenta no limite da legalidade

O espírito corporativo de algumas instituições e classes envolvidas, resistentes a mudanças ou temerosas de serem alvo de repúdio da sociedade, contribui para que o sistema continue não funcionando, tornando-se cúmplices das mazelas e ilegalidades que caracterizam esta área da atividade política.

A impotência de uns, aliada à franca conivência de outros, coloca em *cheque* os papéis da Justiça, autoridades, políticos, lideranças empresariais, religiosas e sindicais, imprensa e das elites brasileiras. Todos convivem com as contravenções na área de arrecadação de fundos eleitorais, de maneira muito semelhante à *polêmica* que existia em torno da contravenção do jogo do bicho, antes da então juíza Denise Frossard decidir acabar com a farsa: todo mundo sabia que era proibido, a identidade dos contraventores era notória, e afora algumas notícias, aqui e ali, não acontecia nada...

Até o caso Valdomiro Diniz, ninguém confirmava, mas muitos insinuavam que o jogo seria uma das maiores fontes de receita dos caixas eleitorais, assim como outros cartórios que dependem da benevolência do poder para subsistir, beneplácito que os torna, ao mesmo tempo, vítimas do achaque e em fontes promotoras da corrupção.

A grande diferença entre o tema *jogo do bicho* e *arrecadação de fundos eleitorais* é que o primeiro convive intimamente com o povo, tornando toda a sociedade cúmplice da contravenção, enquanto a arrecadação é um tema inexplorado e território de poucos iniciados.

Mas, enquanto o jogo do bicho encontra simpatizantes que o defendem abertamente no noticiário e é visto com benevolência por alguns jornalistas, políticos e personalidades, quando se trata da questão de fundos eleitorais, o *clube* de *infratores* não desfruta, nem de perto, dos índices de popularidade e simpatia com que são vistos os nossos *bicheiros.*

Embora a imprensa, de tempos em tempos, promova discussões em torno das fontes de financiamento eleitorais, o tema é, salvo raras exceções, tratado de forma preconceituosa, fato que inibe a franqueza e dificulta que o problema seja encarado de frente e debatido com a isenção e a profundidade que merece.

Acovardados pelos microfones, diante da perspectiva de serem caracterizados publicamente como contraventores das leis e que foram eleitos para preservá-los e pelo risco de ser enquadrados pela Justiça como réus confessos e terem o mandato cassado, os políticos tergiversam sobre o tema, no que são estimulados por entrevistadores e aplaudidos pela sociedade.

Quando algum deles *escorrega* e revela, como ocorreu com o ministro Ricardo Fiúza no caso dos donativos eleitorais que teria recebido da Febraban (Federação Brasileira dos Bancos), amplos setores da imprensa, xiitas, adversários políticos e os guardiões da moralidade alheia clamaram, indignados, pela *cabeça* do ministro e pelo indiciamento do doador infrator.

O fato virou manchete obrigatória e só arrefeceram-se as críticas dos paladinos da legalidade, quando se ouviram os *clássicos* desmentidos dos infratores, logicamente, envoltos nas costumeiras alegações de que tudo não teria passado de um lamentável mal entendido...

E tudo ficou como antes: todos puderam respirar tranquilos novamente, certos de que a *escandalosa*, inédita e surpreendente *revelação* de que um integrante da classe empresarial teria feito donativos para a campanha de um integrante da classe política, não poderia mesmo ser verdadeira...

No Brasil, não se aceita o fato de que uma campanha eleitoral é um empreendimento que envolve custos, e que estes custos aumentam na mesma proporção em que aumente o número de eleitores a quem for necessário atingir, para assegurar o quociente eleitoral exigido para diplomação e investidura do candidato no cargo disputado.

Do jeito restritivo que a legislação dispõe hoje, disputar uma eleição virou um privilégio exclusivo dos que já são conhecidos (famosos) e dos que contam com o apoio de máquinas (públicas ou privadas, imprensa etc.) para eleger-se. O candidato que segui-la à risca cometeria, com raras exceções, um suicídio eleitoral, e a sua honestidade teria grande chance de ser premiada com a derrota, pois teria que enfrentar, entre outras desvantagens, concorrentes apoiados pelas seguintes forças:

a) *máquinas* das administrações públicas;
b) *máquinas* dos veículos de comunicação;
c) *máquinas* dos sindicatos, igrejas evangélicas etc.;
d) *máquinas* dos empresários ou iniciativa privada;
e) *máquinas* de comunicação de massa.

Tradução: por *máquinas*, entenda-se apoio estrutural e logístico, serviços, privilégios, apoio financeiro, divulgação etc.

Talvez, sob pressão social intensa e na ânsia louvável de restringir o poder político dos antigos *coronéis* e inibir práticas eleitorais clientelísticas, nossos legisladores tenham exagerado a *dose*, criando leis draconianas e capazes de asfixiar o paciente, comprometendo a transparência que deveria envolver o processo eleitoral.

A nobre intenção de garantir iguais condições e chances de disputa a qualquer cidadão que decidisse concorrer a uma posição política, deveria, em tese, minimizar a desvantagem decorrente de eventuais desigualdades financeiras pessoais dos concorrentes. Mas, na prática, acabou fazendo do Código Eleitoral uma obra-prima da ficção, pois é como se, em nome de resolver os problemas econômicos, o Congresso decidisse, por decreto-lei, abolir a lei da oferta e da procura.

A forma, ou nível, em que se desenvolverão as disputas eleitorais no futuro dependerá menos da evolução cultural, ou da maturidade política da nossa sociedade, e mais de como manejarem a pena nossos legisladores e chefes partidários. E, sem a menor dúvida, eles legislarão a favor de seus interesses e no das atuais maiorias, para tentar impedir que as minorias possam ocupar mais espaços, tornar-se maioria e venham a substituí-los no poder.

Algumas premissas para iniciar a busca de soluções

Se realmente o País quisesse evoluir e depurar os processos de escolha de seus dirigentes seria necessário, antes, a consecução de metas que reconheço utópicas:

- desenvolver mecanismo de fiscalização realista e efetivo, capaz de inibir e disposto a punir, rigorosamente, os infratores, acabando com as calúnias e farsas destinadas a enganar eleitores e favorecer a desonestidade;
- acabar com os conluios e o comércio entre as legendas, nas quais se compram vagas, espaços na mídia e alugam-se bocas para disparar contra adversários a quem não interesse ou não se tenha coragem de atacar pessoalmente, sem usar os maus para cassar o direito dos bons como ocorre quando se propõe as cláusulas de barreira;
- que as estruturas partidárias se abrissem, de fato, à democratização dos seus mecanismos de participação interna, deixando no passado a característica de feudos políticos e passando a estimular, qualificar e ampliar a militância partidária, selecionando melhor seus candidatos e, em decorrência direta, promovendo a conscientização política da sociedade e as suas diretrizes partidárias;
- bem mais utópica, reconheço, seria que governantes, sindicatos, religiões, proprietários de veículos de comunicação e segmentos detentores de *máquinas* administrativas influentes, ou que possam ser *emprestadas* para usos e fins eleitorais, abrissem mão de seu poder de influir diretamente na eleição, permitindo, assim, que os mais poderosos instrumentos eleitorais voltem a ser as ideias.

Apesar de estarmos distantes de atingir um estágio ideal, ao menos pode se iniciar o processo de evolução, com a adoção de algumas poucas, mas importantes medidas:

- encarar seriamente os fatos, anistiando os faltosos e passando a discutir, com isenção, fórmulas que poderiam ser adotadas para mudar o atual sistema. Anistia ampla, geral e irrestrita ao passado é a précondição para reformas no presente, por melhores práticas e costumes futuros;
- a origem dos recursos é um segredo de Polichinelo e é preciso parar de punir a franqueza e fingir surpresa diante de fatos que são do conhecimento de todos. Em outras palavras, é preciso *zerar o jogo*;

- evitar que qualquer grupo político, principalmente aqueles que, talvez, só não chafurdaram porque não tiveram chance de fazê-lo, possa tirar vantagem da discussão, posando como paladinos da virtude;
- aceitar que uma disputa eleitoral exige mais recursos do que os que se admitem hoje. É o preço legítimo que se tem de pagar para viver num regime livre e democrático com dimensões continentais e quase 200 milhões de habitantes;
- creio que o melhor para o País, sem proibir o financiamento privado, seria criar um sistema semelhante ao existente em vários países, entre eles, a Espanha e a vizinha Bolívia. Um fundo público para reembolso parcial dos gastos eleitorais dos partidos, com base no percentual de votos obtido por cada um deles nas eleições (sem discriminar ou excluir os partidos com representação minoritária);
- aceitar que, em princípio, nenhum candidato deixará, de forma espontânea e em sã consciência, de valer-se de toda influência e apoio que conseguir arregimentar ao seu redor, para levar vantagem sobre seus adversários;
- aceitar que é imperioso fazer uma opção consciente de qual seria a melhor solução para o problema dos custos eleitorais, como, por exemplo:
  - legalizar os ingressos de donativos provenientes de pessoas jurídicas, com emissão de recibo e publicação das listas de apoiadores de cada candidato ou legenda, mas sem menção pública da quantia da contribuição (já que boa parte dos valores declarados publicamente não são reais mesmo). O montante de cada contribuição ficaria sob sigilo e guarda da Justiça (proteção aos doadores, contra retaliações e pressões);
  - se a opção for pela manutenção da limitação, tornar eficazes e rigorosos os meios de fiscalização, dotando os partidos de verbas públicas que lhes permitam fazer frente aos custos reais das campanhas eleitorais, sem esquecer dos gastos que a Justiça terá de fazer para fiscalizar efetivamente os abusos;
  - ter sempre presente que o apoio financeiro é só uma parte, mínima, das distorções a serem corrigidas. Para haver justiça, é preciso nivelar e enquadrar não só os apoios da iniciativa privada, mas *todos* os setores historicamente envolvidos, principalmente na área pública, sindical e de comunicação.

Quem paga, afinal, o investimento da iniciativa privada e o envolvimento da estrutura pública nas eleições? Os empresários? Os prefeitos, governadores e dirigentes dos órgãos públicos?

Por que não aprovar de vez o financiamento público das Campanhas?

Se você respondeu nenhum deles, acertou em cheio. E a resposta à segunda pergunta é que elas já são financiadas integralmente pelo dinheiro público, por diversos meios indiretos. Vejamos o que acontece, eventualmente, em cada área:

Donativos das empresas

Parte do dinheiro vem da evasão fiscal, verdadeiro nome do que, eufemisticamente, se convencionou chamar de *caixa 2* ou, para falar em linguagem mais atual, *recursos não contabilizados*. Quando não vem do *caixa 2*, o dinheiro *investido* nas campanhas é deduzido diretamente dos impostos a pagar, pois os *donativos* chegam aos candidatos sob a forma de materiais e serviços diversos. Os fornecedores emitem suas notas fiscais contra as empresas *doadoras* que, por sua vez, as lançarão na coluna dos débitos, deduzindo a despesa dos impostos que teriam de recolher.

Envolvimento dos setores públicos e sindicais

Ao conceder, como favores ou privilégios, serviços públicos que teriam, por obrigação constitucional, de prestar à sociedade, independentemente de qualquer critério político, ao vinculá-los à intermediação de candidatos ditos *oficiais* ou *chapa branca*, os titulares estariam usando o dinheiro e a estrutura pública de uma sociedade inteira, para beneficiar apenas uma parte dela. Quem paga a conta são os exauridos contribuintes...

Conta igual pagam os contribuintes que veem o líder sindical apropriar-se dos recursos *arrecadados* de todos os trabalhadores de um segmento (contribuição sindical), e investir o dinheiro e estrutura sindical para favorecer um candidato indicado pela minoria dirigente.

Os veículos de comunicação

E quem imagina que os proprietários dos veículos de comunicação ficam com o *mico* ao serem obrigados a ceder espaços para veiculação dos programas eleitorais dos partidos e candidatos, está enganado. Primeiro, porque os veículos recebem benefícios tributários que lhes permitem recuperar parte dos custos que tiveram com a cessão de espaços para a propaganda dos partidos e candidatos.

Depois, quem paga esta conta são os consumidores e, novamente, o poder público, os primeiros, ao comprar produtos em que estão embutidos os custos com propaganda (mais cara, pois o espaço cedido é compensado, pelas emissoras, com o rateio daqueles custos pelos demais horários da programação), os governos perdem em arrecadação, pois os anunciantes deduzem os seus gastos publicitários dos impostos que teriam que recolher...

As transações ilícitas para legalizar o dinheiro gasto nas eleições

Após as eleições, a legislação cria um verdadeiro problema para todos os que receberam um dinheiro que, oficialmente, nunca foi gasto, resultando em operações de compra e venda de bens sub ou superfaturados e, quem sabe, até, provocando a evasão de divisas, pois é preciso reintegrá-lo ao sistema monetário oficial ou sumir com as evidências do crime de evasão fiscal.

Moral da história: a conta é sempre deduzida dos tributos, e todos nós, cidadãos, somos compulsoriamente os acionistas da *viúva*.

O que é abuso econômico?

Esta é uma área na qual a Justiça Eleitoral tem atuado com agilidade e tomado várias decisões condenando os infratores, fato que inibiu e reduziu muito esta prática eleitoral nociva. Mas, ainda persistem vários problemas e desafios insuperáveis para a nossa Justiça, todos devido à complexidade de um orçamento de campanha, anteriormente descritos.

O fato de ser possível quantificar os recursos humanos e serviços afetos às campanhas, não significa que o dinheiro tenha saído, diretamente, do bolso do candidato. Contudo, é certo que saiu do bolso de alguém, ou do esforço conjunto de colaboradores, simpatizantes, aliados políticos em função de interesses ou ideal de pessoas ou grupos.

Quanto custaria, para um cidadão que pretenda candidatar-se e não desfrute de amigos dispostos a emprestar-lhe favores do tipo: fretamento de *jatinhos* como os utilizados pelos candidatos presidenciais de 1989 a 2002? Caso tivesse de fretar os voos, para equiparar-se aos adversários em mobilidade, como a Justiça classificaria suas contas na hora de apresentar os gastos no TRE?

Sugiro ao caro leitor que tome conhecimento desta matéria publicada na revista *Época*, em 2002, e pense se não se aplicaria a cada eleição, nos últimos 20 anos:

Edição 213, 17/6/2002

ELEIÇÕES 2002 : MATÉRIA DE CAPA – A ELEIÇÃO DE R$ 3 BILHÕES

Começa o show dos milhões

Partidos antecipam convenções para passar chapéu atrás de R$ 145 milhões para a campanha presidencial

David Friedlander e Thomas Traumann

O diálogo ocorreu semanas atrás no 7º andar de um prédio de escritórios de São Paulo. O deputado federal e candidato à reeleição pelo PPS, Emerson Kapaz, homem de confiança do presidenciável Ciro Gomes, recebeu um vereador da Grande São Paulo, que apareceu para lhe oferecer apoio.

– Posso conseguir 2.500 votos para sua campanha. Mas preciso de ajuda – disse o vereador.

– Que tipo de ajuda? – perguntou Kapaz.

– Duzentos mil reais para conseguir esses votos em minha região – explicou o vereador.

– Mas isso é um absurdo. Você quer gastar mais de R$ 70 por voto? – respondeu Kapaz.

– Mas esse é o preço. Há outro candidato a deputado federal pagando mais – afirmou o vereador.

Kapaz recusou a proposta e o vereador foi procurar outro candidato. Neste momento, conversas iguais a essa estão se multiplicando pelo País. Na correria atrás de financiamento, 15 mil candidatos pedem apoio para disputar mais de 1.500 cargos nas Assembleias Legislativas, no Congresso Nacional e nos governos estaduais. Um lote mais vistoso de quatro concorrentes percorre gabinetes, frequenta jantares e promove seminários em busca de ajuda para a corrida principal – a Presidência da República.

Precisam de dinheiro para produzir programas de TV, espalhar cartazes, distribuir camisetas e bonés, organizar comícios e tudo que for possível para tornar seus nomes conhecidos. Embora muitos tentem esconder, na prática essa conta será bancada pelas grandes empresas – legalmente e por fora. As montadoras, que nunca aparecem na contabilidade oficial, vão novamente emprestar centenas de carros por baixo do pano. O Banco Itaú e o grupo Odebrecht, os que mais doaram legalmente na eleição de 1998, estão agendando reuniões para escolher quem e como apoiar. "Nas próximas semanas vou reunir os acionistas para definir nossa contribuição. Deve ficar no mesmo patamar de 1998", afirma Antônio Ermírio de Moraes, da Votorantim. Naquela eleição, o grupo compareceu com R$ 3 milhões. Se depender só de Antônio Ermírio, a maior parte da doação será destinada ao tucano José Serra e ao petista Luiz Inácio Lula da Silva.

De olho nos donativos empresariais, os partidos decidiram antecipar o calendário eleitoral. Na semana passada, PT, PSB e a coligação PPS-PTB-PDT lançaram oficialmente Lula, Anthony Garotinho e Ciro. Neste sábado, seria a vez de Serra. Pela lei, o prazo de homologação das candidaturas iria até o fim do mês, mas os partidos apressaram o cronograma porque só depois das convenções é que a arrecadação oficial de dinheiro para campanha pode começar. "Alguns empresários nos procuraram querendo contribuir, mas só agora podemos aceitar", conta Delúbio Soares, tesoureiro da campanha de Lula. Os partidos têm até o mês que vem para apresentar seus orçamentos de campanha ao Tribunal Superior Eleitoral (TSE), mas anteciparam à *Época* o valor máximo que esperam arrecadar no primeiro turno:

- **Lula – R$ 30 milhões.** É o valor com que o PT trabalhava na semana passada. Pode crescer se o partido fechar a coligação com o PL. Nos próximos dias, 270 mil filiados do PT começam a receber uma mala direta pedindo colaborações que vão de R$ 10 a R$ 50. O partido espera arrecadar com isso cerca de R$ 10 milhões e pre-

O PREÇO DO PRESIDENTE	
Estimativa de gastos reais da campanha de 2002 para a Presidência, segundo estudo feito para ÉPOCA pelo professor Gaudêncio Torquato (em R$)	
Programas de TV e rádio	20 milhões
Funcionários e cabos eleitorais	15 milhões
Transporte aéreo, locação de veículos e combustível	8 milhões
70 milhões de santinhos, cartazes e folhetos	8 milhões
Estrutura de comícios e carreatas	6 milhões
5 milhões de camisetas e bonés	4 milhões
10 milhões de bandeiras e *bottons*	2 milhões
Telemarketing	2 milhões
700 *outdoors*	2 milhões
Pesquisas de opinião	1,7 milhão
Alimentação	1 milhão
Aluguel e manutenção de comitês	300 mil
TOTAL	70 milhões

tende levantar os outros R$ 20 milhões com empresas. Representantes do PT já estiveram com os principais empresários do País para apresentar seu programa de governo. O passo seguinte será pedir apoio financeiro.

- **Serra – R$ 60 milhões.** É mais ou menos a mesma quantia da reeleição de Fernando Henrique Cardoso, corrigida pela inflação. "É o valor com que estamos trabalhando, ainda pode sofrer alguma variação", afirma Milton Seligman, coordenador-executivo da campanha tucana. Os programas e comerciais de rádio e TV de Nizan Guanaes vão consumir R$ 24 milhões, ou 40% do orçamento.
- **Garotinho – R$ 30 milhões.** O ex-governador que fez fama com o restaurante e o hotel de R$ 1 vai repetir a dose e pedir aos eleitores contribuições no mesmo valor. "Se o candidato está bem nas pesquisas, o telefone não para de tocar com ofertas de doação. Mas, se ele não decola, ninguém aparece. O candidato precisa estar acima dos interesses dos doadores", explica o deputado Alexandre Cardoso, secretário de finanças do PSB.

- **Ciro – R$ 25 milhões.** A estimativa da coligação PPS-PTB-PDT era arrecadar até R$ 15 milhões, mas na convenção da segunda-feira foi decidido ampliar esse teto. "À medida que a campanha empolgar, teremos mais facilidade para arrecadar", explica o deputado Walfrido Mares Guia, do comando da campanha.

Por que é tão caro?
Eleitores vendem seus votos, mas não entregam

Setenta milhões de reais é muito dinheiro para ser gasto em pouco mais de três meses, o prazo de uma campanha. São R$ 700 mil por dia, ou cerca de R$ 500 por minuto. O valor foi calculado pelo consultor político Gaudêncio Torquato, a pedido de ÉPOCA. Está bem perto dos R$ 60 milhões que o PSDB orçou para a campanha de Serra e próximo do que o mundo político imagina que será o custo do primeiro turno.

Tudo indica que esta será uma campanha televisiva, em que os candidatos gastam os tubos na produção de sua imagem. Os dois programas de TV que Duda Mendonça já fez para o PT, por exemplo, custaram R$ 700 mil. Os candidatos vão gastar muito dinheiro com avião, combustível e hospedagem para cruzar o País e participar de eventos que têm como finalidade principal produzir imagens para os programas de TV. Anthony Garotinho já visitou 15 Estados. Só de aluguel de jatos da Líder Táxi Aéreo, ele afirma ter pago R$ 100 mil pelos últimos dois meses. O comando tucano orçou em R$ 12 milhões apenas a mobilização de pessoal e a organização de eventos País afora. Antes mesmo de a campanha começar, o PTB desembolsou R$ 500 mil com Ciro Gomes, incluindo despesas miúdas como os R$ 2.250 que somam aluguel de apartamento, luz e telefone em Brasília. Um item gigantesco, nunca refletido nas prestações de contas, são os cabos eleitorais. Em suas tarefas mais visíveis, eles organizam os garotos que distribuem santinhos na rua e as jovens que agitam bandeiras nas esquinas das grandes cidades. Em sua função menos ortodoxa, cabo eleitoral é o prefeito, o vereador e o líder comunitário que vendem currais eleitorais para os candidatos. São eles que oferecem uniformes para os times de futebol de várzea, dão o par de havaianas, e, no dia da eleição, transportam o eleitor até a urna.

Uma pesquisa do Ibope revela que o aliciamento eleitoral chega à compra de votos. De acordo com o levantamento, 6% dos eleitores disseram ter recebido propostas de suborno. Conforme o mesmo levantamento, a pessoa até aceita o dinheiro, mas a maioria acaba votando em quem quer, não em quem pagou.

Ao todo, os presidenciáveis pretendem levantar cerca de R$ 145 milhões, quantia que precisa ser bem entendida. Muitos políticos consideram que o valor real das campanhas será muito maior. Para começar, é um orçamento que vale apenas para o primeiro turno – já que o segundo é uma nova eleição, com novos gastos. Outro ponto é que a campanha para presidente é apenas a locomotiva, atrás dela há as candidaturas a governador, deputados estaduais e federais e senadores. Políticos, empresários e consultores com anos de estrada calculam que, no conjunto, a campanha política deste ano movimentará dinheiro que não acaba mais – algo perto de R$ 3 bilhões. Grande parte não vai aparecer nas contas que os partidos são obrigados a prestar à Justiça Eleitoral. Vai circular no submundo do caixa 2, contabilidade paralela que muitas empresas usam para sonegar imposto e os partidos para pagar despesas não justificadas. "A eleição brasileira é uma das mais caras do mundo. Só perde para a dos Estados Unidos", compara o pesquisador David Samuels, da Universidade de Minnesota, autor do primeiro estudo detalhado sobre as prestações de contas nas campanhas brasileiras. "A diferença é que nos EUA os políticos pagam, e muito, para aparecer na TV, enquanto no Brasil o horário eleitoral é gratuito."

VOTOS COMPRADOS
Pesquisa mostra que um em cada 17 eleitores sofreu tentativa de corrupção nas últimas eleições

Nas eleições municipais de 2000, alguém tentou comprar seu voto?
6% responderam sim. Nas regiões Norte e Centro-Oeste, o índice chegou a 12%

Quanto foi oferecido pelo voto?
50% disseram até R$ 50

Você aceitou?
31% dos abordados aceitaram

Você votou no candidato que lhe deu dinheiro?
75% descumpriram o combinado

Fonte: Ibope/Transparência Internacional.

No Brasil, boa parte das contribuições é ilegal, o que acentua o clima nebuloso que envolve o assunto. A impressão geral é de que os políticos retribuem a doação depois que chegam ao poder. Em geral, as coisas não se passam com essa crueza, embora o histórico convívio entre políticos e empreiteiros sempre tenha sido azeitado por polpudas verbas de campanha. Entre os principais financiadores, é grande o número dos que contribuem às claras. Em 1998, o Itaú desembolsou US$ 2,24 milhões para a reeleição de FHC, US$ 151 mil para Lula e US$ 86 mil para Ciro. A direção do banco, por meio de nota enviada à *Época*, informa que apoia vários candidatos e partidos dentro do "conceito de responsabilidade da empresa com a democracia". Mas ressalva que "o banco se reserva o direito de concentrar seu apoio em candidatos que, em seu julgamento, oferecem as ideias mais eficientes. O Itaú jamais solicitou qualquer vantagem como compensação".

A vantagem que os grandes doadores conquistam é o livre acesso aos candidatos que ajudam a eleger. A contribuição dá aos mecenas o privilégio de ouvir e ser ouvido, de ter a atenção de ministros em momentos essenciais, de contar com parlamentares que ajudem a acelerar projetos. Antes de se tornar embaixador do Brasil em Roma, Andrea Matarazzo, que foi caixa na reeleição de Fernando Henrique Cardoso, organizou meia dúzia de jantares com o presidente, seus principais ministros e cardeais do empresariado. Houve encontros no Palácio do Alvorada, mas a maioria foi no apartamento de Matarazzo, em São Paulo. Estiveram presentes os banqueiros Olavo Setubal, José Safra e Lázaro Brandão; e industriais como Antônio Ermírio e Jorge Gerdau, entre outros. Ninguém ia à residência de Matarazzo falar sobre dinheiro ou eleição, mas o presidente permitia aos empresários – também seus principais financiadores – uma aproximação e liberdade que outros eleitores nem sonham. "É sinal de prestígio. O pessoal vai mais para ver e ser visto, para dizer depois que esteve com o presidente. Isso conta, " afirma o presidente de uma multinacional.

OS QUE GASTARAM MAIS

As campanhas mais caras para o Congresso em 1998 – em US$ 1.000

Deputados		Senadores	
Ronaldo Cezar Coelho PSDB-RJ	1.673	Luiz Pontes PSDB-CE	4.447
Delfim Neto PPB-SP	786	José Alencar PL-MG	3.372
Moisés Lipmik PL-RR	689	Jorge Bornhausen PFL-SC	2.012
Valdemar Corauci PFL-SP	681	Eduardo S. Campos PSDB-TO	1.047
José Carlos da Foseca Jr. PFL-ES	675	Fernando Bezerra PTB-RN	1.024

Fonte: David Samuels sobre dados do TSE, calculado pelo câmbio médio de 1998 (US$ 1 = R$ 1,16)

Forças permanentes da vida pública de qualquer nação, o poder econômico e o poder político quase sempre andam de mãos dadas, e isso nem sempre é nocivo para um país. Empurradas pelo eleitorado de baixo, empresas de porte ajudaram a bancar a mobilização pela democratização nos anos 1970. Mais tarde, unidas, as principais corporações passaram um bisturi nos capítulos econômicos da Carta de 1988. Em países de democracia sólida, a força do dinheiro acaba se dividindo em parcelas mais ou menos iguais, embora as siglas conservadoras costumem levar, quase sempre, um bocado maior.

Seria simplista imaginar a relação entre financiadores e candidatos como vassalagem, porém. O político tira seu ganha-pão do salário proporcionado pelo mandato, mas sua sobrevivência depende da boa vontade de quem tem dinheiro para facilitar a reeleição. Por isso, ele dá a seu doador o mesmo tratamento preferencial que o médico dispensa ao paciente que paga a consulta. O pessoal do convênio fica para depois e quem está no SUS sempre fica no fim da fila. "Nenhum doador pode me pedir para votar de um jeito. Agora, é natural que, se houver uma votação de interesse dele, antes de decidir ouço suas opiniões. Depois voto como achar melhor", explica o ex-governador e deputado federal Luiz Antonio Fleury Filho (PTB-SP).

OS DONOS DO COFRE...
A lista com os maiores contribuintes da campanha de 1998, somando as doações para a de presidente, governadores, senadores e deputados federais – em milhões de dólares
Banco Itaú S.A. – 5
Odebrecht – 4,8
Copesul – 4,5
Andrade Gutierrez – 3,3
Votorantim – 3
Ipiranga – 2,8
Inepar – 2,7
Bradesco – 2,2
Unibanco – 2,2
Companhia Vale do Rio Doce – 2,2

... E DAS ELEIÇÕES			
Compare quantos políticos cada empresa ajudou a eleger			
Deputados	Senadores	Governadores	Presidente
24	5	3	1
28	3	5	1
9	3	2	1
5	3	4	1
12	2	1	1
18	3	3	1
5	1	3	1
–	–	1	1
18	–	5	1
4	–	1	1
Fonte: David Samuels sobre dados do TSE, calculado pelo câmbio médio de 1998 (US$ 1 = R$ 1,16)			

Há situações de influência direta. Um caso exemplar foi a disputa entre o empresário Paulo Cunha, do grupo Ultra, e o megaempreiteiro baiano Emílio Odebrecht. Os dois queriam o controle da Copene, o maior complexo petroquímico da América Latina, e pleiteavam financiamento oficial para a aquisição. O grupo Odebrecht acionou parte dos 28 deputados e três senadores que ajudou a eleger. Os parlamentares denunciaram favorecimento ao Ultra, ameaçaram convocar o então presidente do BNDES, Francisco Gros, para dar satisfações no Congresso. "Nossa tática foi usar os deputados para constranger o governo", diz um executivo do Odebrecht. A Copene terminou nas mãos do Odebrecht.

Na visão dos doadores, o Congresso é povoado por duas espécies de parlamentar. Os mais numerosos são os *despachantes*, congressistas com trânsito limitado, influências regionais, que só contam na hora da votação. Há quatro anos, opera em Brasília um grupo de pressão que interessa unicamente ao empresário paranaense Francisco Simeão, o Chico Rico. Dono de uma indústria de reciclagem de pneus, ele enfrentou as multinacionais Pirelli e Goodyear e, auxiliado por deputados, fez passar uma resolução no Congresso que privilegia apenas sua empresa. Como a reciclagem começou a dar lucro, vários deputados já contam com a retribuição nesta campanha eleitoral.

A ala mais nobre do Congresso é formada pelos *cabeças*, cerca de 50 parlamentares que influenciam os demais. São os que mais recebem dinheiro na hora da campanha. O campeão desse time é o deputado Delfim Netto (PPB-SP). Em 1998, ele declarou ter recebido o equivalente a US$ 786 mil (Ronaldo Cezar Coelho, que declarou gastos de US$ 1,673 milhão, diz ter usado o próprio dinheiro). Neste ano, ele foi relator do projeto que isentou as operações em bolsa de valores do pagamento da CPMF. O assunto era bandeira do mercado financeiro, grande patrocinador das campanhas de Delfim. Dividia o governo, sofria a oposição da Receita Federal, mas passou no Congresso seguindo a influência de parlamentares como Delfim e o tucano Antonio Kandir. "Ninguém se atreveria a me cobrar para votar nisso ou naquilo. Eles me apoiam porque sabem o que penso", afirma Delfim.

Com reportagem de Neuza Sanches, Gerson Camarotti e Marceu Vieira

Dinheiro na zona cinzenta

Como os partidos escondem o empréstimo de carros e jatos da Justiça Eleitoral

David Friedlander e Thomas Traumann

Oficialmente, as montadoras de automóveis nunca apareceram nas prestações de contas que os partidos são obrigados a apresentar à Justiça Eleitoral. Mas não existe campanha de peso que não rode a bordo de centenas de carros emprestados pela indústria automobilística. Executivos de duas fabricantes contaram a *Época* como é o truque. Elas entregam os carros para a concessionária e avisam o nome dos candidatos favorecidos. No fim da campanha, os partidos devolvem os veículos – muitos deles em péssimo estado – e a concessionária é compensada com descontos na hora de renovar o estoque com a montadora. "Nunca demos mais de 300 carros. Todos os partidos nos fazem o pedido", diz um deles.

No caso dos jatinhos, essenciais numa campanha presidencial, em que o candidato acorda em Porto Alegre, almoça em Belo Horizonte e tem comício à noite no Recife, o esquema funciona de duas formas. O empresário banca o aluguel ou empresta seu avião. Nas duas situações, o voo aparece como se tivesse sido feito por funcionários da empresa. As contribuições em espécie envolvem também fornecimento de papel, impressão de santinhos e cartazes, doação de camisetas ou cessão de funcionários. As empresas escondem essa ajuda, contabilizando tudo como custo. Com isso, o candidato fica à vontade para não declarar as doações à Justiça.

É tanto dinheiro correndo por fora que políticos tarimbados disseram a *Época* que em alguns casos o caixa 2 é maior que o oficial. O único caso de punição até hoje foi a cassação, em 2001, do ex-governador do Piauí, Mão Santa, mesmo assim três anos depois de uma eleição cheia de denúncias de corrupção eleitoral. No momento, a principal investigação profunda sobre caixa 2 envolve três ex-arrecadadores da campanha da reeleição de Fernando Henrique Cardoso. A pedido do Ministério Público, a Receita Federal descobriu que em 1998 o grupo movimentou em suas contas mais dinheiro que o declarado no Imposto de Renda. O ex-ministro Luiz Carlos Bresser Pereira, o embaixador e ex-ministro Andrea Matarazzo e o ex-diretor do Banco do Brasil Ricardo Sérgio de Oliveira são suspeitos de ter levantado recursos que não foram declarados na prestação de contas de FHC. O procurador Guilherme Schelb, responsável pela investigação, está convencido da existência de uma contabilidade paralela na prestação do presidente. De cada R$ 5 arrecadados, R$ 1 teria sido por fora. A Receita tenta conferir a origem do dinheiro.

O trabalho de Schelb e da Receita está tendo repercussões na campanha de José Serra. Pessoas convidadas a cuidar do caixa do PSDB recusaram, temendo problemas com o Fisco. Dos três nomes que vão formar o comitê financeiro tucano, apenas está confirmado o do publicitário Luiz Fernando Furquim. Não é só o PSDB que encara a indicação do caixa de campanha como uma decisão estratégica. Para o papel de tesoureiro, Ciro escolheu o irmão, Lúcio Gomes. Luiz Inácio Lula da Silva encarregou de buscar pessoalmente as contribuições um amigo de mais de 20 anos, Paulo Okamoto, que já foi acusado de recolher dinheiro de prefeituras do PT. As operações por baixo do pano são tão comuns que a Fiesp e o Instituto Ethos lançaram uma cartilha com um pedido aos empresários para que passem a respeitar a Justiça e só façam doações legais. "Alguns empresários gostam de dar dinheiro pelo caixa 2 porque acreditam que isso cria uma relação de cumplicidade com o candidato. Outros dizem que preferem não aparecer, temendo retaliação, caso seu candidato seja derrotado. E ainda há os que receiam ser arrastados por um escândalo em torno do político que ajudaram", conta o presidente da Fiesp, Horácio Lafer Piva. "Mas nada disso se justifica. Um político eleito com caixa dois toma posse com um pé na ilegalidade."

Um dilema global

O mundo inteiro discute como financiar campanhas sem comprometer a democracia

Carlos Alberto Jr. e Thomas Traumann

Eleição e dinheiro formam uma combinação perigosa em qualquer lugar do mundo. Na Alemanha, país em que o Estado banca as despesas dos candidatos e as empresas não podem fazer doações, o ex-chanceler Helmut Kohl encerrou a carreira depois de pilhado embolsando US$ 2 milhões que pertenciam a seu partido. Na França, que segue o mesmo padrão, a Justiça investiga o pagamento de comissões a políticos próximos ao presidente Jacques Chirac. No Brasil, em que o financiamento é quase livre, o escândalo mais recente apareceu em uma mala com R$ 1,3 milhão, apreendida numa empresa da ex-governadora do Maranhão, Roseana Sarney. Como nenhum sistema é perfeito – e muito menos os políticos –, a questão que muitas democracias hoje discutem é como assegurar eleições justas e transparentes.

No Congresso brasileiro tramitam cinco projetos que propõem o financiamento público das eleições. Os partidos receberiam dinheiro do Estado para sustentar despesas eleitorais. O princípio seria dar chances iguais a todos, anulando a vantagem dos candidatos apoiados pelo poder econômico. Uma campanha para deputado federal em São Paulo teria, segundo um dos projetos, um limite de R$ 200 mil – mas sabe-se que hoje uma campanha de um político razoavelmente conhecido não sai por menos de R$ 1 milhão. A verba do financiamento público seria distribuída proporcionalmente à votação do partido na eleição anterior e, pelo menos na lei, não haveria mais doações privadas. Há um problema, porém. Se essa regra tivesse sido adotada em 1989, Ulysses Guimarães (PMDB) teria recebido mais da metade do bolo – embora o resultado final tenha mostrado que apenas 4,4% dos eleitores o quiseram como presidente. Portanto, oferecer recursos de acordo com a eleição anterior traz o risco de impedir o surgimento de novas opções políticas.

Além disso, a prática brasileira mostra que os políticos costumam arranjar formas de burlar as proibições. O caso mais notável foi o de Fernando Collor, que encheu as burras com dinheiro arrecadado ilegalmente na eleição de 1989. As propostas pró-financiamento público estimam que o Tesouro gastará R$ 900 milhões com os candidatos. Avaliações realistas, porém, indicam que a campanha brasileira custará em torno de R$ 3 bilhões. "Sem fiscalização, os bancos e as empreiteiras continuariam doando. Seria só mais dinheiro nas mãos dos políticos", diz o professor David Fleischer, da UnB. "É preciso ter cuidado para não criar um monstrengo que apenas tira dinheiro do Tesouro", alerta o cientista político Jairo Nicolau, do Iuperj.

O financiamento totalmente livre tem adversários e defensores capazes de empregar argumentos democráticos. Está apoiado no princípio da liberdade de escolha: o cidadão tem direito de ajudar quem quiser e com quanto quiser, seja R$ 1 milhão, seja R$ 100. Nos EUA, seus defensores dizem que a interferência estatal perpetua os grandes partidos no poder e impede a mobilidade política. O Congresso americano aprovou recentemente uma reforma no sentido contrário, limitando os gastos das empresas. A mudança é consequência da falência da Enron, que nos últimos dez anos ajudou com dinheiro as eleições de 259 parlamentares. Ela deu dinheiro gordo para a campanha do Partido Republicano, tinha executivos no gabinete de George Bush e contou com a vista grossa do governo e do Congresso para esconder seu rombo. Por sua vez, o democrata Albert Gore foi flagrado usando a estrutura da Casa Branca para conquistar financiadores chineses.

Não há, portanto, um remédio milagroso. Mas é possível melhorar. A legislação brasileira atual foi moldada para deixar a esquerda em desvantagem ao impedir a contribuição dos sindicatos. Outros defeitos são a impunidade e a falta de fiscalização. É um paradoxo que os governantes se elejam para defender a Constituição descumprindo a lei antes de tomar posse, aceitando verbas de caixa 2, falsificando prestações de contas e comprometendo seu mandato com os interesses dos doadores. O ideal é que as campanhas tenham regras claras que qualquer eleitor possa conferir. O comportamento dos políticos deve seguir o padrão do resto da sociedade. Sem privilégios nem perseguições.

Mas o que preocupa este autor foi o teor da entrevista dada pelo presidente do STE à revista *Época*, anunciando acordo com a Receita Federal para fiscalizar os candidatos e doadores, que reproduzo abaixo:

Promessa de rigor

O presidente do TSE anuncia acordo com a Receita para fiscalizar candidatos e doadores

Deputado federal durante oito anos, ministro da Justiça por dois, o presidente do Tribunal Superior Eleitoral, Nelson Jobim, conhece por dentro os bastidores das campanhas políticas. Em entrevista a *Época*, Jobim anuncia uma parceria com a Receita Federal para combater o caixa 2.

Época – *Sinceramente, o senhor considera séria a maioria das prestações de contas dos candidatos?*
Nelson Jobim – Nem sempre. O grande problema ainda é o caixa 2. Se as pessoas querem contribuir, ótimo. Mas que o façam de forma transparente.

Época – *Por que tantos preferem o caixa 2?*
Jobim – Num recente debate, um dos empresários disse que deseja colaborar, mas não gostaria de ser identificado porque teme retaliações caso seu candidato seja derrotado. Acho esse argumento absolutamente falso. Esse empresário quer ficar bem com todo mundo. É uma conduta antiética e, portanto, alimentadora e reprodutora da corrupção.

Época – *Dá para acabar com o caixa 2?*
Jobim – Vou dar um conselho: o empresário que não quiser doar com transparência, que não o faça. Porque se fizer, e nós descobrirmos, teremos outro tipo de conversa. Desta vez vamos ter condições de identificar o financiamento ilegal de campanha. Mas, além de investigar o candidato, vamos acusar também aqueles que fizeram doações à margem da lei.

Época – *Como?*
Jobim – Nesta eleição, o TSE terá um sistema *on-line* com a Receita para fiscalizar os valores de doações. Então, através do cruzamento de informações enviadas pelos partidos e com o material da Receita, verificaremos se as pessoas estão cumprindo as limitações legais. O caso do ex-governador Mão Santa, que perdeu o mandato depois de três anos, é um sinal de que o TSE vai exigir transparência nas eleições. Mas, além de ser feita pela Justiça, a fiscalização tem de ser feita pelo Ministério Público, pelos partidos e pela sociedade.

Época – *Como ficam os crimes das eleições passadas?*
Jobim – Quanto aos pleitos anteriores não há mais o que fazer. Já não há mais como cassar, até porque os mandatos estão terminando.

Época – *Como o senhor avalia o caso da ex-governadora Roseana Sarney, que justificou o R$ 1,3 milhão encontrados em sua empresa como doação de campanha?*
Jobim – Não posso opinar porque isso pode virar um procedimento eleitoral. Apenas digo que só se consideram doações para a campanha os valores arrecadados depois do dia 5 de julho.

Época – *Quando candidato, como o senhor lidava com as doações?*
Jobim – Só recebia doação legal. Uma vez me disseram que tinha um doador que não queria aparecer. Então respondi: "Ou contribui aparecendo, ou então não quero".

Gerson Camarotti

Para o autor, a admissão do ministro Nelson Jobim (como todos os seus antecessores) à lógica (são juízes, não auditores contábeis) limitação da Justiça para fiscalizar as prestações de contas feitas pelos candidatos e partidos, é um bom exemplo de transparência e franqueza, respeitando a sociedade e expondo as dificuldades que a Justiça enfrenta. Contudo, creio que a solução teria, obrigatoriamente de ser outra, pois julgo inadmissível a convocação de um órgão do Poder Executivo para auxiliar numa tarefa do Poder Judiciário, pelas seguintes razões:

1 – Sendo a Receita Federal um órgão com sua direção nomeada pelo presidente (entre correligionários leais de seu grupo político), não seria temerário que a Justiça (que é um poder independente e tem isenção para julgar) vá buscar ali ajuda para fiscalizar as contas do próprio

grupo político que controla a Receita e, pior, das demais agremiações políticas?

2 – Não seria mais apropriado que a Justiça pedisse dotação orçamentária suplementar para contratar uma auditoria independente e sem qualquer vinculação política para poder desincumbir-se de seu papel constitucional?

3 – Não seria melhor ainda buscar uma legislação aplicável, que levasse em conta a realidade e limitações do Poder Judiciário, que julgaria apenas os casos de denúncias de abusos que estivessem bem fundamentados? Ou se valesse de seus peritos contábeis credenciados para fazer as análises, ampliando os limites de prazo para aprovação das contas?

14. Os Materiais e Serviços Utilizáveis Numa Campanha

Os gastos com materiais e serviços de campanha absorvem em média entre 30 e 40% dos recursos financeiros a ser despendidos, enquanto os 60% restantes são comprometidos com outros gastos, tais como folha de pagamento, gasolina, transporte, postagem, despesas com funcionamento de comitês, cabos eleitorais etc. Nos países desenvolvidos, 10% dos gastos eleitorais são consumidos em pesquisas.

O planejamento de materiais e serviços é primordial e pode representar economia substancial com gastos dessa natureza, assegurando ainda mais tranquilidade e segurança ao candidato em relação à disponibilidade desses materiais, sempre que precisos, evitando correrias de última hora e riscos desnecessários.

Um planejamento bem feito pode servir de valioso auxílio na arregimentação de apoios e de recursos financeiros tão preciosos e disputados, pois uma boa apresentação da campanha reforça a imagem de organização eficiente, capaz de levar a candidatura à vitória.

A apresentação da previsão aos possíveis financiadores, acompanhada pela justificativa do uso e da eficácia de cada material, ou serviço orçado, facilita-lhes apreciação de onde o dinheiro estará sendo empregado, evitando respostas vagas de apoio financeiro, pois o candidato pode – e deve – sair de cada entrevista com recursos assegurados, tanto em espécie como em compromisso de compra de materiais que pretenda utilizar no decorrer da campanha.

A melhor tática para o candidato, junto aos possíveis colaboradores *difíceis*, é apresentar-lhes uma lista de materiais e solicitar que cada um escolha uma das alternativas ali contidas, como forma de contribuição. Afinal, é melhor sair com um passarinho na mão agora, do que com a promessa de dois passarinhos no futuro, principalmente quando se sabe que o mesmo colaborador será assediado por inúmeras outras solicitações de apoio financeiro por parte de candidatos rivais, o que torna bem real a probabilidade de que venha a pulverizar cada vez mais as suas contribuições.

Acompanhando o orçamento e planejamento de materiais e serviços, e reforçando o impacto da apresentação, é conveniente também mostrar os elementos visuais que se pretende utilizar na campanha, tais como símbolos, cores, *slogan, layouts* etc.

BRASMARKET

Assessoria de *Marketing* Político e *Merchandising*

Mapa aplicativo dos materiais, segundo local de exposição/época/utilização/alvo

Comícios

- camisetas
- palanques móveis (ou desmontáveis)
- balões aluminizados
- adesivos de papel
- *bottons*
- bandeiras
- bandeirolas
- fogos de artifício
- estandartes
- filipetas ou santinhos
- calendários de bolso
- brindes
- bonecos gigantes
- balões luminosos
- fitas de cabeça
- viseiras
- bonés
- *shows*

Comitês Eleitorais

Decoração externa

- placas
- faixas
- estandartes
- adesivos

Praia/Litoral

- guarda-sóis promocionais
- barracas de praia *idem* (guarda-pertences)
- pipas (papagaios)
- viseiras
- bonés
- minitravesseiros plásticos
- copos descartáveis
- camisetas
- adesivos (vendedores e *trailers*)
- porta-guardanapos (*trailers* e bares)
- *pallettes* (*idem*)
- lenços de cabeça
- deflectores solares
- copos descartáveis de água gelada
- forminhas de areia de plástico
- toalhas e esteiras

Estágios/Campeonatos/Torneios//Eventos Esportivos – Apoio aos Esportes

- viseiras
- painéis para campo
- camisetas
- bandeirolas de papel/plástico
- tabelas de jogos (campeonatos paulista e brasileiro)
- faixas
- copos descartáveis
- saquinhos de sanduíches/amendoim/pipoca
- selos autoadesivos
- troféus e medalhas
- jogos de camisas
- bolas de futebol de campo/salão
- deflectores solares

Bares/Restaurantes/Lanchonetes/Padaria/Clubes

- *pallettes*
- porta-guardanapos
- jogos americanos (toalhas de papel ou plástico)

- cavaletes-cardápios
- cardápios/menu
- porta-canudos
- bolachas de chope
- adesivos
- miniestandartes
- plaquetas de poliestireno: "Fiado, só no Itaú"
- lousas (quadros-negros)

Casas Lotéricas

- cartelas da sorte (loto)
- piões da loteria esportiva
- caixinhas da sorte (loteria esportiva)

Barbeiros/Cabeleireiros/Consultórios/Escritórios

- revistas de histórias em quadrinhos (H.Q.)
- jornais-programas
- calendários de mesa
- folhinhas de parede
- canetas
- clipes
- porta-canetas/clipes
- selos autoadesivos
- réguas
- adesivos

Automóveis/Caminhões

- adesivos
- deflectores solares
- símbolos adesivos refletivos
- faixas para-choque
- para-barros
- faixas adesivas – quebra-sol

Carros de Campanha

- adesivos para porta
- bagageiros adaptados para som e painéis

- painéis para bagageiro
- *kits* de sonorização

Ônibus/Metrô/Trem

- adesivos para laterais
- cartazes para interiores
- brindes para usuários
- carteirinhas porta-passes/bilhetes
- materiais para estação
- adesivos
- *indoors* de coluna

Palanque Móvel

- projeto: construção, equipamento elétrico, decoração
- adaptação
- geradores, equipamentos de som, iluminação

Convenções/Comemorações/Hotéis

- faixas
- impressos personalizados (mala direta)
- guia turístico da cidade com mapa
- selos autoadesivos (mala direta)
- caixa de fósforos
- porta-agulhas

Supermercados/Mercearias/Vendas

Internos

- cantoneiras
- adesivos (vitrina e cesta-carrinho)
- lista de compras (brinde)
- *bottons*

Externos (estacionamento)

- faixas
- placas

Cinemas/Jornais/Revistas

- desenhos animados ou documentários

- *charges*
- tiras de HQ

Mala Direta e Correspondência

- impressos personalizados
- selos autoadesivos de papel

Eventos

Carnaval

- leques
- viseiras
- fitas de cabeça, bonés
- *palletts*
- bolachas de chope
- faixas (entradas de clubes e salões de baile)

Copa do Mundo/7 de Setembro/Aniversário da Cidade

- faixas
- viseiras
- camisetas
- adesivos
- bandeirolas para antena de veículos
- fitas de cabeça
- bandeiras plásticas
- bandeirolas de papel/plástico
- tabelas da copa
- discos

São Cosme Damião/Dia da Criança

- embalagens de balas/doces
- embalagens para *kits*
- histórias infantis
- minibrinquedos
- bexigas

Boca de urna

– *Brindes para eleitor*

- caixas de fósforos, porta-agulhas, chaveiros, canetas, porta-títulos, calendários de bolso, *bottons*, viseiras

– *Brindes para cabos eleitorais e fiscais*

- camisetas, bonés ou viseiras, sacolas, manuais de boca de urna, filipetas, selos autoadesivos, *bottons,* braçadeiras, canetas, blocos de papel.

– *Outros*

- banquinha orientadora (rua)
- estandartes para janela
- *outdoors*
- equipamentos radioamadores (controle de transportes)
- adesivos e cartazes em meio de transporte

Brindes, segundo algumas possibilidades de uso

Interior/Periferia

- calendários em *vacuum-forming*
- folhinhas de parede
- calendários de bolso
- jogos de minidominó
- jogos de dama/ludo
- sacolas
- chaveiros
- porta-agulhas
- bonés
- camisetas
- porta-títulos de eleitor
- jogos de camisa para time de futebol
- bolas
- troféus
- medalhas

- defletores solares
- *pallettes*
- papagaios (pipas)
- quebra-cabeças etc.

Para Crianças

- minibrinquedos
- bexigas
- camisetas
- papagaios
- cadernos de colorir
- historinhas
- balas e similares (com embalagem promocional)
- discos (classe média/alta)

Para Estudantes/Colegiais/Universitários

- material escolar
- almanaques recreativo-culturais
- discos cartográficos/didáticos
- adesivos
- camisetas
- discos
- bonés

Para Mulheres/Donas de casa/Lar

- aventais
- camisetas
- lenços de cabeça
- jogos de porta-copos
- folhinhas com receitas culinárias/livretos idem
- porta-agulhas/lixas
- minibandejas
- descansos de panelas
- cinzeiros
- viseiras
- caixas de fósforos

Rua/Logradouros Públicos

- faixas
- estandartes para postes
- cartazes
- placas
- móbiles para postes
- estandartes (peitoril de janelas)
- painéis ou faixas para bancas de jornais
- plaquetas promocionais para pontos de ônibus
- tintas refletivas/comuns
- *kits* de marcação de sarjetas
- *outdoors*
- painéis luminosos murais
- anúncios nos relógios digitais
- balões luminosos
- deflectores solares

Zona Rural/Estradas

- painéis
- faixas (entrada de cidades)
- murais
- tintas
- para-barros
- adesivos de para-choques

Postos de Gasolina/Oficinas/Lojas

- capas para bomba
- painéis
- faixas
- adesivos (vitrina e caixa)
- pranchetas
- canetas
- folhinhas de parede
- calendários de mesa
- *vide* bares/restaurantes/lanchonetes/padarias/clubes

Algumas sugestões de materiais inéditos

Nos anos eleitorais, um dos grandes problemas a ser enfrentados pelos candidatos e suas assessorias é o causado pelo excesso de poluição visual, originado pelo intenso esforço promocional do grande número de candidatos em disputa, concorrendo acirradamente pela ocupação de cada espaço disponível.

Por mais criativas que sejam as peças desenvolvidas, ou ainda que se procure primar pela originalidade e impacto na escolha das cores, símbolos, *slogans* etc., o efeito final acaba sendo prejudicado pelo excesso de materiais de outros candidatos (aliados ou concorrentes), que, afinal, disputam os mesmos pontos de exposição.

Assim, sugerimos a utilização de materiais que, por serem pouco ou nunca utilizados em campanhas eleitorais, conquistam para o candidato espaços originais, não alcançáveis pelos concorrentes através dos materiais convencionais, assegurando dessa forma um impacto e consequente aumento do quociente de memorização da campanha por parte do público.

Aumentando desse modo a eficácia da estratégia de comunicação do candidato, obtém-se ainda e, principalmente, uma nova relação de custo/benefício, amplamente favorável ao candidato, pois embora alguns dos materiais propostos custem relativamente mais que seus *similares* tradicionais, acabam representando um ganho muito maior do que aqueles, quando levados em conta o resultado e a eficácia assegurados com sua utilização.

A legislação vigente para esta eleição de 2006 proíbe a utilização de todo e qualquer brinde ou material promocional que possa ser interpretado como oferta de vantagem aos eleitores. Além dos brindes, esta interpretação atinge várias outras áreas e inibe *shows*, churrascos e tudo mais que dava brilho e matiz popular e folclórico às eleições. O autor recomenda aos candidatos e consultores consultarem bons advogados ou os TREs, para esclarecer dúvidas antes de comprar materiais e serviços na área de propaganda e promoção, já que a colaboração de meu advogado, dr. Everson, infelizmente não ficou pronta a tempo de ser incluída aqui. A seguir, fazemos algumas sugestões acerca de materiais que possam, eventualmente, preencher os requisitos supracitados, acompanhados das respectivas justificativas.

Paliteiros, galheteiros e materiais que fiquem expostos e sejam tocados pelo eleitor

Como material promocional e mídia alternativa: originais, úteis e baratos, os paliteiros oferecem condições excepcionais de penetração em bares, restaurantes, lanchonetes, hotéis, refeitórios e áreas similares, ocupando um espaço privilegiado – a mesa e o balcão – bem à mão dos eleitores, que são atingidos pela mensagem durante todo o tempo de permanência no local.

Por serem úteis tanto ao proprietário do estabelecimento quanto ao seu usuário, a exposição fica assegurada durante toda a sua vida útil, que varia em função da rotatividade do local em que for usado.

Materiais desta natureza oferecem ainda, como vantagem adicional, o fato de que o eleitor não apenas é atingindo no aspecto visual (como nos cartazes): o contato é físico e próximo, capaz de gerar comentários durante o manuseio obrigatório.

Como brindes: ocupam um espaço privilegiado junto ao eleitor, à mesa, onde ele se senta diariamente junto aos seus familiares, às refeições, atingindo a todos diária e seguidamente.

Também atingem tantos quantos forem os familiares e amigos do círculo de relacionamento do eleitor, despertando comentários acerca da preferência eleitoral do brindado, ou simplesmente servindo como indicadores da preferência deste.

São tipos de brindes que têm sua exposição garantida em função de sua praticidade e característica de utilização (não ficam no bolso, nem em gavetas etc.).

Qualquer tipo de objeto lúdico

Todos os tipos de jogos, quebra-cabeças, brinquedos e brindes que impliquem manuseio, tenham movimento ou características lúdicas (divertem e distraem) estão entre os brindes mais disputados pelos eleitores, que os exibem como curiosidade ou com eles presenteiam amigos, crianças etc.

Deflectores solares

Os deflectores solares equivalem a *minioutdoors* ambulantes, com a vantagem adicional de assegurarem penetração em locais de difícil acesso como praias, ruas e avenidas dos grandes centros urbanos e locais de veraneio. Têm ainda a vantagem de servir como brinde e material promocional a um só tempo, e também como um manifesto de preferência do eleitor usuário.

Utilização restrita a veículos e em locais quentes, com pico de utilidade durante o verão (na capital).

Jogos para bares

É costume, em bares do interior do Estado e da periferia dos grandes centros urbanos, verificar-se as mesas dos estabelecimentos ocupadas, normalmente por aposentados, que passam o tempo disputando partidas de dominó, dama e gamão, sempre assistidos pela eventual clientela do estabelecimento.

Daí a sugestão de se utilizar desse costume para inserir mensagem publicitária e fixar símbolos etc., nos tabuleiros e pedras utilizadas no jogo.

Placas-Cardápios

Através dessas placas tipo cavalete, de utilidade para o proprietário do estabelecimento para propagar pratos do dia, promoções etc., é possível ganhar-se um espaço privilegiado, junto à porta dos estabelecimentos (e voltadas para o público transeunte).

Utilizáveis em bares e restaurantes de categoria popular, atingindo centenas de transeuntes diariamente.

Placas: farmácia de plantão

Considerada como serviço de utilidade pública, essa placa é destinada a dar conhecimento ao público das farmácias de plantão nos feriados e domingos, sendo afixadas na frente das farmácias fechadas e nos cruzamentos principais dos bairros. Atinge grande número de transeuntes e motoristas.

Barracas de praias e guarda-sóis promocionais

Destinam-se a cumprir o papel de painéis, levando a propaganda do candidato para dentro das praias. Não estão inseridos no conceito de brinde, e sim no de material promocional, o que recomenda a confecção de poucas barracas e guarda-sóis (uma unidade de cada por praia é suficiente).

Através das barracas, podem-se prestar serviços aos banhistas, tais como guarda-valores, ponto de encontro, distribuição de brindes como viseiras, papagaios, copos de água a preço de custo etc.

Como o *outdoor*, atingem um elevado número de pessoas, principalmente nos fins de semana e nas temporadas de férias.

Para-barros, adesivos de para-choque e faixas adesivas quebra-sol

São materiais destinados à utilização em caminhões e ônibus, excelente para veicular a campanha no interior e nas estradas, constituindo-se, graças à sua mobilidade, em meios eficazes de divulgação.

Capas para bomba de gasolina

Materiais destinados a cobrir as bombas de gasolina quando o posto está fechado. Ocupam um dos poucos espaços ainda não explorados por candidatos em postos de gasolina (outros materiais: faixas, placas, estandartes, adesivos).

Móbiles para postes

Sistema patenteado pela Brasmarket assegura um espaço inédito e de difícil alcance para propagar campanhas eleitorais sem sujar os postes, por meio de cartazes com possibilidade de veiculação na frente e no verso, em posição de destacada facilidade de visualização.

Painéis de estrada

Inexplicavelmente, pouquíssimo utilizados por políticos em campanhas eleitorais, constituem-se nos melhores veículos de comunicação para as estradas.

Painéis de estádios

Exceto Papa Jr., que utilizou um painel destes num campo de futebol no exterior durante a realização da Copa do Mundo em 1982, esse importante meio de comunicação não vem sendo utilizado por políticos. A sugestão é de que se utilizem os painéis não apenas nos grandes estádios de futebol, mas também em campos do interior e demais eventos esportivos, tais como competições de motocross, corridas automobilísticas etc.

Esse meio oferece vantagens indiretas, como pegar carona na televisão ou fotografias utilizadas para ilustrar matérias jornalísticas quando esses eventos forem cobertos pela imprensa.

Símbolos adesivos refletivos

Utilizáveis em veículos para popularizar o símbolo adotado na campanha. Sob a incidência da luz, os adesivos refletem a luminosidade, dando a impressão de se acenderem. Em caso de utilização em para-choques, podem conter, além do símbolo, o nome e até o *slogan* do candidato.

Discos em acetato e lâmina impressa

Mídia de baixo custo, ideal para divulgação de *jingles* ou de mensagens sonoros e personalizadas, acompanhando, por exemplo, a música-tema da Copa de 1986, ou contendo uma historinha infantil com mensagem subliminar endereçada aos pais etc.

A lâmina de acetato pode vir – ou não – montada sobre impresso de papel ou cartão, contendo impressão de mensagens, fotografias etc.

Uso restrito à classe média (prováveis possuidores de equipamento reprodutor sonoro).

Discos cartográficos/didáticos

Aparecem com destaque sobre materiais destinados a distribuição junto a estudantes do 1º grau, pois contêm inúmeras informações de utilidade para escolares e oferecem boa possibilidade de inclusão de mensagem promocional.

Réguas bidimensionais

Destacam-se das réguas comuns em função da possibilidade de inclusão de duas mensagens ou ilustrações sobrepostas, graças a um processo peculiar que desperta o interesse, e subsequente manuseio, acima daquele considerado normal em função do uso.

Ideais para divulgar dobradinhas, pois admitem a inclusão de duas mensagens em até quatro cores na frente, mais uma arte em até quatro cores no verso.

Bottons bidimensionais

Ideais para utilização conjunta, pois permitem a inclusão de dois candidatos no exíguo espaço de 5,5cm, sem confundir mensagens e vinculando indissociavelmente as duas candidaturas. Permitem ainda a inclusão de mais de uma informação de um candidato no pequeno espaço, como, por exemplo, a inclusão do símbolo e do nome num plano e o *slogan* no outro.

Jornal – Programa de Governo

É a melhor forma de apresentação do programa de governo, evitando a utilização de livretos demasiadamente detalhados e extensos. A experiência mostra que um programa, para ser apresentado à grande massa populacional, deve apresentar, na linguagem acessível, apenas as linhas principais do projeto administrativo do governo, desprezando os aspectos técnicos e detalhados, procurando, antes, salientar o lado político das propostas, através de uma clara identificação dos problemas aos quais cabem as soluções propostas.

Historinhas infantis

São uma excelente forma de atingir os pais da criança, utilizando-se da propaganda subliminar. Devem ser ricas em ilustrações e sutis nas colocações ou na condução à conclusão a que se deseja levar ou induzir o adulto que lê a historinha para a criança.

Brinde restrito a crianças em idade pré-escolar, e mesmo aos próprios pais e mães, desde que se identifique um canal que permita a distribuição.

História em quadrinhos (H.Q.)

Também se utilizam da propaganda subliminar, só que são dirigidas diretamente aos adultos. Mídia ideal e de grande poder de convencimento e penetração, permitindo que se alie a força da imagem à da palavra. Deve ser utilizada com inteligência e sutileza, ao contrário do que se tem notícia a partir da análise de diversas iniciativas de candidatos nesta área.

As H.Q. são o principal meio de atingir o público através da distribuição em consultórios médicos, cabeleireiros, barbeiros e outros locais onde existam salas de espera e filas, canais estes que vêm sendo muito mal explorados por candidatos.

Também eficazes quando inseridas em almanaques com entretenimento, garantia de que o brindado não jogará fora o material eleitoral, e, ao contrário, vai manuseá-lo intensivamente.

A prática e a experiência recomendam ainda a utilização das revistas de H.Q., ou almanaques, como material de maior receptividade para distribuição na porta de fábricas, estádios e outros locais de concentração de massa, pois o índice de rejeição desse material é sensivelmente menor que entre os demais impressos, sendo aceito até por eleitores simpatizantes de outros candidatos, que se rendem à curiosidade e ao encanto das revistinhas, desde que elas se apresentem bem produzidas e atraentes, sem propaganda ostensiva nas 1ª e 4ª capas.

Selos autoadesivos

Nos mesmos moldes dos selos comemorativos, estes selos seriam destinados a acompanhar toda a correspondência do candidato e de simpatizantes ou aliados, servindo ainda, graças às suas pequenas dimensões, para serem fixados em locais onde seria impossível a utilização dos materiais convencionais, tais como estações de metrô, interiores de estabelecimentos comerciais (ainda que simpatizantes de candidatos adversários), interior de veículos de transporte coletivo etc.

Desenhos animados

São uma das formas de comunicação menos empregadas, porém oferecem excelentes perspectivas de comunicação, principalmente se veiculados no circuito cinematográfico do interior e grandes centros, pois permitem o uso da propaganda subliminar e conferem à campanha e ao candidato um toque de bom humor e simpatia, uma vez que a mensagem, além de ser transmitida de forma sutil, é de fácil assimilação por parte do público.

Charges *e tiras em quadrinhos*

Constituem-se num eficaz meio de influenciar o eleitorado e desmentir ataques ou boatos, criar atributos aos demais candidatos, veicular piadas de interesse etc. Devem-se utilizar do humor e da sátira como veículos de ideias e conceitos e são a melhor maneira de aproveitar o velado apoio de jornais à candidatura, pois não expõem o conteúdo de informação (materiais) do jornal à suspeita de parcialidade.

A forma seriada oferece a vantagem de criar, junto ao leitor, a expectativa e a curiosidade da continuação, como nas novelas e seriados, gerando comentários e especulações do tipo: – Você viu a charge de hoje no jornal X?

Os minidoors

A legislação aprovada pelo Congresso tolheu a liberdade de comunicação e as opções de divulgação dos candidatos. A distribuição de brindes, utilização de *outdoors* e os *showmícios* deixam de ser ferramentas de campanha.

Assim, os candidatos terão que se apoiar quase exclusivamente em seus esforços pessoais e presença, batalhando seus redutos e utilizando mídias de menor alcance e menos impactantes.

Porém, embora tenham imposto maior restrição dos meios de propagação de pessoas e ideias, algumas mídias saíram bastante fortalecidas nesse processo. E, entre elas, uma das mais importantes é o *minidoor*, que é um *outdoor* com dimensões mais reduzidas (2,75m x 1,25cm), montado em placas de eucatex, impresso pelo processo de gigantografia de seu primo maior.

O *minidoor* deverá abocanhar uma grande fatia do mercado, agora deficiente de mídias de alto impacto.

Suas dimensões reduzidas o deixam de fora de quaisquer legislações, sendo, portanto, inatingível pelas atuais determinações do TSE, e o tornam extremamente dinâmico, podendo ser transportado e exposto em qualquer ponto. A mensagem do candidato fica exposta em locais previamente autorizados 24 horas por dia e livre dos aluguéis diários. Suas dimensões autorizam ainda a fabricação de centenas ou milhares deles, permitindo uma cobertura que nenhum *outdoor* é capaz de proporcionar.

Como os preços variam até 500% de uma empresa para outra, sem falar na qualidade e na capacidade de produção, tenho recomendado aos candidatos duas empresas líderes neste segmento, que têm grande capacidade de produção e aliam qualidade e preço: a Manhatan e a Work-Color, ambas estabelecidas na capital de São Paulo.

15. O Candidato e a Opinião Pública

A opinião pública: alguns aspectos importantes

Influir na formação pública é, no fundo, a grande meta de todo candidato. Abstrata, intangível, apenas detectável e em constante mutação, a opinião pública é o grande monstro sagrado que a todos atemoriza ou impõe respeito, ao mesmo tempo em que é por todos perseguida, no afã de se conseguir penetrá-la e conquistá-la.

Representada pela média das opiniões correntes e expectativas de uma sociedade, seu processo de formação é complexo, composto pelo somatório de todas as tendências sociais, correntes intelectuais, costumes, moda, moral, tecnologia etc., de todos segmentos socioeconômicos e culturais de cada comunidade.

À medida que aumenta o número de votos necessários para a consecução da meta que o candidato postula, maior é a sua necessidade de conseguir o imprescindível repaldo junto a faixas mais amplas do eleitorado nas comunidades onde disputa esses votos.

Sendo a opinião pública formada pela média das opiniões de cada segmento social, também a sua conquista terá de ser feita por etapas. Direcionadas simultaneamente para diversas faixas do eleitorado, nas quais cada candidato tentará deitar raízes, que se constituirão em suas bases de apoio e sustentação política.

A instabilidade das maiorias e classes dominantes

É importante que se tenha em mente que a opinião pública nunca é unânime ou imutável, nem tampouco absoluta. Consiste na simples média da opinião de uma eventual maioria, indicadora das tendências sociais e instrumento aferidor da escala média de valores e padrões aceitos pela sociedade em determinado momento.

Direcionar uma campanha e balizá-la dentro dos limites consensuais e absorvíveis pela média da opinião da maioria pode ser uma alternativa atraente, mas nem sempre a melhor ou mais indicada.

Isso porque as maiorias são formadas pela somatória de interesses, expectativas, objetivos etc., partilhados por diversas minorias, formando então correntes majoritárias que se sobrepõem temporariamente às correntes minoritárias, espelhando uma aparente e ilusória impressão de homogeneidade através da opinião pública.

Via de regra, essa maioria é frágil e dificilmente absoluta. A própria democracia, em última análise, não passa de uma ditadura composta por uma pequena maioria que reina e faz prevalecer seus valores sobre uma grande minoria.

No caso, a pequena maioria é sempre formada por alianças entre correntes político-partidárias minoritárias que se unem em torno de alguns interesses comuns e se tornam assim majoritárias, fato comum ainda na composição de qualquer faixa de poder, seja ela sindical, partidária etc.

Na sociedade ocorre o mesmo, e muitas vezes se revela mais eficaz o trabalho eleitoral concentrado nessas minorias, que anseiam por maiores espaços e podem representar percentuais significativos do eleitorado, capazes de assegurar a tão almejada vitória.

Nos anais da história político-eleitoral brasileira, estão registrados inúmeros casos de consagradoras vitórias conquistadas por representantes de correntes minoritárias, que se aproveitaram de rachaduras nas classes dominantes e conseguiram eleger-se.

Nas eleições para a prefeitura das capitais, estâncias hidrominerais e municípios considerados áreas de segurança nacional, realizadas em 1985, ocorreram diversos casos de vitórias, muitas vezes surpreendentes, como as obtidas pelo PT, em Fortaleza, PTB, em São Paulo, PDS, no Maranhão, ou a quase derrota do PMDB em Goiânia, que servem como claros exemplos do que aqui se procura transmitir, provando de forma incontestável que o equilíbrio das correntes dominantes é precário e vulnerável.

Isso acontece porque o cálculo demonstrador da opinião pública, e que vai constituir o que se convencionou chamar de classes dominantes, é sempre uma média, que considera os interesses, mas despreza as divergências.

A duração de uma aliança estará sempre condicionada à força com que os interesses comuns consigam sobrepujar-se às divergências naturais.

Inúmeros outros casos poderiam ser ainda citados – municipais, nacionais, internacionais ou históricos –, mas discorrer sobre a opinião pública e todos os aspectos que a envolvem exigiria a publicação de um extenso tratado.

Contudo, nesta abordagem superficial sobre esse tema fascinante e de extrema complexidade, é importante que se coloquem alguns aspectos que influem no processo de formação e mutação da opinião pública e que se podem constituir em valiosos instrumentos para que os candidatos possam nele interferir.

Componentes formadores de opinião

No interesse dessa obra, grosso modo, pode-se dividir em dois processo de formação e mutação da opinião pública. O primeiro, fora do alcance imediato dos candidatos, é constituído pelos aspectos históricos: a língua, a etnia, as religiões, os costumes, a cultura etc., fatores evolutivos a médio e longo prazos, fora, portanto, da esfera de influência, poder e interesse imediatos de uma candidatura.

O segundo, mais dinâmico e acessível, são os fatores provenientes dos meios de informação contemporânea e suas fontes, que influem direta e constantemente no posicionamento ou tendências atuais ou evolutivas da opinião pública. Entre os principais estão a ciência, a propaganda, a imprensa, as artes (cinema, teatro, música etc.), a literatura e a política, todos determinantes, em maior ou menor grau, da constituição dos valores aceitos, da moral vigente e da moda.

Entre estes, o candidato tem possibilidades maiores de acesso junto aos cinco últimos, exercendo influência subjetiva ou objetiva, e deverá fazê-lo com a maior competência possível, pois estará mexendo com forças que podem pulverizar a sua candidatura com a mesma facilidade com que podem consagrá-la vitoriosa.

Dadas a importância e a complexidade da matéria, ao decidir enveredar pelos meandros que levam ao seu âmago, o candidato deve fazer-se acompanhar de assessores experientes nas áreas de comunicação, imprensa e pesquisa.

A voz do povo é a voz de Deus

Este velho dito define o poder da opinião pública e estabelece um dos limites do poder da imprensa ou dos veículos de comunicação de massa.

Este provérbio serve para exemplificar o que se costuma chamar força das tendências ou burrice inabalável de um dos mais sólidos pilares em que se assenta a opinião pública: a consciência das massas.

A consciência das massas, ao contrário do que seria de se esperar, não é formada apenas de elementos racionais e fruto da experiência acumulada ou inteligência. Outros ingredientes, resíduos de comportamentos outrora dominantes e herdados através da história, influem muitas vezes decisivamente na formação da consciência coletiva.

Preconceitos raciais, morais, ideológicos etc., herdados do tempo da escravatura e colonização, muitas vezes importados de sociedades estrangeiras, ainda obtêm respaldo e exercem relativa influência na vida das comunidades.

Máximas ou ditos populares como: "Judeu e turco são pães-duros e argutos"; "Japonês é traiçoeiro"; "Mentir é pecado"; "Político é corrupto, ladrão e mentiroso"; "Português é burro" etc., persistem até nossos dias e influenciam comportamentos, por vezes irracionais, de pessoas que se classificariam como esclarecidas.

Traços desses conceitos arraigados na sociedade são encontrados ainda nas piadas, manifestações primitivas da cultura popular etc., servindo como elementos propagadores desses conceitos, aumentado-lhes a influência e alimentando suas raízes.

Vistas à luz da racionalidade, essas tendências são consideradas preconceituosas e vigorosamente condenadas pela própria sociedade.

Não cabe aqui justificar ou discorrer sobre as causas ou efeitos de cada faceta que caracteriza a opinião pública, mas apenas alertar os candidatos para os perigos que se escondem sob seu manto, para que possam evitar armadilhas perigosas e frequentes.

Algumas dessas tendências levam anos, décadas ou até séculos para se cristalizar, outras levam dias e é impossível determinar com exatidão durante quanto tempo essas tendências vão predominar e determinar o comportamento social ou as posturas psicossociais em cada comunidade.

O mesmo ocorre em relação à intensidade da sua influência, que tanto pode ser absoluta e nacional, como relativa, variando de Estado para Estado, de cidade para cidade e refletindo-se de formas diferentes em cada segmento socioeconômico, político, cultural, faixa etária etc.

A mobilização das massas

As tendências agregadas à opinião pública, muitas vezes, permanecem longos períodos inativas e latentes no seio da consciência coletiva, dificilmente detectável pelas pesquisas, até que um dia algum fator externo detone a sua espoleta e esta se revele, explosivamente, avassaladora, influindo por tempo indeterminável junto às massas, para depois refluir ao seu leito natural, aparentemente desaparecendo, dando lugar a novas tendências.

Isso acontece quando o fato externo viabiliza e instrumentaliza anseios, aspirações, que já habitavam o subconsciente das pessoas e que lá permaneciam ocultos por não existirem perspectivas e ambiente próprio que os tornasse factíveis ou concretizáveis na consciência coletiva.

Essas explosões dão origem às grandes mobilizações populares, como as Cruzadas, na Idade Média; o Nazismo, na Segunda Guerra Mundial, ou movimentos que levaram a revoluções como a de 1964, as comunistas que empolgaram a Rússia e a China e, para citar alguns exemplos bem recentes, a mobilização popular que ocorreu em 1986 em torno das medidas previstas pelo *pacote* decretado pelo presidente José Sarney, empolgou as massas ao delegar a cada brasileiro o papel de fiscal do presidente.

Mencionando apenas os casos brasileiros: a ninguém pode atribuir-se a culpa nem o título de criador de uma tendência ou de construtor de uma consciência coletiva.

Todos – imprensa, sindicatos, partidos, políticos, publicitários, ministros ou presidente – apenas viabilizaram ou serviram como canais de aspirações que já residiam no seio do povo. Não passaram de instrumentos circunstanciais, criadores, tão somente, do ambiente propício para que estas aflorassem, saindo da subconsciência latente e explodindo na consciência das massas e passando para estas, de anseios e expectativas abstratas, a constituírem-se em possibilidades reais e concretas, surpreendendo com a sua reação, a esses estímulos, àqueles que sempre rotularam o povo brasileiro de indolente, preguiçoso e pacífico.

Com toda certeza, o povo francês também era assim considerado pela aristocracia antes da revolução e da tomada da Bastilha.

A consciência das massas é algo complexo e gigantesco, sempre ao abrigo de incontáveis contradições, pelas quais genialidades convivem com obscuros preconceitos, e desta soma toma-se a média que constitui a mencionada opinião pública.

O princípio da alternância do poder

Como em toda massa, essa consciência é obtusa, lerda e manipulável, características estas que dão margem a que, num primeiro momento, se consiga induzi-la a reagir em consonância e na direção dos interesses de grupos que consigam reunir poder suficiente para influir no seu comportamento.

A manipulação das massas é tarefa difícil e complexa, mas possível e sempre circunstancial, pois a opinião pública é um organismo em constante mutação, capaz de automedicar-se, autocorrigir seus próprios desvios e erros.

Essa capacidade de autocorreção determinará que toda manipulação, ainda que coroada de êxito num primeiro momento, consiga efeitos apenas temporários.

Isso porque, a partir do momento em que a consciência coletiva se reconhece ludibriada, começa a cristalizar-se em seu subconsciente uma nova tendência, no sentido oposto àquela que estimulou a mobilização, que permanece em estado letárgico, apenas aguardando que se criem novas condições ou o momento propício para a geração do contramovimento ou contrarrevolução, esmagando nesse refluxo os interesses dos seus ex-manipuladores.

Assim, o movimento da Diretas-já sepultou o movimento revolucionário de 1964 e, num aspecto mais amplo, desse modo funciona a democracia, quando um partido – que tenha chegado ao poder baseado num programa ou uma promessa que atendiam, naquele determinado momento, às expectativas e aos anseios populares – é derrubado alguns anos após, pelo mesmos votos que o elegeram, caso não tenha conseguido satisfazer àquelas expectativas.

A história demonstra claramente esse fato, alicerce do que se chama *o princípio da alternância do poder*, que é universal e inexorável, acima do domínio pela força bruta e do próprio poder: nos períodos de prosperidade, os governos se mantêm facilmente no poder por consecutivos períodos eleitorais. A crise conduz, invariavelmente, à alternância desse poder, salvo raras exceções: quando o líder é carismático, ou quando o Estado está sob ameaça externa ou mobilização interna capaz de galvanizar as massas.

No Brasil, estamos vivendo neste exato instante uma situação exemplar: as medidas recentemente tomadas pelo governo conseguiram criar um dos raros momentos de unidade e consenso popular, abrindo espaço político e administrativo para que este governo faça as reformas que bem entender, pois nenhum adversário político teria sucesso em opor-se a ele num momento em que as massas estão mobilizadas. Caso o presidente Sarney, principal beneficiário do prestígio conquistado, decidisse neste momento dar um golpe de misericórdia nas oposições e marcasse a data para a eleição presidencial para dali a noventa dias, concorrendo à reeleição para o cargo, seria um candidato imbatível, reunindo todas as probabilidades de obter a vitória mais consagradora da nossa história.

Voltando ao princípio da alternância do poder, nem as ditaduras conseguem se sobrepor infinitamente a essa regra. É uma simples questão de tempo e oportunidade até que estas sejam derrubadas, ainda que no seu lugar acabem se instalando outras ditaduras. Exemplos como os oferecidos pelo Irã, Haiti, Argentina, Uruguai e, mais recentemente, pelas Filipinas, provam apenas que a história não tem pressa e que a consciência coletiva sempre acaba prevalecendo, não importando em qual geração esta se manifeste.

Outra característica do comportamento das massas é o fato de que sua memória é sempre curta e, cessados os efeitos que motivaram o seu direcionamento a favor ou contra uma situação e surgidos fatos novos e predominantes, esta interrompe sua reação e *esquece* ou, simplesmente, muda sua direção.

Bons exemplos são oferecidos por fatos ocorridos em três países sul-americanos: na Bolívia, o ex-ditador Banzer, execrado como opressor e afastado do poder, retorna ao cenário político do país em 1985 como, nada menos, o candidato mais votado nas eleições presidenciais, é só não se instalou no poder devido a uma coligação de centro-esquerda; na Argentina, ao decretar guerra à Inglaterra e invadir militarmente as Ilhas Falklands, ou Malvinas, o então presidente e ditador general Leopoldo Galtieri foi aclamado em praças públicas por uma delirante e maciça opinião pública, até então massacrada e vivendo uma crise sem precedente e, muito pior, sem perspectivas de solução, interrompendo assim o curso natural de um descontentamento próximo a uma explosão de revolta.

Perdida a guerra, a mobilização popular deu uma reviravolta e ganhou novo impulso, que resultou na redemocratização da Argentina, com as massas exigindo a cabeça de Galtieri com o mesmo entusiasmo com que o aplaudiam apenas alguns meses antes.

No Brasil, quando a tão festejada e arduamente conquistada Nova República parecia degringolar, após ter perdido toda a credibilidade e frustrado os anseios da sociedade brasileira, no momento em que vários políticos já se preparavam para abandonar o navio que parecia irremediavelmente condenado ao naufrágio –, o governo tomou medidas que não só detiveram, mas também reverteram instantaneamente o rumo dos acontecimentos e a tendência dominante, reencontrando o caminho indicado pelos anseios da coletividade, reacendendo suas esperanças e resgatando uma nova cota de credibilidade junto à consciência coletiva.

As bandeiras ou palavras de ordem

Compreender os mecanismos centrais por intermédio dos quais a mobilização das massas pode ser conquistada e manipulada é simples, bastando que se observem as características comuns a todos os seres humanos, a partir das quais podem ser estabelecidas *palavras-chave* que acionam o processo de estímulo à mobilização.

Por exemplo: todo ser humano deseja sentir-se seguro e toda pessoa que tem a sua segurança ameaçada – quer por fatores externos (perspectivas de guerra, invasão, xenofobia etc.), quer por ameaças de ordem interna, como violência, criminalidade sem controle etc. – anseia por segurança, seja jovem ou velho, homem ou mulher, intelectual ou ignorante. Em tais situações, é comum a todos o desejo de que o fator causador do medo ou insegurança seja eliminado com energia e rapidez, constituindo-se em *palavras--chave* os vocábulos *segurança* e *já*, ou outros que indiquem, com a máxima clareza e intensidade, a intenção de destruir a ameaça, imediata e impiedosamente, ainda que, na realidade, a erradicação do mal exija tempo, pois a lógica das massas inexiste ou é insignificante, o que dá margem às demagogias tão desgastadas e tão eficazes. Aquele que consegue representar com maior persuasão o papel de herói vingador geralmente acaba se tornando líder do movimento, pois existe uma forte tendência de se transferir apoio àquele que assume as posições que cada um gostaria de poder assumir, não fosse o sentimento de impotência que o domina.

Outra aspiração comum a todos é o desejo de progresso material, a melhoria dos padrões e das condições de vida, a segurança em relação ao futuro e à velhice. Em épocas de crise, desemprego e estagnação econômica, torna-se mais forte o desejo de mudar, o mais rapidamente possível, a situação, o mesmo acontecendo nas sociedades que se sentem oprimidas e tolhidas em suas liberdades. A palavra capaz de expressar todos esses sentimentos unânimes – e não constitui mera coincidência a sua utilização no passado e nem será no futuro – é acrescida pelo inevitável *já*, cuja eficácia dispensa qualquer comentário.

Além dos exemplos citados, muitas outras palavras simbolizam situações ou representam aspirações comuns às maiorias, como, liberdade, justiça, igualdade etc., e todas constituem bandeiras que, se conduzidas adequadamente por grupos bem organizados ou agremiações políticas, capitalizando o momento exato, serão bem aceitas pela opinião pública e capazes de mobilizá-la.

Palavras-chave sempre são bons *slogans,* embora seu uso indiscriminado, demagógico e irresponsável por políticos, através dos tempos, tenha esvaziado muito seu significado e minimizado sua força.

A análise do exposto conduz a algumas constatações importantíssimas para qualquer candidato:

1ª) A penetração, ou apoio, junto à opinião pública é sempre proporporcional à credibilidade que se conquista aos olhos do eleitorado, ao qual se direciona cada campanha.

2ª) Não é impossível manipular a opinião das massas; é quase uma questão de oportunidade e disposição de meios, mas é importante que se tome muito cuidado ao tentar a empreitada, para não ser tragado pelo seu refluxo.

3ª) Em condição de normalidade é praticamente impossível empolgar ou mobilizar as massas.

4ª) Embora a massa seja meio cega e tenha memória fraca, não se deve tentar em curto espaço de tempo o mesmo tipo de *golpe* ou manipulação: é preciso lembrar que as situações estão em constante mutação e os resultados nunca serão os mesmos nessas condições.

5ª) As bandeiras mais caras à opinião pública não são propriedade exclusiva de quaisquer partidos ou candidatos, pois somente a esta cabe julgar, através da sua consciência coletiva, qual entre todos é digno de portá-las, ou melhor, quem tem a credibilidade necessária para desfraldá-las.

Para encerrar esta incursão superficial e despretensiosa pelos terrenos movediços da opinião pública e da consciência coletiva, existem algumas outras lições que podem se aprendidas por meio da observação dos erros cometidos por candidatos em passado recente.

O processo de formação de uma consciência coletiva, capaz de gerar a mobilização das massas, é sempre lento e gradativo.

Sucessão presidencial: alguns aspectos relacionados com a opinião pública

O movimento pelas Diretas-já, embora aflorasse apenas em 1984, foi fermentado no seio da opinião pública durante anos a fio, alimentando-se e crescendo a cada desacerto do regime no poder.

Quando o momento se revelou propício, e a sociedade *percebeu* ou foi conscientizada de que o regime dominante estava fraco, e a conjuração de diversos fatores possibilitava a consecução de mudanças, essas forças apenas afloraram, sendo imediatamente *canalizadas* ou manipuladas com mestria pelas forças *mudancistas*.

A barragem representada pela frustração do objetivo inicial oferecia, então, duas alternativas mais evidentes: ou levar a correnteza a arrebentar o dique, ou permitir que a torrente se acomodasse, como numa represa, aceitando o fato.

Como nenhuma das hipóteses servia à liderança do movimento, a candidatura oposicionista de Tancredo deu novo curso à correnteza, desta vez reforçada como novos ingredientes. À perspectiva de mudanças, transformou-se a sucessão presidencial numa luta entre forças do bem e do mal.

O infeliz bode expiatório foi Maluf, ao qual se atribuiu a culpa por todos os erros de vinte anos de regime, transformando-o numa espécie de Dart Vader brasileiro.

Entre a cruz e a espada, Maluf encontrou o seu Waterloo, uma vez que sua postulação não lhe permitia caracterizar-se como um oposicionista ao regime instalado e a tudo o que ele significava perante a opinião pública.

Ao construir uma nova frente de luta e desgaste para a candidatura *situacionista*, os *mudancistas* secaram um lago onde o adversário se movia com destreza – o restrito colegiado detentor do privilégio da escolha do futuro presidente do País –, colocando em cena um novo e poderoso participante e submetendo todos os seus integrantes à fiscalização da recém-libertada opinião pública.

A orquestração do movimento popular foi tão magistral e o seu principal alvo tão vulnerável e incauto, que de repente Maluf simbolizava o Judas na consciência das massas, um novo Midas ao inverso, capaz de corromper todos aqueles que dele se acercassem.

A chantagem emocional e psicológica à qual todos os eleitores do colégio eleitoral foram submetidos foi massacrante e decisiva para quebrar as alianças celebradas entre o candidato situacionista e seus eleitores potenciais, inviabilizando novas adesões.

Até os aliados de primeira hora de Maluf tiveram que se recolher e manifestar discretamente seu apoio, pois ser malufista tornou-se sinônimo de corrupto, ladrão, merecedor do desprezo e da execração pública.

A análise detalhada da sucessão presidencial que culminou com a formação da Nova República exigirá um volumoso livro, e aqui se deseja apenas discorrer sobre aspectos e fatos diretamente ligados à opinião pública, desconsiderando-se as inúmeras falhas de *marketing* e comunicação ocorridas na campanha, os erros de avaliação, de articulação política ou a própria indisciplina do candidato.

Aos leitores não interessa saber hoje se Maluf foi derrotado por ser de origem árabe ou não, mas certamente são do interesse de todos as fórmulas que lhes possibilitam proteger-se contra tais riscos.

A quem atribuir o poder de mobilização que esmagou as pretensões de Paulo Maluf? À imprensa? À Igreja? À união dos adversários? À propaganda?

A resposta a essas indagações é simples, embora múltipla.

É certo que todos os fatores citados tiveram peso e influíram no resultado, mas é preciso que se diga que de nada valeria a união desses segmentos se as circunstâncias não fossem adequadas.

Como exemplo de circunstâncias que concorreram para a configuração de um ambiente propício, estão o elevado nível de desgaste popular do regime então vigente, a economia em crise, o enfraquecimento da sustentação política e militar do regime etc.

A compreensão do fenômeno ocorrido exige ainda que se observe que os principais agentes causadores das mudanças não foram os ativos, nem o ambiente ou circunstâncias, mas sim os agente passivos, na pele do próprio candidato e das forças situacionistas.

O ponto mais vulnerável de Paulo Maluf estava justamente na sua imagem pública. Hábil articulador, conhecedor das fraquezas que vitimam os políticos e os poderosos em geral, Maluf conseguiu realizar verdadeiras proezas durante sua carreira pública.

Através de um verdadeiro golpe de Estado, conseguiu impor aos militares sua nomeação como governador, e então deu outro golpe de Estado, desta vez contra a oposição, revertendo a seu favor uma maioria que lhe era hostil na Assembleia Legislativa.

Sem entrar no mérito ou nos aspectos morais ou éticos de cada questão, é indiscutível que Maluf demonstrou ser um perigoso adversário, sempre que a disputa se realizasse nos bastidores.

Certo de que a sucessão presidencial se faria pelo processo indireto, via Colégio Eleitoral, e, portanto, sem a participação popular, Maluf se descuidou de sua imagem perante a opinião pública, desprezando ações adversárias e deixando ataques sem resposta, ou concentrando suas ações na conquista de outro tipo de eleitor: os políticos e delegados, certos de que, assumida a Presidência da República, não lhe faltariam tempo nem condições de refazer sua imagem.

Enquanto aparava arestas e fazia suas composições, o candidato não detectou que na consciência coletiva se criava uma imagem negativa, o que foi habilmente trabalhado por seus adversários.

A certa altura, Maluf desfrutava de um conceito público semelhante ao do ex-governador Adhemar de Barros: rouba, mas faz. Assumiu a mesma postura que levou à derrota o prof. Carvalho Pinto, em 1974, subestimando a força de seus adversários.

Essa tática, aliada aos graves erros de avaliação da força, da inteligência de seus adversários e do poder da mobilização popular levou-o a ser o maior responsável por sua derrota.

O candidato do PDS foi derrotado por sua imagem pública, pois em pesquisa realizada junto ao eleitorado de São Paulo, ainda em março de 1984, a Brasmarket apurou que entre os pontos positivos que a população atribuía a Maluf figuravam a inteligência, a capacidade, a astúcia, a dinâmica e a juventude, enquanto entre os negativos, destacavam-se a corrupção, a arrogância, a ambição desmedida e a prepotência.

Fosse outra a sua imagem, outro seria o resultado. Os dados aqui revelados não são novidade para ninguém; tanto o candidato quanto seus adversários tinham conhecimento prévio deles, mas Maluf nada fez quando se iniciou a mobilização pública, preferindo concentrar suas atenções no que, julgava, interessava de fato, certo de que as ações adversárias cairiam no vazio. Tivesse tomado as medidas corretas nesse momento e, ainda talvez, o resultado seria outro.

O candidato adversário, enquanto isso, assessorado por gente competente, trabalhou a sua imagem de homem moderado, honesto, capaz e conciliador, tratando de articular, inclusive, a aceitação de sua postulação por setores militares mais duros e outras forças mais reacionárias, que ainda controlavam, precariamente, o poder, minando as rejeições e superando vetos, driblando ações dos adversários que procuravam esquerdizar sua candidatura e inviabilizá-la.

Consolidada a candidatura, Tancredo Neves não fez jamais o jogo de seu adversário, percebendo que suas críticas ou reações abririam espaços a Maluf nos meios de comunicação, passando apenas a ironizar suas posições e seus desafios, assumindo, em relação a Maluf, a postura que este adotava frente à opinião pública.

Enquanto isso, a impopularidade de Maluf crescia vertiginosamente; a imprensa deu sua grande contribuição, não apenas quanto ao teor das matérias e editoriais, mas também através de truques vários, entre os quais o controle da tonalidade que transmitia a voz de Maluf.

Os *cameram* e fotógrafos passaram a filmá-lo ou fotografá-lo sempre em ângulos que frisassem posturas arrogantes, posicionando a câmera ou máquina fotográfica abaixo do rosto do candidato e registrando sua imagem sempre de baixo para cima.

Sabotado, pressionado por todos os lados, deserdado pelo governo e abandonado por ex-aliados, Maluf chegou ao Colégio Eleitoral sabendo, de antemão, que sua derrota era inevitável.

Os detalhes aqui descritos têm a finalidade de demonstrar que nenhum veículo de comunicação de massa, por meio do jornalismo ou da propaganda, tem o poder de, isoladamente e do dia para a noite, construir e destruir imagens públicas. São indiscutivelmente poderosos instrumentos, mas um conceito, ou imagem, levam algum tempo para cristalizar-se, como verdade absoluta, como verdade aos olhos da opinião pública. E o candidato tem sempre tempo para influir e interferir no processo de formação de sua imagem, mudando seu comportamento, suas atitudes e melhorando seu relacionamento com a imprensa, combatendo a propaganda negativa com a propaganda positiva.

O autor salienta que o exemplo citado não representa qualquer posicionamento pró ou contra os candidatos mencionados. O objetivo foi facilitar uma visão mais ampla do processo de formação da imagem de candidatos junto à opinião pública.

Desfrutar de uma boa imagem, ou popularidade, é grande meta a ser perseguida por todos aqueles que pretendam fazer carreira política, e requer um paciente e constante exercício, orientado por instrutores ou treinadores competentes e bom assessoramento técnico.

O atleta assim preparado evita dissabores como os enfrentados por alguns governadores de Estado, eleitos em 1982, que apesar de desenvolverem excelentes administrações, não conseguiram *converter* o seu desempenho em cacife político ou popularidade, exclusivamente por falta de competência nas áreas de comunicação. Matam a cobra, mas não conseguem mostrar o pau, e se transformam em peso a ser carregado pelo candidato situacionista aspirante à sua sucessão.

A este, o bom conselho é que não olvide esforços para resgatar o reconhecimento, cercando-se de bons comunicadores e não se acanhando para recorrer à propaganda a fim de divulgar seus feitos, principalmente aqueles chamados *invisíveis*, como canalizações, esgotos, reformas, melhorias no nível de serviços e pequenas obras, apelando para as placas, painéis, comerciais e outros recursos à sua disposição, porque, faça ou não a divulgação de suas obras, será contemplado pelas críticas e farpas atiradas pelo adversário político.

Assim, é mil vezes preferível defender-se de acusações como abuso de gastos com publicidade, a responder às críticas dirigidas à ineficácia ou incompetência de seus governos, pois a propaganda feita para combater efeitos negativos gerados por tais denúncias poderia facilmente ser confundida com *uso da máquina* ou, simplesmente, encarada como *eleitoreira*, se realizada às vésperas da eleição, colocando os candidatos situacionistas em desconfortáveis posições defensivas.

16. Os Veículos de Comunicação de Massa

No mundo moderno, um candidato que pretenda desenvolver uma campanha eficaz, dirigida para grandes populações, não pode prescindir dos veículos de comunicação de massa.

À medida que aumenta a abrangência geográfica de sua campanha e a densidade populacional das comunidades a que deva dirigir-se, maiores serão suas necessidades de ter acesso aos meios de comunicação capazes de atingir o maior número de eleitores, uma vez que a tecnologia facultará ao candidato um dom que até o momento só a Deus pertencia: a onipresença

Os meios de comunicação, nos últimos trinta anos, revolucionaram o mundo moderno e possibilitaram uma integração das nações, interna e externamente, agilizando a troca de informações e tornando-se um dos pilares do progresso mundial.

Hoje, um candidato pode contar com veículos de comunicação de massa capazes de suprir todas as necessidades nessa área, com um grau de sofisticação que lhe permite escolher até o público ao qual deseja transmitir suas mensagens, selecionando, entre as diversas alternativas existentes, a que melhor atende às suas finalidades.

O poder desses veículos obrigou os legisladores a disciplinar seu emprego com fins políticos eleitorais, baseando essa regulamentação no fato de que sua utilização indiscriminada seria capaz de distorcer até os resultados dos pleitos e a representatividade legítima e democrática, pois favorece nitidamente os candidatos mais privilegiados financeiramente, caracterizando o abuso do poder econômico.

Reconhecendo todavia a importância e eficácia dos meios de comunicação de massa e seu grande poder de propagação de ideias, a legislação procurou garantir que o acesso a estes fosse possível às agremiações partidárias.

Não se procura aqui defender ou justificar a legislação eleitoral, o mérito ou quaisquer outros aspectos referentes ao corpo ou ao espírito dessas leis. O fato é que elas existem e só resta aos candidatos cumpri-las ou procurar formas engenhosas de contorná-las.

Dentro das normas legais vigentes, os candidatos devem procurar montar suas estratégias de comunicação, utilizando-se dos diversos meios ao seu alcance, contemplando, em função de suas disponibilidades e objetivos, um plano de comunicação equilibrado, sem prescindir dos meios tradicionais ou das mídias chamadas alternativas, do *merchandising* e da promoção. Devem ponderar a utilização de veículos como a televisão, o rádio, jornais e revistas, assim como os *outdoors,* cartazes, faixas, comícios, brindes, malas diretas, materiais promocionais etc.

Sendo esta uma área técnica, a estruturação de um bom plano deve contar com o apoio de assessorias especializadas em propaganda e *marketing* político, pois o dinheiro e a boa vontade não bastam para assegurar a racionalidade e a eficácia dos meios e instrumentos que serão empregados nas diversas etapas que compõem uma campanha eleitoral.

Os principais veículos de comunicação de massa servem como instrumentos de veiculação de ideias, propostas, entretenimentos e informações de qualquer natureza e atingem grandes faixas populacionais.

Sem que se pretenda fazer definições detalhadas, aos candidatos interessa saber que, por meio desses veículos, são disseminadas três grandes classes de informações. Ou, comparando-se cada veículo a uma fábrica, esta ofereceria aos consumidores, por meio de suas linhas de montagem e distribuição três famílias de produtos: a propaganda, as variedades e entretenimentos e o jornalismo, este último normalmente caracterizado como imprensa.

Propaganda *x* jornalismo

Embora a palavra *imprensa* evoque automaticamente os veículos aqui citados, a distinção foi feita por ser o jornalismo a área que mais interessa aos candidatos em campanha, uma vez que neles reside o principal sustentáculo desse veículo de comunicação, agregando-lhes a indispensável credibilidade junto ao eleitorado.

A propaganda, apesar de constituir-se num vigoroso instrumento de comunicação, teve sua utilização nesses veículos restringida aos candidatos pela legislação em vigor.

Ainda que a propaganda fosse livre, sua força como instrumento de campanha seria sobrepujada pela do jornalismo, justamente em função da credibilidade de que este dispõe junto aos públicos atingidos.

Para aferir a veracidade da afirmação, basta que cada candidato faça comparações entre as vantagens e desvantagens que cada meio pode oferecer-lhe, partindo da premissa de que o candidato teria livre acesso a ambos e que o mesmo veículo que abrigaria a propaganda, o jornalismo seria considerado por sus eleitores como livre e independente, merecedor da credibilidade pública.

Vantagens do jornalismo

Sob o ângulo financeiro, basta considerar que trinta segundos de propaganda na TV ou no rádio, ou um pequeno anúncio em um jornal ou revista, qualquer que seja o seu custo, será muito maior de que uma hora ou uma página ocupada por uma entrevista.

Uma manchete jornalística chama muito mais a atenção do leitor ou assistentes e ouvintes do que um anúncio de uma página ou um comercial de trinta segundos e é grátis, enquanto o anúncio ou o comercial exigem desembolso.

Uma matéria jornalística, um debate, uma entrevista, tendem a obter maior credibilidade junto ao eleitorado do que o texto de um anúncio, pelo simples fato de que todos sabem que o espaço de um anúncio é comprado e redigido pelo próprio interessado que veiculará, por meio dele, apenas o que lhe for vantajoso. O leitor está acostumado a utilizar-se das matérias jornalísticas como informação e um dos elementos a partir do qual vai formando a sua opinião. Existe quase um autocondicionamento do consumidor em considerar uma propaganda com desconfiança, e o hábito de basear-se nela apenas para tomar conhecimento de novos lançamentos, características de produtos e apreciar sua criatividade ou beleza, ao mesmo tempo em que usa a matéria como fonte de consulta e conhecimento dos vários aspectos contemporâneos da sociedade em que vive: políticos, sociais, administrativos, esportivos, noticiário internacional, econômico etc.

Como credibilidade é um cacife decisivo, o jornalismo se revela mais eficaz do que a propaganda política, pois apresenta maiores índices de aceitação ou assimilação.

Vantagens da propaganda

A maior vantagem de um anúncio, ou comercial, em relação à matéria jornalística, reside no fato de o primeiro estar sob o controle absoluto do candidato, que não corre risco de qualquer espécie, como, por exemplo, de ser criticado ou surpreendido por questões embaraçosas. No segundo meio, ao contrário, os resultados dependem de sua sagacidade, relacionamento com o veículo e sua reportagem, e uma infinidade de outros detalhes.

Num anúncio, ou comercial, o candidato veicula somente as informações que forem de seu interesse, da forma que lhe parecer mais eficaz. Não depende da vontade de terceiros e não requer que se travem verdadeiras batalhas na conquista de espaço. Basta que se tenha dinheiro.

A facilidade na obtenção de espaço permite que o candidato se utilize sistematicamente do recurso publicitário para compensar a menor eficácia do meio, quando comparado ao noticiário.

A propaganda permite ainda o emprego da criatividade e o uso de imagem, símbolos e outros recursos com áudio, diagramação diferenciada, escolha de tipos, ingredientes subliminares etc., que podem reforçar o texto, diminuindo suas desvantagens em relação às manchetes, sem todavia superá-las em seus efeitos.

Requisitos para uma utilização eficiente

Tanto o jornalismo como a propaganda são bons canais de veiculação de ideias, embora com graus variados de eficiência e penetração.

O segredo para uma utilização eficaz, tanto da propaganda como da imprensa, está no assessoramento qualificado e profissional.

Dinheiro compra espaço, mas não garante que ele seja preenchido adequadamente, com a criatividade e a objetividade desejadas para assegurar a qualidade dos resultados.

Sem uma assessoria publicitária competente, o que se assiste por todo o País é um *show* de mediocridade e desperdício patrocinado pela grande maioria dos partidos e candidatos que, mais que tempo e dinheiro, perdem excelentes oportunidades de granjear simpatia e conquistar corações, mentes ou, mais grave, votos.

Para se conseguir o máximo efeito de um comercial, anúncio ou horário eleitoral gratuito, não bastam boas ideias, propostas recheadas de conteúdo e apelo popular.

É importantíssimo o tratamento técnico que vai emoldurar essas ideias e propostas, agregando todos os recursos disponíveis para torná-las eficazes e atraentes aos olhos do eleitorado.

Um bom anúncio deve ser criativo, bem produtivo, atraente, objetivo. O espaço ocupado deve ser estudado com cuidado, assim como o horário e a época mais oportuna para sua veiculação.

Todos os detalhes são importantes para garantir tanto a audiência quanto a assimilação do que se objetiva transmitir. Desde a redação às cores, fundos, estilo, público ao qual se destina, componentes subjetivos, fotolitos etc., no qual cada centímetro e segundo deve ser alvo de planejamento e cuidado atento.

Um mau anúncio, da mesma forma que uma má entrevista, prejudica o candidato mais que a ausência, motivo pelo qual é bom insistir na recomendação inicial, frisando o fato de que a economia que pode ser obtida, não se utilizando dos serviços de profissionais competentes nessas áreas, normalmente não compensa. Sai mais caro ao candidato, que perde, em eficácia, muito mais do que a quantia economizada, e ainda assume um risco que poderia se minimizado.

No jornalismo, embora as situações sejam diferentes, assim como os recursos e formas de atuação, a assessoria especializada é imprescindível, o que se verá adiante em capítulo específico.

O poder da imprensa

Os instrumentos e as fontes do poder

Antes de qualquer referência a esse importante instrumento de exercício do poder, recomenda-se aos interessados em chegar ao poder a leitura de uma das obras de John Kenth Galbraith, que se detém na análise das variadas formas e fontes de exercício do poder, intitulada adequadamente: *A anatomia do poder*.*

Galbraith identifica três instrumentos de exercício do poder e os denomina; poder condigno, compensatório e condicionado.

O poder condigno é a força coercitiva; o compensatório, o da recompensa. O terceiro poder, no qual se enquadram os meios e os veículos de comunicação, notadamente a propaganda e a imprensa, e que se constitui em objeto de estudo deste capítulo, é considerado como o mais importante, pois enquanto nos dois primeiros os indivíduos se submetem conscientemente – por obrigação e interesse – ao exercício do poder condicionado, esse terceiro poder submete as pessoas a seus objetivos sem que elas tenham consciência de estar sob seu jugo.

Toda indução e manipulação de opinião pública são feitas por meio desse poder único, capaz de influenciar no processo de sua formação a curto e médio prazos.

A utilização e o grau de eficiência de qualquer desses três instrumentos dependeriam do domínio individual ou combinado de três fontes de poder: a personalidade, a propriedade e a organização.

Embora a obra de Galbraith não tenha sido direcionada para os candidatos em campanha, o seu conhecimento e compreensão podem resultar úteis para estes, fornecendo alguns subsídios que lhes permitam estruturar melhor suas campanhas e reconhecer na organização um elemento de imprescindível importância.

Imprensa norte-americana x *imprensa brasileira*

O referido autor discorre com muita propriedade sobre as variadas formas de poder: o militar, o econômico, o político, o religioso, mas ao chegar ao poder da imprensa, refere-se a ele considerando os padrões norte-americanos e europeus de comportamento dessa instituição, que não correspondem à realidade brasileira, que tem definições e parâmetros diferentes.

No Brasil, ao contrário dos Estados Unidos, ainda sobrevivem os fundadores das grandes estruturas de comunicação e nos veículos controlados por estes ou por seus descendentes diretos é possível identificar traços de marcante personalismo. Com maior ou menor sutileza, cada veículo atende à defesa dos interesses e pontos de vista de seus proprietários ou controladores, e a imparcialidade tão propalada jamais ocorre no principal, só no varejo ou em questões polêmicas, cuja tomada de posições implicaria riscos inaceitáveis para o conceito público do veículo.

---

* John Keneth Galbraith, *A anatomia do poder*, Brasília, Pioneira, 1984.

No Brasil, salvo poucas exceções, essa realidade deita por terra a ideia de que a imprensa moderna procura contrabalançar qualquer posição marcante com outra de igual peso em sentido oposto, como ocorre nos veículos administrados por profissionais e que não estejam mais sob a influência de seus donos.

Aqui, embora um jornal ou televisão dedique a candidatos hipoteticamente o mesmo espaço, existe um verdadeiro arsenal de recursos, truques e sutilezas que podem – e são – empregados para favorecer aqueles que se apresentem mais *afinados* com linha e as posições do dono do veículo de comunicação. Isto para não citar os casos de veículos controlados por líderes políticos, nos quais o equilíbrio entre os espaços concedidos aos aliados e opositores é mais equilibrado ainda: 100% dos espaços positivos para o grupo que controla o veículo e 100% dos espaços negativos, para os grupos rivais. Ou, quando são mais sutis, nenhum espaço para os rivais e 100% para os inimigos dos rivais.

A Constituição garante a liberdade de imprensa e, mesmo após o fim da censura governamental sob a qual esteve submetida por longo período, existem dentro de cada veículo diversos níveis de censura, pois os controladores determinam os limites do aceitável e fixam a margem de manobra dos editores, que por sua vez balizam o campo de ação da reportagem.

Embora se registrem progressos, há poucas exceções à regra, mas o fato é que o atual estado de coisas frustra o verdadeiro espírito do jornalismo e revolta os profissionais da imprensa, que, muitas vezes, não podem publicar um *furo* de reportagem porque prejudicaria de alguma forma algum *amigo do dono*, ou uma causa por ele defendida. Isto sem falar no cuidado que todos têm de não ferir os interesses de grandes anunciantes do veículo. Em alguns Estados brasileiros, os principais veículos de comunicação e a imprensa se apresentam ao público sem qualquer disfarce, onde tal jornal é do senhor X e apoia o partido Y, o jornal A apoia o partido C, e assim por diante.

Nos Estados Unidos tal imprensa definharia até o sepultamento, à míngua de leitores e de anunciantes, transformando-se em *house organ,* ou porta-voz de algum partido ou núcleo de poder. Embora também lá seja possível identificar a tendência política e ideológica dos diversos veículos de imprensa, esta não passa dos limites determinados para os editoriais e é comum verificarem-se, em suas páginas, matérias que favoreçam posições adversas aos interesses dos grupos que controlam o veículo.

Outro fato interessante e digno de análise, que determina de certa forma a isenção da imprensa americana e europeia nas questões político-partidárias, é que lá os candidatos e seus partidos se constituem em poderosos anunciantes, cobiçados por todos em função das *apetitosas* verbas publicitárias que serão investidas nas eleições. Já em nosso País, o período eleitoral representa um prejuízo para a maioria dos veículos de comunicação brasileiros, que são obrigados a ceder *gratuitamente* (*sic*), por lei, os espaços para propaganda eleitoral.

Por outro lado, o eleitorado norte-americano sabe distinguir a propaganda do jornalismo, desprezando a imprensa tendenciosa e optando pela utilização dos veículos que se mostrarem mais isentos, quando se tratar de buscar informações, a partir das quais irá basear-se para formar a sua opinião. Assim, os eleitores engrossam a lista de assinantes e a audiência daqueles que desfrutarem de maior credibilidade.

Critérios para aferição do poder

O poder da imprensa, como instituição, é inquestionável, tanto que é considerada como *o quarto poder* e se constitui no principal instrumento formador da opinião pública. Isso se dá porque as pessoas se baseiam nela e têm acesso às informações que vão determinar suas posições e ações, o que se comprova facilmente nas próprias conversas entre cidadãos, onde é comum o início de um diálogo com a frase: – "Você viu a entrevista de fulano de tal na TV?", ou no jornal *Y,* ou então ter-se como resposta a uma indagação qualquer: – "Li isto no jornal *X*" ou: – "Você não assiste à TV?"

Tomando-se individualmente os veículos por meio dos quais se manifesta a imprensa, a aferição do poder se faz com base em três critérios fundamentais: o alcance do veículo e sua penetração, a credibilidade deste frente a seu público e a sua independência.

Alcance e penetração

Normalmente, o poder atribuído a cada veículo de imprensa é proporcional ao número de pessoas que consegue atingir, medido pela tiragem e circulação (jornais, revistas) ou pelos índices de audiência (televisão, rádio).

Sua penetração dá o aspecto qualitativo do poder que os veículos exercem, aferido pela análise das faixas de público, nas quais tenham maiores índices de concentração de audiência.

Em outras palavras, o alcance permite que se saiba a quantidade das pessoas atingidas e a qualificação desse público. O conhecimento de ambas é essencial para que candidatos ou anunciantes possam determinar e selecionar os veículos em função de seus objetivos, concentrando seus esforços na conquista daqueles que melhor puderem atender aos seus interesses.

Quanto ao poder de fogo dos veículos de imprensa, é consensual que o da mídia eletrônica, constituída pelas emissoras de TV e de rádio, é muito maior que o atribuído à mídia impressa.

A televisão, com seus recursos modernos e com a vantagem de aliar o som à imagem, é o mais forte e importante, pois é acessível a todas as pessoas, independente do grau cultural ou classe socioeconômica a que pertençam.

O poder do rádio, absoluto antes do surgimento da televisão, varia muito em função dos costumes e da região de abrangência, mas sua força é inquestionável como meio para atingir as donas de casa, o operário, a periferia dos grandes centros e o interior.

Os jornais, secundados pelas revistas, constituem as principais alternativas da chamada mídia impressa e têm como principal limitação o fato de atingirem um segmento populacional menor do que o rádio e a televisão, uma vez que não têm acesso aos analfabetos e às chamadas classes de baixo poder aquisitivo, que em nosso País abrangem uma grande faixa da população.

Os jornais e revistas, assim como os livros, são prejudicados ainda pela crônica falta de hábito de leitura, comum à maioria dos brasileiros.

Outra desvantagem dos jornais frente à mídia eletrônica é que a leitura de um jornal exige exclusiva atenção do leitor, enquanto o rádio permite que se desenvolvam atividades paralelas e a televisão apresenta suas informações jornalísticas em blocos objetivos e de curta duração.

Em compensação, o jornal atinge justamente a classe média, que é universalmente reconhecida como a principal formadora da opinião pública, graças ao seu poder de influência junto às classes que lhe são imediatamente subordinadas. Além disso, a linguagem utilizada nos jornais e revistas oferece inúmeras vantagens em relação à televisão e ao rádio, pois o espaço do meio permite que se proceda à análise das notícias sob diferentes ângulos e opiniões, apresentando a seus leitores matérias mais ricas em detalhes e aprofundadas, influenciando e induzindo com maior eficácia o raciocínio e a formulação de suas opiniões.

O alcance dos veículos de imprensa ainda está intimamente vinculado à propriedade e à organização, duas das três fontes do poder citadas anteriormente, uma vez que estas determinam a dimensão e a estrutura de que cada um vai dispor ou, em outras palavras, vai determinar a principal diferença entre a grande imprensa e a regional.

Para um candidato – e de acordo com as características de sua candidatura ou estratégia de campanha – o apoio e a utilização da imprensa alternativa, ou dirigida, podem ser valiosos e até decisivos, apesar de elas atingirem um público muito mais reduzido que o abrangido pela grande imprensa.

Credibilidade

De nada adiantaria a um jornal, emissora de rádio ou televisão, um grande número de pessoas, se as informações que fazem chegar até elas não tivessem a credibilidade indispensável para que esse público as absorvesse e nelas baseassem suas opiniões.

Esse é um atributo indispensável a qualquer órgão de imprensa, e para manter esse mito, a instituição unida trabalha incessantemente, pois, acima de natural concorrência, interessa a todos os veículos cultivar no seio da sociedade a crença na isenção e na veracidade dos fatos e das informações que noticiam.

A credibilidade é tão importante que, ao mesmo tempo que viabiliza o poder da imprensa, limita seu emprego e impede o abuso grosseiro dele, pois, se sua consolidação é demorada e exige grandes investimentos, cautela e vigília, é fácil perdê-la, e, uma vez perdida, sua recuperação é quase uma missão impossível. Mais adiante, quando tratarmos dos limites do poder da imprensa e as formas de utilização de uma estrutura jornalística como instrumento de campanhas eleitorais, analisaremos outros aspectos ligados a essa importante e delicada matéria.

Independência

De certa forma, a credibilidade da imprensa está sempre ligada à imagem de independência que esta consegue transmitir à sociedade. A comprovação desta relação pode ser obtida com a simples constatação dos baixos índices de audiência das emissoras de televisão ligadas aos governos de Estado, que são causados não apenas pela programação, mas principalmente pela falta de credibilidade de seu jornalismo, que é visto como órgão de propaganda do governo e dos partidos que o controlam.

A liberdade de imprensa não é assegurada e muito menos garantida pela simples inserção desse princípios numa carta constitucional, pois está, antes disso, ligada à independência financeira, indispensável à sobrevivência de cada veículo.

Um veículo só pode ser considerado independente, ou *livre*, quando existe um considerável superávit em suas receitas em relação às despesas necessárias para garantir o seu funcionamento. O simples equilíbrio não garante sua independência, pois submete o veículo, ou deixa-o vulnerável, a pressões de anunciantes.

Mesmo livre do jugo a que esteve submetida nas últimas décadas, com a derrubada da censura governamental, a imprensa ou seus veículos ainda sofrem outro tipo de censura, muito mais sutil e de difícil comprovação, mas cuja violência e resultados práticos se equivalem, em decorrência das chantagens econômicas e do poder de barganha dos grandes anunciantes, quando se destaca o poder da pressão governamental.

Como no sistema bancário, pois dificilmente um banco se atreve a protestar um título de grande correntista a fim de não perder o cliente, da mesma forma os grandes anunciantes conseguem impedir que notícias que lhes sejam desfavoráveis, ou contrariem seus interesses, sejam publicadas e veiculadas através da imprensa.

Uma boa dica para quem tenha interesse em divulgar assuntos dessa natureza, ou revelar anunciantes poderosos, é levar a denúncia a veículos *não apadrinhados* pelas verbas publicitárias daqueles anunciantes, que cumprirão com especial prazer o seu papel de divulgar informações de interesse público, e ganhar ainda prestígio junto à opinião pública, aproveitando-se do fato de que seus concorrentes estarão *amarrados* e parcialmente impedidos de aproveitar a oportunidade de *faturar* em cima de matéria.

Essa, aliás, é uma prática comum entre editores de veículos de imprensa, quando têm em mãos *furos* ou matérias, que estejam impedidos de publicar em virtude de censura interna exercida por seus superiores hierárquicos, trocando entre si *favores* e quebrando o arbítrio a que estejam submetidos.

Ainda que seja possível a um veículo de imprensa conquistar posição de relativa, ou, mais raramente, absoluta independência, existe um limite do qual nenhuma imprensa está livre: a opinião pública, no caso representada pelos assinantes e leitores dos jornais e revistas e pelo público que compõe os índices de audiência do rádio e da televisão, conforme foi visto no item referente à credibilidade.

Encerrando esta explanação sobre o aspecto independência como componente do exercício do poder na área de imprensa, cumpre observar que, à medida que aumenta a estrutura de um veículo, ou organização jornalística, se ampliam não só a independência econômica, mas também as probabilidades de menor grau de dependência interna, onde os editores das diversas seções dispõem de margem de manobra e de poder decisório bem maiores, fato cujo conhecimento interessa a todos os candidatos que pretendam se relacionar melhor com a imprensa no decorrer de sua campanha.

Os limites do poder da imprensa

Embora poderosa e influente, a imprensa, como qualquer outra forma de poder que não seja divino, tem suas limitações.

Acima dos limites impostos pelas leis, claramente identificáveis, de difícil constatação e controle efetivo, o poder da imprensa é limitado e atenuado por outros poderes e circunstâncias, não de forma clara, mas certamente real e gradativamente, como é real, mas de difícil determinação, saber onde termina a água doce e começa a salgada, no encontro de um rio com o mar.

Entre os poderes e circunstâncias que determinam os limites do poder da imprensa estão os que destacamos a seguir.

O poder do leitor, ouvinte ou telespectador

O poder do público, ao qual se dirigem os veículos, embora diluído e fracionado em milhões de unidades, não pode jamais ser desconsiderado, uma vez que o poder da imprensa está condicionado ao número de pessoas que se disponham a comprar jornais e revistas e assistir às programações das estações de rádio e televisão, dirigidas a todos e a cada um.

Sua importância transcende as receitas que possam significar, para os veículos, as suas assinaturas ou aquisições em número de exemplares, pois é da soma dessas unidades humanas que a imprensa extrai sua matéria-prima, combustível gerador de suas receitas publicitárias e cristalizador de sua base de exercício do poder.

Conhecer o detentor desse poder significa, para a imprensa, um investimento constante em pesquisas de opinião. No afã de conquistar o maior número possível de unidades, cada veículo adota linguagem e medidas diversas que os tornem mais atraentes e assimiláveis aos seus olhos.

Aos candidatos interessa saber que, para o veículo, sua audiência é, ao mesmo tempo, meio e fim de conquista, manutenção e exercício de influência e de poder de imprensa e, assim, as matérias jornalísticas ou notícias são direcionadas para o interesse de cada público.

O conteúdo e a programação de cada jornal, ou emissora séria e competente, são montados e direcionados cuidadosamente para os diversos segmentos da população, procurando conquistar a fidelidade da cada público no atendimento de suas expectativas.

O poder da opinião pública

Como foi visto anteriormente, a opinião pública apresenta, entre os seus muitos efeitos, a característica de representar as tendências e aspirações populares, assim como a consciência coletiva representaria a imagem que as maiorias fazem de determinados comportamentos, abrigando preconceitos e despertando reações de aceitação ou rejeição.

A imprensa tem o poder de influir na formação dessas imagens e no direcionamento dessas tendências, assim como pode detonar e, de certa forma e em determinadas circunstâncias, manipular as mobilizações de massa.

Esse poder, para ser exercido com toda a sua plenitude, exige que a influência seja efetivada a distância conveniente, durante o tempo que se fizer necessário para manutenção do empreendimento e até a colheita de seus frutos e consecução dos seus objetivos.

É importante salientar também que o poder da imprensa raramente é exercido unitariamente, pois está loteado entre os diversos veículos, cada qual administrando sua faixa de poder em função de seus próprios interesses e objetivos.

Nem o poder concentrado na maior organização jornalística de nosso País é suficiente para permitir-lhe exercer sozinha a plenitude do poder potencial da imprensa como instituição.

Todavia, o fato de influir no direcionamento das tendências ou das expectativas da opinião pública não significa que a imprensa possa, num estalar de dedos, criar ou destruir instantaneamente uma imagem, ou agregá-la, como fato indiscutível, à consciência coletiva. Da mesma forma, não significa que possa se opor, invulnerável, a essas tendências, nem anular expectativas consolidadas, assim como a imprensa não pode ignorar e deixar de transmitir a seus leitores ou telespectadores notícias que atendam aos interesses maiores de seu público – ainda que estes sejam contrários aos interesses dos dirigentes de um veículo ou de seus aliados – sob o risco de perder sua credibilidade e arranhar sua imagem de órgão dinâmico e independente, com todas as consequências decorrentes dessa perda.

Uma poderosa organização jornalística brasileira, ao tentar ignorar a movimentação a favor das eleições diretas, minimizando sua dimensão e importância – enquanto os diversos veículos se engajavam no movimento e asseguravam-lhe o espaço justo –, desafiou uma tendência e aparentou desconhecer uma aspiração popular consolidada. Com isso, distanciou-se de sua audiência, iniciando um processo que levou seu público a migrar para outras emissoras, ficando, assim, sujeitas às pressões de anunciantes e patrocinadores, logo que começaram a ver que a relação custo/benefício de seus anúncios estava ameaçada.

Sob a pressão da opinião pública, dos partidos políticos engajados no movimento, dos demais veículos de imprensa, dos anunciante e outras instituições como as igrejas, a OAB etc., a emissora deu uma guinada de 180° e passou a fazer a cobertura do fato jornalístico com o destaque merecido, ainda a tempo de não sofrer consequências mais graves que uma sonora vaia, recebida ao fazer sua primeira cobertura de um dos comícios, solucionando o impasse das Diretas-já e tentando liderar a dissidência no movimento de massa, justamente no momento em que ele tomava novo impulso.

Tudo se repetiu e o jornal capitulou, engajando-se na campanha de Tancredo Neves e recuperando sua imagem.

Com Jânio Quadros, durante a eleição para a prefeitura da capital paulista, a imprensa acabou derrotada pelo candidato, que prevendo a tentativa de reedição da campanha presidencial – quando Maluf foi transformado em inimigo público número 1 –, afastou-se da imprensa. E, aproveitando-se do espaço que esta era obrigada a abrir-lhe, na sua qualidade de principal concorrente numa disputa apertada, passou a agredir os veículos e seus repórteres, numa manobra que deixava à imprensa pouco espaço para ataques ou revides, pois essas atitudes seriam interpretadas pela opinião pública como respostas *naturais* numa briga.

Caso o revide fosse mais profundo, os veículos corriam o risco de vê-lo passar como se fosse um golpe baixo, e o efeito da denúncia seria assim atenuado.

Ao declarar guerra à imprensa, Jânio Quadros reduziu a margem de manobra e o arsenal de sutilezas com que esta poderia destruí-lo, com o que não se pretende afirmar que a imprensa não tenha conseguido minar os redutos janistas e fortalecer os dos candidatos do PMDB e do PT.

É de se supor até que o candidato do PTB, num quadro eleitoral normal e onde a imprensa permanecesse imparcial, poderia alcançar uma vitória muito mais expressiva do que a obtida.

O autor deseja esclarecer aos seus leitores que os fatos aqui narrados não implicam qualquer posicionamento político-paritário, constituindo meros exemplos das limitações do poder da imprensa.

Outro exemplo sobre o poder da opinião pública e sua capacidade de impor limites ao da imprensa – e que ilustra bem a força da consciência coletiva – ocorreu com um experiente editor-chefe de um importante jornal, que foi questionado por um candidato sobre os motivos que levaram a imprensa a ser tão agressiva com ele e divulgar notícias que só serviram para prejudicar sua imagem. O editor respondeu que, como outros editores e veículos de comunicação, nada tinha pessoalmente contra ele.

Estupefato, o político perguntou-lhe o porquê das notícias adversas, recebendo como resposta a afirmação de que nenhum veículo poderia remar contra a correnteza de uma imagem que se consolidou negativa aos olhos da opinião pública, sob pena de desgastar-se e perder sua credibilidade.

Já foi dito que, embora a imprensa tenha poder para influir decisivamente na formação da imagem de um homem público, por exemplo, ou de um candidato, isso não é feito de uma hora para outra.

O papel da imprensa, nesses casos, é o de manter a sociedade informada sobre as posições e ações de determinada personalidade, assegurando-lhe o espaço vital para que possa conquistar a aprovação da opinião pública.

A conquista da opinião pública é um trabalho minucioso, permanente e sutil. Caso o leitor de certo jornal desconfie que este está vinculado ostensivamente a um candidato ou homem público, a tendência é passar a não mais acreditar no que o veículo transmite com relação ao beneficiário ou, o que é mais grave e frequente, o leitor pode deixar de basear-se naquele jornal para a formação de sua opinião, procurando outra fonte de informações que lhe pareça isenta e confiável. Isto quando não se julgar ofendido ao sentir que o veículo está tentando manipular e conduzir seu arbítrio, iniciando uma campanha pessoal contra o candidato de seu jornal.

Um veículo de imprensa também fica impedido de usar seu espaço em prol de um candidato, se este não conseguir criar fatos de importância, que mereçam ser noticiados como de interesse público.

Isso dificulta sensivelmente o apoio dos veículos às candidaturas que concorram pelo sistema proporcional, pois disputam espaço com, às vezes, centenas de outros concorrentes, enquanto os candidatos ao governo de Estado, Senado e prefeituras são em menor número e disputam posições políticas de maior relevo aos olhos da opinião pública, o que por si só já transforma os candidatos majoritários em fatos de elevado potencial *noticiável*, facilitando-lhes o trabalho de permanecer sempre em evidência.

A grande imprensa também não iria se expor ao risco de publicar inverdades, apenas para criar situações que favoreçam e criem espaço para as manifestações de um candidato ou homem público, pois a *ressaca* que adviria como resposta seria muito mais poderosa em resultados negativos do que as vantagens efêmeras que tal medida poderia oferecer à imagem do beneficiário. Resumindo, a imprensa não cria sozinha a imagem pública de um político, necessitando, para isso, que ele aproveite ou crie as oportunidades e gere fatos que possam ser considerados de interesse público.

Todavia, a imprensa pode *potencializar* os aspectos positivos, ou negativos, de uma personalidade, desde que essa faculdade não contrarie frontalmente a consciência coletiva ou a imagem que, num determinado momento, essa personalidade desfruta aos olhos da opinião pública.

O poder da própria imprensa

Geralmente, quando se fala no *poder da imprensa*, está-se referindo à imprensa como instituição e, visto assim, esse poder é gigantesco e avassalador, capaz de atemorizar e fazer com que os candidatos se sintam inferiorizados e à mercê dos veículos, sempre que a necessidade de ganhar espaço os empurra na direção desses poderosos instrumentos de comunicação.

Entretanto, na prática, esse poder é diluído, pois se apresenta fracionado entre as inúmeras organizações jornalísticas.

Embora as frações de poder administrativas por cada organização não devam ser consideradas desprezíveis, é erro grave imaginar que são absolutas e independentes.

Nos países onde a imprensa não é controlada pelo Estado, as organizações são dirigidas por indivíduos ou grupos heterogêneos, cujos interesses, objetivos e estratégias são divergentes entre si.

Um veículo de comunicação, num sistema capitalista, não passa de uma empresa cujos dirigentes disputam cada espaço com os concorrentes, o que aprofunda as divergências e limita o poder de cada organização, impedindo que, isoladamente, uma delas se arrisque a abrir o flanco, ou a guarda, utilizando seu poder indevidamente ou de forma irresponsável.

Por uma questão de sobrevivência e por força das características que revestem o *ramo* de atividade, a imprensa desenvolveu um forte esquema de integração, por meio do qual todos se unem, sempre que a instituição estiver sob qualquer ameaça, pois é vital e interesse de todos cultivar a crença no poder da imprensa e preservar a qualquer custo a sua imagem institucional face à opinião pública.

Criou-se uma sociedade mais ou menos secreta, num clube *privê* dos poderosos, onde seus membros preservam a independência para concorrer entre si, mas se unem em defesa de qualquer de seus membros ameaçados por fatores e elementos externos.

Na prática, isso significa que os veículos competem entre si, cada qual na defesa de seus interesses particulares, apoiando ou combatendo ideias ou candidatos segundo suas conveniências, e procurando aumentar a sua fração de poder, mas é quase impossível jogar um veículo, ostensiva e publicamente, contra outro.

No clube da imprensa, todos os membros levam a sério o dito popular: "roupa suja é lavada em casa".

O espírito de classe que predomina na imprensa é semelhante ao que regula a ética médica, jurídica, parlamentar, e de outros segmentos organizados da sociedade, pois um médico ou advogado não pensa duas vezes antes de *passar a perna* ou *roubar* um cliente de seu colega, chegando até a fazer, reservadamente, críticas a seus companheiros, sem jamais, ou dificilmente, tornar pública uma acusação.

Esse comportamento faz parte da natureza humana, é descrito cientificamente como instinto de preservação da espécie e dá vida a um sábio ditado popular: "A união faz a força".

Assim, ironicamente, o poder da imprensa encontra um dos principais limites do seu exercício no próprio poder de imprensa, administrado por setores antagônicos, fato que preserva o equilíbrio sadio do Estado moderno e determina o inter-relacionamento desta forma, como o poder político, o econômico, o religioso, o militar etc., que juntos, constituem os Estados e as configurações contemporâneas das sociedades.

O poder de cada organização de imprensa varia, sempre, em função da combinação das três fontes de poder citadas por Galbraith, assim como em função das alianças que a organização conseguir compor com outros setores detentores de outras faixas de poder, como o governo, organizações religiosas etc., o que torna impossível definir com precisão os seus limites. Mas é fato inquestionável que existem e que um dos mais nítidos é aquele representado pelo contrabalanceamento do poder da imprensa pelo próprio poder da mesma imprensa.

Esse conhecimento é valioso para qualquer candidato, pois permite que ele busque abrigo em veículos com tendências opostas às daquelas que venham a lhe fazer oposição. Possibilita também que o candidato compreenda que corre graves riscos se entrar em choque frontal com um simples repórter, ou fotógrafo, pois despertará, provavelmente, uma irada reação em cadeia, uma vez que o espírito de corpo da classe jornalística é muito forte.

O poder dos anunciantes

Essa forma de poder já foi parcialmente descrita nos capítulos anteriores, restando apenas identificar melhor a forma e o grau de sua influência como limite do poder da imprensa.

Como qualquer empresa num sistema capitalista, os veículos de comunicação dependem de suas receitas para continuar financiando suas atividades e seus crescimento.

No jornal e na revista, as principais fontes de receitas operacionais são as provenientes das assinaturas, da vendas diretas oriundas da circulação e dos anúncios e matérias pagas veiculadas pelos anunciantes.

Já no rádio e na televisão, inexistem outras receitas que não as aferidas pelos comerciais, patrocinadores da programação e dos eventos e, recentemente, pelo *merchandising*.

As tabelas de preços dos veículos de comunicação são montadas em cima do alcance e da penetração de cada organização, fornecendo aos anunciantes os dados necessários para que possam fixar suas relações de custos de anúncios *x* benefícios, simplesmente conhecidos com *custo por mil*.

Se nos jornais e revistas os anúncios representam a maior fatia de suas receitas, nas emissoras de rádio e televisão os anunciantes reinam quase absolutos.

Assim, todos os veículos de imprensa acabam dependentes, em graus variáveis, dos seus anunciantes, da mesma forma que qualquer outra empresa privada, independentemente do seu ramo de atividade, ou bandeira, depende de seus clientes para sobreviver.

Essa dependência não é aviltante ou opressora, pois os veículos também dispõem de poder de barganha que limita o poder do anunciante, representado pelo cacife de unidades de audiência ou número de leitores que são capazes de atingir e influenciar.

Entretanto, da mesma forma que qualquer empresa adia por mais alguns dias o prazo de pagamento, quando solicitado por um de seus principais clientes, e evita protestá-lo, um veículo pode vetar a publicação de matérias que prejudiquem seus clientes anunciantes, ou avisá-los com antecedência, dando-lhes tempo de preparar suas defesas e anular os efeitos mais negativos que uma notícia poderia trazer-lhes.

As coisas nem sempre acontecem dessa forma, pois os anunciantes, cientes de seu poder, muitas vezes abusam, pressionando e até chantageando os veículos *menores*, para submetê-los e exercer influência por meio deles, encomendando matérias e fazendo-as publicar como se não fossem informes publicitários ou matérias pagas, ou impondo-lhes o apoio a candidatos, a medidas governamentais que lhes favoreçam e a seus ramos de atividades etc.

É lógico que essas imposições não são feitas com uma arma na mão, e nem a ameaça de suspender ou cortar suas verbas com publicidade, num determinado veículo, é explícita. Como convém nos níveis de refinamento da sociedade moderna, todo o processo se desenvolve no plano implícito e sutil.

Do lado positivo do exercício do poder do anunciante, está fato de que, na disputa para a conquista de maiores verbas publicitárias, os veículos aprimoram incessantemente a sua programação e a qualidade das informações que publicam ou divulgam, buscando com isso a ampliação dos seus índices de audiência, ou leitores, cuidando sempre para que sua imagem e reputação sejam as melhores possíveis, evitando tomadas de posição ou ações que coloquem em perigo seu conceito perante a opinião pública.

A credibilidade

Todos os eleitores já estão, a esta altura, convencidos de eficiência da credibilidade como fator de limite do poder da imprensa, uma vez que no decorrer de todos os temas, constantes desde a opinião pública até o poder da imprensa e seus limites da credibilidade e seu inter-relacionamento com o poder da imprensa.

Assim, resta abordar neste item um aspecto da credibilidade que limita a utilização do poder da imprensa em favor de candidatos e políticos.

Já se verificou que a imprensa não pode colocar-se contra uma tendência, nem afrontar a consciência coletiva, tentando impingir-lhe a aceitação de um conceito, ou imagem, que esta não assimile, sob o risco de perder, primeiro a credibilidade e, depois, seu público e seus anunciantes.

No caso de um político, ou candidato, é tarefa delicada e demorada construir uma imagem positiva, pois essa categoria desfruta de indesejável e cristalizado desprestígio junto à opinião pública, ou, em outras palavras, é portadora de péssima imagem institucional.

No curto período eleitoral, que compreende os nove ou dez meses que precedem o dia das eleições, é dificílimo melhorar a imagem de um candidato via imprensa, pois todas as opiniões, promessas e soluções emitidas por seu intermédio são recebidas por eleitores desiludidos com a classe política, que tendem a avaliar essas notícias com descrédito ou simplesmente como promessas vãs e eleitoreiras.

Não cumpre aqui dar a receita para se mudar esse estado de coisas, nem a identificação de cada elemento que influi para a cristalização dessa imagem, mas sim constatar um fato consumado.

Como toda regra geral, também esta tem suas exceções, mas à maioria dos candidatos não resta alternativa, senão enfrentar mais esse problema ao elaborar suas estratégias na área de imprensa.

Nessas ocasiões, a imprensa deve ser utilizada com muita prudência e sutileza, para evitar que seus leitores ou telespectadores encarem as notícias como propaganda, inserindo entrevistas, posições políticas em contextos mais amplos, ou matérias mais complexas, nas quais as citações de posições políticas não pareçam gratuitas, sem fundamento amplo.

Outra técnica é a inserção da declaração de um candidato junto a outras matérias predominantemente econômicas ou de outra natureza que não exclusivamente política, atingindo o consciente do eleitor, mas driblando uma eventual rejeição e permitindo que o nome e a posição do candidato se alojem no seu subconsciente.

O apoio de um veículo de imprensa a um candidato, para ser eficaz, deve ser controlado e ministrado ao seu público em doses homeopáticas e por meio de tratamentos prolongados, como se o todo da influência que se quer exercer sobre ele fosse se desmembrando num grande quebra-cabeça, no qual cada peça fosse fornecida, como brinde, e, subjetivamente, em cada matéria ou espaço concedidos.

Todo esse trabalho tortuoso poderia ser dispensado se o político desfrutasse de melhor imagem junto à opinião pública, pois o poder da imprensa é limitado quando se trata de promover a imagem de alguém que não esteja respaldado pela indispensável credibilidade na consciência coletiva.

O volume das informações

É fato comprovado cientificamente que nenhum ser humano tem condições de assimilar todas as notícias e informações que chegam ao seu conhecimento diariamente.

São milhares de informações que dizem respeito a centenas de assuntos e atividades humanas, e que cobrem acontecimentos locais, regionais, estaduais, interestaduais, nacionais e internacionais.

Instintivamente, para proteger sua mente de um volume de notícias muitas vezes superior à sua capacidade de retenção e análise, os indivíduos desenvolvem um mecanismo de defesa que filtra as informações que recebem, restando apenas aquelas que sua consciência julgar de seu interesse, que digam respeito à esfera de influência do universo que cada um vivencia, desprezando ou rejeitando as demais.

Galbraith foi muito feliz na definição desse fenômeno limitador do poder da imprensa, ao afirmar que "o volume do atual esforço de pressão é enorme [...]". E prossegue: "Em consequência, dadas as limitações da mente e da memória humana, é inevitável que muito seja ignorado e que mais ainda seja totalmente esquecido [...]. Aquilo que captura alguns, escapa à percepção de outros [...]". Finalizando o parágrafo, Galbraith estabelece um paralelo entre o poder da imprensa e o da religião, cujo poder de "condicionamento foi poderoso quando era simples, isento de dúvidas ou opiniões discordantes e quando detinha o monopólio de acesso à mente humana [...]".

No Brasil, onde o nível de conscientização política do povo é baixíssimo e a imagem que este tem dos políticos é péssima, o índice de assimilação consciente do noticiário, ou propaganda, é insignificante, ao menos quanto aos benefícios e pontos positivos que a absorção do noticiário poderia assegurar à classe política.

Outra tendência da grande maioria dos indivíduos é buscar nos noticiários apenas as matérias que sirvam para referendar as opiniões previamente concebidas e reforçar, assim, as posições que defendem ou têm como corretas, rejeitando inconscientemente informações que questionem essas posições e *preconceitos*, ou exijam profundas reformulações conceituais.

Assim, essa tendência leva o público a absorver, sem resistência, notícias que reforcem suas posturas (negativas) face aos temas contrários à classe, como escândalos, corrupção, mordomias, *jettons,* disputas fisiológicas de cargos públicos etc., e a desconfiar do noticiário elogioso a medidas governamentais ou posições e teses nobres, defendidas por políticos ou candidatos.

Talvez Freud ou Jung explicassem esse comportamento como a busca inconsciente, do indivíduo, da aceitação coletiva, ou a confirmação da sabedoria e da vaidade de sua escala de valores como fator de estabilidade emocional e autoconfiança.

Definições à parte, resta o fato de que o próprio número de veículos, cada qual seguindo seu estilo ou tendência ideológica, acaba por restringir o poder da imprensa face ao grande volume de informações que atinge cada pessoa numa sociedade moderna.

Que isso sirva de consolo ao candidato que receber um ou outro ataque por parte de órgãos de comunicação no decorrer de sua campanha, pois seu efeito negativo, com o passar do tempo, provavelmente será atenuado e diluído. No sentido inverso, uma matéria favorável, aqui ou ali, não vai decidir sua eleição pelo mesmo motivo.

É importante, contudo, que um candidato evite situações de confronto com veículos de imprensa que resultem em ataques sistemáticos, pois a repetição continuada e por longos períodos acaba por prejudicar a penetração que sua candidatura possa ter junto ao público *cativo* do veículo.

No reverso da medalha, vale a mesma regra; afinal, "água mole, em pedra dura, tanto bate até que fura...".

O poder da censura

Esse tipo de poder limitador da influência da imprensa é execrável em todos os seus aspectos, mas é real e digno de figurar entre os principais limites aos exercício do poder da imprensa.

Vale lembrar que seu uso não é prerrogativa exclusiva dos governos, estando presente e influindo, sob vários aspectos, na estrutura da imprensa. Pode ser exercido por um repórter, redator, editor ou controlador de determinado veículo, nem sempre em função exclusiva dos interesses e valores morais de cada um, pois muitas vezes o cerceamento de determinadas causas ou a censura de determinadas notícias são até necessários e salutares para manter a boa imagem da organização, sempre que elas possam despertar reações de repúdio generalizado por parte do público, provocar situações de conflito social, racial e moral.

O comum, nesses casos, é a apresentação desses temas sob forma sutil e indireta, abrindo espaço para opiniões que lhes sejam favoráveis, contrabalançando-as com outras, contrárias. Dessa forma, a imprensa adota a posição de equidistância, como simples mediadora entre correntes opostas.

17. O Relacionamento Candidato x Imprensa

Muitas das queixas de candidatos e políticos, em relação ao tratamento que recebem da imprensa, devem-se ao desconhecimento por parte destes de uma regrinha importante do jornalismo: "A notícia tem de atender, primeiro, ao interesse do leitor; segundo, às conveniências do veículo, e somente satisfeitas estas duas condições, é que esta pode atender ao candidato".

Entre as mais comuns, algumas poderiam ser evitadas caso os políticos, ainda que apoiados por veículos de comunicação, compreendessem que não existem imprensa nem poder se não há audiência no lado oposto e respeitassem os mecanismos que envolvem a edição de uma notícia.

É fato que distorções e omissões de trechos de entrevistas ocorrem com frequência, embora o objetivo não seja obrigatoriamente o de prejudicar o entrevistado, pois este deve compreender que toda matéria tem de ser regida e adaptada ao estudo jornalístico de cada veículo. No caso das entrevistas para a televisão, elas têm de passar por uma edição *emagrecedora*, para que a informação transmitida se encaixe na linguagem do veículo e no espaço disponível.

No decorrer da entrevista, muitas vezes o candidato faz comentários ou *escorrega*, dizendo coisas que não apresentam importância e dando declarações sem antes proceder à avaliação quanto ao seu impacto. Na edição da matéria, justamente uma dessas declarações pode ser escolhida como *gancho*, ou ganhar relevo na matéria, além de ser normal que o entrevistador ou a editoria acrescentem alguns comentários e análises à matéria, a fim de torná-la mais dinâmica e despertar o interesse do público.

Os candidatos que desejam evitar tais dissabores devem preparar-se antes de suas entrevistas, conhecendo o estilo do veículo ao qual se reportam, sabendo de antemão que a entrevista será *trabalhada* jornalisticamente e inserida num contexto aceito pelos leitores e/ou audiência, dentro dos padrões de cada organização.

Aos que não quiserem submeter-se ao risco, resta o recurso da matéria paga ou propaganda, cujos resultados serão sensivelmente menores que os obtidos normalmente.

A assessoria de imprensa

A conquista de espaços, nos veículos de imprensa, é tarefa que exige um bom planejamento e requer muitos cuidados, antes de se estabelecer a estratégia da candidatura nessa área.

Os primeiros passos

O primeiro lance do jogo é a elaboração de uma lista que relacione todos os amigos e conhecidos do candidato que dirijam ou desempenhem qualquer função dentro das organizações jornalísticas. Além deles, devem constar quaisquer outros amigos que, embora não estejam ligados a essas atividades, mantenham relações de amizade com profissionais da área e possam abrir trânsito, apresentando-os ao candidato.

A finalidade dessa lista é permitir que o candidato tenha uma visão clara de seu cacife inicial e possa montar sua estratégia de *aquecimento* e administração desses relacionamentos.

O segundo lance é a contratação de um bom profissional da área e a sua integração no *staff* da campanha, com o que o candidato vai receber um considerável reforço estratégico e somar ao seu cacife o trânsito que o assessor contratado pode lhe assegurar em outros veículos nos quais tenha penetração ou bom relacionamento.

A partir desse momento, todos os demais lances serão feitos e administrados em *tabelinhas* entre o candidato, seus principais estrategistas e o assessor de imprensa, este na qualidade de porta-voz do candidato e responsável pelas audiências, entrevistas e demais ações que impliquem contatos com a imprensa.

A primeira providência do assessor é conseguir uma listagem que contenha, relacionados, todos os veículos de imprensa, desde os jornais de bairro e publicações dirigidas até grandes jornais e emissoras de rádio e televisão, sem esquecer os *house organs* ligados a sindicatos ou associações de classe. Obviamente, nessa listagem devem constar os endereços e telefones correspondentes, atualizados, bem como os nomes dos editores responsáveis pela cobertura de cada área de jornalismo.

Cada veículo constante da lista merece a abertura de uma ficha, contendo dados de interesse, como linha editorial, circulação, público que atinge, características dos repórteres, respostas a *releases* enviados, espaços concedidos etc.

Esses cuidados podem ser chamados organizacionais.

Todo candidato, ao iniciar seu plano de imprensa, deve estar consciente de que o jornalismo é uma atividade que está subordinada a uma série de princípios; que não se deve confundi-lo com um mero instrumento de propaganda ou tentar utilizá-lo como se fosse.

Outro fato que merece registro é que, no decorrer de um ano eleitoral, os editores dos veículos de imprensa se veem, literalmente, cobertos pela verdadeira *enxurrada* de *releases* que lhes são enviados, diariamente, por centenas de candidatos, a maioria dos quais com um destino invariável: a cesta de lixo. Por isso, cada *release* deve ser precedido de contato pessoal ou telefônico de seu assessor de imprensa, adiantando, para o editor, o assunto que se pretende divulgar e o *gancho* ou interesse que este poderia ter para os leitores ou a audiência do veículo.

O candidato não deve jamais tentar iludir o editor nesse aspecto. Precisa aceitar o fato de que aquilo que lhe parecer merecedor de espaço, ou constituir para ele um fato relevante, nem sempre será um assunto que despertará o interesse do público de cada veículo. Com isso, evita tornar-se inconveniente com pedidos insistentes ou contra-argumentações embaraçosas. Diante da negativa, é melhor tratar de partir para a próxima tentativa.

Funções da assessoria de imprensa

Uma das funções da assessoria de imprensa é a de preparar o candidato para que possa ganhar espaço nos veículos e êxito nos seus contatos com os jornalistas, orientando-o sobre as características de cada veículo e sobre a melhor maneira de conduzir suas entrevistas, evitando *escorregões* ou situações que possam resultar embaraçosas.

Um assessor de imprensa deve ser visto pelos editores e repórteres como fonte fidedigna e capaz de respeitar a ética profissional, de conciliar os interesses do candidato aos dos veículos e seus jornalistas.

Além de redigir e administrar os *releases* da campanha, o profissional da área deve procurar manter abertos todos os canais de comunicação, realizando um trabalho de relações públicas permanente com os jornalistas, sempre pronto a prestar favores, dar declarações, sem jamais falseá-las, podendo, quando muito, omiti-las – e somente em último caso.

Também cabe a ele transformar em notícia um fato que possa promover o candidato, alertando-o e orientando-o sobre a melhor maneira de aproveitar as oportunidades que abram espaço.

Outra atividade importante é o acompanhamento das posições, espaços, acertos ou erros do candidato e de seus adversários, nos jornais, revistas, programas de entrevistas e debates, sugerindo caminhos e estratégias que ele pode adotar para melhorar suas posições junto à imprensa e à opinião pública, ou anular vantagens ali conquistadas por seus principais adversários.

Cabe, ainda e finalmente, ao assessor de imprensa preparar o candidato para enfrentar os debates, ensinando-o a usar a linguagem de cada veículo e sabatinando-o em ensaios simulados, após os quais deve apontar e corrigir erros de postura e colocações que lhe seriam prejudicais, se cometidos no transcorrer da entrevista real.

Dicas para ganhar espaços

Dica 1 – Nos contatos iniciais com profissionais ligados à imprensa, é boa tática não pedir favores, e sim conselhos, ao mesmo tempo em que o candidato torna-os cientes do lançamento da candidatura e de suas necessidade de apoio.

Dica 2 – Ao sentir que a direção, ou editoria, de um veículo lhe é hostil, antes de reclamar ou retribuir a hostilidade, o candidato deve procurar afastar-se do veículo e ser esquecido por ele. Se a tática não surtir efeito, o candidato deve procurar, no seu círculo de relacionamento, alguém que tenha acesso e trânsito junto ao veículo *inimigo* e possa servir como embaixador em *missão de paz*, tentando assim, no mínimo, ser ignorado pela organização jornalística.

Dica 3 – Um método infalível para ocupar espaços na imprensa, mas que exige muito cuidado na previsão de seus efeitos, é a geração de fatos de impacto junto a setores da opinião pública, capazes de acender a polêmica ou despertar seu interesse.

Exemplo *a:* simples fato de ter feito um importante discurso num sindicato ou associação de classe não constitui em notícia por si só, mas se o candidato gerar um abaixo-assinado reivindicatório dos presentes à reunião e se se fizer portador dessas reivindicações a qualquer autoridade, o fato se reveste de interesse público.

Exemplo *b:* uma criança morre atropelada na rua *X*, despertando a revolta dos moradores daquela via. A simples visita aos pais da criança para levar sua solidariedade, ou envio aos jornais de *releases* contendo críticas e sugestões para evitar futuros acidentes, não é notícia; mas se o candidato fizer passar um abaixo-assinado entre os moradores da rua e se encarregar de encaminhá-lo aos setores competentes, e fiscalizar o cumprimento das reivindicações nele contidas, o fato torna-se noticiável. Se, além disso, o candidato conseguir assumir a liderança de algum ato público de protesto, como, por exemplo, uma noite de vigília, o interesse do fato como notícia aumenta.

Dica 4 – É possível transformar fatos comuns e corriqueiros em assuntos noticiáveis, mas isso não deve desviar a atenção da assessoria de imprensa do candidato a ponto de esta deixar passar as oportunidades que, a cada momento, surgem no seio da opinião pública e nos diversos segmentos da sociedade. Essas oportunidades duram, apenas, um instante, após o qual já não têm qualquer repercussão os atos ou posições que o candidato possa vir a assumir frente a estas.

Muitas vezes, um desastre ecológico, um escândalo, um crime, um ato de discriminação social, ou sexual, podem constituir excelentes oportunidades para projeção política de um candidato que esteja atento e preparado para capitalizar o momento inicial, que é sempre o melhor, pois simultâneo ao impacto.

Dica 5 – Ainda que o candidato seja amigo do chefe ou dono de um veículo de comunicação, e tenha recebido dele a promessa de apoio, jamais deve portar-se junto ao editor e equipes de reportagem como se estes não estivessem fazendo mais do que a sua obrigação em dar-lhe cobertura jornalística ou lembrá-los, a cada entrevista, de sua influência e amizade com seus superiores hierárquicos.

Dicas para gerar boas entrevistas

Para os candidatos que iniciam suas carreiras políticas, é importante saber de alguns detalhes que podem facilitar o seu relacionamento com a imprensa.

Em primeiro lugar, é importante que se desvencilhem de alguns preconceitos prejudicais à relação, correta e natural, que deve existir entre entrevistado e entrevistador.

Esses preconceitos e mitos que cercam o jornalismo – associados à enorme expectativa gerada pela importância que o candidato normalmente atribui ao fato de conseguir espaço no noticiário dos meios de comunicação de massa – conturbam o espírito dos que estão prestes a dar uma entrevista, e alteram profundamente seu comportamento, distorcendo o clima que deve imperar na entrevista.

Os falsos mitos

Outros preconceitos comuns levam os candidatos a concluir que todo repórter adora distorcer a entrevista, a fim de torná-la mais sensacionalista e atraente para o público, ou, então, que todo jornalista é um fanático comunista, ativista das esquerdas belicosas.

Também não se deve dar crédito a conceitos como: "jornalista é como índio: adora ganhar presentes", ou dar ouvidos a análises pseudopsicológicas, que visam corroborar preconceitos cristalizados, como aquela que coloca os repórteres como pessoas complexadas e recalcadas, em virtude de frequentarem e ser cortejados nos mais altos círculos sociais, o que contrastaria com a realidade de ganharem pouco e conviverem com a certeza e o medo de não ser capazes de manter um padrão de vida igual aos daqueles com os quais convivem. Isso os levaria a sentir inveja e adotar posturas arrogantes, abusando frequentemente do poder precário que lhes assegura o porte da credencial, garantida pelo veículo em que trabalham.

Embora existam jornalistas que confirmem os preconceitos e adotem posturas semelhantes às aqui descritas, constituem exceções à regra e são flagrante minoria na categoria.

As entrevistas

Essa visão distorcida do profissional de jornalismo leva os candidatos a cometerem diversos erros, que acabam por prejudicar não só o resultado das entrevistas, mas também, o que é mais grave, o relacionamento que estes devem manter com os representantes dos veículos de comunicação. Muitas vezes fecham-se portas que lhes custaram, e às suas assessorias de imprensa, grandes esforços e um trabalho minucioso e demorado.

Todo repórter deve ser visto, antes, como um ser humano, portador, assim, de todas as fraquezas e virtudes concernentes à natureza humana.

A bajulação

Portanto, como vimos, o repórter deve ser tratado como todo ser humano gosta de ser tratado: com respeito, simpatia e cortesia. A bajulação, bem como a tentativa de suborno, explícita ou implícita, pode acarretar duas situações igualmente desfavoráveis ao bom relacionamento: a primeira é despertar repulsa ou revolta no repórter, imediatamente associada a uma instintiva antipatia e desconfiança; a segunda é a supervalorização da importância real do fato em que se constitui a entrevista e a autodesvalorização do próprio entrevistado e das informações dadas.

Essa atitude inicial do entrevistado é a principal responsável pelas distorções do comportamento do repórter durante e após a entrevista, como arrogância, agressividade, indiscrição acintosa, desconfiança etc., inaugurando um relacionamento que pode ser tudo, menos normal e sadio.

Quem dá uma entrevista deve estar cônscio de que está sendo realizada e será publicada pelo valor e conteúdo das informações que nela constarem. Mesmo que o espaço tenha sido conquistado por força de amizade, o candidato precisa saber que a publicação da matéria deve atender a três interesses: o do entrevistado, o do veículo e o da opinião pública.

Bajulações e presentes, ainda que eventualmente resultem em espaço num veículo, não contribuem em nada para melhorar e aumentar o interesse das informações ou a receptividade do público do veículo.

A condução da entrevista

O candidato não deve, também, tentar conduzir a entrevista. Este é o papel do repórter, com melhores condições técnicas para saber a maneira e a sequência que agradará os leitores ou a audiência do veículo, obtendo assim o máximo rendimento da notícia.

O entrevistado pode sugerir abordagens por meio de colocações e respostas, usando sua inteligência e sensibilidade para não ferir a posição, ou o profissionalismo, do seu entrevistador.

Também é contraproducente tentar mudar a natureza da entrevista ou o assunto que esta visa abordar, pois o entrevistador já saiu do veículo com instruções precisas do editor quanto ao assunto da cobertura, e existe uma pauta previamente estabelecida que deve ser cumprida.

Caso o entrevistado acredite dispor de informações de interesse jornalístico, o normal é que se dirija ao editor ou ao repórter e submeta a apreciação deles a sugestão, cabendo ao primeiro aprovar ou não a sua inclusão na próxima pauta, gerando uma nova entrevista.

Como evitar que as declarações sejam distorcidas

Executando-se as entrevistas ao vivo e as transcritas na íntegra, quase todas as matérias têm de ser editadas ou *traduzidas* antes de se transformarem em notícias e vinculadas.

Esta regra, comum a todas as formas de jornalismo, é responsável pelo mito de que o jornalista distorce frequentemente as declarações com intenção de prejudicar o declarante.

Na maioria das vezes em que isso acontece, a culpa pode ser atribuída ao próprio entrevistado, que comete erros primários e que poderiam ser facilmente evitados, caso dispusesse de boa assessoria ou, fato incomum, respeitasse e seguisse os conselhos e a orientação de seu assessor de imprensa.

A personalidade do veículo

Antes de receber o repórter a que concederá sua entrevista, o candidato deve procurar saber qual o veículo que representa e pesquisar a que público se dirige sua linha editorial, o estilo de apresentação de suas matérias e, se possível, ler alguma matéria que tenha sido assinada pelo jornalista que vai receber.

De posse dessas informações, o candidato tem condições de melhor avaliar que linguagem deve usar para expressar suas ideias.

Cada jornal, ou emissora de televisão, ou de rádio, tem um estilo próprio de redação e apresentação de suas reportagens que, de certa forma, é o principal formador da *personalidade* que cada veículo precisa manter para distinguir-se dos concorrentes e tornar *cativo* o seu público.

Assim, existem veículos capazes de atender a todos os gostos e matizes ideológicos, alguns apresentando-se aos leitores de modo descontraído, outros de modo formal; alguns são sensacionalistas, da mesma forma que existem aqueles que tentam ser imparciais, outros que revestem as matérias de várias análises e comentários, aprofundando-se, e assim por diante. Não faltam também jornais e emissoras que mantêm estilos variados em suas programações, em função do público a que são direcionados, adotando um estilo jovial para tratar dos assuntos esportivos, e um modo formal para a área econômica etc.

Se o candidato defender posições conservadoras numa entrevista para um veículo de forte tendência socialista, estará procurando *sarna para se coçar*, pois o provável é que, às suas declarações, sejam acrescentadas posições e análises que procurem mostrar o quanto o candidato está errado no seu posicionamento.

Quando é impossível saber a linha do veículo que o entrevistará, a melhor posição política é a de centro, pois muitas vezes um jornal tem inclinação à direita ou à esquerda, mas o editor responsável pela área à qual se subordinaria a notícia é liberal, e o centro, assim, é uma posição ideal, estratégica.

Entretanto, não é pelo fato de o repórter ser, por exemplo, um ativista do PCB ou do MR-8, que um candidato notoriamente conservador deve abdicar de sua personalidade e defender a revolução do operariado. Deve demonstrar respeito pelas convicções políticas de seu interlocutor e não tentar convertê-lo durante a entrevista. Caso seja *provocado* pelo jornalista a dar declarações mais *fortes* ou radicais, o entrevistado deve procurar manter a calma e o perfeito domínio de seus pensamentos e palavras.

O candidato não deve receber certas perguntas como provocação ou desrespeito à sua pessoa, lembrando que a profissão dos entrevistadores obriga-os a tentar conseguir informações *quentes* e inéditas, e que as *armadilhas* fazem parte do jogo jornalístico, cuidando para não perder, jamais, a *esportiva*.

A linguagem do meio

Além de conhecer a *personalidade* do veículo, para expressar-se no seu *estilo*, o candidato tem de aprender a falar a *linguagem* do *meio* de comunicação.

TV

Na televisão, a melhor receita é falar *curto e grosso*.
Às perguntas de um repórter de emissora de TV, o candidato deve responder da maneira mais objetiva e sintética possível, sem se perder em considerações iniciais ou finais que visem justificar suas posições ou pontos de vista. Quando muito, o entrevistado pode *arriscar* a justificativa, desde que use a mesma objetividade da frase principal.

O correto mesmo é esperar que o repórter lhe dirija a próxima pergunta, e aí a regra é sempre a mesma.

Esse cuidado facilita o trabalho de edição da matéria e evita que sua declaração venha a ser mutilada por problemas de tempo.

Uma entrevista de televisão é feita como uma partida de pingue-pongue, com perguntas e respostas objetivas, cabendo sempre ao repórter dar a *deixa* para uma explanação mais detalhada, pois este, normalmente, tem a exata noção do tempo ideal.

O candidato pode e deve pedir ao entrevistador que lhe preste ajuda profissional, regravando as perguntas e respostas que julgar não adequadas ou confusas, pois ao repórter também interessa não ver seu trabalho perdido e *refugado* pelo seu editor.

O entrevistado, nem por isso, deve responder precipitadamente às perguntas, para evitar hesitações ou declarações impensadas ou agressivas, porque todas as suas reações ou atitudes estarão implacavelmente registradas pelo *cameraman*.

Tratar bem toda a equipe de reportagem não é só uma questão de educação: é puro bom senso. Afinal, tão importantes quanto as palavras que irá dizer, são o ângulo da filmagem, o timbre da voz e mesmo a iluminação.

Se o candidato é novato e ainda não sabe qual é o seu melhor ângulo, não deve acanhar-se em solicitar orientação a esses profissionais.

Uma boa assessoria de imprensa pode ajudar muito, treinando o candidato e simulando e gravando entrevistas em estúdios alugados, repassando-as depois em videoteipe, afim de apontar os erros e os acertos cometidos pelo entrevistado, proporcionado-lhe a segurança necessária para se sair bem nos futuros contatos com o meio.

As regras aqui sugeridas comportam algumas exceções, como no caso de um debate ou entrevista gravados no próprio estúdio da estação, destinados a programações especiais etc. É bom lembrar, ainda, que essas regras não excluem as recomendações iniciais quanto à linguagem adequada à personalidade do veículo e às características do programa ao qual se destina a entrevista.

Nas transmissões ao vivo, todo cuidado é pouco, pois o que se disser não tem retorno, e nem sempre há tempo ou interesse do entrevistador para se desfazerem os mal-entendidos.

Rádio

No rádio, em entrevistas concedidas em estúdio, ao contrário da televisão, o entrevistado pode aprofundar mais suas explanações ao responder as perguntas que lhe são dirigidas.

Como não existe o recurso da imagem, o timbre da voz e a entonação são os únicos à disposição do entrevistado para impressionar os ouvintes, o que exige bom treinamento, a fim de evitar *atropelamento* de frases, erros de pronúncia, pausas muito prolongadas ou fora de hora etc.

Nas respostas a perguntas que exijam análises e abordagens mais amplas, o candidato deve tomar cuidado para não se perder nas explicações, esquecendo o tema central da pergunta. Deve evitar, também, o uso de termos técnicos e palavras "sofisticadas" nas suas colocações, tentando não ser monótono, alongando-se mais do que o necessário.

Na linguagem do rádio, as comparações, *casos* e exemplos ajudam a *esquentar* a entrevista, diminuindo um pouco a desvantagem do meio em relação à televisão, pois essas *figurações* retóricas ajudam o ouvinte a criar *imagens* em sua mente.

Jornais e revistas

A linguagem dos jornais e revistas é a que mais se aproxima da conversação normal, na qual o entrevistado tem condições de ficar mais à vontade e menos preocupado com sua postura, entonação, timbre e os muitos cuidados que devem cercar entrevistas destinadas ao rádio ou à televisão.

Enquanto no rádio o entrevistado fala para um microfone, e na televisão se dirige à câmera, numa entrevista para um jornal ou revista o seu interlocutor volta a ser um semelhante, o que facilita muito o diálogo normal e mais descontraído.

O clima ideal para a realização de uma boa entrevista é o mesmo que reinaria num bom bate-papo entre amigos, nem tão formal como o dominante numa *sabatina*, entre mestre e aluno, nem tão permissivo como numa roda de piadas e nem tampouco tenso como num interrogatório policial.

A primeira entrevista com um repórter deve se realizar como se o candidato fosse um empresário e recebesse a visita de um cliente. Cordial e respeitosamente, o empresário deve procurar deixar o seu cliente à vontade e expor seu produto, respondendo às perguntas e satisfazendo a curiosidade do cliente acerca dos variados aspectos e características do mesmo.

Se o empresário estiver consciente de que o seu produto é bom, deve saber que não existe motivo para insegurança, pois o interesse do cliente em comprar um bom produto equivale ao do fornecedor em vendê-lo.

Se o produto é ruim e o cliente desconfiar de que está sendo enganado, se tornará mais e mais exigente e inquiridor, não importando o quanto o fornecedor procure bajulá-lo.

O entrevistado, assim como um fabricante, tem direito a manter sob sigilo alguns dados que julgue estratégicos como, por exemplo, a fórmula da composição ou o processo de fabricação de seu produto, a lista de seus clientes e fornecedores ou os produtos que estejam sendo preparados para lançar no futuro, assim como seus planos de lançamento.

Comercialmente, esses dados são reservados, para que a empresa possa surpreender seus concorrentes e conquistar novas fatias do mercado, e sua divulgação alertaria os adversários e prejudicaria os resultados e metas planejados.

Desde que o produto receba garantia e atenda, comprovadamente, ao uso que se propõe, o fornecedor em nada beneficiaria o cliente fornecendo-lhe outras informações adicionais, a menos que o fizesse sob confiança, para cativá-lo, decidindo correr o risco da quebra de sigilo.

Caso o cliente se torne *chato* e insista em saber de informações que não interessem ao fornecedor divulgar, este deve contornar as perguntas com muito tato, evitando ofender seu interlocutor, e, em última análise, expor com fraqueza e sem agressividade os motivos que lhe impõem o sigilo.

Se, ainda assim, o *chato* persistir, recomenda-se que se dê um jeito de encerrar a entrevista, sob a alegação de algum compromisso e com a promessa de que ele será o primeiro a saber, assim que for possível.

Como num bom negócio, uma boa entrevista satisfaz ambas as partes e propicia novos contatos, estreitando, normalmente, o relacionamento entre o entrevistador e o entrevistado.

Outro fato que o candidato deve saber é que sua entrevista – ainda que tenha durado uma hora e nesse período tenha respondido a dezenas de perguntas, emitindo outros tantos conceitos, abordando as questões nos seus mais diversos ângulos – terá que ser reescrita e inserida e que a matéria será lida em cinco minutos pelo público.

Assim, embora o desejo de todo entrevistado seja o de ver sua entrevista publicada na íntegra, deve aceitar a realidade de que isso quase nunca é possível, e reconhecer o direito que o repórter e o editor têm de selecionar, entre as inúmeras declarações prestadas, apenas aquelas que julgarem atinentes ao objetivo e ao espírito da matéria que pretendem publicar, no interesse dos leitores do veículo.

É na ignorância desta realidade que reside o principal agente causador do mito que hoje atinge, indistintamente, os jornalistas, pintando-os como *sacanas* e mal-intencionados, que abusam da boa-fé dos entrevistados, usufruindo de sua confiança e apunhalando-os, distorcendo suas declarações ao redigir a matéria que resultará em notícia.

O mal é que o entrevistado sempre acha que os conceitos selecionados foram, justamente, os piores, recusando-se a reconhecer que, ruins ou não, as declarações saíram de sua própria boca e por sua livre e espontânea vontade, não lhe cabendo culpar o repórter por ter sido infeliz nas suas próprias colocações.

Mais à frente, serão feitas outras observações que permitirão ao candidato minimizar as chances de incorrer em erros tão comuns e que levam às situações descritas.

Em qualquer dos três meios de comunicação relacionados, o candidato tem de aceitar os riscos que cercam o *jogo* ou entrevista, como precondição de *usufruto* de seus benefícios, mas não deve sentir-se numa *arapuca* prestes a fechar-se sobre si. Tampouco deve imaginar que o jogo é semelhante àquele do gato e do rato, ou a vítima é sempre o entrevistado.

De qualquer forma, ao falar a linguagem do meio, já se terá vencido mais uma etapa, aumentando o seu cacife ou probabilidade de vitória, porque não existem, em princípio, adversário em qualquer lado, mas sim profissionais, cada qual agindo na defesa de seus interesses, que nunca são, ou nunca deveriam ser, antagônicos, uma vez que se complementam e atendem aos interesse maiores da opinião pública.

O enfoque ou espírito da notícia

Toda entrevista é, normalmente, precedida por um espaço de tempo em que se fazem as apresentações e se desenvolvem as conversações preliminares que vão ditar o clima em que transcorrerá a entrevista.

Nesse período de *aquecimento*, o candidato deve procurar saber, de seu entrevistador, qual o estilo da reportagem e o enfoque que se pretende dar à matéria, ou seja, quais os temas ou aspectos que o jornalista pretende salientar.

Saber com antecedência de que forma o repórter pretende apresentar sua notícia ao público permite, ao entrevistado, não perder tempo e declarações abordando aspectos que fujam à intenção, ou espírito, central da entrevista, a menos de que tenha informações inéditas, polêmicas ou interessantes o suficiente para merecer destaque ou desdobramentos.

Facilita assim o trabalho do entrevistador e diminui as chances de eventuais distorções nos pontos de vista emitidos, uma vez que haveria menos *joio* ou informações secundárias a serem filtradas em meio ao *trigo* ou declarações centrais.

A clareza e a objetividade

Quaisquer que sejam os meios de imprensa, intenções dos entrevistadores, características da linguagem a ser adotada, os principais recursos à disposição dos entrevistados para prevenir erros de interpretação, distorções ou falhas são o domínio da língua pátria, a lucidez, a capacidade de se expressar bem e o conhecimento do assunto em questão.

O domínio do português é fundamental, pois, muitas vezes, por não conhecer uma palavra que expresse com clareza o que quer dizer, o entrevistado acaba por emitir diversas explicações, nem sempre chegando a definir, com clareza, o ponto onde quer chegar. Outras vezes, as palavras que o entrevistado emprega em suas definições são inadequadas ou ambíguas, dando margem a interpretações que, frequentemente, expressam conceitos diversos daqueles que o candidato tentou emitir.

O conhecimento do idioma não garante, por si só, a capacidade de se expressar bem e ser claro em suas opiniões. Assim, são comuns os entrevistadores que se preocupam mais em dar demonstrações de sua cultura ou grandiloquência do que em transmitir ideias, abusando dos termos técnicos, das frases rebuscadas e das citações, o que dificulta não só a compreensão clara de suas posições pelos leitores, ou pela audiência do veículo, mas também o trabalho do repórter, que é obrigado a *traduzir* as declarações do entrevistado, a fim de que os leitores de seu jornal, por exemplo, possam compreendê-las; isso quando a matéria não reúne sequer condições mínimas para ser publicada ou transmitida.

O candidato, ao ser entrevistado, deve lembrar-se de que o seu interlocutor não é, na verdade, o repórter, a quem responde, mas sim o público do jornal ou da emissora que este representa. Por isso, a exposição de seus pontos de vista acerca dos temas sobre os quais é questionado deve ser feita com a maior simplicidade e clareza possíveis, evitando sempre as frases que possam ter duplo sentido.

Em contrapartida, o candidato deve optar, sempre que possível, por encerrar cada uma de suas declarações com frases de efeito, comparações esclarecedoras, não perdendo nenhuma oportunidade de fazer alguma declaração original ou espirituosa. Com isso, aumenta a probabilidade de reter na mente do leitor, ouvinte ou telespectador, ao menos uma fração do que foi dito.

A lucidez e o conhecimento do assunto são vitais, pois garantem a objetividade e a qualidade da notícia gerada pela entrevista, e eliminam as tão irritantes e inúteis evasivas, perda de tempo causada pelas longas dissertações de tantas palavras que nada dizem, sempre utilizadas por aqueles que não sabem, ao certo, sobre o que estão falando.

A medida e o peso do que se diz

O maior problema gerador de atritos entre os entrevistados e a imprensa é aquele no qual o candidato, inadvertidamente, faz declarações que lhe pareçam corretas num momento e que, após a publicação da notícia, acarretam reações desfavoráveis, prejudicando sua imagem.

O primeiro gesto de defesa é culpar o veículo e os jornalistas pela distorção ou má interpretação das declarações, alegar que determinada frase foi dita num contexto diferente, e que a edição da notícia distorceu o teor da declaração.

Todos os dissabores poderiam ser simples e facilmente evitados se o entrevistado respondesse, responsavelmente, ao que lhe é solicitado, racionando, sempre, antes de assumir posicionamentos imaturos ou emitir opiniões precipitadas em assuntos sobre os quais não tem conhecimento profundo ou suficiente para discorrer.

É o típico comportamento do aluno que, diante da prova, se depara com questões sobre quais não tem certeza da resposta: na dúvida, acaba *chutando* uma resposta. Afinal, não tem nada a perder caso erre, e tem tudo a ganhar se acertar.

Um candidato, ao dar uma entrevista, não deve tomar posições se não tiver certeza dos dividendos junto à opinião pública ou ao segmento que sua estratégia visa conquistar, pois, ao contrário do aluno, tem tudo a perder com um erro, o que torna recomendável a atitude de declarar, diante de perguntas desse tipo, que não dispõe, no momento, de *dados* suficientes para formular sua opinião, que ainda está *analisando* o assunto, sendo prematura a emissão de qualquer conceito a respeito do tema.

Cada declaração deve ser feita conscientemente, analisados seu peso e alcance, repercussão e efeitos gerados após sua transformação em notícia.

Outras considerações

No delicado trabalho de construção de um bom e sadio relacionamento com a imprensa, o candidato deve levar em conta alguns aspectos importantes, cujo conhecimento irá prevenir *acidentes* de percurso que possam prejudicar os resultados de seus esforços.

Antes de mais nada, o entrevistado tem de saber que, a princípio, um repórter não é um aliado, tampouco um inimigo. É um profissional que tem compromissos a ser atendidos, em função de sua carreira, com seu empregador, com o editor, com público que informa e, como profissional, também tem uma imagem a ser preservada.

Enquanto, para o candidato, uma entrevista não passa de um instrumento estratégico, uma oportunidade a mais de tentar angariar votos, para o repórter ela significa um instrumento de subsistência e uma oportunidade de projeção profissional. Assim, o que espera de seu entrevistado é que lhe forneça informações consistentes, inéditas, declarações que possam causar impacto junto à opinião pública, definição de posições ante fatos de interesse público, pois estes constituem as matérias-primas de que vai dispor para fabricar seu mais importante produto: a notícia.

Matéria-prima de boa qualidade que possa resultar em boas notícias é, portanto, o maior interesse do profissional de imprensa, uma vez que é o principal instrumento de progresso em sua carreira.

Ao tratar com os jornalistas mais jovens, recém-formados, o candidato deve levar em conta algumas características comuns à juventude em geral, como a necessidade mais forte e premente de crescimento e projeção profissional; o desejo de mudar o mundo corrigindo as injustiças sociais, o que os leva a assumir posições ideológicas mais inflexíveis, por vezes radicais, e que, somadas, ajudam a explicar, em parte, maior agressividade nas posturas e perguntas que adotam frente às suas fontes de notícia, fato que pode dificultar um pouco o relacionamento entre entrevistador e entrevistado.

O candidato não precisa temer jovens jornalistas, ainda que as posições que defender contrariem as convicções de seu entrevistador, a menos que o veículo de comunicação para o qual trabalhe seja também radical, mas deve ter sensibilidade ao fazer suas colocações, para que as discordâncias fiquem sempre relegadas ao plano superior das ideias, sem nunca descer ao confronto individual.

Durante qualquer entrevista, o candidato não deve abusar dos *offs*, ou seja, informações antecedidas por pedido de sigilo.

As informações oferecidas ao jornalista sob garantia de sigilo e proteção da fonte são comuns e podem se estrategicamente importantes, mas devem ser prestadas responsavelmente, oferecendo ao repórter condições para que possa confirmá-las e publicá-las.

Uma dica falsa fecha definitivamente as portas de um veículo ao candidato, que perde a credibilidade e corre o risco de ser responsabilizado, caso as consequências sejam graves.

O entrevistado deve também tomar muito cuidado ao desmentir, publicamente, declarações efetivamente prestadas a um jornal ou revista, pois acaba abrindo espaço para a contestação por parte do veículo atingido, correndo sérios riscos de acender uma polêmica e ganhando, de quebra, um inimigo poderoso.

Aquele que se sentir prejudicado por uma matéria não precisa abdicar do seu direito ao espaço de defesa, mas deve agir com diplomacia para evitar atritos, dispensáveis, com os autores da notícia, concentrando seus ataques na fonte das informações.

Caso tenha sido ele a fonte e julgue que a edição da matéria prejudicou, de alguma forma, sua imagem ou distorceu suas declarações, o candidato, antes de fazer uso dos instrumentos legais à sua disposição, deve procurar o jornalista ou seu editor e expor, de forma civilizada e cortês, suas considerações a respeito do fato, tentando, por vias amigáveis, encontrar uma solução satisfatória para o ocorrido.

Muitas vezes, essa atitude acaba por gerar novas entrevistas. Pode ocorrer também que o editor solicite ao entrevistado o envio, por escrito, de seu pedido de retificação e atenda à reivindicação, por considerá-la procedente. Contudo, o resultado mais positivo está no fato de que *as portas* do jornal continuarão abertas ao candidato.

Mesmo nos veículo mais idôneos, é possível a ocorrência de erros dessa natureza, que são corrigidos na medida do possível.

Nas entrevistas coletivas, o comportamento do candidato e sua linguagem devem ser os mesmos recomendados para entrevistas dadas à televisão: claras, concisas e objetivas.

Como nem sempre essas entrevistas transcorrem num clima ideal e organizado, o candidato deve tomar especial cuidado ao responder às perguntas quando forem feitas simultaneamente por vários jornalistas, pois corre o rico de ver sua resposta a uma delas interpretada como se atendesse a outra indagação.

Uma boa dica para não correr esse risco é repetir a pergunta, antes de respondê-la.

Nas entrevistas improvisadas, mas tumultuadas, como as que costumam ocorrer à saída de conversações importantes ou sucedendo medidas e fatos de impacto junto à opinião pública, o candidato deve evitar opiniões sobre as quais não tenha tido tempo de refletir, ou dar declarações sob efeito de impacto emocional ainda não absorvido, pois é quase certo, nesses casos, que venha a arrepender-se mais tarde.

O editor

Entre os vários aspectos relacionados com a imprensa, já foi visto que a grande maioria de comunicação é administrada personalisticamente por seus controladores, cuja influência acaba por restringir o campo de ação dos editores de seus órgãos de imprensa. Por isso, estes veem-se obrigados a submeter-se não só às diretrizes preestabelecidas mas também, frequentemente, ao papel de censura superior que aqueles costumam assumir, vetando ou impondo assuntos, enfoques e, até, fontes de informação, segundo seus interesses, afetos e desafetos.

Enquanto nos pequenos e médios veículos de comunicação esse personalismo costuma chegar à tirania e aos mínimos detalhes, na chamada *grande* imprensa, constituída pelas grandes redes e organizações jornalísticas, a influência dos *clãs* dirigentes se faz apenas no atacado, ou grandes temas, candidatos mais *graúdos*, posicionamentos mais importantes face a governos, medidas relevantes e linha editorial, pois a própria dimensão da organização acaba por impor a descentralização e a consequente delegação de responsabilidades e poderes, que resulta em importância e liberdade maiores aos seus editores.

Graças ao poder e à influência dos veículos de comunicação, é recomendável ao homem público – e aí se incluem todos os candidatos a cargos eletivos – que procure manter ótimas relações com os proprietários ou controladores dessas organizações jornalísticas, ainda que com isso não se consiga mais que evitar entrar para as listas *negras* dos vetados ou receber a classificação de *inimigo* merecedor de combate sistemático. Embora não sejam os elaboradores das pautas, dificilmente um editor incluirá nelas um candidato que for rotulado como inimigo da casa, da mesma forma como aqueles tidos como amigos e aliados terão maiores probabilidades de ser lembrados e entrevistados sempre que surgirem oportunidades.

Embora, à primeira vista, possa parecer que o único e melhor caminho para conquistar espaços na imprensa seja por meio de sua alta cúpula, a realidade é bem diferente, ao menos nos grandes veículos.

Neles, 95% dos espaços são preenchidos segundo a determinação dos editores das diversas áreas de jornalismo, que dispõem de poder mais que suficiente par fazer a *felicidade* de qualquer candidato, desde que este não tenha sido terminantemente vetado pela cúpula diretora.

O bom relacionamento com esses profissionais da imprensa é, muitas vezes, mais importante do que aquele mantido com os dirigentes, pois seu apoio é decisivo e sua influência no espaço do veículo é direta e intermitente. Dispõem, no exercício de seus poderes, de um verdadeiro arsenal de sutilezas que lhes permitem, caso queiram, burlar qualquer diretriz e driblar as determinações emanadas de seus superiores hierárquicos.

Para a quase absoluta maioria dos candidatos, a figura de um editor pode ser comparada à de São Pedro, só que, em vez de guardar a porta do Paraíso, é o detentor das chaves que abrem o tão cobiçado espaço nos meios de comunicação. Num tabuleiro de xadrez, a importância de um editor-chefe seria equivalente à da rainha, enquanto as editorias de área equivaleriam aos bispos, cavalos e torres.

A conquista desse tipo de aliado é difícil, uma vez que a importância das posições que ocupam os fazem alvo de todo tipo de atenção, e mesmo bajulações, sendo, invariavelmente, assediados por pedidos e bombardeados diariamente por *releases* das centenas de candidatos em campanha.

O conhecimento de algumas características que compõem, aproximadamente, o perfil profissional de um editor, pode, todavia, indicar aos candidatos os caminhos que lhes permitem aproximar-se e, eventualmente, iniciar um relacionamento que deverá ser mantido a todo custo.

Normalmente, o editor é um jornalista experiente, tarimbado e calejado, conhecedor de todos os truques e ossos do seu ofício, ocupante de um cargo de confiança e responsabilidade em seu veículo de comunicação.

O exercício prolongado da profissão leva, obrigatoriamente, um editor a se tornar um bom, senão profundo, conhecedor da natureza humana, e ter a perfeita consciência do poder e responsabilidade do posto que ocupa.

A editoria de jornalismo é um cargo de carreira, o que leva à conclusão de que seu ocupante já tenha sido, um dia, um jovem e ambicioso repórter, que terá vencido e progredido na carreira. Superou, portanto, aquela fase de ansiedades, posições radicais e irredutíveis etc., e não permite que suas convicções pessoais interfiram no resultado e no profissionalismo de sua atual posição, seja frente ao veículo, seja frente ao entrevistado ou à opinião pública.

O jornalismo, entretanto, é uma profissão que contagia seus discípulos, incutindo-lhes a crença de que podem mudar o mundo. Os mais amadurecidos, se chegam a aceitar que isso não é possível, não abrem mão de seu direito de tentar, senão mudá-lo, ao menos influenciá-lo, fato que resulta numa consciência política mais madura e, geralmente, numa profunda decepção, quando não num complacente desprezo pela classe política em geral, apegando-se mais aos aspectos ideológicos e acadêmicos ligados às questões políticas.

Como pertencem a um *clube* muito bem informado, é provável que os candidatos que tentem chegar aos editores impingindo-lhes imagens que não correspondam às verdadeiras quebrem a *cara* e fechem as portas e oportunidades que poderiam usufruir naquele veículo, pois o meio jornalístico é riquíssimo em fofocas de toda espécie e a troca de informações entre os editores é constante.

Figurar na lista negra desse clube é mil vezes pior do que ter seu nome vetado por algum proprietário de veículo, pois qualquer falta grave que se tenha cometido contra um editor será conhecida por todos os demais. Isso pode levar, em alguns casos, a um boicote generalizado contra o faltoso, que ganhará um inesperado e indesejável espaço nos veículos, que não perderão uma só chance de prejudicar sua imagem perante a opinião pública.

O melhor caminho para se chegar a um editor é a disponibilidade de notícias *quentes* e de real interesse público, e, uma vez aberto o caminho, a melhor forma de mantê-lo é jamais falsear informações, ou tentar *forçar* intimidade.

Todo editor sabe que um candidato o procura não por amor aos seus belos olhos, mas sim movido por um interesse legítimo. Como profissional ou por simpatia pode, eventualmente, lhe abrir o espaço que procura, podendo surgir um bom relacionamento, pautado no respeito mútuo e, se houver afinidade, nascer uma futura amizade.

O meio mais fácil de perder essa amizade é o abuso que possa levá-lo a sentir demasiadamente usado ou assediado pelo candidato, fato que se caracteriza quando este se torna ambicioso demais e começa a cobrar espaços sem ter, na realidade, nada de novo ou interessante para oferecer, ou quando começa a exagerar nos pedidos de favores, enquanto deveria pedir *conselhos*.

O contato frequente é recomendável, pois "quem não é visto não é lembrado", principalmente por um editor, que fala diariamente com dezenas de pessoas. Mas as ligações não devem ser gratuitas e nem frequentes demais, para que este não se sinta prejudicado em seu trabalho. Uma boa dica são os convites para isto ou aquilo, mesmo sabendo de antemão que o convidado dificilmente aceitará o convite, mas cuidando para que se sinta lisonjeado, sem achar-se bajulado.

O candidato deve procurar conter, ao máximo, o seu natural desejo de aproveitar cada ligação telefônica para pedir algo, recorrendo ao seu conhecimento caso deseje solicitar conselhos, sempre procurando o equilíbrio entre a objetividade e a cordialidade, evitando transformar-se num *chato*.

Como um editor pode apoiar um candidato

Um editor que decida dar apoio a um candidato dispõe de inúmeros meios de fazê-lo, a começar pela influência decisiva que exerce sobre os repórteres e demais profissionais, como redatores, cinegrafistas etc., que estiverem ligados à sua editoria, pois cabe a ele determinar às suas equipes externas quais as coberturas ou entrevistas que deverão ser feitas para o atendimento da pauta, bem como que enfoque deverá se dado às matérias que daí derivem.

Uma vez realizada a entrevista e pronta a matéria, cabe ao editor aprová-la ou não, determinando corte e acréscimos de dados e informações, capazes de alterar significativamente o conteúdo da notícia.

É óbvio que esse poder não é exercido de forma ostensiva, principalmente quanto às matérias dos jornalistas de renome, correspondentes ou analistas subordinados à sua editoria, mas isso não impede o exercício de sua influência junto a esses profissionais, até por uma questão de amizade e coleguismo.

O candidato não deve esperar que um editor invente maneiras de abrir espaço em seu veículo, nem que publique ou coloque no ar matérias grosseiramente forjadas, falsas ou mentirosas em seu conteúdo. Mas um editor pode omitir ou acrescentar informações capazes de auxiliar ou prejudicar a imagem do declarante, como, por exemplo: fulano de tal, recentemente envolvido no escândalo *X*,... ou o candidato sicrano, um dos principais articuladores do movimento em prol das crianças carentes,... etc.

Outra sutileza que costuma surtir bons resultados, tanto em favor como em prejuízo dos entrevistados, é a inclusão de análises paralelas às suas declarações, que confirmem ou desmoralizem as posições que tenham assumido na entrevista, valendo-se tanto do banco de informações do veículo como da inclusão de pareceres emitidos por autoridades, lideranças, técnicos, até populares. Isso pode empanar ou salientar, segundo os interesses, o brilho de uma entrevista, por meio da escolha dos protagonistas que vão dividir com o candidato o espaço aberto pela matéria, da seleção – entre as muitas declarações – das mais *felizes* ou das mais medíocres e vulgares, tanto de um como de outro entrevistado, influenciando a própria formação da opinião do público do veículo.

O bom trânsito que um editor mantém com seus colegas, titulares de outras editorias, pode abrir aos seus *protegidos* espaços adicionais fora da editoria política, permitindo-lhes que peguem, eventualmente, uma *carona* em matérias eminentemente econômicas, sociais, esportivas etc., quando surgirem oportunidades de adicionar a estas uma ou outra opinião relativa aos temas que estiverem sendo abordados.

O editor pode, ainda, anular ou abrandar ataques desferidos por adversários contra os candidatos que desfrutarem de sua simpatia, não só vetando ou abrandando uma notícia que lhes seja desfavorável, mas também alertando-os, antecipadamente, do ataque, para que possam preparar-se para enfrentá-lo e dele defender-se com facilidade, abrindo-lhes, de quebra, o espaço para defesa.

O fato de serem os editores detentores de tais poderes não significa, em absoluto, que estes se atirem frequente ou apaixonadamente nos braços de candidaturas.

Os candidatos mais *ciumentos* devem saber que os editores costumam ser fervorosos adeptos da *poligamia* quando se trata de conferir apoio a candidatos em períodos eleitorais, e têm ainda que dividir seu *afeto* entre três possessivas titulares: sua consciência profissional, a direção do veículo e a opinião pública.

Considerações finais

Na verdadeira guerra pela conquista da imprensa, sempre se sairão melhor os candidatos que conseguirem manter um relacionamento equilibrado com todos os componentes, desde as equipes de reportagem até os controladores dos veículos e, entre esses, obterão melhores resultados aqueles que dispuserem de informações sobre as peculiaridades de cada meio e veículo, pois terão condições de aproveitar, sem desperdícios e com a máxima eficácia, os espaços que conseguirem ocupar.

A complexidade da área, suas mil sutilezas e armadilhas tornam recomendável a contratação de uma boa assessoria profissional, que não deve ser confundida com a contratação de meros *escrevinhadores* ou pernósticos e *metidos* pseudojornalistas que jamais exerceram, de fato, sua profissão. Não dispõem, portanto, do trânsito e tarimba exigíveis para o correto exercício dessa função, particularmente árdua num período de disputa tão acirrada como a que se verifica no decorrer de um período eleitoral.

É preciso que os candidatos se conscientizem, também, de que não se mede a eficiência de uma assessoria de imprensa pelos centímetros ou segundos que se consiga nos meios de comunicação, e sim pela qualidade e utilização eficaz dos espaços obtidos.

Como bons profissionais de assessoria de imprensa não são encontrados às pencas, uma vez que não lhes faltam oportunidade de trabalho nem contratos, a recomendação que se faz é que o candidato procure se utilizar do máximo bom senso em seu relacionamento com os jornalistas, valendo-se, eventualmente, dos conselhos e dicas constantes nesta obra e que visam, basicamente, oferecer alguns subsídios que possam orientar ações de candidatos na área de imprensa.

18. A Assessoria Jurídica

A assessoria jurídica especializada na área eleitoral é um fator que pode significar a diferença entre a derrota e a vitória de uma campanha. Embora a afirmação possa parecer exagerada, o autor já teve oportunidade de presenciar inúmeras campanhas sensivelmente prejudicadas pela falta de sustentação nessa área, quer na apuração, quer no decorrer do período eleitoral, ou na fase de prestação de contas.

Basta que se leiam os jornais para se observar a situação difícil da nossa Justiça Eleitoral em praticamente todas as unidades da Federação: apesar de as urnas eletrônicas e de os recenseamentos dos TREs terem reduzido muito os casos em que votavam os mortos, os menores de 18 anos, os ausentes e os casos de duplicidade (eleitores que votam mais de uma vez), em muitas localidades persistem dúvidas quanto ao cadastramento irregular de eleitores, principalmente nas cidades fronteiriças.

Os juízes eleitorais estão muito mais qualificados do que há vinte anos, mas, ainda e sempre, serão seres humanos, passíveis de cometer erros e sujeitos a emoções. Assim, não são incomuns os casos de arbitrariedades, favorecimentos (alguns candidatos são mais iguais perante a lei do que outros), os casuísmos na interpretação da legislação, prejudicando candidaturas ou favorecendo-as, por vezes involuntária, mas sempre injustamente.

Dois exemplos que confirmam o ditado: cada cabeça, uma sentença

Esta diversidade de interpretações da legislação, nos períodos de eleições municipais, quando a disputa se dá em mais de 6.500 municípios, representa milhares de juízes, de diferentes formações e conceitos, interpretando e tomando decisões de foro pessoal sobre as eleições e uma mesma regra pode ter dezenas de interpretações diferentes ou centenas... Só para citar duas que me causaram perplexidade e ocorridas na minha área de atividade nas eleições de 2004, vários juízes extrapolaram suas atribuições constitucionais e o disposto na legislação eleitoral, passando a legislar com base em interpretações subjetivas e pessoais, sobre critérios estatísticos, como as margens de erro que consideravam aceitáveis e o tamanho das amostras das pesquisas. Tais decisões, arbitrárias e sem base legal, cercearam o direito à informação e à liberdade de expressão ao proibirem a veiculação de qualquer notícia referente a pesquisas com amostras que, segundo eles, seriam insuficientes para oferecer resultados com a precisão que "eles" julgassem aceitáveis.

Nos meus anos de experiência à frente da Brasmarket, já senti na pele toda sorte de pressões, mas nada se comparou à que vivi durante as eleições municipais de 2004. O inferno astral começou quando o jornal *Folha de S. Paulo* publicou uma pesquisa de seu instituto, apontando o candidato do PSDB, José Serra, à frente da então prefeita Marta. Todos os demais concorrentes à prefeitura estavam muito abaixo dos dois primeiros colocados, o que fundamentaria a tese de que a disputa estava polarizada e que somente Serra poderia vencer Marta. Na mesma ocasião, tínhamos acabado de concluir uma pesquisa com uma amostra muitas vezes maior (10 mil entrevistas) e margem de erro muito menor (apenas 1%) do que a do concorrente Datafolha, mas que indicava resultados totalmente diferentes. Na nossa pesquisa, a prefeita Marta estava ligeiramente à frente (23%), com Serra (20%) e Maluf (18%) empatados, no limite da margem de erro, em segundo lugar. Ambos eram seguidos relativamente de perto por Luíza Erundina, que tinha (12%).

Obviamente os números que a Brasmarket apurou junto aos eleitores paulistanos não interessavam nada ao PSDB nem ao seu candidato, pois contrariavam a tese que mais lhes interessava *vender*. Estranhamente, veículos que vinham publicando regularmente as nossas pesquisas, não se interessaram em divulgar aqueles resultados. Num fato inédito, o Ibope saiu com nova pesquisa que *corrigia* os números de sua pesquisa anterior, divulgada há menos de uma semana e *batia* com os números divulgados pelo Datafolha.

E foi quando o PSDB paulista declarou guerra à Brasmarket e, para impedir o instituto de divulgar suas pesquisas sobre a sucessão na capital, partiu para a tática de questionar, lançar suspeitas sobre nosso moderno sistema de coleta digital (empregamos coletores de dados em vez de questionários de papel). E para reforçar sua posição na capital, decidiu ampliar o *front* para todo o Estado de São Paulo: as impugnações do PSDB e, depois, de outros partidos eram tão iguais, que os termos e até os erros de português da petição original (da capital) se repetiam nas impugnações de outras localidades...

Após entrarem com pedido de impugnação de nossa pesquisa na primeira vara da capital (petição de impugnação negada), fazendo-se passar como se estivessem acompanhados por oficial de justiça (falsidade ideológica), os advogados do PSDB invadiram a sede de nosso instituto. Tal atitude desabonadora seria desnecessária, pois como nosso processo é absolutamente transparente, sempre franqueamos o acesso aos dados, por qualquer candidato que assim o solicitasse. Mas o objetivo não era nossos dados e, sim, tentar descobrir qualquer coisa que eles pudessem usar contra a empresa. E apesar de:

- sermos o instituto pioneiro no País a implantar este tipo de coleta (sistema usado desde 1990), que reduz drasticamente a possibilidade de fraude e permite a obtenção de resultados em tempo real (alguns minutos após concluídos os trabalhos de campo);
- sermos o único instituto brasileiro a ter alcançado a marca de 100% de acerto nos resultados de eleições (1998), *record* extraordinário, que atribuo justamente ao sistema de coleta que empregamos;
- termos sido o único grande instituto a abrir espontaneamente mão do sigilo bancário e telefônico e a enviar as informações que nos foram requeridas pelo Congresso Nacional, quando lá se discutia a instauração de uma CPI das pesquisas (depois abortada);
- termos registrado milhares de pesquisas eleitorais, em todos os Estados da federação (inclusive centenas delas em São Paulo), ao longo de todos estes anos, sem enfrentar qualquer tipo de restrição ou questionamento e de nunca termos sofrido alguma condenação por quaisquer motivos em mais de vinte anos de funcionamento;
- aceitarmos submeter nosso sistema e abrir nossos *softwares* para auditoria de peritos de três diferentes instituições (TRE da capital de São Paulo; Unicamp – Universidade de Campinas e pelo maior perito e especialista brasileiro em sistemas informatizados) e de termos tido nosso sistema de coleta, processamento e geração de planilhas e relatórios aprovado sem ressalvas nas três perícias a que nos submetemos;
- termos sido forçados a arcar com elevados custos e voltar quinze anos atrás, para a era das planilhas de papel, por absurda exigência do TRE, que ignorava os registros que nos concediam seus colegas, juízes nos municípios, e só assim nos permitia exercer a atividade sem sermos assediados e cerceados por contínuas petições.

Apesar de todas as provas que apresentamos de:

- aprovação de nosso sistema por três distintas auditorias;
- aceitação de nossos registros e de termos vencido as tentativas de impugnação de nossas pesquisas nas instâncias municipais;
- registrarmos, no mesmo ano de 2004 e sem nenhuma restrição do tipo da que enfrentamos aqui, dezenas de pesquisas em outros municípios de quase todos os Estados do Brasil;
- o mesmo Tribunal Regional Eleitoral do Estado de São Paulo já ter aprovado, em sucessivas eleições anteriores (desde 1990), o registro de centenas de pesquisas efetuadas pelo mesmo sistema.

Mesmo depois de tudo isto, ainda recebemos, na instância estadual, nada menos do que três multas...

Além dos percalços de uma verdadeira batalha judicial com um dos maiores partidos do País (o PSDB), que, para não fugir à regra, só tentava cercear nossa atividade nos lugares onde nossos números eram desfavoráveis aos seus candidatos (nos locais onde os candidatos do PSDB lideravam, não enfrentamos nenhum problema), meu instituto ainda teria sofrido sórdida e covarde campanha difamatória, baseada nos anônimos *embargos auriculares*, iniciativas que visavam desacreditar o instituto.

Se não contássemos com a corajosa assessoria de grandes advogados (dra. Márcia Arenas e o presidente da comissão de direito político e eleitoral da OAB-SP, dr. Everson Tobaruella), os percalços que enfrentamos por conta dos ardis jurídicos dos que assessoravam a legenda que queria nos amordaçar teriam nos levado à falência.

Como aguardo o julgamento de nossos recursos em segunda instância (STE), cabe ressaltar, aqui, a minha fé na imparcialidade das decisões nas instâncias superiores da Justiça, que sempre avaliaram com sabedoria e discernimento todas as centenas de causas que já protagonizamos ao longo destes 24 anos.

Os desafios da Justiça Eleitoral

No afã da disputa e dos dados, o curto período e a intensa concorrência, a cada eleição, invariavelmente, se proliferam descontroladamente os casos de candidatos e partidos que infringem a legislação eleitoral que, por sua vez, continua tão irrealista como há duas décadas. Candidatos, veículos, governos, entidades e sindicatos usam abertamente suas *máquinas* e estruturas em favor dos seus candidatos, além de uma série de outras irregularidades e práticas *nada republicanas*: toda eleição é uma imensa batalha no qual, como no amor e na guerra, não existem proibições e vale tudo. São inúmeros os casos de manipulação da opinião pública, abuso de poder econômico, prestações de contas fajutas, e isto é apenas o começo. Assim como é impossível ao Fisco, embora se dedique exclusivamente à função, acabar de vez com a ardilosa e criativa sonegação, ou a qualquer governo acabar com a economia informal, é preciso considerar também que o volume de ocorrências torna impossíveis para o Judiciário a fiscalização minuciosa e o controle de todas as atividades desenvolvidas durante e logo após os períodos eleitorais.

Nos últimos 24 anos, quando se avizinham as eleições, cada um dos presidentes que já passou pelo Superior Tribunal Eleitoral vem a público para reafirmar o máximo rigor e empenho total de seus juízes em fazerem cumprir a legislação e suas obrigações constitucionais. Também, invariavelmente, com louvável honestidade e transparência, todos os presidentes confessaram à sociedade as muitas dificuldades e limitações orçamentárias, humanas e estruturais que o Poder Judiciário enfrenta para fiscalizar o processo, apesar da máxima dedicação de seus membros.

Esta realidade, por si só, já deveria dar aos partidos e candidatos uma noção da importância das assessorias jurídicas dentro dos processos eleitorais. Deveria, mas esta consciência não acontece.

Fraudes nas pequenas cidades

No interior, a situação se apresenta bem mais difícil. São comuns as arbitrariedades impetradas pelos juízes eleitorais, independentemente de sua intenção ser ou não parciais, a maioria motivada por interpretação equivocada e outras poucas, pelo apoio velado a um dos grupos que disputa o poder. Como durante uma copa, onde a arbitragem influi decisivamente no ritmo e nas práticas em campo, o fato é que, por bem ou por mal, as interferências da Justiça ocorrem. E as ações e efeitos que produzem determinam rumos estratégicos, estabelecem os limites do possível e influenciam o resultado das eleições, pois podem beneficiar candidatos em detrimento de outros ou, até prejudicar a todos. Se um juiz eleitoral for rigoroso demais, ou entender que tal tipo de propaganda pode e aquele outro não pode, a concessão de direitos de resposta, fixação de multas para inibir o trabalho de cabos eleitorais ou as pichações... Enfim, o pulso e as interpretações dos juízes eleitorais interferirão (e muito) no próprio modelo de campanha.

Basicamente, tais erros ou injustiças são cometidos com mais frequência no interior, em função das seguintes causas:

a) a imprensa local é frágil e quase sempre vinculada a partidos ou candidatos, o que tira muito de sua credibilidade;
b) diretórios municipais dos partidos não dispõem de suficiente apoio e da estrutura técnica ou jurídica para o exercício de controles eficazes;
c) face à menor expressão política e densidade eleitoral e à insuficiência de quadros efetivos e especializados em assistência jurídico-eleitoral nos diretórios regionais e estaduais dos partidos, os candidatos que disputam em localidades menores acabam abandonados à sua própria sorte;
d) os juízes eleitorais, nas comunidades interioranas de médio e pequeno portes, mantêm relações cordiais e de amizade ou parentesco com um ou mais candidatos, muitas vezes ficando expostos à pressão de candidatos, familiares ou amigos. Assim, no afã de conseguirem postar-se em situação de equidistância e imparcialidade, acabam por assumir posições rígidas demais ou excessivamente tolerantes, só para não parecer arbitrários ou tendenciosos;
e) a mesma proximidade descrita no item anterior pode levar juízes eleitorais a se engajarem ou se deixarem empolgar pela disputa eleitoral, acabando por favorecer o candidato mais esperto ou mais amigo;

f) devido à menor expressão política dos pleitos ocorridos em pequenos municípios, aliada ao alcance dos meios de comunicação ali sediados, torna-se difícil para os diretórios nacionais dos partidos, e para as demais instituições citadas no caso das capitais, o acompanhamento ou envolvimento maior nestes colégios eleitorais;
g) além de tudo isto, é difícil encontrar advogados dispostos a confrontar ou questionar as decisões tomadas por juízes eleitorais interioranos, pois aqueles dependem destes para exercer a sua profissão uma vez passada a eleição, mesmo que a causa que daria origem à contestação seja justa e digna de defesa. Por estar quase sempre despreparados para exercerem com maior eficácia as suas atividades junto à Justiça Eleitoral, aqueles advogados que se colocam à disposição dos candidatos no interior acabam por agir muito mais como relações públicas entre estes e os representantes da Justiça Eleitoral.

Como a legislação eleitoral é matéria muita específica no campo jurídico e se constituem uma atividade sazonal, devido à periodicidade das eleições, muitos desses advogados não sabem sequer interpor um recurso ou fundamentar técnica e juridicamente as causas eleitorais que venham a defender.

Em algumas localidades mais afastadas, denominadas currais eleitorais, nas quais sobrevive o coronelismo no seu mais puro estilo, frequentemente a própria Justiça Eleitoral é controlada pelas famílias detentoras do poder político e econômico, que dela se utilizam para beneficiar os candidatos vinculados a seus interesses. Quando isso não acontece, é comum que o juiz eleitoral designado para a função naqueles municípios faça *vista grossa*, até para preservar seu *status* na sociedade local, ou evitar discriminações e o isolamento social, seu e de seus familiares.

As regras do jogo

Como já dito, uma disputa eleitoral se assemelha em muitos aspectos a uma competição esportiva, como, por exemplo, o futebol.

Quanto mais definidas as regras do jogo, menores as chances de falhas na arbitragem, aumentando as possibilidades de se obter resultados justos e um jogo limpo. O árbitro exerce papel fundamental em ambas as disputas, pois cabe a ele fiscalizar o seu desenvolvimento, concentrando em suas mãos poderes sobre todos os jogadores, seus times e as condições do jogo durante toda a duração. Suas decisões são inapeláveis a curto prazo, e à sua justiça se submetem obrigatoriamente todos os participantes.

Sob um bom arbítrio, equilibrado e firme, o jogo se desenvolve harmoniosamente e sempre vencerá o melhor. Se o árbitro for fraco ou inseguro, são maiores as probabilidades de que a violência acabe dominando o jogo, vencendo o mais inescrupuloso, ou mais forte. Sob a condução de um juiz autoritário e inflexível, o jogo fica amarrado e não se desenvolve, uma vez que o rigor dificilmente se faz acompanhar dos sempre saudáveis bom senso e de uma margem aceitável de tolerância.

No outro extremo, sob o arbítrio tendencioso, parcial, acaba vencendo sempre o time que o juiz quiser favorecer, restando aos prejudicados recorrer, sempre *a posteriori* e em demandas penosas, da decisão original.

As funções de uma assessoria jurídica

Uma das mais importantes funções de uma assessoria jurídica é a de cumprir o papel de agente fiscalizador das decisões e ações emanadas dos signatários da Justiça Eleitoral. Esta é uma tarefa das mais árduas, uma vez que as regras desse tipo de disputa dão grande margem para interpretações de caráter subjetivo e consequentemente subordinadas ao foro íntimo, e a comprovação de má-fé exige uma fundamentação absolutamente sólida, competente e detalhada: nos recursos, nas impugnações e nas demais ações de ordem jurídica que forem eventualmente necessárias no transcorrer da campanha eleitoral até a diplomação dos eleitores.

Essa importância fica patente ao tomar-se, como apenas um entre incontáveis exemplos, o fato ocorrido no Ceará, quando o TRE determinou a *cassação* do mandato do deputado federal Sérgio Philomeno, eleito em 1982. No seu livro *Abuso do poder econômico no direito eleitoral* (editado em 1985 pelas Sytus Comunicação), o advogado Aroldo Mota descreve pormenorizadamente os lances da questão judicial, que culminou com a anulação da decisão do Tribunal Eleitoral e no encerramento do caso, por unanimidade, pelo TSE.

É evidente que o desfecho dessa questão se deve mais à justiça da causa defendida e à contribuição valiosa dada pela assessoria jurídica na condução de todo o processo até o resultado final, dois anos após seu início, e que envolveu teses, defesas, recursos, mandatos de segurança e exigiu acompanhamento sempre atento e competente. Não seria ilícito supor-se que os resultados poderiam ser muito diferentes caso o prejudicado fosse um vereador, um deputado estadual ou um prefeito interiorano, que não pudesse dispor de uma assessoria jurídica competente, atualizada e especializada.

Outros ofícios de um advogado, além de servir para defender todos os interesses e direitos de um candidato junto à Justiça, são de fundamental importância para uma campanha eleitoral: como um domador, que usa o chicote numa mão e a cadeira no outro para dominar a fera e movimentar-se no território dela, é vantajoso estrategicamente fustigar os adversários por um lado e tolher as iniciativas deles pelo outro.

As atividades extraordinárias

Mas a assessoria jurídica não deve ser desperdiçada e vista apenas como um instrumento de defesa, ou útil apenas numa função administrativa ou auxiliar da área contábil. Por exemplo, na formulação das prestações de contas, ou no exercício dos serviços advocatícios normais dos períodos fora das eleições. Ao longo de minha carreira, já participei, como palestrante, de muitos cursos e palestras por este Brasil afora, e não me conformo ao ver o papel que normalmente é reservado aos advogados nas palestras, sempre restrito ao que pode ou não pode ser feito dentro da legislação em vigor para aquela eleição.

Na área do *marketing* político, por exemplo, não abro mão da assessoria jurídica, se possível, em tempo integral. O advogado pode ser um dos maiores parceiros de um especialista em comunicações ou estrategista de campanha. Além de saber mais do que eu o que é legal e auxiliar no cálculo dos riscos legais ou consequências jurídicas de cada estratégia ou ação, pode ser útil para detectar tudo o que pode se constituir numa ilegalidade cometida pelos adversários. Além disto, o exercício profissional da atividade advocacia é a que está mais próxima da nossa. Vejamos porque:

- todo advogado é um especialista que tem de exercitar cotidianamente a imaginação: o bom advogado é aquele *craque* em descobrir, sempre, a melhor versão;
- qualquer bom advogado tem facilidade de adaptar-se ao ambiente de campanha: como numa disputa eleitoral, toda a causa, sem exceção, exige do advogado a construção e fortificação defensiva da parte que defende e a destruição da credibilidade e refutação de cada argumento da parte contrária;
- os advogados e os militares são os profissionais mais capazes de entender que a ética numa guerra ou num tribunal são muito diferentes daquela que regula as relações sociais e que, por sua vez, também é diferente da ética que regula negócios ou relações internacionais. Ganha-se eficácia e evita-se perda de tempo e desgaste a partir desta percepção das diferentes realidades;
- tentar convencer juízes e jurados não é muito distante da tarefa de convencer líderes e cidadãos a votar no melhor candidato (a melhor versão).

Virtudes pessoais do assessor jurídico determinam sua funcionalidade

A cautela

Mais que a sua área de especialidade fora dos períodos eleitorais, são as virtudes ou as características personais do assessor jurídico as que importam para saber-se onde pode funcionar melhor. Para mim existem dois tipos básicos de advogados: os cautelosos, que preferem dizer o que não se pode fazer, que são os mais apropriados para as áreas administrativas e legais normais de uma campanha: a área defensiva, e aquela que tem por finalidade inibir o adversário.

O arrojo ou audácia

A segunda categoria é a dos arrojados, os que dizem como se poderia ou deveria ser feito o que é preciso fazer ou, ainda, como se faz o que seria ótimo se fosse possível fazer. Estes são os que servem à área de estratégia ou ofensiva da campanha, a que tem por finalidade ultrapassar e fustigar o adversário. Uma campanha eleitoral é um empreendimento que tem de amadurecer e produzir frutos a curtíssimo prazo, e não existe empreendimento de tão curto prazo sem riscos. Sendo assim, é impossível vencer a sempre acirrada concorrência aquele que não se dispuser a correr os riscos. Mas estes podem ser minimizados e calculados, desde que se tenha uma boa assessoria jurídica e um bom estrategista.

Ambas as categorias de advogados têm virtudes específicas: assim como todo movimento se dirige pela estratégia, qualquer avanço se faz através de dois mecanismos ou movimentos básicos – o acelerador e o freio. Os melhores escritórios de advocacia são os que conseguem combinar estas duas classes de profissionais. Meus advogados são exatamente assim e considero de extrema utilidade ouvir os dois sócios: o dr. Everson, é o que morde, e a dra. Márcia, é a que assopra. E ambos formam uma dupla espetacular, exatamente como deve ser uma assessoria jurídica de campanha para que esta *funcione* como precisa funcionar.

A importância do trabalho jurídico: os três poderes

Embora os aspectos jurídicos que envolvem o período e os processos eleitorais aparentem estar fora da área de competência dos profissionais de *marketing* político, a realidade indica o sentido contrário, uma vez que todas as atividades envolvidas numa campanha política são regidas e subordinadas à legislação eleitoral. Muitas vezes, de nada adianta desenvolver um excelente trabalho de comunicação e estratégia, se não estiver respaldo por uma eficaz cobertura na área jurídico-eleitoral.

O Poder Legislativo é o principal responsável pelos problemas e deficiências apontados neste capítulo, que dizem respeito a uma legislação eleitoral dúbia e mutante a cada eleição, com *zonas cinzentas*, que dão margem a múltiplas interpretações e ao beco sem saída criado pela atual legislação eleitoral. Paradoxalmente, os parlamentares encostam a faca sobre seus pescoços, uma vez que são os maiores prejudicados pelos vícios apresentados pelo atual sistema. Até hoje, prevalecem resquícios de legislação, usos e costumes, do que há mais de um quarto de século era denominado como entulho autoritário. Exemplo: cada vez que aplica uma multa, o Poder Judiciário perpetra uma ilegalidade criada pelo regime militar: ele fixa a multa, julga a culpa, aplica a penalidade e ainda recolhe o valor da multa aos seus próprios cofres...

Caberia ao Poder Legislativo atualizar os dispositivos da atual legislação eleitoral, ultrapassada e mal definida em vários pontos, deixando excessivos espaços para interpretações de caráter subjetivo, o que dá margem a erros que podem submeter suas próprias candidaturas a decisões que vão do autoritarismo à permissividade, do sectarismo à parcialidade. Isso poderia ser evitado se os legisladores parassem de jogar para a plateia e se baseassem na realidade político-eleitoral brasileira e nas suas necessidades mais legítimas e objetivas. Em vez de perseguir os pequenos partidos e criar legislação discriminatória e cláusulas restritivas, poderiam acabar com privilégios e inibir o emprego das *máquinas* públicas e privadas nas campanhas ou liberá-las de vez; liberar, por exemplo, a Justiça da totalmente inócua tarefa de fiscalizar prestações de conta *faz de conta*, facilitando assim a tarefa fiscalizadora da Justiça Eleitoral e deixando-a responsável apenas de fiscalizar aquelas contas sobre as quais pesem denúncias mais consistentes de abuso de poder econômico. Também poderiam aproveitar para desobrigar os candidatos de expor publicamente os nomes dos financiadores, substituindo-o por declarações mais realistas e prestadas sob sigilo à Justiça.

O Poder Judiciário poderia, por exemplo, unificar a jurisprudência criada pelo Superior Tribunal Eleitoral, para reduzir o vasto campo das interpretações personais e desencontradas por vezes feitas por juízes das demais instâncias da Justiça Eleitoral, reduzindo assim o número de decisões polêmicas e de interpretações arbitrárias, ou seja, melhorar o padrão da Justiça Eleitoral e impedir que injustiças sejam cometidas em nome da justiça. Embora seja um dos pioneiros em *marketing* político do País, o que mais obras já escreveu sobre o tema e proprietário de um instituto de pesquisa que atua em âmbito nacional há mais de 24 anos, nunca recebi um convite do Poder Judiciário ou do Legislativo para debater ou esclarecer questões sobre temas afetos às minhas atividades ou oferecer minhas sugestões e colaboração cívica aos tribunais e ao meu País. Sei que a Justiça tem procurado realizar seminários, convidando especialistas e profissionais das áreas de atividade envolvidas nos processos eleitorais e esta é uma iniciativa que merece elogios e reconhecimento público, pois demonstra a preocupação do Poder Judiciário em aprimorar as instituições democráticas e qualificar os seus quadros e efetivos humanos. Ofereço-lhes a minha humilde e pequena contribuição por meio desta obra.

Como pensar em financiamento público de campanhas se até a própria Justiça brasileira recebe dotação orçamentária insuficiente para poder exercer com toda plenitude suas funções e obrigações constitucionais? Os juízes estão sobrecarregados e os processos levam mais de dez anos para serem julgados? Cabe ao Poder Executivo dar a resposta e também lhe cabe prover o Judiciário dos recursos materiais que necessitar para cumprir as suas funções constitucionais. Mas o governo federal também pode seguir o exemplo dado pela OAB de São Paulo, resolvendo o problema estrutural por meio da área educacional. Bastaria estimular as instituições de ensino superior de Direito sob sua administração direta nas esferas estaduais a oferecerem cursos de pós-graduação em legislação eleitoral, ou reforçarem substancialmente o currículo nessa matéria do Direito Constitucional.

Essa medida seria imediatamente seguida pela iniciativa privada, uma vez que o mercado de trabalho nesse ramo de Direito é promissor, e propiciaria, em curto espaço de tempo, a formação de quadros mais bem qualificados para o exercício das atividades jurídicas ligadas à legislação eleitoral. Haveria mais juízes aptos a interpretá-la e também novos juristas ou advogados capazes de atender às necessidades dos partidos e candidatos nessa área.

Mas essa iniciativa da OAB-SP, tomada na moderna gestão do seu presidente, isoladamente não basta para solucionar a questão e preencher as necessidades globais do mercado, o que torna o serviço de assessoria jurídica caro e inacessível àqueles menos favorecidos financeiramente.

É sempre bom salientar que a situação atual é responsável, em parte, pela péssima imagem da classe política, prejudicando a democracia, o aprimoramento dos processos eleitorais e propiciando condições favoráveis à proliferação de práticas desleais, métodos ilícitos, corrupção, impunidade e tantos outros problemas graves. Vale lembrar, a propósito, o famoso dito popular: "De boas intenções o inferno está cheio".

Enquanto não há mudanças, que os candidatos ao pleito do ano de 2006 se preparem para a contenda eleitoral, lembrando que um candidato sem assistência jurídica adequada fica desprotegido e é forçado a engolir *sapos* durante toda a campanha, pois não terá como fazer valer os seus direitos. Ainda que, teoricamente, estes lhe sejam assegurado pela Constituição. Submete-se a circunstâncias que podem ser desfavoráveis à sua candidatura, até por não saber como poderá agir caso tenha esses direitos violados por candidatos e partidos concorrentes.

O papel fiscalizador da assessoria jurídica deve ser exercido com muito bom senso, evitando-se ao máximo que assuma uma imagem de aparato de patrulhamento dos juízes. Pelo contrário, a assessoria deve procurar manter excelentes relações com os juízes eleitorais, ou, ao menos, demarcar sua eventual posição contrária com respeito, cortesia e profissionalismo, procurando não se envolver emocionalmente com as causas que vier a defender, a fim de preservar sempre a visão realista e objetiva das perspectivas e ações jurídicas de cada caso.

Atitudes de confronto entre assessoria e juízes devem ser evitadas e contornadas dentro dos limites do possível, uma vez que a Justiça Eleitoral pode, graças aos poderes que possui, criar sérios embaraços e problemas a qualquer candidatura contra a qual estiver predisposta, e já dissemos que um juiz eleitoral é, antes de tudo, um ser humano e, como tal, sujeito a emoções. Sempre que possível, antes de entrar com uma interpelação ou um recurso por vias oficiais, é recomendável que o assessor jurídico, ou o próprio candidato, procure estabelecer contato telefônico ou pessoal com o magistrado para obter dele as explicações desejadas, ou apresentar sua argumentação quando se tratar de discordância de algum ato por ele baixado. Muitas vezes esse cuidado pode dar resultado mais adequado do que a ação oficializada, servindo, na pior das hipóteses, para fundamentar a defesa que se queira fazer ou o recurso que se deseje interpor, ou seja, a contra-argumentação parte do conhecimento do espírito da determinação judicial, isto quando não for o caso de acatá-la, reconhecendo sua validade.

Um candidato não deve esperar que sua assessoria jurídica faça milagres, infringindo sem os devidos cuidados a legislação eleitoral. Mas pode melhorar – e muito – a eficácia de sua assessoria se *trocar* com seu companheiro, ou aliado político, assessor jurídico, sempre que precisar entrar em choque com a Justiça local: um advogado de outra cidade, que não estará depois da eleição submetido às decisões do juiz eleitoral, que ele teve de contrariar ou contestar suas decisões em instâncias superiores, será muito mais eficiente e útil. Outro bom conselho, já que antes de ser candidato você é um cidadão, é usar a personalidade jurídica do seu partido quando tiver de confrontar o juiz da sua cidade, tornando todo o processo impessoal e profissional, para não criar inimizades que poderão atrapalhá-lo futuramente.

19. Dicas e Ações Estratégicas para Enfrentar o Dia a dia

O dia a dia de uma campanha eleitoral pode ser tudo, menos monótono.

Os candidatos favoritos não podem se descuidar da manutenção de seus redutos, arduamente conquistados, à custa de muito dinheiro, inteligência e trabalho, nem deixar de procurar abrir novas frentes de apoio.

Quanto maior for uma base eleitoral, mais difícil se tornará o exercício do seu controle efetivo, assim como é impossível ao grande latifundiário controlar tudo o que se produz ou acontece em suas terras, ou evitar que suas fronteiras sejam cobiçadas e, eventualmente, invadidas e ocupadas por posseiros, pescadores, caçadores e outros *predadores*, principalmente quando o latifúndio é composto por inúmeras propriedades não limítrofes, espalhadas por diversas regiões.

Enquanto isso, dezenas ou centenas de outros candidatos, menos privilegiados, não envidam esforços em suas tentativas de ampliar suas bases, sem se preocuparem com cercas ou outras barreiras, senão para descobrir formas de contorná-las ou superá-las.

Num país onde a própria Justiça Eleitoral se reconhece sem condições de exercer o seu papel fiscalizador, a disputa eleitoral trava-se como uma "briga de foice no escuro" e, no afã de conquistar um lugar ao sol, não se poupam meios, lícitos ou ilícitos, nos quais a chantagem se transforma em *pressão política*, calúnia em *denúncia* ou *boato*, para não se falar da utilização das *máquinas* governamentais, fraudes, traições de eleitores, aliados e outras práticas comuns nesse conturbado período, quando o poder está em jogo e "quem pode mais chora menos".

Não cabe ao profissional de *marketing* político, como mero operador desse importante instrumento de apoio, tecer considerações sobre aspectos morais ou éticos das práticas ou costumes desse mercado, mas sim compreender as regras do jogo e *dançar conforme a música*, enquanto formula uma estratégia que lhe permita *roubar* o equipamento dos músicos e dominar o ritmo.

As sugestões ou dicas que se seguirão são frutos de vasta experiência e aprendizado, muitas das lições surgiram de penosas derrotas; outras de cicatrizes de feridas que ainda doem, devendo ser interpretadas pelos candidatos como alertas e meras alternativas de ação, jamais tidas como verdades absolutas, mesmo porque as circunstâncias sempre se apresentam com diferentes nuanças, servindo, todavia, como ponto de referência, de onde podem derivar ações estratégicas úteis para solucionar algumas situações mais comuns.

Bolsões de resistência ou redutos hostis

Este problema afeta com maior intensidade os candidatos majoritários, que dependem dos votos da maioria do eleitorado para chegar às prefeituras, governos ou Senado, já que um candidato à Câmara Municipal, Assembleia Legislativa ou Congresso não precisa se preocupar com segmentos do eleitorado que lhe forem refratários, ocupando-se com melhores resultados e menor esforço em conquistar outros espaços eleitorais.

Um *bolsão* de resistência, ou reduto hostil, pode ser constituído por um bairro, cidade, região, ou, ainda, determinada classe social, categoria profissional ou qualquer segmento no qual se possa traçar um perfil nítido, que aponte características comuns ou certo grau de homogeneidade entre grupos que se mostrarem particularmente hostis a determinada candidatura.

O melhor instrumento de identificação desses redutos é a pesquisa de opinião, desde que montada e devidamente orientada para essa finalidade, pois pode oferecer ao candidato, em detalhes, a posição de sua candidatura frente aos diversos segmentos populacionais, apontando não só a preferência do eleitorado, mas também – e principalmente – em que locais ou junto a que classes ela obtém os maiores índices de rejeição.

Com o resultado da pesquisa em mãos, o candidato pode considerar como hostis todos os segmentos nos quais os índices de rejeição ao seu nome apresentarem-se significativamente maiores do que a média normal, tomando especial cuidado para não confundir *rejeição* com *penetração* ou *intenção de voto*, pois a falta destas últimas nem sempre resulta de repúdio ou hostilidade, podendo indicar apenas que a candidatura vem sendo maltrabalhada nessas faixas do eleitorado.

A mesma pesquisa pode ainda oferecer outros importantes subsídios ao *staff* do candidato, como a indicação dos motivos da rejeição, preferências político-partidárias, aspirações, expectativas etc., cujo estudo pode facilitar e orientar a formulação estratégica a ser adotada para contornar, neutralizar ou combater os *focos* de resistências.

Uma vez identificados, nenhum candidato ao Executivo municipal ou estadual pode, nem deve, ignorar sua existência ou minimizar sua importância, pois um reduto hostil é como uma célula cancerosa, capaz de multiplicar-se e contaminar todos os *órgãos* adjacentes.

Ao deparar-se com um *bolsão* de resistência, o candidato e suas assessoria devem portar-se como uma equipe médica frente a um tumor maligno, estabelecendo, se possível, seu núcleo, seus limites de contaminação ou círculo de influência, inventariando o instrumental, recursos e conhecimentos disponíveis para o combate à doença e, dependendo do estágio desta, iniciar o tratamento, objetivando um dos seguintes resultados: a recuperação do tecido ou órgão afetado, a dissolução ou eliminação dele ou, na pior das hipóteses, o isolamento do tumor, inibindo o seu desenvolvimento e minimizando o risco de contágio dos órgãos ainda sadios.

Para o candidato, não restam dúvidas de que a melhor das hipóteses é a recuperação do segmento que lhe é hostil, tarefa que será facilitada se o núcleo de resistência for identificado com clareza e precocemente, antes que possa consolidar sua influência a ponto de constituí-la em base de apoio para a alavanca retransmissora.

Nesse caso, antes de partir para soluções mais drásticas, o candidato deve procurar cooptar essas lideranças, ainda que para isso tenha de recorrer à prática do clientelismo ou suborno.

Caso falhe, a alternativa é procurar criar uma dissidência que possa enfraquecer a liderança, valendo-se da ambição comum a todo ser humano e financiando, ou propiciando, condições para o surgimento de novas lideranças que, aos menos, lhe sejam radicalmente opositoras.

Simultaneamente ou não, resulta sempre eficaz a geração de fatos que desacreditem ou indisponham a liderança junto a seus liderados, ou que lhe possam criar dificuldades ou empecilhos que desviem sua atenção e prioridade para outros assuntos, abrindo uma brecha, ou trégua, que permita ao candidato colocar em prática outras estratégias de combate.

Até aqui, o tratamento é sutil e *profilático*, e o candidato não precisa expor-se pessoalmente para colocá-lo em prática.

O tratamento radioterapêutico e quimioterapêutico fica por conta de uma eficaz e diferenciada estratégica de comunicações e propaganda intensiva e ininterrupta.

Ao mesmo tempo, o candidato não pode se descuidar do trabalho de isolamento da região afetada, intensificando os contatos e estabelecendo táticas específicas de campanha, dirigidas aos segmentos periféricos dos *bolsões* de resistência, procurando consolidar uma imagem favorável junto a eles, para diminuir o ímpeto de proliferação do foco *infeccioso*, caso o tratamento não dê bons resultados.

Em casos extremos, quando os redutos estão consolidados e não *reagem* favoravelmente à terapêutica, o *remédio* é a intervenção cirúrgica, representada pela radicalização de posições e hostilização frontal, na tentativa de polarizar o eleitorado sob sua influência e arregimentar as dissidências que, embora contrárias àquelas lideranças, não possuam força suficiente para contrapor-se a elas.

Antes de tomar essa decisão, deve-se pesar, cuidadosamente, as consequências ou *contraindicações* que poderiam advir desse posicionamento, principalmente quanto à repercussão junto a outros segmentos do eleitorado, avaliando em que grau ou por que meios devem se ministrar as *doses do remédio*.

Mesmo em *pé de guerra*, o candidato não deve perder uma só oportunidade de infiltrar aliados nas fileiras *inimigas*, nem deixar de adotar táticas de guerrilha, incursionando sempre que possível no terreno adversário, *capturando reféns* ou simpatizantes e proporcionando-lhes *baixas* e dores de cabeça.

Embora não deva subestimar o poder dos redutos hostis, o candidato precisa tomar muito cuidado para não se envolver demasiadamente nestas *frentes de combate*, a ponto de esquecer o trabalho de abertura e consolidação de novas bases de apoio, delegando a aliados ou a membros de seu *staff* a tarefa de desatar estes *nós* de campanha.

O emprego dos chamados *testas de ferro* nessas ações se revela mais eficaz e preserva a imagem pública do candidato majoritário, além de desviar a atenção dos adversários do alvo principal, ao terem de atacar ou defenderem-se de seus aliados, fracionando, com isso, o poder os impactos a ele dirigidos.

Como exemplo ilustrativo de ação estratégica na área sindical, tome-se um sindicato operário cuja liderança em exercício decide apoiar um candidato rival.

O primeiro passo é tentar conseguir da diretoria do sindicato que este se mantenha equidistante da disputa e, caso não se consiga êxito, deve-se procurar conquistar apoio de alguns de seus membros a fim de quebrar a unidade.

A segunda alternativa consiste em procurar as facções adversárias ou de oposição e estimular a sua ação política interna, financiando-as, se necessário, e fornecendo-lhes assessoria especializada de imprensa para que essa dissidência ganhe espaço junto à opinião pública e possa chegar com maior força aos trabalhadores, colocando à sua disposição todos os recursos gráficos de que precise para atingir a classe.

É absolutamente necessário que estes acordos sejam cobertos do mais completo sigilo, sem o que a ação desses *aliados* acaba sendo inócua ou, pior, acaba virando o feitiço contra o feiticeiro, fortalecendo ainda mais a diretoria adversária.

Paralelamente, entre os fatos que podem ser gerados para enfraquecer ou desacreditar a *situação* sindical estão as denúncias, fundamentadas, contra seus membros, ou a criação de situações que a obriguem a tomar medidas antipáticas, como a demissão de um ou mais funcionários antigos do sindicato por motivos políticos, críticas à utilização da contribuição sindical em favor de candidaturas, má gestão, e quaisquer outros meios que possam desgastar sua imagem junto à classe que representam.

Enquanto a oposição interna tira o sono dos dirigentes sindicais, o candidato deve *bombardear* os trabalhadores com propaganda, brindes, contatos pessoais, distribuição farta de seu programa de governo etc., aproveitando a ocasião para tentar consolidar algumas posições junto àquela categoria profissional.

Em momento algum, a oposição aliada deve manifestar-se abertamente a favor ou contra seu financiador, concentrando-se exclusivamente no desgaste que puder causar à atual liderança, baseando-se em questões trabalhistas e sindicais ou esmiuçando os atos da diretoria do sindicato, questionando posicionamentos e até a vida pregressa de seus membros.

Na frente externa e política, o candidato pode estimular seus aliados de partido ou outros dirigentes sindicais a endereçarem críticas à atuação do sindicato *inimigo*, sempre tomando o devido cuidado para não transformar seus dirigentes em *vítimas* ou *mártires*, sem abrir-lhes demasiado espaço nos veículos de comunicação, aumentando-lhes, inadvertidamente, a própria expressão.

O segredo do êxito está em conseguir colocar as lideranças adversárias em constante *xeque*, obrigando-as a assumir posições defensivas e não lhes dando pretexto para dirigir ataques ao candidato majoritário, ou fazendo-o passar por vítima nessas ocasiões.

Se no *bolsão* de resistência de uma sociedade de amigos de bairro, o candidato pode financiar o surgimento de novas lideranças, colocando correligionários seus à frente de comitês de defesa ao consumidor, ou facultando a estes assumir a paternidade de movimentos populares e o crédito pelo atendimento de determinadas reivindicações etc.

Num bairro onde o índice de rejeição se apresentar particularmente elevado, o candidato deve intensificar sua propaganda, abrindo o maior número possível de comitês residenciais, intensificando sua presença nesses locais, fazendo-se acompanhar por aliados bem-aceitos na região e promovendo encontros com lideranças do bairro.

Nessas situações, os cabos eleitorais devem ser acionados e particularmente orientados e instrumentalizados para exercer com eficácia seu trabalho junto àqueles redutos, sem prejuízo de uma infinidade de outras táticas que podem, ainda, ser empregadas em função de cada característica predominante e de cada caso específico.

Independentemente do tamanho e qualidade dos redutos ou *bolsões* de resistência, ou da forma com que o candidato pretenda lidar com eles, diretamente ou por meio de aliados, o fato mais relevante é que não existe movimento monolítico ou reduto intransponível, por mais bem estruturado que esteja.

Assim, a principal tarefa é identificar o calcanhar de aquiles ou o elo mais fraco da corrente. A pequena brecha pode ser procurar introduzir a cunha para enfraquecer ou provocar divisões na estrutura adversa, e, mesmo sem implodi-la, provocar pequenas e imperceptíveis rachaduras que possam drenar, aos poucos, o poder de seus adversários.

A conquista ou neutralização dos focos de resistência a uma candidatura são tarefas que exigem muita inteligência, tato, paciência e recursos materiais e humanos, o que torna recomendável que se faça uma avaliação prévia da necessidade e em que grau as ações devem ser desenvolvidas.

O candidato precisa lembrar também que cada ataque envolve o risco de um contra-ataque e que para cada veneno existe um antídoto. Nunca deve subestimar seus adversários.

O apoio patronal: perigos e ilusões

Nos períodos eleitorais, o apoio patronal é uma das presas mais cobiçadas pelos candidatos, constituindo-se, tradicionalmente, numa das principais fontes de recursos para financiar campanhas.

Esse apoio, cujo valor é incontestável quando se observa o poder econômico que concentram os sindicatos e associações patronais, deve ser visto com restrições ao se avaliar o potencial efetivo de votos que cada segmento empresarial agrega. Na prática, essa avaliação não se traduz em função do número de empregos diretos ou indiretos que proporciona, e muito menos tomando-se por base o potencial de eleitores ligados por vínculos empregatícios e adicionando ao contigente o número de familiares ou dependentes que provavelmente mantém.

Essa conta é tão inútil quanto se dizer que o potencial de votos de qualquer candidato é igual à totalidade de votos dos eleitores do Estado onde concorre.

A prova disso é que são incontáveis os casos de derrotas de candidatos que dispunham de sólido apoio de sindicatos e associações patronais, muitas vezes representando segmentos de atividade econômica com imenso potencial eleitoral, e que dispunham de onerosas estruturas e de abundantes recursos humanos e materiais.

Entre os principais motivos que ocasionam a derrota de candidatos lançados pelas classes empresarias estão a inexperiência, a presunção e a supervalorização do poder eleitoral de seu segmento, derivando daí algumas falhas que merecem ser apontadas, permitindo que se proceda à sua correção futura.

Falhas de enfoque e macroestratégia

O erro mais comum é o direcionamento da campanha à cúpula empresarial e à diretoria ou escalão gerencial da empresas, por meio da utilização de linha de comunicação sofisticada, adoção de pontos programáticos que atendam mais aos interesses do empresariado do que aos dos trabalhadores do setor, não conseguindo, portanto, atingir ou sensibilizar as bases.

Também é nociva a interferência excessiva de empresários não qualificados na formulação estratégica da campanha, que se sentem no direito de opinar e, muitas vezes, impor suas opiniões, pelo simples fato de serem financiadores.

Falhas de coordenação e de fluxo financeiro

Toda campanha patrocinada por sindicatos patronais *cheira* dinheiro, atraindo, junto ao *trigo*, toda espécie de *joio*, ou oportunistas dispostos a vender votos que não possuem ou influência de que não dispõem, e até alianças vantajosas acabam custando muito mais do que se fossem celebradas em outras condições.

O fluxo de caixa é lento e, ao contrário do que se possa imaginar, difícil, principalmente quando o valor previsto para cobrir os gastos de campanha *estoura*, exigindo arrecadações adicionais dos filiados, o que, aliás, é fato dos mais comuns.

Embora dispondo de um *staff* de primeira categoria, muitas vezes faltam aos coordenadores da campanha a sensibilidade política e a experiência que lhes permitam o exercício desembaraçado de suas funções, num campo onde existem mais regras práticas do que escritas, dificultando, inclusive, a efetivação de controles sobre as alianças celebradas ou do uso dos materiais a elas destinados.

Outras falhas

Ao assumir a postura de representante de classe patronal, o candidato praticamente assina o atestado de óbito de sua candidatura, a menos que essa postura venha acompanhada por uma estratégia que contemple diversos desdobramentos, capazes de diluir o impacto inicial da revelação.

É sempre preferível que o apoio patronal se faça o mais discretamente possível, mesmo porque, no meio onde a candidatura é lançada, é desnecessário que se direcione uma campanha ostensiva, uma vez que o candidato já é conhecido pela maioria dos empresários do setor.

Um candidato privilegiado por esse apoio deve procurar aferir até que ponto a diretoria do sindicato influencia ou empolga as demais empresas filiadas, ou até onde um empresário pode ser considerado como bom cabo eleitoral, ou estaria disposto a transformar sua empresa numa base eleitoral.

Só então estará apto a montar a sua estratégia geral de campanha, nunca se esquecendo da máxima política que preconiza o fato de empregado não votar em patrão.

Embora essa afirmação deva ser encarada com reservas, é natural e até lógico esperar um alto índice de rejeição do trabalhador em relação ao candidato ostensivamente apoiado por seu empregador.

A explicação dessa tendência à luz da sociologia e da psicologia exigiria um espaço e conteúdo não condizentes com o objetivo prático desta obra, o que não impede que se constate a realidade.

Outro fato que deve ser levado em conta é que, à medida que aumenta a estrutura de uma empresa, decresce a influência de seus dirigentes em relação aos escalões hierárquicos *inferiores*, que se constituem, na realidade, nos verdadeiros alvos do candidato.

É sempre difícil ao empregador aceitar e reconhecer sua impopularidade frente aos seus liderados, salvo raras exceções, nas quais existe uma cultura empresarial que se encarrega de cultivar a boa imagem dos principais dirigentes dos grandes grupos econômicos.

Diretrizes estratégicas gerais para candidatos de classes patronais

Os candidatos lançados e apoiados por sindicatos e associações patronais frequentemente incorrem num outro erro absurdo, que é o de se lançarem à conquista de outros segmentos e bases eleitorais sem, antes, consolidarem suas bases de apoio, subutilizando a estrutura potencial do setor que sustenta sua candidatura e deixando de aproveitar – ou marginalizando-as – contribuições que poderiam ser decisivas para o sucesso de seu empreendimento.

O planejamento estratégico de uma campanha com essas características deve considerar o atendimento de três objetivos fundamentais.

O primeiro é que diz respeito à organização e correta identificação do apoio que se possa obter da classe patronal, prevendo possíveis conflitos, divergências ou problemas que possam prejudicar o andamento futuro da candidatura, determinando esferas de influência capazes de harmonizar as diversas correntes e lideranças sindicais da classe.

O objetivo aqui é consolidar a base estrutural do apoio, assegurar-se dos recursos materiais e financeiros necessários e coordenar o poder sindical, orientando-o para os passos subsequentes.

Como são raros os sindicatos patronais que dispõem de unidade e número de integrantes suficientes para garantir o quociente de votos necessários para a eleição de seu candidato, é absolutamente imprescindível que se estabeleçam táticas que tornem possível a cooptação, pelo patronato, de contigente representado pelas diretorias e gerências das empresas que eles controlam, para só então passar à segunda diretriz, que é a conquista do universo potencial dos trabalhadores agregados ao setor de atividade econômica que o sindicato representa.

Enquanto a primeira diretriz implica ações de bastidores e envolve um trabalho intenso e pessoal – tanto do candidato como dos empregadores –, a segunda já exige inversões de capital bem maiores, necessitando de uma sólida e bem coordenada estrutura de apoio operacional, muita paciência e dissimulação.

Nesta fase, o candidato já deve ter infiltrado, em cada uma das empresas que o apoiem, ao menos um elemento *retransmissor* de sua candidatura, criteriosamente escolhido entre as lideranças mais simpáticas aos empregados do estabelecimento comercial ou industrial, que devem ser alvejados contínua e sutilmente no transcorrer de todo o período eleitoral, de forma a serem *introduzidos* na opção sem que transpareça, ostensivamente, o apoio patronal de que a candidatura dispuser.

O terceiro objetivo é a utilização racional da estrutura disponível, buscando torná-la centro de retransmissão da influência da candidatura, atingindo, primeiro, os setores mais próximos à categoria, como fornecedores, clientes etc., para depois estabelecer alianças capazes de ampliar as bases eleitorais até então atingidas.

O apoio patronal, embora represente uma grande vantagem frente aos demais postulantes, não deve ser superestimado pelos candidatos assim privilegiados, pois devem lembrar-se de que não serão, provavelmente, os únicos a dispor de elementos que lhes permitam arvorar-se como representantes de categorias profissionais. E se o seu posicionamento não for adequado, certamente verá sua vantagem inicial *devorada* pelos concorrentes.

Para os candidatos que dispuserem de apoio de classes patronais sem, contudo, serem lançados por estas, é recomendável que se acostumem à ideia de ver seus aliados fornecerem o mesmo apoio a diversos rivais, principalmente se disputarem cargos majoritários, pois um sindicato não pode nem deve arriscar-se a apoiar, ostensivamente, um candidato que venha a ser derrotado, colocando em xeque os interesses da classe que representa face ao vitorioso.

O normal é que um determinado sindicato apoie os três ou quatro candidatos que tiverem mais possibilidades de vencer, independentemente da agremiação pela qual concorram, ainda que para isso tenha que simular *rachas* ou dissidências entre seus dirigentes, de forma a permitir que cada facção apóie uma das candidaturas.

A situação permanece inalterada até que se tenha uma visão mais clara das perspectivas de vitória de cada candidato, quando então o apoio é intensificado e maciço a um ou aos dois candidatos *favoritos*, garantindo um bom relacionamento com o poder, qualquer que seja o resultado do pleito.

Grosso modo, uma candidatura representa, para a classe empresarial, um investimento, e, como tal, o candidato que conseguir apresentar-se como *empreendimento* sólido ou viável terá boas chances de obter *fatias* maiores de apoio e recursos.

Apenas para concluir a abordagem superficial que se faz sobre o tema, é importante que se faça uma ressalva quanto ao caráter da participação do patronado no campo político, que tem sido muito atacado por políticos invejosos e não privilegiados por esse apoio, como sendo ilegítima e propiciada do tão condenado *abuso do poder econômico* nas eleições. Discordamos radicalmente desse posicionamento, principalmente por ser o Brasil um país onde são comuns as interferências governamentais na economia, sem falar do fato de que, aqui, o Estado é o maior empresário, controlando, praticamente, 60% da economia e obrigando os empresários de qualquer setor econômico a procurar influir nas decisões que digam respeito às áreas onde atuam, não por vaidade ou outro motivo escuso, mas como forma de preservar seus interesses e até o futuro de seus empreendimentos. A partir daí, conclui-se que a participação do empresariado nacional, embora existam exceções, as tão comuns distorções e os interesses denominados *menores*, se faz presente até por uma questão de sobrevivência, e seus interesses maiores merecem representação tão legítima quanto os de qualquer minoria num sistema democrático.

Como *inibir* a utilização ostensiva da *máquina governamental*

Com o poder em jogo, é natural que as facções que desfrutam de suas benesses e aquelas que ambicionam alcançá-lo apostem todas as suas *fichas*, umas na tentativa de manter o *status quo,* outras na perspectiva de conquistá-lo ou revertê-lo seu favor.

Assim, sindicatos, associações, partidos, clubes – e todos os segmentos da sociedade que dispuserem de um mínimo de organização – se mobilizam e se engajam em variados graus nas campanhas dos candidatos com os quais se identificarem como a igreja ou, num sentido mais amplo, todas as entidades religiosas, imprensa e governos municipais, estaduais ou federal que, em princípio, deveriam manter posicionamentos mais *magistrais* ou isentos, pelos aspectos morais, éticos ou, até constitucionais, que envolveriam sua participação no plano eleitoral.

Como a teoria costuma ser sempre outra quando posta em prática e levando-se em consideração que todo ser humano abriga uma personalidade, um ideal, tendendo a abraçar sua própria versão da verdade, a imparcialidade é um artigo escasso em qualquer período eleitoral, e cada instituição trata de cercar-se de argumentos que justifiquem ou, simplesmente, dissimulem sua participação no processo eleitoral, cada qual usando de todos os recursos disponíveis para influenciá-lo.

Atendo-se aos aspectos legais da questão, ao lado do *abuso do poder econômico*, a regra constitucional mais infringida é aquela que proíbe a utilização da *máquina governamental* em favor de candidatos *situacionistas* ou sob qualquer outro pretexto.

Como a tentação e os benefícios advindos dessa infração são consideravelmente maiores do que o respeito às leis, e os riscos de punição são praticamente nulos, não resta aos candidatos *oposicionistas* outro recurso que não a aceitação de mais essa regra no jogo eleitoral, procurando, dentro das possibilidades de cada um, fórmulas que lhes permitam, ao menos, inibir ou dificultar seu emprego em favor de seus adversários políticos.

Como não ficaria bem relacionar nesta obra as diversas formas de empregar as *máquinas administrativas* sob controle dos governos, uma vez que se estaria contribuindo para aperfeiçoamento de uma prática ilegal, resta apenas discorrer sobre algumas táticas de combate que limitam o uso do poder público.

O leitor mais atento já deve ter notado que, sempre que se refere aos meios de combater o abuso das máquinas e estruturas administrativas dos governos, representadas pelas secretarias, autarquias, empresas públicas ou de economia mista etc., usam-se vocábulos como *inibir, dificultar, combater* etc., sem nunca expressar a possibilidade de impedir ou eliminar integralmente o fato.

Isso porque são, praticamente, infinitas as formas utilizadas por aqueles que têm tais estruturas à sua disposição, muitas delas sutis e de difícil, senão impossível, comprovação, como a cooptação de lideranças via empréstimos através das redes bancárias sob controle governamental, tráfego de influência, ou até por intermédio de métodos tão arraigados, como *clientelismo, empreguismo, pressão política* etc.

Contudo, é possível àqueles que não gozam desses privilégios evitar que a utilização da máquina seja feita ostensiva, livre e grosseiramente, reduzindo, assim, a margem de manobra de seus adversários políticos, eventualmente causando-lhes sérios danos à imagem que precisam preservar e colocando-os na defensiva.

O princípio fundamental do antídoto a esse veneno é a exposição do abuso à opinião pública, não só por intermédio de denúncias, baseadas em suspeitas ou meros indícios, mas também apresentando provas concretas ou testemunhais que tornem possível uma demanda judicial contra os infratores, ainda que dela não resulte mais que um simples fato noticiável.

Desnecessário seria dizer que o mais importante aliado nessas ocasiões é a imprensa, sem a qual não se conseguiria a repercussão indispensável para o resultado efetivo da denúncia, o que facilita sua queda no vazio ou o *abafamento* do caso pelos atingidos.

A busca das provas que venham a corroborar denúncias sobre abuso de poder exige, dos candidatos, uma estratégia e estrutura semelhante às dos serviços de espionagem, cercadas de lances *detetivescos*, infiltração de informantes nas linhas adversárias, muito jogo de cintura e sagacidade, sem falar no bom trânsito que garanta espaço nos veículos de comunicação.

O êxito do empreendimento será sempre facilitado caso o candidato consiga articular-se com os demais candidatos oposicionistas, ainda que concorrentes por diferentes legendas, uma vez que é de interesse comum impedir o emprego da máquina governamental em favor dos partidos situacionistas. Assim, todos serão beneficiados com qualquer desgaste, proporcionando aos que concorrem por aquelas agremiações, ou serão igualmente prejudicados pelos efeitos do abuso de poder em prol de seus rivais.

Mesmo que essa aliança não seja explícita, nenhum candidato deve perder uma oportunidade de *lamentar* o fato como *malversação do dinheiro público*, ainda que a denúncia tenha se tornado pública por integrantes de agremiações adversárias, procurando aumentar a repercussão desta junto à opinião pública, jogando *lama* no ventilador dos *governistas*, e procurando vincular, como réu principal, o candidato majoritário e a agremiação a que pertença.

É preciso ainda, mesmo de posse de provas suficientes para incriminar os infratores, aguardar o momento certo de se efetivar a denúncia e ação judicial, que serão efetivadas quando a notícia lhes puder causar maiores danos à imagem, cuidando também de reunir condições que permitam ou facilitem desdobramentos capazes de prolongar os efeitos da denúncia.

Ainda que a imprensa local seja controlada pelos setores que abusam do poder, resta aos candidatos recorrer à grande imprensa, cuidando de assegurar a repercussão da notícia junto ao eleitorado, ainda que para isso venha a se utilizar de recursos próprios.

O autor abre aqui um parêntese para esclarecer que não é seu intuito atingir especificamente qualquer agremiação governista ou personalidade que tenham feito uso de seu poder para mobilizar suas máquinas governamentais, uma vez que, em suas atividades profissionais, já orientou o exercício dessa prática, da mesma forma que já deu combate a ela, de acordo com os interesses ou necessidades de candidatos que atendeu, condenando, todavia, a utilização *burra* desse privilégio.

Encerrando esta abordagem genérica sobre o assunto, deve-se salientar que não existe máquina administrativa governamental indevassável ou impermeável à conquista de aliados internos que, devidamente orientados, podem oferecer excelentes resultados ou provas contundentes, e à medida que aumenta a dimensão da máquina governamental, mais difícil se torna aos seus titulares o exercício de qualquer forma de controle, sendo esse o calcanhar de aquiles ou principal vulnerabilidade do sistema.

A técnica de indução pelo negativismo

A técnica de indução pelo negativismo parte do fundamento de que, tão importante quanto ser apoiado por um líder de opinião, é ser hostilizado por um *antilíder*.

Podem ser consideradas como antilideranças todas as posições ocupadas por personalidades que desfrutem de singular impopularidade, embora, por força de seus cargos, disponham de poder ao qual tenham que se submeter grupos de indivíduos, impondo-lhes sua autoridade, ainda que contra a vontade de seus *liderados*.

Bons exemplos de antilíderes podem ser encontrados entre os ditadores, maus governantes que tenham decepcionado seus eleitores no exercício de seus mandatos, gerentes ou capatazes antipáticos ou demasiadamente enérgicos, patrões em geral, diretores ou professores excepcionalmente severos ou exigentes, lideranças de determinados segmentos que sejam particularmente *indigestas* a lideranças de segmentos opostos ou qualquer outra personalidade que ocupe posição de destaque social, político, profissional etc., cuja evidência e natureza da função obriguem a manutenção de contato com certas faixas do público.

Embora se submetam ao poder exercido por um líder impopular, seja pela necessidade de um salário ou recompensa, seja pelo temor a punições, seja simplesmente por respeito às regra, costumes e leis vigentes, no subconsciente dos *liderados* permanece uma forte tendência a agir de forma absolutamente contrária aos desejos daqueles que consideram como *opressores*, sempre que surjam oportunidades que lhes permitam manifestar, ainda que dissimuladamente, sua *independência* e repudia, intimamente, qualquer influência que estes tentem exercer sobre foros que considerem íntimos e livres do controle de seus antilíderes.

O conhecimento dessas características e tendências, comum à grande maioria dos *mortais*, é de suma importância para os candidatos em campanha, pois o apoio de um antilíder geralmente resulta em negativo e contrário aos objetivos de suas postulações.

Ofuscados pelas posições destacadas que ocupam, muitos candidatos cometem graves enganos aos estabelecerem alianças com lideranças impopulares, sem proceder, previamente, à analise da real influência da personalidade sobre seus liderados.

O simples fato de submeter aos seus desígnios maior ou menor número de indivíduos não caracteriza uma liderança positiva ou natural, pois esta depende mais da personalidade e da forma com que o poder é exercido, do que da natureza da posição ou cargo de seu detentor.

Assim, embora todos os professores, empresários, secretários de Estado etc., possam ser considerados como líderes *potenciais*, nem sempre essa liderança é capaz de produzir qualquer efeito fora da esfera de sua influência direta, ou seja, suas salas de aula, empresas ou estruturas administrativas, pelo menos de forma positiva.

Com isso não se quer dizer que o apoio de lideranças impopulares seja menos importante ou até menos dispensável numa campanha: apenas recomenda-se que esse apoio se faça segundo estratégias diferenciadas, escrevendo-se o certo por linhas tortas, ou, em outras palavras, utilizando-se da técnica de indução positiva através do negativismo.

Um exemplo, bem-sucedido, ocorreu numa indústria de médio porte, quando seu titular decidiu apoiar uma das candidaturas existentes. Além das doações de praxe, colocou-se à disposição do candidato para auxiliá-lo no que lhe fosse possível a fim de conquistar os votos dos funcionários de sua empresa, alertando-o, porém, de que a grande maioria deles tinha outras opções partidárias. Reconheceu também que não via forma de reverter a situação e entregou o problema à assessoria do aliado, a fim de que esta fornecesse a orientação adequada para atingir o objetivo.

A solução a que se chegou determinou as seguintes providências e etapas:

a) o empresário facilitou o acesso do candidato a seus empregados, mas apresentando-o somente àqueles que gozassem de sua mais absoluta confiança;
b) procedeu-se a um levantamento sigiloso no qual se apurou quais as gerências, chefias e operários mais populares ou simpáticos entre seus subordinados ou companheiros de trabalho, e quais os que, ao contrário, eram tidos como antipáticos por seus pares, sem se esquecer de aferir qual imagem e popularidade desfrutavam o titular da indústria e seus elementos de confiança. O resultado da pesquisa demonstrou que a cúpula dirigente estava dissociada da base industrial, mas dispunha da simpatia do nível gerencial médio, e que alguns desses gerentes eram populares junto às chefias de seção, ou, quando não, eram respeitados por seus subordinados.

Analisadas as esferas de influência e liderança positiva ou negativa dos homens ocupantes dos *postos-chave*, determinou-se uma estratégia de apoio ao candidato, que manteve contato pessoal com os líderes *confiáveis*. Estabeleceram-se ainda fórmulas de facilitar a aproximação entre os antilíderes, para que se formasse um bloco de ostensiva rejeição ao candidato, ao mesmo tempo que os antilíderes de *confiança* foram orientados para que manifestassem, em todas as oportunidades, seu apoio ao principal adversário do aliado.

Mais importante que a manifestação de hostilidade ao candidato para o qual *trabalhavam*, era o fato de que o apoio conferido ao *adversário* se processasse de forma negativa, como se tentassem impor sua preferência política aos trabalhadores, simulando *perseguições* àqueles, mais populares, que estivessem apoiando o *inimigo*, além de outras táticas periféricas.

O industrial, por sua vez, agiria da mesma forma, só que em nível superior, manifestando seu apoio ao candidato do partido adversário, permitindo a colagem de seus cartazes e proibindo qualquer propaganda de seu aliado.

Chegou-se até a preparar um churrasco em homenagem ao candidato adversário; na realidade, era uma armadilha. Escolheu-se um *belo* sábado para sua realização e fez-se obrigatória a presença de todos os empregados à solenidade, que foi recheada por *indigestos* e *ardilosos* discursos de apoio, que levaram a *vítima*, sensibilizada, a enaltecer as virtudes daquele bom empresário e amigo, agradecendo-lhe e aos antilíderes pela homenagem e apoio recebidos.

Enquanto isso, as lideranças positivas da indústria se ofereciam aos empregados como intermediários entre eles e o candidato aliado, que, através de pequenos favores como o de conseguir uma internação, um emprego para um familiar de empregado, resolver uma pendência jurídica, dar assistência ou orientação, cartinhas de apresentação etc., ganhava espaço na preferência dos funcionários.

O êxito foi surpreendente e muitos dos empregados se ofereceram para colaborar no esquema de boca de urna, rendendo, além de popularidade e votos ao candidato aliado, valiosos subsídios aos dirigentes da unidade industrial, que passaram a conhecer a própria casa e a dar mais atenção à área de Recursos Humanos e Relações Industriais, com reflexos positivos no ambiente de trabalho e na produtividade da empresa.

Também constitui indução pelo negativismo o trabalho mal-orientado de um cabo boqueiro, pois uma abordagem grosseira ou inadequada prejudica o candidato pelo qual estiver trabalhando, levando o eleitor indeciso a rejeitar, automaticamente, a solicitação que lhe é feita pelo cabo eleitoral.

A utilização dessa técnica resulta no desenvolvimento de uma verdadeira anticampanha, que deverá ser administrada pela assessoria do candidato simultaneamente às estratégicas *positivas* ou tradicionais.

Aliás, a anticampanha já fez muitas vítimas e é prática antiga no cenário político brasileiro, quando se procura vincular a imagem do adversário político à de personalidades impopulares, visando o benefício conquistado com o desgaste da candidatura rival, como serviu em 1985 em, praticamente, todos os Estados da Federação: houve inúmeras tentativas de vinculação de candidaturas aos ex-ministros mais impopulares ou a figuras que a opinião pública identificava como arbitrárias, bem como a escândalos, aspectos ideológico e morais etc., ao mesmo tempo em que os candidatos patrocinadores se protegiam atrás de fotos onde apareciam junto ao recém-falecido presidente Tancredo Neves e outras lideranças positivas.

Para iniciar uma anticampanha vale tudo, desde uma antiga reportagem em que conste uma declaração infeliz do atual oponente, até a veiculação de boatos, a *ressurreição* de fatos ocorridos num passado longínquo envolvendo o candidato ou familiares e amigos etc.

Embora condenáveis, uma vez que práticas desse naipe constituem o principal motivo do baixo nível em que se desenvolvem muitas campanhas e por relegarem ao segundo plano as propostas maiores ou programas dos candidatos, esses recursos vêm sendo utilizados por gregos e troianos, muitas vezes com avassaladora eficácia.

Entre ataques e contra-ataques promovidos pela anticampanha, vale um bom conselho: sempre que possível, o atacante deve permanecer na *sombra*, utilizando-se de *testas de ferro* para tais ações. Assim, evita o risco de ser considerado, pelos seus eleitores, como alguém que *joga sujo*, resguardando-se da *ira* do revide ou do contragolpe frontal por parte do adversário atingido ou de seus aliados, cuidando ainda de medir a *força* e a frequência de seus ataques, para não transformar o *alvo* em vítima.

Atacado, o candidato deve sempre reagir publicamente, lamentando o *baixo nível* e a *desqualificação moral* do seu *covarde* adversário e, de acordo com o calibre do *projétil*, reparar quaisquer danos eventualmente causados à sua imagem, tratando de preparar, rápida e sigilosamente, o *troco*, que deve ser desferido no momento mais oportuno e, preferencialmente, por outra fonte que não possa ser imediata e facilmente ligada ao *vingador*, ou por meio de um amigo que, *indignado* com o procedimento do adversário, toma para si as dores e a defesa do aliado.

Conforme a natureza do ataque, a personalidade pública de atingido e a munição de que disponha para reagir, também podem ser adotadas posturas irônicas, que visem desmoralizar e desqualificar a fonte da agressão, desafios públicos, sempre acompanhados dos tão comuns processos por difamação e calúnia ou outros posicionamentos que se revelem adequados para remediar a situação criada.

Quando se tem conhecimento prévio de que um dos opositores costuma se valer dessa metodologia, o melhor antídoto é *radiografar* toda a vida e envolvimento pessoais, profissionais, mercantis etc. do adversário e dos que lhes são próximos, fazendo-o saber, sutilmente, que se está preparado para lhe fazer frente no mesmo plano de combate.

Como muitas vezes a agressão chega por outros canais, indiretos, entre eles a imprensa, a vítima deve procurar identificar a que interesses serviu a notícia, direcionando seu revide à fonte, pois, com frequência, o redator da matéria serviu apenas como mero instrumento, *teleguiado* pelo desafeto político.

Nunca se deve, simplesmente, ignorar um ataque nesse nível, salvo em caso de conveniência e quando ele pode ser absorvido sem deixar sequelas de maior gravidade, dissimulando, para efeito público, o resultado do golpe recebido, sem deixar de estudar alguma alternativa de retribuir a *farpa*, pois uma anticampanha exige outra como resposta, num duelo que se desenrolam altos riscos de parte a parte, entre eles, o da destruição recíproca dos protagonistas, facilitando a vitória de um terceiro candidato, cujas chances seriam remotas em outras circunstâncias.

20. A BOCA DE URNA

No jargão político, *boca de urna* é o conjunto de atividades a ser desenvolvidas pelos candidatos, destinados a cobrir promocionalmente o encerramento das campanhas eleitorais, no afã de conquistar os votos do eleitorado ainda indefinido ou indeciso no dia da eleição.

É a última *cartada* e o derradeiro instrumento que cada candidato tem para influir no resultado das eleições, representando a *chave de ouro* com a qual se encerra a acirrada disputa, após a qual resta apenas a expectativa de aguardar e acompanhar os resultados das urnas.

O dia da eleição é o clímax e o ponto culminante de cada campanha, o tão esperado, desejado e, paradoxalmente, tão temido *dia D*, quando os eleitores, durante o breve período das 8h às 17h, decidirão, através do voto, a sorte de cada candidato e o resultado de meses de trabalho diuturno e estafante.

A exiguidade do tempo (9 horas) permite que se tenha a exata dimensão da importância da organização nos trabalhos de boca de urna, face ao grande número de atividades que se devem desenvolver simultaneamente, abrangendo por vezes toda a extensão territorial de um Estado, município por município, marcando a presença da candidatura junto à boca de cada uma das urnas em todas as zonas eleitorais onde serão depositados os tão cobiçados votos.

As opiniões acerca da importância e eficácia do emprego desse instrumento nas campanhas eleitorais ainda geram polêmica nos meios políticos e publicitários, principalmente quanto aos resultados de sua aplicação em campanhas majoritárias para o Executivo municipal ou estadual e em campanhas proporcionais como as de vereador, deputado estadual e deputado federal.

Na verdade, o que importa definir é que, embora os resultados dos trabalhos de boca de urna divirjam quantitativamente no número de votos adicionados que se possa auferir em relação ao posto que se postula, a importância da realização dessas atividades jamais deveria ser posta em questão, uma vez que representa mais uma, e derradeira, oportunidade que o candidato tem junto ao eleitorado de influir na sua intenção de voto.

É natural que essa diferença quantitativa ocorra, uma vez que o eleitorado compreende com maior clareza a natureza das funções a ser desempenhadas por um prefeito ou governador de Estado, pois os frutos de sua atuação se revelam concretamente diante de seus olhos, através das obras, transporte, lazer etc. Já os postulantes a mandatos legislativos têm suas funções frequentemente confundidas ou até desconhecidas pelos eleitores menos esclarecidos, que se constituem na grande maioria do eleitorado brasileiro.

Além desse fato, enquanto os candidatos ao Executivo estadual ou municipal se resumem a um candidato por partido, e após alguns meses de campanha representam, no máximo, quatro candidaturas expressivas, são centenas os candidatos a vereador, deputado estadual e deputado federal, cujas mensagens e plataforma se confundem, graças à poluição sonora e visual propiciada pelo esforço promocional simultâneo das campanhas durante todos o período eleitoral.

O candidato ao governo e à prefeitura gozam da vantagem de que todos os candidatos lançados pelo seu partido aos outros níveis acabam por se tornar, na prática, cabos eleitorais da candidatura majoritária, recebendo por parte dos meios de comunicação tratamento privilegiado em termos de espaço, além de contar com apoio financeiro, logístico e partidário muito maior do que seus colegas de partido que concorrem a cadeiras no legislativo.

Tudo isso faz com que o número de leitores indecisos ao fim das campanhas seja sensivelmente menor em relação a candidaturas majoritárias, o que não quer dizer que não possam existir eleitores, aos quais a qualificação mais adequada seria a de reticentes, indiferentes ou alienados.

Independentemente do nome que se resolva dar a essa fatia do eleitorado que chega ao dia da eleição sem definir seu candidato, o que importa é reconhecer o fato de que essa fatia pode decidir uma disputa, na qual cada voto é valioso.

Claro exemplo dessa afirmação é a análise dos resultados de todas as eleições, nas quais se verifica que as disputas em alguns municípios e estados são acirradíssimas, com resultados apertadíssimos, e quaisquer 1% de votos a mais ou a menos poderiam inverter os resultados do pleito.

Num Estado, com um eleitorado superior a 12 milhões de pessoas, 1% a mais em votos representaria mais de 120 mil sufrágios, diferença capaz de decidir uma eleição ou eleger um deputado.

Para os candidatos a mandatos na área executiva, os trabalhos de boca de urna devem ser desenvolvidos sem grandes pretensões de conquistar eleitores indecisos. A principal finalidade deve ser a de não ceder espaços a seus adversários, dividindo com eles, palmo a palmo, voto a voto, as probabilidades de avanço percentual em cima dessa faixa do eleitorado.

Cada candidato deve objetivar o alcance e o melhor impacto psicológico possível, que certamente resultará positivo tanto como fator de motivação para os boqueiros e aliados quanto para os eleitores e simpatizantes, estimulando a projeção de vitalidade da candidatura, forte o suficiente para influenciar aqueles eleitores que, indecisos, estariam propensos a depositar seu voto em favor do candidato que lhe parecer mais popular ou com melhores chances.

A mensagem certa na hora certa, uma abordagem simpática, um apelo emocional ou uma falha por parte de um boqueiro adversário certamente significarão alguns preciosos votos a mais na contagem final. E um voto nulo a menos ou eleitor convertido na hora derradeira tem duplo valor em política, pois se assegura, assim, que este não vá engordar os resultados do adversário.

Se para um candidato ao Executivo a boca de urna serve para criar impactos favoráveis, conquistar parcelas residuais de eleitores indecisos e não deixar espaços vazios que poderiam ser ocupados por adversários, para candidaturas que visam o Legislativo, esses trabalhos são vitais, pois são capazes de representar a diferença entre a vitória ou a derrota.

Isso porque, afora os fatos enumerados anteriormente, que demonstram o favorecimento dos postulantes aos postos executivos, no Brasil já ficou comprovado que o eleitor escolhe seus candidatos muito mais em função de seu nome do que da legenda, tendência esta cuja consolidação foi favorecida pela própria legislação eleitoral.

Salvo raras exceções, a baixa inserção social das legendas, a falta de uma política permanente e institucional dos partidos e de motivação e mobilização da militância dificultam a ação eleitoral dos candidatos e minimizam a influência das agremiações partidárias como instrumentos catalisadores de votos.

A ausência de critérios na montagem das chapas de candidatos aprofundou, ainda, as disputas e rivalidades intestinas dos partidos, transformando cada companheiro de partido em adversário potencial, como se não bastassem as dores de cabeça proporcionadas pelos candidatos das agremiações concorrentes, e obrigando os postulantes a disputar acirradamente entre si os votos dos simpatizantes – os da legenda pela qual concorrem.

Assim, enquanto o número de indecisos ao fim do período eleitoral para os candidatos às prefeituras de município ou governo de Estado giram em torno de 5% a 10%, quando se toma por base a mesma faixa do eleitorado em relação aos que disputam posições no Legislativo, esse percentual pode chegar a 50% ou 60%. Isto sem considerar que a convicção dos eleitores em relação à sua opção para essas candidaturas é sensivelmente menor que nos primeiros casos, o que torna seus votos passíveis de influência e mudanças de última hora.

Os beneficiados por esse estado de coisas são aqueles candidatos veteranos, ou que tenham ocupado posições públicas de projeção ou exercido atividade que lhes assegurem destaque junto às populações, desde que disponham de sólido apoio e tenham trabalhado com afinco para consolidar e ampliar suas bases eleitorais na *entressafra*, ou seja, durante o período que precede o ano eleitoral.

Mesmo estes, sabem que não podem prescindir dos trabalhos de boca de urna, pois seus nomes chegam ao dia das eleições misturados a centenas de outros nomes, e seus redutos ficam durante os muitos meses, que antecedem essa data, expostos às ações eleitorais de toda ordem promovidas pelos adversários, sobre cujos efeitos só ficarão sabendo após a abertura das urnas e a contagem dos votos.

Até aqui salientou-se apenas o aspecto promocional e de arregimentação de votos que se pode obter através do trabalho de boca de urna. A importância desse instrumento cresce e se torna decisiva para qualquer candidatura ao se tomar a sua função fiscalizadora, exercida ao lado da promocional, e que se constitui no acompanhamento da votação, assegurando que tudo transcorra dentro dos limites da normalidade e legalidade, impedindo equívocos, erros involuntários ou ações dolosas e lesiva.

O complexo de atividades a serem desenvolvidas na boca de urna varia muito em função da abrangência geográfica da campanha, dos recursos materiais e humanos de que cada candidato dispõe, da estrutura da agremiação pela qual concorre, dos apoios e até das condições locais onde o trabalho deverá efetivar-se, se interior ou capital, número de habitantes, controle político etc.

A importância da organização

Todas as considerações feitas neste capítulo sobre a importância dos trabalhos de boca de urna, objetivos, características e complexidade, por si sós dão uma ideia das dificuldades que devem ser vencidas para a obtenção de resultados que possam ser considerados satisfatórios.

Os trabalhos de boca de urna envolvem ainda a necessidade de grandes contingentes humanos e consideráveis recursos financeiros, e a exiguidade do tempo que a eleição consome permite que se tenha a exata dimensão da importância da organização desses trabalhos, face ao grande número das atividades que devem ser desenvolvidas simultaneamente, abrangendo por vezes toda a extensão territorial de um Estado, município por município, marcando a presença das candidaturas junto à boca de urna de cada uma das zonas eleitorais onde serão depositados os cobiçados votos.

A administração de uma operação de boca de urna se assemelha e requer os mesmos cuidados exigidos do exército em sua batalha decisiva, na qual a precisão e agilidade, garantidas por uma organização eficaz, revelam-se as melhores armas defensivas. Centenas ou milhares de soldados boqueiros consomem a enorme quantidade de munição com seus disparos de santinhos, calendários e artifícios diversos, disputando corpo a corpo com os adversários a abordagem do eleitorado, exigindo eficaz apoio logístico em comunicações, suprimentos e transportes, cujos resultados favoreçem indiscutivelmente o exército que recebe motivações, suporte e treinamento mais adequado.

Nessa guerra, como nas demais, quem pode mais chora menos e, ao contrário do que acontece numa operação militar, na qual quem seria feito prisioneiro seriam soldados, ao findar um embate eleitoral, o exército se dispersa e quem sofre as consequências da derrota é sempre o titular da campanha, seguindo de todo o seu estado-maior.

Com que estruturas e apoios se deve contar

Analogias à parte, uma boca de urna bem estruturada se faz basicamente com muito dinheiro, muita gente, organização e todo o apoio com que se pode contar. Apoios que se convertem rapidamente em recursos materiais, operacionais e humanos.

As principais fontes de apoio com que todo candidato deve procurar contar para o êxito de sua última cartada podem ser subdivididas em quatro grupos, que passamos a descrever.

O apoio político

O primeiro e mais importante é o apoio político, representado pelo suporte financeiro e operacional dos partidos políticos, seus diretórios, quadros administrativos e militantes; ou por intermédio das máquinas administrativas em todas as esferas controladas por seus integrantes e candidatos com os quais se tenham firmado alianças, cujos termos impliquem ajuda material ou trabalho integrado e conjunto.

Nos países de instituições democráticas sólidas, com agremiações partidárias consolidadas e programas partidários definidos, a campanha para o preenchimento das cadeiras no Legislativo, através da proporcionalidade, praticamente é feita pelo partido, cujos candidatos em sua grande maioria são eleitos por intermédio dos votos de legenda alcançados por suas agremiações.

No Brasil, as campanhas são personalistas e os partidos não passam de aglomerados de feudos controlados pelas variadas correntes políticas que se abrigam sob suas legendas, o apoio da máquina partidária requer dos candidatos que o pleiteiam um delicado e hábil trabalho de articulação e composição, conhecimento no jargão político como *trabalho de bastidores*.

Se até para os candidatos majoritários é trabalhoso articular o apoio partidário, para os candidatos aos legislativos a tarefa é árdua e, muitas vezes, inglória, chegando a constituir, mesmo, missão impossível para candidatos que não estejam solidamente vinculados aos grupos políticos dominantes da estrutura partidária ou governamental, correndo inclusive riscos de ser, literalmente, boicotados.

A correta utilização da máquina partidária, constituída pelos diretórios zonais ou distritais é valiosíssima e imprescindível para candidatos ao governo de Estado, prefeitura dos grandes centros metropolitanos ou Senado, uma vez que cada diretório representa uma base operacional a partir da qual estes possam coordenar todos os trabalhos de boca de urna, arregimentar, orientar e organizar os militantes e simpatizantes para trabalhos de rua e fiscalização, além de servir como ponto de apoio estratégico a partir do qual se monta a operação de transporte, lanche, suprimento material, comunicação e acompanhamento jurídico.

Nenhum candidato pode prescindir, ainda, do apoio em recursos humanos e experiência local, que pode advir do aproveitamento dos quadros das executivas dos diretórios. Normalmente, estes são constituídos por lideranças locais que, devidamente organizadas, suprem espaços destinados à coordenação, supervisão e motivação do pessoal escolhido para atividades de boca de urna nos locais que forem da responsabilidade de cada diretório.

Entretanto, para que todo esse potencial se realize plenamente, é preciso que o candidato se conscientize – e ao partido – da importância de não se deixar a organização dessa operação para a última hora, evitando assim a ocorrência dos inúmeros transtornos capazes de colocar em risco a eficácia dos trabalhos e comprometer as previsões e metas estabelecidas.

A prévia organização dos esquemas administrativos é a única maneira de assegurar que os maciços recursos financeiros e humanos empregados em tão curto espaço de tempo não sejam inutilmente desperdiçados pelas inevitáveis falhas a que se sujeitam os candidatos incautos ou imprevidentes, uma vez que os erros cometidos nessa etapa da disputa eleitoral são irremediáveis e definidos.

O apoio civil

Nessa categoria se inclui todo apoio oriundo dos sindicatos, associações, entidades de classe e instituições representativas da sociedade, como a igrejas, OAB, profissionais liberais etc., que normalmente oferecem sua contribuição por meio dos manifestos de apoio, arregimentação de recursos humanos e materiais para a candidatura e bases operacionais a partir das quais se possam realizar atividades como as descritas no item referente ao apoio político-partidário.

O apoio da iniciativa privada

É caracterizado pelo apoio de empresários e suas entidades de classe, geralmente constituído por contribuições de ordem financeira, necessárias para municiar seus boqueiros, bem como outros serviços profissionais etc.

O apoio popular

Esta é uma faixa conquistada pelo candidato ao longo da campanha, representada pela adesão de populares e simpatizantes que se disponham a colaborar com a candidatura, colocando-se à disposição para trabalhar como cabos eleitorais ou fiscais. Para candidatos que não disponham de apoio político ou tenham pouca penetração nas categorias de apoio anteriormente citadas, o trabalho voluntário é vital para viabilizar a realização de uma boa boca de urna, capaz de apresentar resultados surpreendentes, pois os voluntários trabalham por amor à camisa e, muitas vezes, a convicção e a motivação substituem, como vantagem, a ostentação e o desperdício que normalmente ocorrem nas campanhas desorganizadas ou mal administradas.

O apoio popular não substitui, em absoluto, o financeiro, mas é capaz de representar substancial economia de recursos para candidatos por ele beneficiados.

Organizar uma operação de boca de urna é uma tarefa que requer um detalhado levantamento de todos os apoios e dos potenciais recursos operacionais que possam significar para a candidatura.

O orçamento

Antes de proceder aos ajustes e à alocação dos recursos humanos, financeiros e bases operacionais disponíveis ou necessários para a consecução de seus objetivos, é preciso que o candidato tenha claramente definidas suas necessidades mínimas, ou ideais, para a efetivação de seu esquema de boca de urna, a partir de uma projeção orçamentária na qual se possa prever em quê, ou onde, e de que forma, esses recursos devem ser utilizados ou consumidos.

A disponibilidade de uma previsão orçamentária que englobe todas as atividades e recursos necessários para a realização da boca de urna permitirá que o candidato possa definir junto às suas fontes de apoio a exata dimensão de suas necessidades e a melhor forma de concretizar o apoio oferecido.

Através dessa medida, cada candidato pode garantir uma aplicação racional dos recursos financeiros de que dispõe, evitando desperdícios e dimensionando corretamente a quantidade de materiais e serviços, e demais dispêndios exigidos.

O organograma de boca de urna

Para se administrar corretamente um sistema de boca de urna, o organograma inicialmente concebido – e que determinou o quadro organizacional e controles operacionais no transcorrer de toda a campanha – deve ser reestruturado, para atender às novas necessidades que se impõem face ao esquema armado para o dia do *juízo final*.

O modelo de organograma sugerido neste capítulo corresponde ao básico, e poderá ser subdividido ou multiplicado em função do número de cidades que cada candidato puder cobrir ou abrangência geográfica de seu esquema de boca de urna, ou ainda de acordo com os efetivos humanos e estrutura operacional de que cada um dispuser para a efetivação dos trabalhos.

Assim, foram desprezados detalhes complicadores tais como coordenadorias estaduais, regionais e distritais, a fim de facilitar a compreensão dos leitores e enfatizar apenas os aspectos e funções mais importantes a ser administrados numa operação de boca de urna aplicada às capitais e grandes centros urbanos, onde se concentram os maiores contingentes eleitorais.

MODELO DE ORGANOGRAMA

```
┌──────────────┐   ┌──────────────┐   ┌──────────────┐
│ COORDENAÇÃO  ├───┤ COORDENAÇÃO DE├──┤ COORDENAÇÃO  │
│ OPERACIONAL  │   │ COMUNICAÇÃO  │   │   JURÍDICA   │
└──────┬───────┘   └──────────────┘   └──────┬───────┘
       │                  │                  │
       │       ┌──────────┼──────────┐       │
       │       │          │          │       │
       │  ┌────┴─────┐ ┌──┴───┐ ┌────┴─────┐ │
       │  │ SUBCOORD.│ │SUBC. │ │ SUBCOORD.│ │
       │  │ APOIO AOS│ │APOIO │ │ APOIO À  │ │
       │  │BOQUEIROS │ │  À   │ │ APURAÇÃO │ │
       │  │          │ │FISCAL│ │          │ │
       │  └──────────┘ └──────┘ └────┬─────┘ │
       │                             │       │
┌──────┼──────┬──────────┬───────────┤       │
│      │      │          │           │       │
┌──────┴──┐┌──┴───┐┌─────┴───┐┌──────┴────┐  │
│  DIV.   ││ DIV. ││  DIV.   ││DIV.CONTROLE│ │
│TRANSPOR-││LANCHES││MATERIAIS││ E APOIO   │ │
│  TES    ││      ││         ││           │ │
└─────────┘└──────┘└─────────┘└───────────┘  │
                                             │
                                   ┌─────────┴───┐
                                   │ ASSESSORIA  │
                                   │     DE      │
                                   │  IMPRENSA   │
                                   └─────────────┘
```

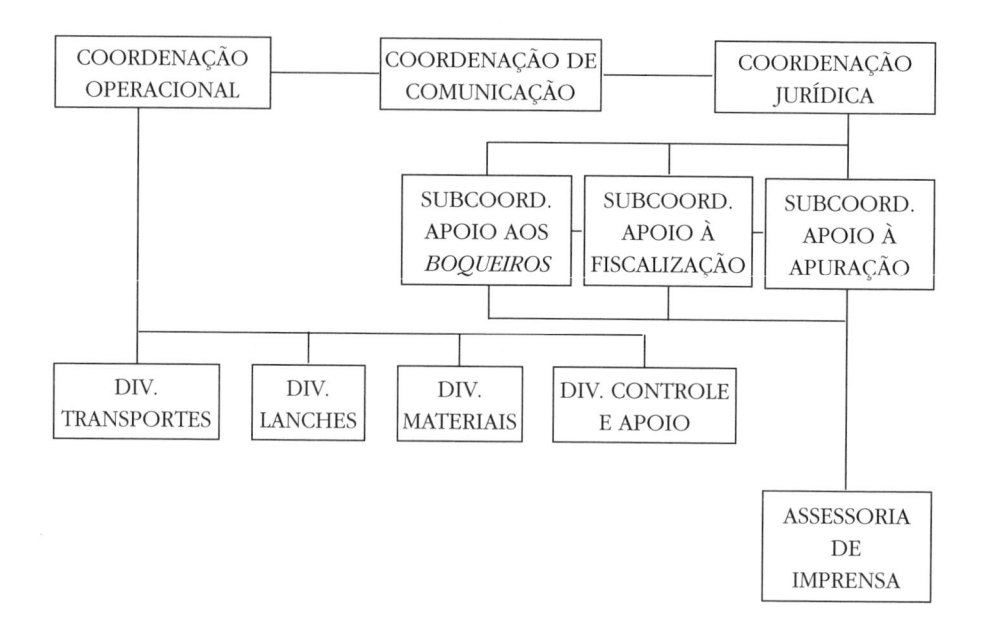

Como montar um organograma para a boca de urna

O organograma básico para atender à administração de um esquema de boca de urna pode ser subdividido em três coordenadorias principais, conforme segue.

Coordenação operacional: compreende a administração e controles do esquema de transporte, lanches e dos materiais promocionais que serão utilizados no dia da eleição.

A divisão de transportes terá sob sua responsabilidade a administração de todos os veículos que serão empregados, roteiros, controles, abastecimento e pessoal (motoristas), através dos quais se efetivará o transporte dos boqueiros, fiscais e *simpatizantes*, além de suprir as necessidade de veículos para a supervisão dos trabalhos e para a coordenação jurídica. Eventualmente, caso o candidato opte pela distribuição móvel de lanches, essa divisão ficará encarregada de atender a mais esta função.

A divisão de lanches ficará encarregada da distribuição dos vales de *alimentação* aos boqueiros e fiscais engajados na campanha e da montagem da logística de suprimento alimentar que atenda às necessidades do esquema montado. Cumprida essa tarefa, fica livre para integrar e reforçar as equipes destinadas à administração e ao suprimento de materiais e brindes, ou subordinar-se às equipes que farão o controle e supervisão dos trabalhos realizados pelos boqueiros.

A divisão de materiais é aquela à qual se atribui a administração dos estoques que serão utilizados ou distribuídos pelos boqueiros, cuidando para que não falte munição para o desenvolvimento do trabalho realizado junto aos eleitores, detectando ainda anormalidades eventualmente ocorridas nas zonas eleitorais em que trabalham, comunicando à divisão de controle e apoio as falhas que apurar.

Essa divisão está intimamente ligada ao controle físico, pois o sistema de cotas de materiais destinados à distribuição permite que se evitem desperdícios e até a localização de ações de sabotagem envolvendo os boqueiros.

À divisão de controle e apoio estarão subordinadas as atividades inerentes à supervisão dos trabalhos desenvolvidos pelos boqueiros, identificação e solução ou encaminhamento de problemas surgidos nos locais de trabalho eleitoral, tais como deserções, desperdícios, subornos, tensões etc., assim como o suprimento das necessidades materiais dos boqueiros, feito por meio de veículos que perfazem continuamente roteiros predeterminados que atendam aos locais em que estes se encontrem.

À divisão cabe ainda o trabalho de motivação e estímulo aos boqueiros, que não deverão jamais sentir-se abandonados pelo candidato, prevenindo e diminuindo as deserções ou subornos a que estes estão sujeitos.

Coordenação de comunicações: é o setor encarregado de montar e administrar o complexo logístico de comunicação que dará suporte às operações da boca de urna, funcionando como uma grande central telefônica e/ou radiofônica, destinada a tornar mais efetivos os esquemas de transporte e agilizar o processo de informações, classificando-as e endereçando-as às coordenadorias competentes, facilitando-lhes o trabalho de definir as ações e providências cabíveis.

Cabe à coordenadoria de comunicação receber todas as ligações e pedidos de providências feitos pelos boqueiros e fiscais de zonas e mesas apuradoras, encaminhando à coordenadoria operacional e à coordenação jurídica as informações e solicitações recebidas, filtradas e classificadas, desempenhando ainda a importante função de acompanhamento dos resultados das apurações.

Coordenação jurídica: é a base operacional da assessoria jurídica, de onde emanam todas as ações de ordem jurídica destinadas a dar apoio e embasamento legal a todos os demais setores envolvidos no esquema de boca de urna.

Historicamente mal-utilizada ou subutilizada pelos candidatos em geral, a assessoria jurídica é fundamental para garantir a lisura do processo eleitoral.

A estrutura jurídica de uma operação de boca de urna deve ser ágil e objetiva, pela exiguidade de tempo em que acontece a votação.

Do alvorecer do dia em que se realiza a votação até o encerramento da apuração, a atividade da coordenadoria jurídica deve ser intensa e diuturna, estendendo-se indefinidamente, enquanto persistirem pendências ou ações impetradas nesse período junto ao TRE e STE.

O exercício eficaz desse importante instrumento de suporte eleitoral exige que o encarregado de administrar essa área seja experiente e arguto, para que todos os requerimentos, impugnações, recursos e demais documentos necessários ao desenvolvimento das ações estejam previamente datilografados e prontos para serem utilizados, quando se apresentem as situações que exijam sua intervenção.

Como exemplos de ocorrências e ações jurídicas mais comuns no transcorrer do período compreendido entre a votação e a apuração dos votos, e que exigem intervenções da coordenadoria jurídica, estão as denúncias de coerção de eleitores ou de boqueiros por parte de candidatos ou boqueiros adversários; abusos da máquina administrativa pública em favor de rivais; denúncias de abuso de poder por parte de autoridades policiais contra boqueiros aliados; flagrantes de fiscais de zona eleitoral ou de mesários cabalando votos ou tentando influenciar eleitores; fraudes cometidas por eleitores; pedidos de impugnação de urnas; registro de queixas e de denúncias contra membros das mesas apuradoras etc., que acabam por exigir iniciativas de ordem jurídica em diversos níveis, desde simples ocorrências policiais, que poderão constituir-se em peças integrantes de uma petição de anulação de votação, até ações mais complexas, impetradas junto aos representantes do TRE, sem contar os casos em que a intervenção pessoal dos assessores jurídicos junto às autoridades designadas pela Justiça Eleitoral se mostra mais eficaz e indicada do que a ação judicial fria e impessoal.

Para simplificar e proporcionar à coordenadoria da ação jurídica a imprescindível agilidade, torna-se conveniente a sua divisão em duas sub-coordenadorias; a primeira voltada para o apoio aos boqueiros e incidentes externos, e a segunda voltada para o apoio à fiscalização montada nas zonas eleitorais, para supervisionar a votação.

Também fica subordinada a este setor a assessoria de imprensa, no intuito de tornar públicas as tentativas de fraude ou arbitrariedades cometidas contra a candidatura e pressionar legitimamente o Poder Judiciário quanto às urgentes providências que lhe couberem para garantir a lisura dos resultados do pleito.

Os cabos eleitorais *boqueiros*

Todo esquema de boca de urna está alicerçado no trabalho desenvolvido pelos boqueiros e na ação fiscalizadora exercida por simpatizantes da candidatura.

O recrutamento e seleção desse pessoal deve ser feito por cada candidato desde o início de sua campanha, pois cabos eleitorais significam, na pior das hipóteses, votos garantidos e valem tanto quanto dinheiro vivo, uma vez que na ausência dele o candidato seria obrigado a gastar grandes somas com contratações.

Essa importância fica salientada quando se observa que esses elementos constituem uma das poucas alternativas – e sem dúvida a mais importante para as candidaturas, para veicular suas mensagens no derradeiro e culminante momento da campanha eleitoral.

Isso porque os boqueiros atingem o eleitorado no momento mais oportuno de todo o período eleitoral, ao longo do dia, no percurso ou no período imediatamente anterior à entrada dos eleitores no recinto onde se encontram as urnas que receberão os tão preciosos votos.

O trabalho desenvolvido por esse pessoal é árduo e estafante, nas ruas, expostos ao tempo e disputando a atenção dos eleitores contra dezenas de cabos eleitorais a serviço de candidatos concorrentes, num ambiente semi-selvagem, onde são comuns as ameaças, intimidações e até agressões.

Notória e lastimavelmente, esse valioso contingente de mão de obra – não qualificada – é mal utilizado pelos candidatos, que dele obtém, quando muito, apenas 50% do resultado potencial que esse trabalho poderia representar caso fosse utilizado com eficácia.

Assim, é comum verificar-se que, no início do período de votação, os boqueiros são despejados às dezenas junto aos locais onde estão situadas as zonas de votação e chegam alegres e dispostos, recitando *slogans* e abordando com a maior simpatia possível os eleitores. À medida que o dia passa, aumenta a tensão e predominam o cansaço e o desânimo, resultando no abandono das posições em massa. Após as 14h, são poucos os que permanecem em seus postos, a maioria adotando posturas que mais atrapalham do que ajudam as candidaturas que defendem.

São comuns os erros de abordagem, a agressividade, o desperdício de material promocional, as traições, os subornos e ainda a ausência marcante dos aproveitadores que se inscreveram para essa atividade apenas para fazer média com o candidato, e não comparecem no dia marcado, ou se apresentam, ficam alguns minutos e depois desaparecem subitamente, ressurgindo mais tarde para cobrar favores.

A grande maioria desses problemas poderia ser evitada pelos candidatos caso estes se preocupassem um pouco mais com a qualidade dos cabos, dando mais atenção aos processo de recrutamento e seleção e, principalmente, criando mecanismos de motivação e orientação para seus cabos eleitorais, preparando-os para exercer com a máxima eficiência o seu papel.

Alguns problemas comuns: causa e soluções

A solução de qualquer problema passa pela identificação correta de sua causa. Para facilitar a compreensão dos problemas e indicar alguns caminhos capazes de solucioná-los, é necessário que se observem suas características individuais.

Problema 1: deserção – ocorre por vários motivos, entre os quais destacam-se o abandono a que são relegados os boqueiros a partir do momento em que são posicionados para o início dos trabalhos, a falta de motivação ou estímulo durante o exercício de suas atividades, a fome ou a simples falta de condições mínimas de trabalho em função das condições meteorológicas eventualmente desfavoráveis.

Soluções – a) escala móvel: é fato comprovado que as primeiras horas do dia em que se realiza a votação são as mais importantes, uma vez que grande número de eleitores procura se ver livre desde cedo de sua obrigação cívica.

Quando o dia da eleição cai numa quinta ou sexta-feira, caracterizando a perspectiva de um fim de semana prolongado, essa tendência se pronuncia sensivelmente, chegando a criar situações de congestionamento e filas em frente dos locais determinados para a votação.

Isso faz com que o período compreendido entre 7h e 12h desse dia sejam vitais e exijam dos candidatos uma atenção especial para a cobertura eficaz dos seus esquemas de boca de urna.

Deve-se considerar também que, dada a característica desgastante das atividades compreendidas no trabalho de rua a ser realizado pelos boqueiros, o período total em que essa tarefa se dá é excessivamente longo para ser atendida com eficiência pela mesma equipe, uma vez que para estarem em seus postos às 7h da manhã torna-se necessário que se levantem uma ou duas horas antes.

As cotas de lanches normalmente destinadas às pessoas que vão trabalhar na rua também ficam quase sempre aquém de suas necessidades fisiológicas, o que acaba se refletindo no ânimo, na qualidade ou disposição com que exercerão suas funções junto ao eleitorado.

A fome acaba por fazer com que parte dos boqueiros consuma seus lanches entre 10h e 11h e abandonem seus postos por volta das 13h para fazer uma *boquinha* em sua residência. Mesmo que sua intenção inicial ao fazê-lo seja o retorno após a refeição extra, o que acaba acontecendo é que a preguiça e o apelo dos familiares acabam por demovê-los da ideia, principalmente nos casos em que esses cabos sentem que não existe qualquer tipo de controle por parte do candidato quanto à sua presença ou trabalho.

O recomendável para solucionar essas ocorrências é o estabelecimento de duas turmas de trabalho: a primeira deverá reunir dois terços dos efetivos humanos disponíveis e realiza o turno compreendido entre 7h e 12h30, após o qual se dispensam aqueles que assim o quiserem e aqueles que, após a votação, estiverem cotados para fiscalização da apuração, dando-lhes condições de se apresentarem para o exercício dessa função descansados e, consequentemente, mais atentos.

A segunda turma chega por volta das 12h, já alimentada, e trabalha até as 17h.

Através dessa medida, o candidato resolve ainda, parcialmente, o problema do moral de suas tropas de boqueiros, aumentando as chances de que o trabalho desenvolvido seja de mais qualidade e eficácia.

b) Controle do trabalho: outra medida, da maior importância, consiste em fazer com que os cabos eleitorais boqueiros pensem que existem mecanismos que permitam ao candidato saber quem esteve presente, quem trabalhou e quanto trabalhou.

Em outras palavras, o boqueiro deve sentir-se sutilmente controlado ou observado, mesmo que esse controle, na prática, não exista.

O fato de imaginar-se observado faz com que se sintam mais importantes, uma vez que induz à conclusão de que o trabalho de cada um está sendo valorizado e reconhecido pelo candidato.

Por outro lado, essa medida inibe a prática de *espertezas* e contribui efetivamente para a redução de desperdícios de material promocional sob os cuidados dos boqueiros.

Problemas 2: desperdício de materiais promocionais – é um problema crônico nos esquemas de boca de urna.

A consequência menor é a elevação dos gastos necessários com este item para a efetivação dos trabalhos, e a mais grave é a paralisação dos trabalhos por falta de munição, que atinge principalmente os candidatos menos previdentes ou menos privilegiados financeiramente.

Entre as causas principais que levam os boqueiros a desperdiçar esses materiais estão o dimensionamento incorreto das cotas destinadas a suprir cada boqueiro; a falta de condições adequadas para que este armazene o material durante a distribuição; a pretensão equivocada por parte destes em *mostrar serviço* por meio de repetidas requisições de material, achando que assim estaria provando que distribui mais que seus companheiros; a falta de consciência do custo do material, aliada à falsa impressão de abundância e inesgotabilidade de estoques. Tudo isso se agrava quando os boqueiros sentem que não existe controles adequados ou percebem falta de organização por parte do candidato.

Soluções – *a)* as cotas de material atribuídas a cada elemento escalado para trabalhar na rua devem ser cuidadosamente dimensionadas, preferencialmente prevendo-se, no mínimo, de uma a duas operações de *remuniciamento* durante o turno que estes deverão cumprir, a fim de não dar a impressão de que as fontes são inesgotáveis, facilitando-lhes o porte desse material.

Esse cuidado diminui ainda os prejuízos que possam ser causados pelos já citados *aproveitadores* ou eventuais operações de *sabotagem* desencadeadas por rivais, e o esquema de remuniciamento permite que se dê a impressão de organização e controle, além de se constituírem em algumas oportunidades adicionais de estimular os boqueiros nos locais de trabalho.

b) Tanto quanto o peso ou quantidade e volume de material que caberá a cada boqueiro transportar, é necessário que a coordenação se preocupe em providenciar recipientes adequados para preservar a integridade dos materiais destinados à distribuição, solucionando assim o problema de facilitar a guarda e porte destes pelos boqueiros, integrando, a seus *uniformes*, sacolas a tiracolo ou jalecos com grandes bolsos.

c) O treinamento e a motivação dos cabos eleitorais completam o elenco de medidas preconizadas para a solução do problema nº 2, pois permite a conscientização dos indivíduos que irão integrar as equipes de rua, recomendando-se ainda que se determine um *chefe responsável* pelo desempenho de cada grupo.

Problema 3: vícios de abordagem – para a grande maioria de nossos políticos, montar um esquema de rua para boca de urna não passa de um mal necessário e um gasto obrigatório, negligenciando o planejamento e a estruturação desse importante instrumento, que ficam reduzidos à compra dos materiais necessários e à contratação ou arregimentação de uma massa despreparada que vai servir apenas de veículo promocional, distribuir santinhos e consumir inevitáveis volumes de dinheiro em lanches e transporte.

Essa visão distorcida, em maior ou menor grau, resulta num péssimo nível de qualidade nas abordagens realizadas pelos boqueiros que, por sua vez, veem nas atividades que praticam apenas um meio de faturar uns trocados a mais ou uma forma de pagamento por favores recebidos, ou ainda na expectativa de obter vantagens futuras.

Outro comportamento comum entre os cabos boqueiros é o de agir nos locais de votação como se fossem torcida organizada de algum time esportivo, concentrando-se em grupinhos, promovendo algazarras, provocando eleitores ou cabos eleitorais adversários e prejudicando a desejável harmonia do ambiente onde estiverem atuando.

O desastre é maior quando se verificam os erros cometidos na abordagem dos eleitores, pois faltam criatividade, tato, ânimo e, muitas vezes, até a imprescindível educação, respeito e convicção.

Em pesquisas realizadas pela Brasmarket em diversas capitais, que procuravam aferir o grau de persuasão dos boqueiros junto aos eleitores e a eficácia das diversas formas de abordagem, verificou-se que muitos dos elementos que faziam a boca de urna sequer conheciam o candidato ou qualquer de suas ideias.

Os muitos manuais direcionados para orientação dos boqueiros, alguns primorosos e objetivos, não se revelaram eficazes o suficiente para elevar o nível do trabalho efetuado pelos cabos, uma vez que os manuais só funcionam quando precedidos por um mínimo de treinamento que deveria ser ministrado pelos coordenadores antes de colocar seus cabos nas ruas.

Soluções – *a)* O primeiro passo advém da conscientização dos candidatos para a importância de um bom esquema de boca de urna, determinando que sua assessoria planeje com mais atenção e viabilize assim a obtenção do máximo potencial de cada indivíduo designado para exercer funções nessa área.

Além dos manuais de boca de urna, é necessário que o pessoal receba um bom treinamento que inclua noções básicas de relações públicas, urbanidade e sugestões táticas de abordagem, diálogos possíveis, reações frente a situações previsíveis ou formas de agir diante de imprevistos; a quem se dirigir em casos de necessidades diversas, além de alguns conhecimentos sobre a plataforma e características do candidato para o qual vão trabalhar.

Além do treinamento, os cabos eleitorais devem receber uma verdadeira *massagem em seu ego*, motivando-os e fazendo com que se sintam importantes, conscientizando-os sobre a convivência de certo tipo de postura, comportamento e importância da racionalização dos materiais.

b) Antes até do treinamento, uma estrutura bem organizada deverá incluir um precioso arquivo contendo a relação de todos os elementos de que se poderá dispor para o trabalho de rua no *dia D*, acompanhado da qualificação de cada cabo, sexo, idade grau de instrução e local de residência.

Com esse dados em mãos, a coordenação tratará de mapear o seu efetivo humano, empregando boqueiros para trabalhar, preferivelmente, nos locais de votação mais próximos de sua residência, determinando o número ideal de cabos eleitorais em cada um desses locais, na proporção direta do número de seções eleitorais que funcionarão em cada um; remanejando os demais em função de sua qualificação ou nível – é contraproducente alocar, por exemplo, um operário com baixo nível de instrução para trabalhar em uma zona eleitoral constituída num bairro sofisticado – e vice-versa.

Outra providência importante é a distribuição ou mesclagem dos boqueiros que irão constituir cada equipe local, evitando-se a formação de grupos excessivamente homogêneos que possam formar *panelinhas*.

A equipe ideal para trabalhar em cada ponto deverá ser constituída por pessoas em boa forma física contendo elementos do sexo feminino e masculino e ainda de diversos graus de instrução.

Cada membro deverá ser instruído a dirigir-se, preferencialmente, a eleitorais com os quais sintam existir maior afinidade ou que aparentem pertencer à mesma classe social ou, ainda, que pareçam ter mais pontos em comum: o jovem normalmente encontra maior receptividade junto a outro jovem; o idoso junto a outro idoso; trabalhador fala a linguagem do trabalhador, e assim por diante.

Os idosos de ambos os sexos e as mulheres jovens e bonitas constituem exceção à regra, apresentando bons índices de receptividade em todas as faixas de eleitores.

Para evitar problemas de intimidação da equipe por boqueiros rivais, é conveniente integrar cada uma com alguns elementos de bom porte físico, principalmente naquelas destinadas a trabalhar em regiões de mais baixo poder aquisitivo e nível cultural, orientando seus integrantes sobre a melhor maneira de agir nesses casos.

As assessorias de candidatos que se predispuserem a seguir a orientação aqui sugerida verificarão por meio dos resultados o quanto são úteis as medidas propostas, compensando plenamente o trabalho e o planejamento dispendidos nessa área.

Problemas 4: o moral das tropas – as causas e as soluções para este problema já foram parcialmente descritas nos três problemas anteriores: o abandono e a necessidade de controles, a necessidade de estímulos e de treinamento, as condições de trabalho etc.

Soluções – Além da prescrição das medidas citadas, o candidato pode elevar e manter o moral de suas equipes criando mecanismos de estímulos adicionais, tais como a perspectiva das famosas festas da vitória e o estímulo à competição sadia entre suas equipes, por meio da distribuição de prêmios e/ou de medalhas de honra ao mérito aos membros que trabalharam nos locais onde as urnas apresentaram melhores resultados, e assim por diante. Cada candidato deve usar sua criatividade de forma a obter o melhor de cada soldado de seu exército.

A utilização dos microcomputadores e de programas ou aplicativos específicos é, praticamente, imprescindível para facilitar a administração de toda essa estrutura e o planejamento que envolve sua montagem.

Depois das abordagens pessoais o *telemarketing* é a melhor forma de veiculação de mensagens eleitorais, pois também se caracteriza como abordagem pessoal através do telefone.

O esquema de transporte: alguns problemas e soluções

Montar um esquema de transporte eficiente é uma tarefa das mais árduas e complexas. À medida que se amplia a abrangência geográfica de uma campanha, ampliam-se as dificuldades a ser superadas, pois cada sede de município exige um sistema exclusivo de transporte, de acordo com o número de eleitores, tamanho da cidade, densidade habitacional de sua zona rural e periferias etc.

Além de complexo, um esquema de transporte sempre é caro, independentemente do número de veículos que cada candidato dispuser, pois envolve o abastecimento dos veículos, contratação de motoristas, manutenção e uma eficaz estrutura de apoio e controle.

Isso porque um sistema de transporte deve atender a todas as necessidades da campanha no dia da eleição, garantindo-lhe a maior agilidade possível, viabilizando ou não o exercício de controles eficazes.

A administração amadorística de um esquema eleitoral de transporte facilita o surgimento de inúmeros problemas, dos quais o menor é representado pelo desperdício financeiro.

Montar a estrutura de suporte de um sistema eficiente onde este se fizer necessário, se possível em zonas, assinalando no mapa da cidade os locais de votação e as bases a partir das quais o controle será feito.

Em seguida, deve assinalar no mapa os postos nos quais será feito o abastecimento dos veículos empregados, dando preferência à utilização daqueles que estiverem mais bem situados em função dos pontos de votação e em vias de maior facilidade de acesso.

Isto feito, cabe estipular o roteiro a ser cumprido por cada veículo à disposição, destacando as rotas mais curtas e que atendam aos locais fixados.

Para cada função atribuída ao sistema de transporte, corresponderá uma rota distinta, sendo que muitas vezes o mesmo veículo cumprirá, em horários diferentes, diversas rotas.

Basicamente, o esquema de transporte tem de atender às seguintes necessidades ou utilizações:

a) remover cabos eleitorais, cujo transporte deverá ser feito em primeiro lugar, junto com os fiscais das zonas eleitorais;
b) como o transporte de eleitores é proibido por lei, os veículos transportam apenas *simpatizantes* e amigos da candidatura, que são apanhados em lugares e horários previamente combinados entre estes e os cabos eleitorais do candidato;
c) percorrer os pontos de votação com os supervisores encarregados de fazer os controles, resolver imprevistos, distribuir lanches e suprir os boqueiros em suas necessidades de materiais para distribuição aos eleitores;
d) suprir a coordenação jurídica quando preciso;
e) transportar os fiscais de apuração aos seus postos de trabalho e percorrer todos esses locais com um assessor jurídico durante todo o período que durar a apuração.

No item *a,* o horário normalmente cumprido é o que vai 5h30 até as 8h. Após esse horário e até as 17h, o fluxo de transporte fica resumido aos itens *b* e *c.*

Das 17h em diante, a necessidade de transporte diminui em volume, mas permanece ativa, até o final da apuração.

À medida que aumenta o número de veículos envolvidos numa operação de transporte, mais difícil fica controlar o grau de efetivação, favorecendo a ação de muitos vigaristas e aproveitadores, que oferecem seus veículos à campanha em troca das cotas de gasolina e algumas outras vantagens e, uma vez com o tanque cheio, vão descansar em sua residência, ou fazer belos passeios às expensas e em homenagem ao ludibriado candidato.

O estabelecimento de controles – ou, ao menos, a proeza de fingir convincentemente que estes existem –, aliado à precaução de fixação de cotas menores de gasolina, embora exija um número maior de paradas para abastecimento dos veículos, diminui os prejuízos ocasionados por esta prática.

A contratação de empresas de transportes urbanos, companhias de táxi ou acordos com sindicatos, e mesmo a utilização de frotas oferecidas por empresário em apoio ao esquema, normalmente acarretam outro tipo de problema, mais grave até do que citado anteriormente: o dos motoristas desses veículos.

O autor teve a oportunidade de constatar, pessoalmente em diversos Estados da Federação, casos em que os motoristas encarregados por suas empresas de dirigir os veículos oferecidos ou contratados trabalharam contra o candidato. Isso ocorreu, principalmente e em bloco, no Estado de Santa Catarina, na cidade de São Paulo e, em menor escala, em outras capitais, prejudicando mais a candidatura que atendiam do que se esta não dispusesse de esquema algum de transporte.

Para evitar ou diminuir o número dessas ocorrências, é necessário que o candidato procure ganhar a simpatia ou a neutralidade desses elementos, estabelecendo com eles contato pessoal, desculpando-se pelo fato de terem de trabalhar em pleno descanso e prometendo-lhes alguma compensação, além daquela oferecida por suas empresas, em função do resultado da eleição.

Outra medida eficaz é que insinue ou dê a entender aos motoristas que muitos dos passageiros que transportarão no decorrer do dia são fiscais ou gente de confiança do candidato, que denunciarão qualquer ação desonesta por parte dos condutores dos veículos.

E não se deve ficar só na insinuação. O melhor é destacar alguns elementos para realizar a fiscalização, suspendendo imediatamente o infrator pego em *flagrante delito*, o que o impedirá de prosseguir na sua anticampanha particular.

Concluindo a abordagem do esquema de transporte, é importante que se lembre do potencial promocional dos veículos que se tiver à disposição, bem como do potencial de os motoristas exercerem, com privilégio, as mesmas funções de um cabo boqueiro, pois têm acesso privativo ao eleitor, sem a interferência dos sempre incômodos boqueiros adversários, o que recomenda que sejam motivados e recebam treinamentos similar ao aqui recomendado para os boqueiros.

Aliás, como o tempo que um motorista tem para conversar com os eleitores é maior que aquele concedido nas abordagens de rua, a necessidade de treinamento dos motoristas é imprescindível, até na profundidade, pois este terá em suas mãos ótimas oportunidades de convencer um eleitor a dar seu voto para determinado candidato, entabulando estes diálogos mais ricos em detalhes.

O esquema de lanches: problemas e soluções

A administração do esquema de lanches numa operação de boca de urna é uma atividade bem mais simples que as demais, pois envolve menos planejamento e mais organização.

Ainda assim, é normal que surjam problemas – facilmente solucionáveis ou não –, em relação direta com o sistema operacional adotado por cada candidato ou com a profundidade do *bolso* de cada um.

Evitando entrar em detalhes que demandariam espaço exagerado e desproposital, uma vez que existem inúmeras formas de se montar esse esquema, cada qual oferecendo vantagens e desvantagens, cumpre aqui dizer que uma boa estrutura para atender a essa necessidade da operação de boca de urna baseia-se nos seguintes pontos:

a) os lanches escolhidos para suprir as necessidades do pessoal envolvido na operação devem, no mínimo, ser suficientes para matar a fome de cada elemento ou, na pior das hipóteses, *tapear o estômago* por um tempo suficiente para que aguentem sem abandonar suas posições;

b) embora substanciosos, os lanches adequados para atender a essa finalidade devem ser leves e nunca gordurosos ou condimentados em excesso, descartando-se inclusive os molhos de qualquer espécie. Essa precaução facilitará o transporte e a embalagem e evitará a deterioração;

c) se a opção escolhida for a distribuição matinal dos lanches aos boqueiros, os alimentos devem ser embalados hermeticamente, para evitar que se danifiquem materiais ou as vestimentas dos boqueiros. Nesses casos, é bom que se preste atenção no volume e nas condições necessárias para tomar os lanches transportáveis. A experiência não recomenda esse sistema, que acaba sempre acarretando inúmeros contratempos à campanha;

d) o sistema de *tickets* ou vale-refeição e refrigerantes é o que tem apresentado bons resultados e menores problemas, embora exija maior trabalho na fase preparatória. Nesta modalidade, cada boqueiro ou fiscal de votação recebe, junto com seu uniforme e demais materiais, um ou mais vales – que dão direito ao consumo de sanduíches, refrigerantes ou refeições – a ser apresentados em estabelecimentos comerciais previamente determinados e licenciados, situados nas imediações de cada local de trabalho.

Àqueles candidatos com fôlego financeiro mais curto, resta montar um esquema de *fabricação* de lanches caseiros e sua posterior distribuição por veículos, ou por meio de residências cedidas por simpatizantes da candidatura e situadas nas proximidades dos locais onde o trabalho de boca de urna será realizado, cumprindo estas casas o papel exercido pelos estabelecimentos comerciais.

O sistema de *tickets* tem como vantagem a eliminação de problemas relacionados com acondicionamento, estocagem, distribuição, e permite que a distribuição das cotas entre os boqueiros possa realizar-se rápida e igualmente, evitando-se imprevistos de última hora, como ao descobrir-se erro no cálculo de lanches necessários, exigindo que o coordenador dessa área não tenha alternativa senão enfiar a mão no bolso e dele retirar o dinheiro para que o preterido realize sua própria despesa.

O último problema mencionado ocorre principalmente devido a boqueiros engajados na última hora por parentes ou amigos, cuja participação no esquema já era prevista, ou por alguns mais gulosos ou espertos que acabam dando um jeito de entrar duas vezes na fila, ou ainda bicões que alegam terem perdido seus *tickets* durante o trabalho.

Pelo sim, pelo não, cada esquema de lanches deve ser calculado sempre com uma margem de 10% a mais do que a quantidade prevista inicialmente, uma vez que não vale a pena perder-se um aliado, ainda que duvidoso, por causa de um lanche.

e) o refrigerante, ou refresco, quando destinado ao boqueiro no início de sua jornada de trabalho, não pode jamais ser de frutas naturais e deve-se evitar a utilização de refrigerantes gaseificados e em garrafas de vidro, uma vez que na sacola do cabo eleitoral não há condições adequadas para manter a temperatura ideal. Além disso, elimina-se um peso inútil e um material perigoso, reduzindo-se ainda o custo com este item.

A água mineral, chás ou sucos acondicionados em embalagens plásticas e de fácil abertura como groselha, laranja artificial ou similares, constituem boas opções.

O teor de açúcar não deve ser exagerado, pois um refresco nestas condições acaba por estimular a sede, em vez de saciá-la.

A forma mais correta de distribuição de refrigerantes é o fornecimento de vales a serem descontados nos estabelecimentos comerciais credenciados.

21. Alguns Erros a Ser Evitados

Sempre que, por meio de uma campanha, se objetive cobrir grande área geográfica, envolvendo, portando, um grande número de alianças em vários níveis, é de suma importância que o candidato tenha em mente as diferenças que porventura existirem entre cada município e as diversas populações que pretenda atingir, formulando, assim, além da estratégia global, ou plano central, vários planos periféricos ou estratégias específicas.

Esse procedimento é recomendável, pois garante a objetividade e a eficácia dos temas, segundo cada região e, por conseguinte, da imagem do candidato.

É necessário que se faça essa ressalva, pois o que se observa hoje, principalmente entre candidatos a governador ou senador, é uma verdadeira desorganização, que põe a perder a unidade e a personalidade da campanha, comprometendo o seu êxito. A seguir, tratamos dos erros mais frequentes.

As doações espontâneas de amigos e colaboradores

Ocorrem quando um amigo do candidato acha que teve uma ideia genial, em termos de *slogan*, ou símbolo, e decide fazer-lhe um surpresa presenteando-o com o material já pronto (camisetas, cartazes, adesivos, brindes etc.), colocando-o assim numa posição delicada, pois se recusar a usar o material na sua campanha, corre o risco de perder o amigo e colaborador, e se resolver utilizar o material doado, arrisca-se a despersonalizar a campanha.

Essa prática resulta, muitas vezes, em candidatos que se veem, de repente, com vários *slogans* e símbolos utilizados simultaneamente, alguns até contraditórios; outros, puras cópias ou imitações de *slogans* de outros candidatos, o que gera confusão no eleitorado, que acaba não gravando nada.

Uma atitude que pode minimizar essa situação caótica é a identificação prévia, pelo candidato, de todos os possíveis e prováveis colaboradores, apresentando-lhes o plano de sua campanha e o rol de todos os materiais que pretende utilizar em cada região e durante toda a campanha, frisando a importância significativa de se ter um certo grau de unidade entre os materiais que vão compor o visual da campanha, e colocando à disposição dos colaboradores suas fotos selecionadas, artes-finais, fotolitos e a padronização de medidas, materiais e cores que pretende utilizar no decorrer da campanha.

A unidade visual forçada que o candidato *financiador* impõe a seus aliados

Essa medida, levada ao extremo pela tecnocracia que cerca alguns candidatos, certamente vai prejudicá-los quanto aos resultados que poderiam ser auferidos, anulando uma das principais vantagens oferecidas pelas alianças, que é permitir que um candidato possa assumir, por meio dos aliados, inúmeras personalidades locais, e utilizar, assim, diversas formas e linguagens para se comunicar especificamente com cada tipo de eleitor ou de acordo com as características de cada região.

Já foi dito anteriormente que, quando um candidato *financia* parte da campanha de seus aliados em materiais, em vez de moeda corrente, ganha a vantagem de controlar o seu investimento, na medida em que se assegura da efetiva aplicação dos recursos dispendidos em seu benefício secundário.

Entretanto, isso não quer dizer que o candidato deva despersonalizar a campanha de seus aliados, pois não basta ter seu nome, foto ou *slogan* em destaque junto ao material cedido ao aliado, para garantir que a transferência de votos seja a mais integral possível. Alguns candidatos *financiadores*, chegam ao extremo de designar, nos materiais *doados* a seus aliados, apenas um espaço secundário para a inclusão do nome, não lhes permitindo veicular suas fotos, *slogan* ou plataforma.

Essa prática, além de desestimular e desagradar o aliado, elimina a agilidade e a flexibilidade que uma campanha dessas dimensões deve ter, fazendo-a vulnerável aos candidatos concorrentes em cada região, que dispõem de um poder de fogo mais limitado, mas suficiente para destruir o candidato nas microrregiões onde atuam.

Para evitar esse risco, é necessário que cada candidato em condições de *financiar* aliados deixe ao encargo destes a apresentação de um plano de campanha, segundo as expectativas de cada um, e que leve em consideração as peculiaridades das regiões e populações junto às quais vão atuar, como concorrência local, aspirações, problemas regionais etc., analisando depois os planos, cortando os exageros e estudando junto a eles qual seria a melhor maneira de conciliar os interesses mútuos ou divergentes, adequando-os depois aos materiais que lhes serão entregues.

Convém, ainda, reservar alguma verba para contra-atacar os adversários que, porventura, venham a agredir com *contrasslogans* aqueles que vêm sendo utilizados pelo candidato, fornecendo os materiais a seus aliados, em quantidades previamente planejadas, que atendam às suas necessidades em cada fase de sua campanha e que, além disso, assegurem uma mudança num texto ou visual, caso isso seja necessário num determinado momento.

Falta de centralização nas decisões a ser tomadas

Alguns candidatos, na intenção de viabilizar o controle de sua campanha e possibilitar a elaboração das diversas táticas e estratégias específicas, agrupam em torno de si um grande número de indivíduos para assessorá-los nas diversas áreas nas quais isso se faz necessário.

Esses elementos, sociólogos, publicitários, especialistas em *marketing*, pesquisadores, conselheiros políticos etc., normalmente considerados como profissionais altamente qualificados em sua especialidade, muitas vezes acabam prejudicando o andamento da campanha, se não houver entre eles um grupo reduzido de pessoas, encarregado de centralizar as decisões, com autoridade suficiente para autorizar sua execução.

A centralização das decisões é necessária para reduzir o tempo gasto na análise dos problemas e sintetizar as sugestões e ideias surgidas nas reuniões. Na ausência desta, é comum observar-se o impasse gerado pela pluralidade de ideias e sugestões ali apresentadas, causadas pela diversidade de ângulos sob os quais cada problema é analisado e definido por cada especialista, o que gera uma tendência de se postergar as decisões para uma nova reunião. Elimina-se assim, por excesso de cuidado, toda a agilidade que uma campanha deve ter, retardando a aplicação efetiva das estratégicas e táticas que poderiam, desde logo, começar a apresentar resultados positivos para o candidato.

Se, por um lado, isso permite que não se corra riscos de erro por precipitação ou imprevidência, por outro lado leva ao pecado por excesso de prudência, o que, em certos casos, pode determinar o fracasso de uma campanha, por mais bem estruturada que ela se apresente internamente.

Muitas vezes, é necessário que se corra algum risco, desde que este seja calculado e permita uma rápida correção em caso de necessidade, e ofereça vantagens ao candidato, em termos de votos, ou posição estratégica em relação aos adversários.

Ao evitar esses três erros comuns, ou minimizá-los, o candidato pode ter certeza de que tem todas as probabilidades de obter mais êxito e eficácia na utilização de seus recursos, além de uma posição de destaque em relação aos candidatos concorrentes.

A aprovação do visual da campanha segundo o gosto pessoal do candidato

Tanto o visual como os textos utilizados para a propaganda de um candidato devem ser cuidadosamente avaliados por ele e por sua assessoria, antes de ser integrados à campanha. A melhor campanha não é aquela que ostenta beleza e opulência, com símbolos e *slogans* rebuscados e dotados de profundo conteúdo interior. A campanha eficaz é aquela que conseguir chegar facilmente ao eleitorado e ser por ele absorvida.

Não se quer dizer com isso que aspecto estético e equilíbrio não sejam importantes; são, mas de nada valem se não adotarem tanto nas imagens como nas mensagens elementos de fácil identificação e assimilação, e isto não se consegue apenas com dinheiro.

É de primordial importância para cada candidato saber que a melhor campanha não é necessariamente aquela que ele gosta mais, e sim aquela que o eleitorado gosta mais.

Quase sempre a campanha ideal está dissociada do gosto pessoal dos candidatos; isto porque geralmente receberam formação superior à média da sociedade em que vivem, o que torna seu gosto mais sofisticado do que o da grande maioria do eleitorado.

Por um simples questão de diferença intelectual, às vezes existe um verdadeiro abismo separando aquilo que é compreensível pelo candidato e sua assessoria do que é assimilável pela grande massa popular.

Assim, é necessário que as pessoas responsáveis pela criação do visual e redação dos discursos e manifestos da campainha tenham sempre presente que a criação deve ser realizada não em função do que seria o gosto do candidato, mas, sim e sempre, em função da capacidade de compreensão do eleitorado a quem as mensagens e os apelos são dirigidos.

Assessorias que dissociam o candidato da realidade

Infelizmente, este é o tipo de problema mais comum, ocorrendo principalmente nos *staffs* de candidatos favoritos ou políticos de revelo nos Estados, municípios etc.

A razão é simples e de fácil identificação, e a ocorrência demonstra claramente que o candidato não sabe como administrar sequer as paixões e ambições das pessoas mais próximas a ele: sua assessoria.

Muitas vezes, na ânsia de conquistar a confiança, novos espaços e relações de poder no quadro interno da campanha, ou até mesmo no afã de proteger o candidato contra as más notícias, seus assessores acabam formando um verdadeiro círculo de ferro em torno do candidato, que, absorvido pelo ritmo alucinante da campanha e dependente de elementos de sua confiança que integram sua diretoria operacional, não percebe o que ocorre *dentro de casa*.

É normal perceberem-se, nesse meio, sentimentos que, disfarçados sob a carapuça de zelo, não passam de ciúme, muitas vezes doentio e quase sempre causado pelo medo de perder espaço para terceiros junto aos candidato.

O fato se torna mais grave à medida que esses elementos acabam por impedir colaborações muitas vezes valiosas ao candidato, trazidas por assessores de outros candidatos, amigos, colaboradores, aliados mais distantes do epicentro da campanha.

Esse comportamento dificulta ainda o desenvolvimento da campanha em moldes profissionais, pois é comum observar-se até mesmo boicote visando dificultar a ascensão de outros colaboradores, além de tornar difícil o relacionamento entre o candidato e as assessorias profissionais externas por ele contratadas, como agências de propaganda, consultores de *marketing* etc.

Para evitar esse tipo de problema, cada candidato deve discuti-lo com seus assessores mais íntimos, antes de iniciar os trabalhos de campanha, desarmando espíritos e evitando disputas internas, demonstrando claramente que a confiança neles depositada não significa em absoluto a entrega da escritura de posse de sua pessoa a ninguém.

O *self-made man*

O candidato normalmente se considera o *superstar* em sua campanha. E, na realidade, o é. O perigo começa quando também se considera um *self-made man*, ou seja, começa a querer fazer tudo sozinho, pois acha-se o mais experiente comunicador, o melhor redator de discursos, o melhor articulador, e assim por diante. É uma doença comum a políticos, que se costuma chamar de *salto alto*.

Essa atitude deve ser evitada pelo candidato, pois ao assumir para si todas as decisões da campanha, acaba assumindo, quer queira quer não, toda a responsabilidade, tolhendo a atividade de sua assessoria e induzindo-a à acomodação ou à prática esportiva do *puxa-saquismo*, quando cada assessor procura pensar como pensaria o candidato em vez de procurar novos caminhos capazes de acrescentar algo àquilo que o candidato já sabe.

O candidato sabe-tudo, cedo ou tarde, acaba integrando a galeria dos derrotados, tornando excepcionalmente difícil a contribuição que poderia ser dada por assessorias profissionais. A vaidade deve ser uma emoção cultivada com algumas ressalvas por políticos e candidatos, pois acaba fazendo com que sejam cercados por bajuladores, quando o inteligente seria fazerem-se cercar por elementos capazes.

O mais grave dessa situação é que a doença é altamente contagiosa, sendo logo contraída pela assessoria mais próxima do candidato e levando ao surgimento de novos e graves problemas.

Leia também:

- Em 2006: *O marketing do poder: Estratégias para conquista manutenção & ampliação do poder*
  Ronald Kuntz

- Em 2007: *Marketing político: Manual de campanha eleitoral – II*
  Ronald Kuntz

Impressão e Acabamento
Bartira
Gráfica
(011) 4393-2911